W0343675

MANDURIA

Jesus, König der Offenbarung,
und Maria, die Jungfrau von der Eucharistie,
sprechen zu Debora

Adresse der «Bewegung der Liebe»:

a cura del Movimento d'Amore
Via Fratelli Bandiera, 3
I-74024 MANDURIA — TA (Italien)

Internet: www.netfor.it/mdamore
E-mail: movimentodamore@libero.it

Französischer Originaltitel:
«Manduria, Jésus, Roi de la Révélation, Marie, Vierge de l'Eucharistie, parlent à Debora», erschienen im Parvis-Verlag.

© Für die französische Ausgabe: August 1999

© Für die deutsche Ausgabe: Januar 2000
2. Auflage: Januar 2001

PARVIS-VERLAG
CH-1648 HAUTEVILLE/SCHWEIZ

Internet: http://www.parvis.ch E-mail: book@parvis.ch

Alle Rechte, auch die des Teilabdruckes, vorbehalten

Gedruckt in der Schweiz

ISBN 3-907525-38-8

MANDURIA

Jesus, König der Offenbarung, und Maria, die Jungfrau von der Eucharistie, sprechen zu Debora

Vorstellung und Botschaften

Christian Parmantier - André Castella

Übersetzung: Christine Keinath-Nolle

Parvis-Verlag
CH-1648 Hauteville/Schweiz

Vorwort

von Don Renzo del Fante

Vorwort

Komm, Herr Jesus

Viele Menschen machen sich Illusionen in dem Glauben, die Weisheit in höchstem Maß zu besitzen, wo doch die Unterscheidung eine seltene und umso wertvollere Gabe ist.

Es ist nicht einfach für mich, vom «Ende dieses Jahrtausends» zu sprechen, ohne Gefahr zu laufen, für einen aufgedrehten Jahrtausend-Fanatiker oder für einen naiven Träumer von paradiesischen Gärten gehalten zu werden.

Doch wenn man die Bände der *Offenbarten Weisheit des lebendigen Gottes* mehrmals liest, werden die Dinge klar. Ich kenne Debora gut: sie ist alles andere als eine Unheilsverkünderin. Sie kündigt uns an, daß nicht «das Ende der Welt» immer näher kommt, sondern das Ende dieser elenden Zeit der Verderbtheit aller Art – und das müßte uns freuen.

Jedermann weiß, daß schmutzige Wäsche — sei es in den Händen der Wäscherin oder in der Waschtrommel der Waschmaschine — mehr als einmal gewaschen und geschleudert werden muß, bevor sie wieder angenehm sauber ist. Dies wird auch geschehen (manche sind der Ansicht, daß wir uns schon in der Zeit des «Waschens» und «Schleuderns» befinden), um die Menschheit zu läutern und wiederaufzurichten, die in ihrem Wahnsinn vom Weg abkommt und sich in einen immer bedrohlicheren Sumpf begibt.

Gott liebt die Menschen

Jeden Tag vergegenwärtigt Jesus, der Herr, der zusammen mit dem Vater und dem Heiligen Geist wahrhaft Gott ist, und der auch wahrhaft Mensch aus Fleisch und Blut ist, tausende Male (ob sich die Priester dessen wohl bewußt sind?) von neuem sein erlösendes Opfer zum Heil der Welt. Allein der Gedanke, daß das Blut des

Gott-Menschen nicht mehr reicht, um das Angesicht der Erde zu waschen und zu erneuern, wäre schon eine Sünde.

Aber da ist noch mehr: die Jungfrau Maria fühlt sich Gott gegenüber für die ganze Menschheit verantwortlich, die keine anonyme Herde ist, sondern eine große Familie, in der sie jedes Glied mit Namen kennt. Und diese Mutter will alle ihre Kinder retten.

Wenn man hier und da in den Schriften Deboras lesen kann, daß die Zeit gerade zu Ende geht und die Wiederkunft Christi in Herrlichkeit bevorsteht, so gibt es keinen Grund, darüber in Unruhe zu geraten. Anders gesagt, man muß sich ohne Aufregung vorbereiten, wie eine gute Hausfrau, die damit beschäftigt ist, eine Mahlzeit vorzubereiten und dabei befürchtet, nicht rechtzeitig fertig zu werden.

Insgesamt betrachtet laden die Schriften Deboras, und mehr noch ihr Leben und ihre Opfer, zur Bekehrung, zum Gebet und zur Buße ein, jedoch immer in einer Atmosphäre des Vertrauens, der Freude und des festen Willens, für den Herrn und für den Nächsten zu leben.

Jesus hat uns in seinem Evangelium vor dieser Zeit gewarnt, in der wir leben: «Wenn diese Dinge eintreten werden, sollt ihr nicht traurig sein: das ist noch nicht das Ende. Vielmehr hebt den Kopf: eure Erlösung ist nahe!» (Mt 24,33; Mk 13,29; Lk 21,31)

Die Hölle ist leer!...

Mit diesen Worten erwecke ich wohl den Eindruck zu scherzen, ich will jedoch damit sagen, daß alle Dämonen die Hölle verlassen und die Welt überflutet haben, um überall Verwirrung zu stiften in dieser Endzeit, in der Satan das Recht eingeräumt wird zu herrschen.

Jetzt erkennen wir, wer in diesen furchtbaren Kampf *in coelestibus* verwickelt ist, wie der heilige Paulus sagt, das heißt in diesen Kampf zwischen unsichtbaren Wesen, die für das Gute oder für das Böse streiten. Diese Auseinandersetzung spielt sich auf dem Planeten Erde ab und hat die gegenwärtige Menschheit zum Gegenstand.

Die Streitkräfte Satans, des Feindes des Menschen, kämpfen mit allen Kräften (die Söhne der Finsternis schlafen nie). Mithilfe der verdammten Menschen stellt er Myriaden von Dämonen auf, das heißt Engel, die sich gegen Gott auflehnen. Satan besitzt auf dieser Erde bereits eine sehr aktive und ständig anwachsende Armee von Menschen, die Gott hassen und bewußt dem Urheber des Bösen dienen. Er zählt auch auf die willenlose und träge Masse, die immer verdorbener ist und sich manchmal auch aus Naivität treiben läßt.

Durch anti-christliche, und damit auch anti-menschliche Ideologien hat sich Satan in die bürgerlichen, und in erheblichem Maß auch in die kirchlichen Institutionen eingeschlichen, indem er die Gier nach Gold, Sex und Vormachtstellungen um jeden Preis noch gesteigert hat. «Es wird immer schlimmer», klagen viele. Es ist schwer, sie zu widerlegen.

Der Sieg ist gewiß

Aber es gibt auch die Streitkräfte des Guten, die so schwach scheinen. Gott hat Maria eingesetzt, die sich als Mutter der gesamten Kirche hier unter dem Namen der Jungfrau von der Eucharistie und der Quelle des heiligen Öls einer immerwährenden Salbung vorstellt, damit sie all diese Unternehmungen leitet, die Gutes hervorbringen, auch wenn sie zunächst schmerzlich sind. Bald wird sie alle Völker in ihrem Unbefleckten Herzen einschließen, nicht in der wenig anregenden Brühe eines falschen Ökumenismus, sondern in einer geordneten Herde, deren Ewiger Hirt Jesus ist, und deren sichtbarer Hirt der Papst ist.

Die Armee Mariens, der «himmlischen Generalin», steht bereits:

– die Milliarden von guten Engeln und Heiligen im Himmel (die bereits auf der Erde aktiv sind),

– die Seelen auf der Erde, die sich ihr geweiht haben, und insgesamt alle Menschen, die im Zustand der Gnade vor Gott leben.

Die marianische Erscheinung

Aus der dankbaren, von Tränen begleiteten Bewunderung jener, die mit Demut und festem Glauben die zahlreichen Marienerscheinungen aufgenommen haben, und der überheblichen Selbstzufriedenheit jener, die nie an die Erscheinungen, Einsprechungen,

Tränen usw. haben glauben wollen, wird klar ersichtlich, daß der Zyklus der marianischen Erscheinungen dem Ende zugeht.

Das soll nicht heißen, daß die Madonna uns verläßt: sie wird weiterhin an uns denken, uns erleuchten und uns beschützen wie immer, aber in einer weniger offensichtlichen Weise. Die gefürchtete Stunde der Finsternis ist schon dabei, auf die Welt herabzukommen, bevor das Morgengrauen ihrer Auferstehung anbricht.

Die Stimme unserer Mutter hat sich viele Male sanft oder dringlich, glücklich oder traurig vernehmen lassen.

In Manduria ereignet sich nach den Worten der Jungfrau Maria die letzte der großen, öffentlichen Erscheinungen, die für die ganze Welt bestimmt sind, und zu der alle eingeladen sind, um ihr zu danken und sie zu loben.

Die Botschaft nimmt in all ihren Einzelheiten, die hier nicht aufgezählt werden können, das wieder auf, was der heiligen Katharina Labouré (rue du Bac, Paris, 1830), Mélanie (La Salette, 1846), Bernadette (Lourdes, 1858), den Hirten von Fatima (1917), sowie bei den zahlreichen marianischen Offenbarungen unserer Zeit in Italien, in Europa und auf allen Kontinenten kundgetan wurde und vervollständigen es.

Die Mutter Gottes wiederholt ihren Kindern in unterschiedlichen Formen, Personen und Orten, daß sie sich bekehren müssen, um den Frieden in ihren Herzen, ihren Familien, in der Gesellschaft und in der Kirche zu erlangen, indem sie sich verpflichten, Jesus wieder an die Stelle zu setzen, die ihm zukommt: nämlich auf den ersten Platz.

Es handelt sich nicht nur um die Madonna…

Nicht allein die Heilige Jungfrau offenbart sich Debora durch Visionen und innere Einsprechungen (das heißt im Herzen und über das Gehör) oder über die Sinne zum Zeitpunkt der Ekstase (sie sieht sie, hört sie, kann sie berühren und riecht den Duft ihrer Gegenwart).

Jesus greift in Deboras Erfahrungen an erster Stelle als Meister und mystischer Bräutigam, als Gekreuzigter, als Ewiger Priester, als Eucharistisches Opfer, als König der Offenbarung ein. Der Herr bittet dieses junge Mädchen, den Weg der Vervollkommnung durch alle Arten von Verzicht zu üben, durch Geduld mit dem Nächsten, durch Demütigungen, durch seelische und körperliche Leiden, und durch ihre Teilnahme an Seinem Leiden zum Heil der Seelen. Dies geschieht in einer vollkommenen und bedingungslosen Annahme des Göttlichen Willens, wobei Er sie wie Gold im Schmelztiegel läutert.

Die Engel des Paradieses — von den Erzengeln bis zu ihrem Schutzengel — lassen ihre Nähe erkennen und arbeiten am Plan Gottes für dieses Mädchen mit, die eine wahre Märtyrerin in der Treue zu ihrem Auftrag ist (gemäß der Ansicht einer großen Zahl von Priestern, die sie näher kennen).

Was die Heiligen anlangt, so wetteifern sie darum, ihre «kleine Schwester» zu ermutigen und zu verteidigen, wenn Gott es erlaubt. Zu ihren zahlreichen Beschützern zählen der heilige Franziskus von Assisi und die heilige Klara, die heilige Johanna von Orléans und die heilige Theresia, der heilige Joseph, der selige Padre Pio und die Seelen des Fegefeuers, die ihr gern helfen im Austausch für die Leiden, die Debora für sie aufopfert, und für die kleinen Verdienste, die sie durch Gebet und Taten täglich erwirbt.

Der Zorn des Dämons

Debora braucht immer die Hilfe des Himmels, weil man mit dem Schriftsteller Manzoni von ihr sagen kann, daß sie in einem gewissen Maß zugleich das «Zeichen eines unstillbaren Hasses und einer unbändigen Liebe» ist.

Und zwar weil der unerbittliche und in gewisser Weise unredliche Kampf gegen ihren Auftrag — auch seitens jener, die sich mit einer angemessenen Information und vorsichtigem Abwarten begnügen sollten — nur durch eine dämonische Einmischung erklärt werden kann. Wie Jesus als Besessener und als Anhänger Beelzebuls beschimpft worden ist, so werden jetzt die wunderbaren Zeichen, die Deboras Person und Sendung begleiten, in pharisäischer Art dem Bösen zugeschrieben.

Es stimmt, daß Satan auf niederträchtige, ja sogar beeindrukkende Weise in Deboras Leben eindringt: er mißhandelt sie körperlich mit Schlägen und quält sie mehr noch geistig wegen der übergroßen Zahl von Seelen, die sie ihm entreißt und zu Gott zurückführt. Das Eingreifen Satans stellt also einen Beweis zugunsten der Wahrhaftigkeit von Deboras Sendung dar.

Die Jungfrau von der Eucharistie

Wenn man die prächtige Statue der Jungfrau von der Eucharistie in der Kapelle, die auf dem Gelände des Gartens «Himmelsgrün» errichtet wurde, lange und liebevoll betrachtet, dann lernt man viel über Jene, die durch das Wirken des Heiligen Geistes dem Sohn Gottes Fleisch und Blut verliehen hat, so daß er durch sie unser Bruder, und dann unsere Nahrung geworden ist!

Die Jungfrau Maria lädt uns zu einer ehrfurchtsvollen und langanhaltenden Anbetung vor dem eucharistischen Jesus ein. Sie legt uns ans Herz, Ihn immer in der Gnade Gottes, nach einer frommen Vorbereitung zu empfangen. Dies soll in einer Haltung geschehen, die unseren Glauben an den unendlich großen Gott ausdrückt, auch wenn Er sich aus freiem Willen demütigt und sich in einer so schlichten Erscheinungsform darbietet...

Die Feier der Heiligen Messe ist für die Priester und für die Gläubigen, die körperlich oder geistig zugegen sind, das erhabenste Werk, das der Mensch zum Ruhm Gottes und zum größten Heil aller Menschen der Erde und der Seelen des Fegefeuers vollbringen kann.

Die Heilige Jungfrau bittet die Priester inständig, sie durch das Beispiel ihrer eucharistischen Andacht zu unterstützen, damit die Gläubigen begreifen, daß bei jeder Messe Jesus selbst — das geopferte Lamm und das Brot des ewigen Lebens — der Priester ist, auch wenn der Diener der Kirche und des Altars dennoch notwendig ist...

Die betende Jungfrau

Die Heilige Jungfrau trägt nicht nur die göttliche, überaus strahlende Eucharistie auf ihrer Brust, sondern sie hält auch den Rosenkranz in den Fingern ihrer rechten Hand. Sie beteuert ohne Zögern, daß (nach der Messe und den Sakramenten) der mit Ruhe und Liebe gebetete Rosenkranz das Gebet ist, das der Heiligen Dreifaltigkeit am wohlgefälligsten ist. Es ist ein «Zeichen», das heißt ein wirkmächtiges Mittel zum Heil, auf dem alle Päpste dieses unruhigen Jahrhunderts bestanden haben. Es ist die Waffe, um den Bösen zu besiegen. Es ist eine demütige und starke Kette, die uns mit Gott verbindet und besonders in der Familie Einheit schafft. Die Madonna sagt Debora immer wieder, wie wichtig es ist, Zeiten der Stille und des inneren Hörens zu pflegen, in denen man sich kindlich den Armen des Vaters und der Mutter des Himmels hingibt. Man muß die Weihe an die Vereinten Herzen Jesu und Mariens *leben*, ohne eine Trennung zwischen Gebet und Arbeit zu schaffen. Man muß *ohne Unterlaß* beten.

Zusätzlich zum Rosenkranz und den Gebeten, die dann schön sind, wenn sie mit dem Herzen verrichtet werden, legt uns die Heilige Jungfrau den Kreuzweg ans Herz, der im Garten «Himmelsgrün» der «schmerzhafte Weg Mariens» genannt wird. Man kann ihn allein oder zu mehreren zurücklegen und dabei Lieder und Gebete zu Hilfe nehmen. Aber die Meditation ist unerläßlich für unsere tiefe innere Teilnahme an den Leiden, die Jener erduldet hat, der aus Liebe zu uns verurteilt und gekreuzigt worden ist.

Die büßende Jungfrau

Ich stelle gleich vorweg meine Meinung klar: die Madonna ist die Unbefleckte. Es gibt also nichts, für das sie Gott um Vergebung bitten und Buße tun müßte. Aber sie ist auch die Mutter der Schmerzen und die Miterlöserin, die immer eines Herzens mit ihrem Sohn ist, der das Leiden und die Sünde der Welt auf sich genommen hat. Deshalb fordern uns beide so eindringlich zur Buße auf. Wie oft und mit welchem Nachdruck haben sie auch ihre großherzige Vertraute Debora darum gebeten!

Wir müssen bereuen und eingestehen, daß wir arme Sünder sind, die unablässig Vergebung und Beistand in den kleinsten Dingen brauchen. Diese Geisteshaltung zeigt sich in Bußakten.

Der Höhepunkt — den die Madonna uns auch und vor allem im Zusammenhang mit der Kommunion ans Herz legt — besteht darin, mit Demut und Dankbarkeit zum Sakrament der Beichte zu gehen. Es gibt auch andere Akte und liturgische Gebete, zum Beispiel zu Beginn der Messe, mit denen wir unsere Reue zum Ausdruck bringen, vorausgesetzt, daß es nicht nur leere Worte sind.

Jeder kennt unendlich viele Mittel, um den Stolz, die Eitelkeit, den Geiz und die Sinnesgier abzutöten. Sogar Dinge und Taten, die an sich nicht verwerflich sind, können seelisch und körperlich schädlich sein, wenn man sie mißbraucht. Denken wir an den Mißbrauch von Tabak, Alkohol, Kaffee, ohne von dem Abgrund der Drogen und der sehr weitverbreiteten Mittel für einen Tod auf Raten zu sprechen.

Eine ungewöhnliche Aufforderung

Die Jungfrau Maria richtet eine Aufforderung an uns (meines Wissens geschieht dies wohl zum ersten Mal), die unauffällig, ihrem Inhalt nach aber sehr klar ist und zu etwas gesunder, heiliger Buße beim Gebrauch der Sexualität aufruft. Die Aufforderung zur Mäßigung, in manchen Fällen auch zu regelmäßigem Verzicht und zu menschlicher und christlicher Würde in diesen Liebesbezeugungen richtet sich hier an rechtmäßige Eheleute, die ein gutes Familienleben führen wollen. Es geht hier jedoch nicht darum, sich all dessen zu enthalten, was sowieso Sünde ist (Homosexualität, Onanie, Ehebruch, Wollust in allen Formen der Begierde, unangebrachte Lektüre, obszöne Schauspiele usw.), denn dabei geht es um die Gewissenspflicht, diese Gewohnheiten zu unterbinden und sich völlig davon zu lösen.

Buße aus Liebe

In Manduria legt uns die Heilige Jungfrau folgende Dinge nahe:

– den Verzicht auf ein paar Stunden Schlaf, um im Garten «Himmelsgrün» oder zu Hause Gebetswachen zu halten;

– den Kreuzweg, den man in dem geweihten Ölgarten, den die Madonna «Heiliger Gethsemani» getauft hat, mit innerer Teilnahme am Leiden Jesu, allein oder zu mehreren betet.

Während man am 23. jeden Monats auf die Erscheinung der Madonna wartet, betet man im Gelände des Ölgartens den Kreuzweg, dann den Rosenkranz und andere Gebete und Lieder. Dabei legt man sechs bis sieben Kilometer zurück, wenn es vom Wetter her möglich ist.

Zum Zeichen der Buße legt man den marianischen Kreuzweg, der mit unbehauenen Steinen gepflastert ist, und auf den die

Madonna selbst ihre Füße gesetzt hat, auf Knien oder wenigstens barfuß zurück. Das Beispiel, das mir Männer und Frauen, Junge und sogar Alte gegeben haben, die auf Knien vorwärtsrutschten und trotz ihrer Schmerzen glücklich waren, ist mir mehr wert, als jede kluge Predigt.

Eine nicht unerhebliche Buße (zusätzlich zu all den kleinen und unablässigen guten Werken im Dienst des Nächsten) besteht in der beachtlichen Arbeit, die die Mitglieder und Familien der «Bewegung der Liebe» Gott darbringen, indem sie alles erfüllen, worum die Madonna durch den Mund Deboras bittet. Das dient dazu, diesen fast verlassenen Ort in einen kleinen Garten Eden zu verwandeln, der von der ständigen Gegenwart Mariens geheiligt wird.

Die Mutter der Kirche

Die Jungfrau von der Eucharistie, das heißt vom Sakrament der Einheit, will für uns vor allem in der Familie eine aufrichtige und wirksame Einheit erreichen. Deshalb unterstützt sie die Gründung von Hauskirchen, wo sich jeden Abend Eltern, Kinder, Verwandte oder Freunde versammeln, um den Rosenkranz zu betrachten, oder die sich in der Gemeinde zur Anbetung Jesu im Allerheiligsten Sakrament (das so sehr im Stich gelassen wird!) zusammenfinden.

Die Madonna bittet immer wieder darum, daß wir uns als lebendige Glieder und Mitverantwortliche der großen Familie fühlen, die die Kirche darstellt. Wir sollen also eins sein, ohne einzeln oder gemeinsam Priester, Bischöfe, die Gemeinde oder die Diözese zu verurteilen, auch wenn wir den Eindruck haben, an den Rand gedrängt zu werden. In den Botschaften von Manduria hört man häufig Worte des Lichts und der Ermutigung, aber auch sanfte Vorwürfe, die sich an Gläubige, Priester und Bischöfe richten.

Das Herz Mariens strömt über vor mütterlicher Zärtlichkeit für den Heiligen Vater, um diesem unermüdlichen Propheten des Friedens in seinem Leiden, in seiner unablässigen, schweren Arbeit und in seiner unvorstellbaren Einsamkeit Erleichterung zu bringen.

Die immerwährende Salbung

Im Verlauf der Jahrhunderte haben sich zahlreiche Erscheinungen der Jungfrau Maria in der Nähe von Quellen oder Wasserläufen ereignet. Weniger häufig und fast ausschließlich auf unsere Zeit beschränkt sind jene Erscheinungen, bei denen der Duft oder das Öl, das in wunderbarer Weise aus Gemälden oder Statuen austritt, als greifbare Zeichen auftreten.

Ich glaube, daß Manduria unter diesen Erscheinungen bezüglich der Anzahl, Menge, der mannigfaltigen Zeugen, sowie der Fülle des aufgefangenen Öls (das mehrmals untersucht wurde) den Rekord innehat. Nicht umsonst will die Heilige Jungfrau gern als Mutter des geweihten Ölbaums (er steht für Jesus, den König des Friedens), und als Quelle des heiligen Öls von der immerwährenden Salbung angerufen werden!

Die Wiederbelebung der Firmung

Während das reinigende Wasser an die heilige Taufe erinnert, erinnert das geweihte Öl, das vom liturgischen Öl zu unterscheiden ist, an das Öl der Sakramente, und in besonderer Weise an die Firmung.

Dieses Öl, das oft Duft ausströmt, ist eine Gabe Jesu, der es aus dem Gesicht oder dem Mantel der Statue seiner heiligen Mutter sickern läßt. Es handelt sich oft um erhebliche Mengen, damit es vermehrt wird. Doch die Vorsehung hat damit gerechnet, daß es auf der ganzen Welt verbreitet werden muß und hat deshalb beschlossen, daß man neun Tropfen davon (9 ist die Zahl des Lebens: denken wir an die neun Monate der Schwangerschaft) in einen Liter naturreines Öl gießt. Mit diesem Öl kann man nach demselben Verfahren einen weiteren Liter herstellen, von dem wieder neun Tropfen in einen weiteren Liter gegossen werden können.

Ohne die Reklametrommel zu rühren kommen Anforderungen für das Öl der Madonna von Manduria von überall her: aus Japan und Brasilien, aus Südafrika und Kanada, aus Rußland und Irland, aus England und der Schweiz, aus Frankreich und Deuschland, Belgien, Holland usw.

Es hat außergewöhnliche Bekehrungen von Menschen bewirkt, die zur Mafia und zur Freimaurerei gehörten, die schwarze Magie anwendeten, ohne von den Hunderten von unerklärlichen, körperlichen Heilungen zu sprechen. Ich selbst war unmittelbarer Zeuge von Heilungen, die ich jedoch nicht gleich als «Wunder» bezeichnen will, denn das verlangt Vorsicht und eine klare und genaue Dokumentation.

Für all das sei dem Herrn und Maria, seiner milden Mutter gedankt!

Don Renzo del Fante

Jesus und Maria erscheinen Debora

Manduria

Im Land Apulien

Wenn man in den «Absatz» des italienischen «Stiefels» hinabsteigt, wo die Sonne immer heißer und das Meer immer klarer wird, kommt man in das Land Apulien. Der Herr hat dort dem heiligen Erzengel Michael eine Wohnung auf dem Berg des Heiligen Engels eingerichtet. Er hat Melanie aus La Salette nach Lecce und Altamura geführt, wo ihre sterblichen Überreste ruhen. Er hat Luisa Piccarreta in Corato die Offenbarung vom Reich des göttlichen Willens oder vom Reich des *fiat*, also der Liebe geschenkt. Er hat den großen Propheten und Märtyrer Padre Pio von Pietrelcina nach San Giovanni Rotondo geführtt, das 200 km weiter nördlich liegt.

In diesem Land, zwischen Taranto und Brindisi, finden wir Manduria und seine jahrtausendealte Geschichte mit einer reichen Vergangenheit an Kunst, Kultur und … himmlischen Besuchen.

Von der Urgeschichte bis zu den Römern

Die Wurzeln Mandurias reichen bis in die Urgeschichte zurück: man findet ihre Spuren aus der Jungsteinzeit an mehreren Orten, die Flurnamen tragen. Zahlreiche Metallgegenstände, die dort gefunden wurden, stammen aus der Bronzezeit. In der Zeit zwischen dem Ende der Bronzezeit und der Eisenzeit wird Manduria zu einer der bedeutendsten Siedlungen der Messapen.[1] Man durchquert eine solche Siedlung im Norden der Stadt, in der man noch eine Mauer und die Gräberstadt der Messapen findet, wenn man vom Stadtkern aus zum Garten «Himmelsgrün» fährt. Manduria wird in den Werken von Plutarch, Titus, Livius und Plinius erwähnt. Vom 5. Jh. v. Chr. an muß sich die

1. Die Bevölkerung Apuliens im 7. Jahrhundert vor Jesus Christus

Siedlung vor den Raubzügen der Griechen schützen, die Taranto gegründet haben. Im 3. Jh. v. Chr. verbünden sich diese ehemaligen Feinde gegen die Römer, die bereits das ganze italienische Gebiet erobert haben. Im Jahre 212, drei Jahre vor der Eroberung Tarantos, nimmt F. Massimo Manduria ein und verschleppt viertausend Menschen...

Vom heiligen Petrus zum heiligen Karl Borromäus

An der nordwestlichen Grenze des archäologischen Bereichs von Manduria, in der Nähe der messapischen Mauer, erinnert eine sehr alte Kirche, die dem heiligen Petrus geweiht ist, San Pietro Mandurino, an die Reise des Apostels Petrus von Brindisi nach Rom. Sie besteht aus einem freiliegenden Teil, unter dem sich eine unterirdische Krypta befindet.

«Du Volk, ich bin in das Land Manduria gekommen, um euch zu suchen. Früher habe ich euch meinen Petrus gesandt, aber das Land war heidnisch und ist es geblieben. Du Volk, das kauft und verkauft, du Volk, dessen Herren vom Zorn und den Leidenschaften hohl und blind geworden sind[2]...» (11.3.1996)

An der Küste erinnert eine andere Kirche, San Pietro in Bevagna, die mehrmals zerstört und wiederaufgebaut wurde, an die Landung des Apostels vom Meer her, in der Nähe des «Lagers der Messapen». Einer frommen Tradition zufolge sollen die Apostel Petrus und Andreas und der Evangelist Markus hier zwischen 42 und 45 n. Chr. gelandet sein und die Heilige Messe gefeiert haben.

Nach der Herrschaft der Römer erlebt Manduria bis ins hohe Mittelalter hinein eine schwierige Zeit, die vom Einfall und den Plünderungen der Sarazenen, der Goten und Agarer gezeichnet ist.

Gegen 1090 wird nach dem Willen von Normanno Ruggiero eine Siedlung mit dem Namen Castelnuovo neu gegründet. Sie bildet den Kern des historischen Zentrums des heutigen Manduria. Die Stiftskirche von der Dreifaltigkeit stammt aus dieser Zeit. Zahlreiche Kirchen sind im Lauf der Jahrhunderte errichtet worden, bis hin zu der jüngsten, San Giovanni Bosco, die in den 60er Jahren erbaut wurde.

2. In Manduria ist das Taufbecken erhalten, wo der heilige Petrus taufte.

Der heilige Karl Borromäus, Kardinal von Mailand, war eine zeitlang Eigentümer von Castelnuovo. Er verkaufte die Stadt an die genuesische Familie des Kaisers und verteilte an einem einzigen Tag die zwanzigtausend Ecus dieses Handels an die Armen.

Im Jahr 1789 erreichte die Universität von Manduria bei Ferdinand IV. von Bourbon, daß sie ihren alten Namen Manduria wiedererhielt.

Manduria ist heute eine Stadt von fast 45000 Einwohnern, die ausschließlich von der Landwirtschaft leben: von den Reben und dem Wein, von den Olivenbäumen und dem Öl, und von vielfältigem Gemüseanbau. Das Öl ist die Haupteinnahmequelle. An der Küste entwickeln sich Industrie und Hotels für den Tourismus.

Wegbeschreibung nach Manduria

Manduria liegt 40 km von Taranto, Lecce und Brindisi[3] entfernt. Wenn man mit dem Auto bis Taranto gekommen ist, fährt man am besten in Richtung Brindisi weiter bis Francavilla, wo man südlich nach Manduria abbiegt. Die Gemeinde erstreckt sich bis ans Meer. Zwischen der Stadt und der Küste liegen 10 km, auf denen zahlreiche Hotels für Touristen zu finden sind.

Wenn man aus Richtung Taranto oder Francavilla in Manduria ankommt, biegt man an der ersten Kreuzung links in die *circonvallazione* ein, fährt an der Kirche San Antonio (rechts gelegen) vorbei, biegt dann nach links ab in Richtung des Heiligtums San Cosimo, und biegt sofort danach wieder links ab in die via Padre Pio, an deren Anfang ein Kreuz steht. Der Garten «Himmelsgrün» befindet sich in 200 m Entfernung auf der linken Seite.

Per Flugzeug landet man am Flughafen von Brindisi. Von dort muß man entweder ein Taxi nehmen, oder per Zug nach Taranto fahren, und dann einen Bus bis Manduria nehmen.

3. Siehe Landkarte am Ende des Phototeils

Die Anfänge

Die Vorbereitung: die Stimmen

Alles hat am 20. Mai 1992 begonnen, erzählt Debora. Ich war ein junges Mädchen wie viele andere auch, und dabei, das Jura-Abitur abzulegen; die Prüfungen sollten im Sommer desselben Jahres stattfinden. Ich ging sehr gern in Diskotheken. Ich hatte bei bestimmten Gelegenheiten eine herkömmliche religiöse Ausbildung erhalten, wie es Brauch ist. Ich ging nicht in die Kirche, und ich fand Priester unsympathisch. Mein Leben war mit meinen Zukunftsplänen, meinem Bräutigam, meinen Freunden und Vergnügungen ausgefüllt. Es gab nicht einmal einen Hauch von Beschäftigung mit geistigen Dingen!

An jenem Tag ging ich zusammen mit meinem Bräutigam (den ich verlassen habe, als ich merkte, daß ich eine andere Berufung habe) zum Markt. Plötzlich erklang eine geheimnisvolle männliche Stimme in der Tiefe meines Herzens und rief mich: «Tochter, schau zum Horizont, dann wirst du sehen, daß nicht dies dein Weg ist, sondern ein anderer.» Ich wurde von großer Furcht gepackt. Ich hörte diese Stimme ganz deutlich. Es war die liebliche Stimme eines Mannes, der sich in mir zwischen dem Herzen und dem Gehör vernehmen ließ. Ich kehrte nach Hause zurück und sagte kein Wort.

Einige Monate später, am 10. August, war ich zusammen mit meinen Freunden auf dem Weg in die Diskothek. Da ließ sich die geheimnisvolle Stimme mit Macht vernehmen: «Tochter, du sollst auf dem Weg meines Wortes wandeln, dann werde ich dich nach und nach dorthin führen, wo der wahre Vater ist.» Tief erschüttert bat ich meine Freunde, mich nach Hause zurückzubringen, ohne ihnen den wahren Grund meines so plötzlichen Sinneswandels mitzuteilen.

Kurz darauf nimmt Debora auf Drängen ihrer Mutter an einer Wallfahrt teil und spürt einen starken Aufruf zum Beten: Ich sagte nur das eine: «Gegrüßet seist du, Maria, voll der Gnade», weil ich mich nicht erinnern konnte, wie es weitergeht. Die Prozession kam ihrem Ende entgegen, als ich vor mir eine Sonne erblickte, die heller strahlte als die am Himmel und in einem Weiß leuchtete, wie ich es noch nie gesehen hatte. Aus diesem sehr sanften Licht sprach eine weibliche Stimme zu mir: «Wenn du deinen Weg mit mir gehst, wird er dir nicht schwerfallen. Geh, geh weiter, ich werde bei dir sein.» Als ich auf dem Platz angekommen war, lief ich zum Brunnen, um mir das Gesicht zu waschen. Ich war wie betäubt, aber ich hatte keine Angst gehabt wie das Mal zuvor. Dieses Wort hatte einen tiefen Frieden in mir hinterlassen.

In den darauffolgenden Tagen stellt sich Debora viele Fragen:

Was muß ich tun? Was ist das für eine Stimme, die zu mir spricht? Was widerfährt mir da? Ich merkte wohl, sagt sie, daß diese Ereignisse einen übernatürlichen Ursprung hatten.

Wieder vergingen einige Wochen, bis die männliche Stimme von neuem zu mir sprach: «Tochter, im Namen der Ewigen Liebe überlasse ich dir meinen Frieden, gebe ich dir meinen Frieden. **Ich bin der König der Offenbarung**, der Sohn des lebendigen Gottes.» Das alles gab mir jedoch keinen Frieden. Ich wurde von Zweifeln und Angst heimgesucht. Was war mir da nur passiert? Selbst wenn ich annahm, daß es Gott wirklich gibt, warum kam er gerade zu mir? Was erwartete er wohl von mir?

Debora fragt sich daraufhin, ob diese Stimme nicht jene ihres Vaters sei, den sie in ihrer Kindheit verloren hatte. Nach und nach beginnt sie, sich zu verändern. In ihrem Herzen entstehen fromme Empfindungen für die Jungfrau Maria und für den eucharistischen Jesus.

Am 11. Oktober beschließt sie mit einigen Freunden, zu Ehren der Mutter Gottes eine nächtliche Gebetswache in einer kleinen Kirche zu halten. Viele Jugendliche und Kinder sind zugegen. Da hört sie von neuem die männliche Stimme: «Ich sage dir, daß alle jungen Menschen der Erde sofort zu mir kommen werden, wenn sie aus mir leben werden.» Diesmal fühlt Debora, daß eine unsichtbare Hand sich ganz zart auf sie gelegt hat.

So spricht der Geist Gottes

Am 15. Oktober sprach die Stimme von neuem zu mir. Das war der Ausgangspunkt meiner Bekehrung: «Wer bin Ich deiner Meinung nach? Ich bin dein Friede, dein sicherer Weg! Ich bin Jesus, dein Meister, der Gute Hirte, Ich will in dir leben.» Ich fragte ihn: «Warum suchst Du mich, die ich so armselig und sündig bin; solltest Du vergessen haben, daß ich Dich bis jetzt immer verraten habe?... Warum suchst Du nicht einen würdigeren Menschen als mich, um Dich aufzunehmen?» Er antwortete: «Glaubst du, daß Ich nicht im voraus gewußt habe, was du Mir alles antun würdest?» Und nach einem Moment des Schweigens sagte er mir: «Meine Seele, ICH bin für die Kranken gekommen, nicht für die Gesunden. Deine Armseligkeit gefällt Mir, und deine geistige Schwäche erlaubt Mir, dich mit Leichtigkeit zu formen; und dann gebrauche Ich die Schwachen und benütze die Unfähigen, um die Starken und Mächtigen zu beugen! So spricht "der Geist Gottes".» Ohne zu wissen, wohin ich mich wenden sollte, stellte ich überrascht fest, daß ich betete. Ich bat darum, über das erleuchtet zu werden, was mir widerfuhr, denn ich hatte noch mit niemandem darüber gesprochen...

Debora kann es nicht fassen. Jesus spricht mit ihr! Warum mit ihr? Wie ist das möglich?...

Doch Jesus macht ihren Gedanken mit einem Schlag ein Ende: «Du sollst dir keine Fragen mehr stellen: überlasse dich Mir. Wähle das wahre Leben in Jesus Christus!»

Die Phase der ersten Annäherung ist nun beendet. Am 18. Oktober offenbart Jesus Debora beim Zubettgehen den Grund seines Eingreifens in Manduria und gibt ihr ein, was er von ihr erwartet:

«Tochter, Mein Herz ist unwiederbringlich zermalmt. Faste und bete! Die Zeichen der Endzeit haben begonnen. Bedenke, daß der Glauben eines einzigen Menschen die Welt rettet.»

Was bedeutet das «Ende der Zeit»? Debora weiß es nicht. Aber die ersten Zweifel und schweren Beunruhigungen stellen sich ein.

Bis dahin kommen alle Offenbarungen, mit Ausnahme der Stimme Mariens bei der Wallfahrt, von Jesus. Diese Gegenwart

Jesu bei Debora ist kennzeichnend für die Offenbarung von Manduria.

Doch am 23. Oktober liegt Debora auf dem Sofa und betrachtet die Tränen, die die Statuen und Bildnisse[4] vergießen und fragt sich, wem das zuzuschreiben sei[5], als…

Erste Erscheinung: «Ich komme in diesen Kleidern der Fürsprecherin»

Gegen 16 Uhr geschah das, was ich mir nie hätte träumen lassen: die Begegnung mit einer ganz jungen Frau namens Maria.

Ich hob die Augen und sah drei leuchtende Kugeln wie drei Sonnen, die sich drehten und dabei eine Figur bildeten, die wie eine riesige Sonne aussah. Daraus entstand eine neue Form. Ich hatte so sehr Angst, daß ich Blutergüsse bekam, die allerdings nicht weh taten. Ich wurde auf die Erde geworfen, wo ich kniend, mit gefalteten Händen in 2 m Entfernung von der Dame liegenblieb. Es war ein schönes junges Mädchen von etwa 18 bis 20 Jahren. Ich war entzückt von der Reinheit ihrer Gesichtszüge und von der Schlichtheit, die ihr Gesicht ausstrahlte. (Ihre Lippen waren wie zwei samtige Rosenblätter; ihre Augen glichen mit ihren violetten Schattierung zwei leuchtenden Edelsteinen. Ihr ganzes Wesen war im Paradies… Sie hatte eine dunkle Haut, dunkle, fast blau-violette Augen, tiefschwarzes, glänzendes, leicht gewelltes Haar. Sie trug ein weißes Kleid, das am Kragen mit einer kleinen Schleife zusammengehalten wurde, und hatte einen durchsichtigen Schleier auf dem Kopf. Jedesmal, wenn ich der Madonna begegne, sieht sie so aus.) Offen gesagt empfand ich Freude, verbunden mit einer unermeßlichen Liebe, die ich noch nie zuvor gefühlt hatte, aber die zu echt war, als daß sie die Frucht einer Täuschung, eines Wahns oder einer Einbildung hätte sein können. Das hat jeden Zweifel in mir vertrieben. Ich fühlte dann, daß die Madonna sich meiner für eine besondere Sendung bedienen wollte, der ich freudig zustimmte.

4. Die Tränen auf Statuen und Bildnissen haben am 29. September 1992 begonnen und seither nicht mehr aufgehört. Anfangs vergossen sie menschliche Tränen.
5. Die herbeigerufenen Priester waren überzeugt, die Tränen kämen vom Bösen, aber wie könnte Satan durch geweihte Bilder von Jesus und Maria handeln?

Maria: «Tag für Tag sei der Name meines Sohnes gelobt!»

Ich erwiderte: «Antwortet man: "Er sei immer gelobt"?» Die Jungfrau Maria lächelte: «Meine Tochter, ich komme in diesen Kleidern der Fürsprecherin. Ich bin von Gott gesandt. Ich folge nicht meinen eigenen Willen. Ich komme nicht nur hierher, um aus dir eine Vertraute des himmlischen Wortes zu machen, an deren Tür die Menschheit klopfen kann; und mein Sohn spricht in deinem Herzen nicht nur mit dem Ziel, sich mitzuteilen, sondern damit du begreifst, daß die Welt gerade in den Abgrund der Sünde stürzt. Vergiß nicht: wann immer du etwas für deinen Bruder tust, nützt es dir genauso wie deinem Bruder. Mein Wort entzündet eure Herzen, aber die Sünde ist das Wasser, das das Feuer auslöscht. Gott schenkt durch mich den Segen des allmächtigen Vaters: des Vaters, des Sohnes und des Heiligen Geistes, mit der Braut, die in der Dreifaltigkeit lebt. Meine Tochter, damit sollst du dein Herz wieder festigen. Ich werde dir immer beistehen. Wenn du in Schwierigkeiten bist, sollst du in meinem Unbefleckten Herzen Zuflucht suchen.

Meine Botschaft ist noch nicht beendet. Gelobt sei Jesus in jedem Augenblick!»

Am nächsten Tag kommt die schöne Frau zur selben Stunde wieder und führt ihre Unterweisung fort. Sie lehrt sie den Rosenkranz beten und sagt dabei selbst die Geheimnisse vor, betet das «Vater unser» und das «Ehre sei dem Vater», sowie das Gebet von Fatima, während Debora die «Gegrüßet seist du Maria» betet.

Dann kommt die Stunde der Begegnung mit dem Feind. Debora bekommt ihre erste Tracht Prügel von dem Dämon Aschmodai, der ihr androht, die Erde in ihrer Umgebung in Brand zu stecken…

Sogleich warnt die Jungfrau Maria sie: Gott hat diese Prüfung zugelassen, um sie für seine Friedensarmee stark zu machen. Sie legt ihr nahe, in ihrem Unbefleckten Herzen ihre Zuflucht zu suchen, und den Leib Christi zu empfangen.

Drei Tage später wird sie erneut von dem Dämon angegriffen. Normalerweise erlaubt Gott ihm nicht, jene körperlich zu mißhandeln, die mit dem Kreuz bezeichnet sind. Er erlaubt es manchmal bei auserwählten Seelen, um uns an den geistigen Kampf zu erinnern, und um dem Bösen zahlreiche Seelen zu entreißen. Satan ist auf sie aufmerksam geworden. Die Art und Weise, wie er sofort versucht, sein junges Opfer zu entmutigen, bringt eine außergewöhnliche Heilsgnade über sie:

«Kleiner Wurm, du wirst nicht in den Genuß von Gottes Licht kommen. Ich bin von Anbeginn aus dem Paradies vertrieben worden und bin zur Finsternis verdammt, und ganz gewiß werden es viele andere mit mir sein. Es wird dir nicht gelingen, die Seelen zu bekehren, weil ich sie zum Teil schon eingenommen habe. Ich werde wiederkommen, um dich zu vernichten und dir die Augen auszukratzen. Die Priester werden sich von dir entfernen und dich ausspeien. Du wirst von allen verworfen werden.»

Etwas später besucht die Heilige Jungfrau die tränenüberströmte Debora:

«Weine nicht, meine Kleine. Deine Schwächen sind in den Augen Gottes gerechtfertigt[6], wenn du sie als solche vor Ihm annimmst. Aber vergiß nicht: Gott will dich so haben. Ich offenbare dir ein großes Geheimnis, um in den Frieden Gottes einzutreten: *die Liebe*. Denk daran, meine Tochter, und liebe, liebe, liebe deinen Nächsten unendlich, und vergib, vergib, vergib! All das besteht aus Verzichten und Leiden. Aber ich weiß, daß es dir wenigstens zum Teil gelingen wird, weil Gott "seine großen Flügel[7]" der Barmherzigkeit über dir ausgebreitet hat...»

Der Ruf

Am 10. November empfängt Debora um 16 Uhr in ihrem Haus ihre «Verkündigung» durch den Besuch der Jungfrau Maria. Gott bietet ihr eine Sendung an; er erwartet ihre freie Antwort.

Maria: «Tag für Tag sei der Name meines Sohnes Jesus gelobt! Meine Kleine, jetzt will ich dir zeigen, wie die Welt mich behandelt.»

Debora: Ungerechte Menschen haben mit großen Dolchen die Brust der Jungfrau Maria durchbohrt und sie zerrissen. Ich habe ihr Unbeflecktes Herz schlagen sehen, aus dem sich Ströme von Blut ergossen.

6. Im theologischen Sinn von «durch die Barmherzigkeit Gottes vergeben»
7. Psalm 91,4

Maria: «Meine Kleine, so liebt mich die Welt! So dankt sie mir für meine Liebe!

Jedesmal, wenn etwas außergewöhnliches passiert, denken die Menschen, das sei Zufall; jedesmal, wenn in ihrem Leben klare Zeichen sichtbar werden, kommen sie nie auf den Gedanken, daß das von Gott dem Vater kommt, der euch so sehr liebt. Und für jeden Menschen, der diese Zeichen nicht als Zeichen des himmlischen Vaters annimmt, vergießt sein Sohn Jesus eine blutige Träne.

Meine kleine Tochter, ich wende mich jetzt an dich: Opfere dich auf wie das Lamm, das sich auf dem Altar als Opfer darbringt. Du sollst wie viele Heilige das Abbild des lebendigen Gekreuzigten werden. Opfere dich als Vorbild für die Welt auf. Du sollst ein Vorbild der Liebe, der Demut, der Brüderlichkeit, der Güte, des ständigen Leidens und der Hingabe an Gott in der Armut sein, und du sollst vor allem die beständige Hingabe für deinen Bruder ausstrahlen. In seiner Freiheit überläßt Gott deinem Willen die freie Wahl, diesen Plan anzunehmen oder abzulehnen, aber wenn du wüßtest, wie sehr Er und ich dich lieben, würdest du jetzt sofort beginnen.»

Debora: «Mutter, ich bin bereit, ich will tun, was du mir sagst.»

Maria: «Vertraue dich Mir an, dann werde ich dich leiten. Bald werden sich unbegehbare Wege vor dir auftun, und doch werden meine Lieblingskinder dir bei diesem Plan helfen, der Gott so teuer ist, auch wenn er sich unter unzähligen Schwierigkeiten verwirklichen wird.»

Debora: «Mutter, heile die Kranken, die in diesem Haus sind, besonders ein kleines Kind, das von weither gekommen ist.»

Die Madonna antwortet mir nicht, aber ich sehe, wie sie mit einer Hand den Kopf des kleinen Kindes streichelt. Dann lächelt sie und segnet alle Anwesenden mit den Worten:

«Ich will, daß ihr morgen hierher kommt und zusammen den Rosenkranz betet. Gelobt sei Jesus Christus, das Licht, das die Finsternis vertreibt!»

Debora erkennt ihre Sendung durch diese ersten Unterhaltungen.

Zunächst wird sie aufgefordert, ihren Weg zu ändern; sie soll Jesus Christus, das wahre Leben, wählen und mit Maria leben.

Dann zeigt ihr der Herr Jesus, welche Wahl er getroffen hat: er will bei ihr sein. Danach offenbart er ihr mit knappen Worten in zwei Sätzen ihre Sendung: sie soll die Verletzungen Seines Herzens durch Gebet und Fasten sühnen, denn die Zeichen der Endzeit haben begonnen; und sie soll am Heilsauftrag teilnehmen, denn «allein der Glaube rettet die Welt».

Die Jungfrau Maria legt ihr die Situation der Welt dar: sie ist in den Abgrund der Sünde gestürzt und lehnt die Zeichen ab, die der Vater ihr schickt. Zweimal betont sie das, indem sie die Barmherzigkeit, die Liebe und die Vergebung dem Nächsten gegenüber als den neu zu wählenden Weg aufzeigt. Schließlich wird Debora ausdrücklich aufgefordert, sich als beispielhaftes Opfer hinzugeben.

Debora war zutiefst berührt vom Leiden und der Liebe Mariens und hat aus freien Stücken geantwortet: «Ich bin bereit!»

Debora

Kindheit und Jugend

Debora wird am 12. Dezember 1973 in Taranto, in der Klinik der Liebe, nach einer schwierigen Entbindung geboren. Da ihre Mutter nicht verheiratet war, war sie zeitweise aus ihrem Elternhaus verstoßen worden. Während der Schwangerschaft findet sie zum Glauben an Gott zurück und beginnt, die Heilige Schrift zu lesen. Die Betrachtung der Geschichte der Prophetinnen Judith und Debora entzückt das Herz der zukünftigen Mutter. Sie beginnt, sich alle Tugenden dieser Heldinnen für ihre Tochter zu wünschen, die sich im mütterlichen Schoß sehr lebendig bemerkbar macht. In einem leidenschaftlichen Aufschwung läßt sie sich von der Vorsehung leiten und wählt für ihr Kind den Namen Debora[8], was auf hebräisch «Bienenbotin» heißt!

Drei Jahre später schließt die Mutter eine nur bürgerliche Ehe, weil der Mann, der nun Deboras Vater wird und ihr seinen Namen gibt, der Kirche ablehnend gegenübersteht. Als die göttlichen Offenbarungen begannen, entzog dieser Mann Debora seinen Namen wieder.

Das Familienoberhaupt übt mit seinem politischen Engagement und seinen Gedanken zur Unabhängigkeit der Arbeiterklasse einen starken Einfluß auf die junge Debora aus. Sie wächst in einer familiären Atmosphäre auf, die von vielen Gegensätzen geprägt ist, und in der, wie so oft, jeder seine eigenen Überzeugungen hat. Zum Beispiel versäumt ihre Großmutter mütterlicherseits, die eine geistige Tochter Padre Pios und Tertiarin des Franziskanerordens ist, keine Gelegenheit, um stillschweigend von ihrem Glauben an Gott Zeugnis zu geben.

---

8. Ri 4-5

Debora war also von Jugend an daran gewöhnt, eine ganz persönliche Meinung von den Dingen zu haben. Im Verlauf der Zeit gewann sie ihre eigenen Überzeugungen und legte sogar eine gewisse Abneigung der Religion gegenüber an den Tag, besonders gegenüber den Priestern, die sie nach eigenen Worten für «Faulenzer» hielt, «die die anderen ausnützen und unfähig sind, jemandem eine auch nur entfernte Vorstellung von einem Gott zu vermitteln, der — wenn es ihn denn gibt — völlig anders ist als das, was die Priester von ihm erkennen lassen».

Nach der Mittleren Reife wechselte das junge Mädchen von der klassischen Schullaufbahn zu einer auf Jura spezialisierten Schule. Ihre Eltern trennen sich und ihre Großmutter stirbt. Diese beiden Ereignisse bringen Debora viel Leid und führen sie zur Auflehnung.

Später wird ihre Ausbildung von der Stimme Gottes unterbrochen, die sie mehrmals bittet, alles aufzugeben, weil Er ihr Herz mit einer anderen «Weisheit» füllen müsse. Auf den Rat ihrer Verwandten hin versucht Debora dennoch, ihr Studium wiederaufzunehmen, aber die Heilige Jungfrau gibt ihr zu verstehen, daß ihre Sendung eine ganz andere Weisheit benötigt als die der Welt.

Als die Stimmen am 20. Mai 1992 beginnen, lebt Debora wie die meisten jungen Leute ihres Alters von Vergnügungen, Diskotheken, Festen, kleinen Hobbies und Teilzeitarbeit. Ein ganz anderes Leben im Vergleich zu jetzt!

Heute verbringt Debora ihre Zeit mit Gebet, Sühneleiden, der Unterstützung der Mitglieder der «Bewegung der Liebe» und mit den Aufträgen, Zeugnis zu geben. Zwar waren die Stunden, die auf den ersten Ruf folgten, schwer zu leben, doch heute sind sie es noch viel mehr. Auch wenn es sich nur um einzelne Stunden handelt, sind sie sehr bitter und schwer, weil der Auftrag zur Miterlösung keine Ruhe läßt.

Debora, eine Persönlichkeit!

Jesus: «Deine Persönlichkeit hat sich im Abenteuer einer nicht immer glücklichen Existenz ausgebildet…» (7.9.1998)

Debora ist ein lieber, energischer, wirklichkeitsbezogener, entschiedener Mensch, der viel lächelt. Ihr Charakter gab oft Anlaß zu Konflikten mit den Menschen in ihrer Umgebung. Ihre Spontaneität und ihre Freimütigkeit werden nicht immer gut aufgenommen, weil sie der Feindseligkeit eines Lebensstiles begegnet, den die Menschheit ohne Gott ausgebildet hat.

Sie ist liebenswürdig mit den verhärtetsten und schlimmsten Sündern, streng und anspruchsvoll mit jenen, die sich als treue Anhänger Christi und seiner Lehre bezeichnen. Sie ist sehr mütterlich und verständnisvoll, wenn es um die Schwierigkeiten auf dem Weg der Bekehrung geht. Sie ist kurz angebunden und reserviert mit jenen, die weder ihr Leben noch den Herrn ernst nehmen. Sie liebt die Schöpfung und die Geschöpfe und lebt so die übernatürliche Mutterschaft, die der Herr ihr anvertraut hat.

Franziskus von Assisi ist mehr als nur ein Begleiter und Ratgeber, wenn es darum geht, das neue Herz Deboras zu formen.

Der Herr hat Debora einen ganz weißen Schäferhund aus den Abruzzen verschafft, der seiner Herrin gegenüber wirklich ein außergewöhnlich treues Verhalten an den Tag legt. Wenn Pilger in ihrem Haus empfangen werden, führt die Hündin Blanca sie in die Kapelle der Erscheinungen, damit sie dort beten können. Während Deboras «Leidens» geht Blanca zu ihr und bekundet ihren Wunsch, an ihrer Seite, am Fuß des Bettes zu bleiben. Sie hat sie mehrmals vor körperlichen Angriffen gerettet.

Die himmlischen Mitteilungen

Zur Zeit der ersten inneren Einsprechungen war Debora fast 19 Jahre alt. Um aus ihr seine Braut zu machen, ließ Jesus sie innerhalb eines Jahres einen «wahren Wettlauf» zurücklegen, wie die kleine Therese sagt, die sie manchmal besuchen kommt. Die Geschwindigkeit, mit der er sie von der völligen Unwissenheit über Gott in den Zustand des blutenden Liebesopfers bringt, ist beeindruckend. Sie ist in völliger Vereinigung mit Seiner Erlöser-Liebe in eine intensive Teilnahme zur Miterlösung eingetreten.

Natürlich kommen ihr himmlische Unterhaltungen zugute, die ihr helfen, ihren Auftrag zu erfüllen. Sie empfängt den Willen Gottes auf drei verschiedene Weisen:

– Die eine besteht aus einer körperlichen Ekstase an jedem 23. des Monats, dem Tag der öffentlichen Erscheinung.

– Die zweite besteht aus einem inneren Dialog zwischen Debora und Jesus, der zwischen ihrem Gehör und ihrem Herzen stattfindet.

– Die dritte besteht aus einer inneren Vision, in der Debora mit ihrer Seele den Moment erkennt, in dem die Ewige Weisheit Gottes sich offenbaren will. Aber sie kann nicht erklären, wie das geschieht.

Die inneren Einsprechungen hängen nicht von Debora ab; sie kommen meistens dann, wenn sie am wenigsten damit rechnet. Dagegen kann Debora natürlich Fragen stellen oder Bitten äußern, wenn sie sich im Zustand des inneren Dialogs mit Jesus oder Maria befindet. Sie ist sich ihrer Umgebung bewußt und schreibt alles auf, was ihr gesagt wird. Sie bittet nicht für sich selbst, auch wenn sie schwer krank ist.

Die Last, die auf Deboras Schultern ruht, ist oft an der Grenze des Erträglichen. Sie ist manchmal versucht, den Mut zu verlieren, ja sogar aufzugeben. Die himmlischen Besuche sind ihr dann eine große Hilfe: sie ziehen sie aus ihren «Nächten» heraus. Haben diese Besuche die Wirkung eines «Zaubermittels»? Debora antwortet darauf folgendes: «Die Seele empfängt eine große Wärme und einen seligen Frieden, sobald Gott sich ihr nähert. Die Kraft des Allmächtigen wird in dem Maß spürbar, in dem Er sich der Seele nähert. Das geschieht oft auch dann, wenn ich schlafe und der Herr schon seit einiger Zeit da ist. Das ist der Rücksichtnahme Jesu zuzuschreiben, der unsere Grenzen, unsere Erschöpfung und Armut gut versteht. So können wir seine väterliche Geduld und sein barmherziges Warten bewundern. Die Ewige Liebe zwingt ihr Geschöpf nie; im Gegenteil, sie wendet sich ihm mit einer unvorstellbaren Feinfühligkeit zu. Mit der Zeit lernen wir das erkennen, und es ist nicht so schwer, unsere wahren himmlischen Eltern spürbar wahrzunehmen. So empfinde ich zum Beispiel tagsüber auch außerhalb der Zeiten besonderer Besuche mit allen meinen Sinnen, wenn der Himmel mich ruft, mich aufrüttelt oder ein besonders Gebet wünscht. Im Verlauf der Jahre lehren diese Besuche den Menschen, zur himmlischen Familie zu gehören. Natürlich bin ich mir im klaren darüber, daß es nicht leicht ist, das zu verstehen, so wie es euch bewußt sein muß, daß es für mich nicht leicht ist, mich in den Parametern der gewöhnlich verwendeten Sprache auszudrücken. Ich lebe jedenfalls das Paradies schon auf dieser Erde!»

Eine Mutter für meine Kinder

Derzeit empfindet Debora die große Verantwortung, da Jesus, die Liebe, sie «*Eine Mutter für meine Kinder*» genannt hat. Seit ihrer mystischen Vermählung im Mai 1993 ist sie also als aktive Braut Christi auf der Suche nach den verlorenen Schafen, und sie handelt, um jene zu retten, die verlorengehen könnten. Jene, die in der «Bewegung der Liebe» in ihrer Nähe leben, haben diese übernatürliche Kraft gefühlt, die sie ausstrahlt und sie befähigte, allein das Boot zu leiten, als es in den Augen vieler von ihnen überall mit Wasser vollief.

Als gelehrige Schülerin und unermüdlicher Apostel bietet sie jeden Tag der feindseligen, bedrückenden Atmosphäre heldenhaft die Stirn und läßt sich dabei von den kraftvollen Worten leiten, die sie in einem Buch liest, das sie sehr liebt und immer bei sich trägt: die «*Nachfolge Jesu*».

Deboras Tage verlaufen nicht «normal». Ihre Zeit teilt sich auf zwischen nächtlichem Gebet, den Leiden der Passion, der Mitarbeit an der Zeitschrift «Die Jungfrau von der Eucharistie», die die «Bewegung der Liebe» unterstützen soll, der Katechese und der geistlichen Begleitung im Garten «Himmelsgrün», der Arbeit mit Holz, um das Werk finanziell zu unterstützen, und ihren missionarischen Reisen. Jeden Tag muß man feststellen, daß sie nicht genug Zeit hat, um all diese geistige Hilfe und manuelle Arbeit zu erledigen, und doch gelingt es ihr zum großen Erstaunen aller.

Der große, übernatürliche Kampf

Wie so oft bei den Mystikern folgen auf die ersten Erscheinungen gleichzeitig die Schikanen des Bösen: körperliche Mißhandlungen, falsche Zeugnisse, bedrückende Situationen, teuflische Verschwörungen, die von gehässigen Menschen eingefädelt werden, die sie als Besessene, als Priesterin oder als Taugenichts hinstellen wollen, nehmen zu. Debora ist darüber zutiefst betrübt. Wie der heilige Paulus muß sie lernen, was es bedeutet, «für Seinen Namen zu leiden». (Apg 9,16)

Die Jungfrau Maria fordert sie auf, nicht betrübt zu sein, weil «das Leiden die Seele adelt». «Du sollst wissen, daß du für den Namen Gottes wirst leiden müssen. Hast du vergessen, was in der Bibel geschrieben steht: "Selig, die um des Namens Gottes willen verfolgt werden[9]"? (...) Wenn du dich demütigst, kannst du sagen: O mein Jesus, ich bin jetzt der Widerschein deiner Augen, von nun an werden deine milde Worte auch im Leiden auf meinen Lippen erklingen. Und du, Gott, wirst dich freuen, mich erschaffen und nach deinem Bild gestaltet zu haben.» (22.11.1992)

Debora wird durch das Leiden in Einheit mit dem des Erlösers geläutert, und ihre Tränen sind ein Wasser, das sie von der Sünde reinwäscht. Oft wird sie daran erinnert, wer sie ist: «Jesus hat dich erwählt, weil du nichts bist. Wenn es "weniger" gäbe als dich, hätte Jesus es erwählt.» (14.11.1992)

Sie ist auch erstaunt über die Gabe, die ihr zuteil wird: «Ich weiß, daß du Jesus bist. Mein Herz freut sich, ohne daß ich es mir erklären kann.»

Jesus: «Meine Tochter, die menschliche Natur ordnet sich der göttlichen Natur unter. Sie ist imstande, ihren Gott zu erkennen.» (15.12.1992)

Debora erfährt das Wort Gottes nach dem heiligen Paulus: «Vor allem greift zum Schild des Glaubens! Mit ihm könnt ihr alle feurigen Geschosse des Bösen auslöschen» (Eph 6,16). «Herr, ich danke dir, weil du mir die Kraft gibst, den Dämon zu besiegen. Er ist so mächtig im Vergleich zu meinen eigenen Kräften, aber du hast mich gelehrt, daß das Vertrauen zu Dir über ganze Legionen von Dämonen siegt.» (19.12.1992)

Der Dämon führt Debora in Versuchung wie Jesus in der Wüste: er bietet ihr Reichtum und ein Leben ohne Leiden an, sowie Macht über andere, wenn sie ihm folgt. Aber sie ist jetzt in Christus die Stärkere. Sie versteht es, ihn in die Schranken zu weisen: «Verschwinde! Weißt du denn nicht, daß meine Seele bereits Gott gehört? Der Herr wird mir im Leiden Achtung verschaffen.

9. Mt 5,10

Warum verfolgst du mich noch? Ich werde nie mit dir gehen. Ich würde lieber sterben!»

Aschmodai beklagt sich: «Wenn es zehn Seelen wie dich gäbe, wäre meine Herrschaft vernichtet!»

Debora: «Im Namen Jesu, des Erlösers, und der Jungfrau Maria verjage ich dich, du Teufel.»

Mit einem großen Schrei und Flüchen verschwindet er. (20.12.92)

Erste Schritte zu einer verwandelnden Bekehrung

Es geht nicht ohne Schwierigkeiten und Widerstände, wenn man eine Braut vorbereiten und einen Propheten ausbilden will. Debora begreift nicht, daß Gott sie erwählt hat, da sie sich sehr wohl im klaren darüber ist, daß sie nichts ist. Sie fragt sich: Wie kann ich in den Plan Gottes einwilligen, da ich doch bei Null anfange? Wie kann ich von heute auf morgen auf einen solchen Anruf antworten, ohne von Zweifeln und Ängsten überfallen zu werden? Und wie könnte ich endlich glauben, daß Jesus mich braucht, die ich so armselig und bis jetzt so gleichgültig war? Warum all diese Gnaden, die ich nicht verdiene?

Jesus: «Du sollst wissen, meine Tochter, daß Ich dir nicht wegen deiner Verdienste so viele Gnaden gewähre, sondern gerade wegen deiner Armseligkeit. Meine Kleine, gerade deine Armseligkeit und deine Schwäche gefallen Mir, und besonders das Nichts, das du bist. Ich werde dich zu einem Musterbeispiel machen. Höre auf Mich! Du bist das Gefäß, und Ich bin der "wertvolle Inhalt". Wenn in dem Gefäß kein Inhalt ist, ist es leicht, es zu füllen. Ich will, daß Meine Weisheit der Inhalt deiner Seele sei. Bist du bereit, Mich empfangen?»

Aus Angst, zum Spielball des Bösen zu werden, zweifelt sie, aber Jesus, der die verborgensten Gedanken der Herzen kennt, warnt sie vor der Versuchung, das zu verleugnen, was Er mit ihr vorhat. Er befragt sie über ihre Zweifel, er enthüllt ihr Sein langes, schmerzliches Warten, während «die Sünde der einzige Balsam war, mit dem deine Seele sich schmückte. (...) Ich verstand zu warten und zu leiden, bevor du dir Meiner bewußt wurdest! Sage Mir, wenn Ich dich nicht zurückgerufen hätte, hättest du Mich dann beachtet?»

– Nein, bestimmt nicht, antwortet Debora ihm und fügt hinzu: «Welch einen Schmerz empfand ich, Ihm diese Antwort geben zu müssen!»

Jesus ruft sie wie die Braut im Hohenlied der Liebe: «Komm, die Zeit ist da, der Winter ist vorbei. Jetzt, wo Ich dich vom Bösen befreit habe, das in dir war, sollst du keine Angst mehr haben, daß der Böse dich zum Narren hält; Ich werde zulassen, daß er dich beschimpft und mißhandelt, aber niemals, daß er dich ins Verderben stürzt; Ich bin der Gute Hirte, heute ist der neue Frühling angebrochen!»

Debora fragt daraufhin, was sie tun solle.

Jesus: «Bedenke vor allem, daß die Gabe, die du erhalten hast, "Gnade ist, um Gnade zu schenken". Unser Wort richtet sich an die ganze Menschheit. Alle sollen in den Genuß Meiner Unterstützung und Meiner unendlichen Barmherzigkeit kommen.»

Aber Debora würde diese Erfahrung so gern in Ruhe und im Schutz des Schweigens leben.

Jesus: «Meine Tochter, du sollst von Mir lernen, dich den anderen ohne Maß hinzugeben.»

Doch Debora hat Angst vor der Verfolgung.

Jesus: «Debora, Debora, es liegt noch ein sehr langer Weg vor dir, aber Ich werde dich belehren und dich bilden, Meine Blume. Du sollst wissen, daß auch Ich eine zeitlang berufen war, das zu leben, was du jetzt lebst: nämlich dem Vater zu dienen. Opfere dich auf dem Kreuz hin, wie Ich es getan habe. Teile die Leiden, die Ängste und die Trauer mit Mir. Nur Ich kann dich trösten. Du sollst niemals betrübt sein, meine Tochter, sondern Mir dein Herz geben, damit du Mich trösten kannst.»

Wie kann es sein, daß Jesus sie braucht? Das kann Debora nicht begreifen.

Jesus: «Meine Tochter, Mein Leiden ist wie ein Ozean, und auch wenn du nur ein Tröpflein darin bist, so reicht deine ganze Liebe doch, um Mir Erleichterung zu verschaffen. Ich will, daß ihr eure Herzen öffnet und Meiner göttlichen Liebe entsprecht.»

Da schenkt Debora ihm ihr *fiat*: «Ich liebe dich so sehr, mach mit mir, was du willst.»

Jesus: «Ehre sei dem Höchsten im Himmel. Auch Ich liebe dich. Meine Tocher, Meine Offenbarungen sollen "das Brot und der Wein" sein, die euer Leben nähren. Ich segne dich, geh im Frieden. Dein Jesus hat mit dir gesprochen.» (22.12.1992)

Das Leiden und die mystische Vermählung Deboras

Am 28. November 1992 kündigt die Heilige Jungfrau Debora das Ende der Schikanen durch Satan an und bereitet sie auf ein neues Leiden vor: die «Passion». «Du wirst mit Freude die äußeren Zeichen ertragen müssen, die Gott dir geben wird, um das Herz jener Menschen zu erwärmen, die jetzt noch gefühllos sind.»

Am 15. Januar 1993 schlägt die Mutter des Himmels Debora vor, ihren Schmerz zu teilen.

Maria: «Meine liebe Tochter, an diesem Freitag will ich mein Leiden mit dir teilen und dich an die Leiden meines Sohnes bei der Dornenkrönung erinnern.»

Debora empfängt die Dornenkrone, die für die Anwesenden sichtbar wird.

Maria: «Ich würde dir gern sagen: "Frieden, Frieden und nochmals Frieden für die Welt", aber diese Welt ist zu sehr von Bosheit und von Haß erfüllt. Ich würde dir gern sagen: "Liebe, Liebe und nochmals Liebe", aber die Welt verhält sich ihrem Vater gegenüber nicht wie ein Kind. Ich bin die Mutter der Welt und will sie ändern; ich will, daß sie aufmerksam und liebevoll ist, aber vor allem, daß sie sich in der Anbetung meinem Jesus zuwendet, der euch so sehr liebt, daß er mitten unter euch kommt und sich euch gleich macht.

Nehmt meine Einladung an. Die Zeit ist sehr nahe. Ich segne euch.»

In der Nacht vom 5. auf den 6. Februar erscheint Maria und kündigt ihr den Beginn ihrer Sendung für den Zeitpunkt nach der Messe an. Nach der Meßfeier fällt Debora in der Gemeindekirche in Ekstase, und alle können die Wunden an ihren Füßen und ihrer Stirn sehen.[10]

10. Siehe Botschaft vom 6. Februar 1993, Seite 119.

Die Ekstase und die Botschaft stoßen auf Ablehnung. Nach der Erscheinung befiehlt ihr der Gemeindepfarrer, sich nicht mehr in der Kirche blicken zu lassen, bis «dieses ganze Theater zu Ende» sei.

Debora beschließt also, an einen einsameren Ort zu gehen, der «Kleines Lourdes» genannt wird. Dann kehrt sie wieder in die Gemeinde zurück, bis sie am 13. März endgültig von ihrem Pfarrer verjagt wird.

Am 24. Februar läßt Jesus sie bei einer Ekstase an seiner Verurteilung durch Pilatus teilnehmen. Als der Blick Jesu sich auf sie richtet, begreift sie, daß sie ihr Kreuz so wie Er schweigend hätte tragen sollen.

Am nächsten Tag besucht Debora die Hölle in Begleitung ihres Schutzengels Fidemilus. Sie entdeckt dort sieben Türen, die den sieben Hauptsünden entsprechen. Darauf folgt der Besuch des Fegefeuers und des Himmels in Begleitung der Heiligen Jungfrau.

Auf einen Hinweis Mariens hin geht Debora dann in die Kapelle Unserer Lieben Frau von den Schmerzen, aber als Zeichen geschehen, verbietet ihr der Eigentümer der Kapelle wiederzukommen.

Am 30. April 1993 kündigt Maria Debora an, daß ihre Gegenwart von nun an unauffälliger sein wird: «Mein Ziel ist es, dich zu meinem göttlichen Sohn zu führen; und da Er jetzt in dir ist, ist meine Gegenwart zweitrangig...»

In der Nacht vom 7. auf den 8. Mai 1993 beglückwünscht Jesus Debora wegen ihres Gehorsams dem Willen des Vaters gegenüber: «Du sollst gesegnet sein für dein ununterbrochenes *fiat*, auch in den bittersten Schwierigkeiten. Ich liebe dich, und eines Tages werde Ich deinen Gehorsam laut ausrufen. Du Meine Braut und Mein Jünger, du Mein Widerschein und Meine Liebe. Ich liebe dich, du Meine jugendliche Märtyrerin.»

Als Jesus mit ihr über sein Leiden wegen des Verhaltens der Menschen spricht, fragt Debora ihn, was sie für ihn tun könne.

Jesus: «Meine Debora, vor allem mußt du lernen, für die anderen zu sühnen, indem du deine Demütigungen, deine Taten und deine Gebete aufopferst. Meine Tochter, Ich weiß, daß du das tun wirst, auch wenn die Welt dich verfolgt, und daß du dein Fleisch abtöten wirst. Freue dich...»

Debora ist erschöpft. Sie fühlt sich «ein bißchen verbraucht»! Jesus erinnert sie an die Bedeutung ihrer Sendung:

«Meine Kleine, du bist nur Mein Geschöpf, und Ich lasse dir immer die Freiheit der Wahl. Ich bitte dich, Meine Debora, verlasse Mich nicht, und werde es nie müde, Mein Wort aufzuschreiben. Wenn du nicht schreiben würdest, wie solltest du den anderen dann helfen können? Durch Meine Schriften werden sie Mich in ihrem Herzen fühlen, so wie du Mich heute siehst.»

Am 14. Mai 1993, also nicht einmal ein Jahr nach dem ersten Aufruf durch die Stimme, erlebt Debora zutiefst bewegt in einer 45-minütigen Erscheinung von Jesus und Maria ihre mystische Vermählung.

Maria: «Komm, meine kleine Tochter, komm näher und reiche mir deine Hand. Ich werde sie meinem Jesus hinhalten!

Jesus: – Meine Geliebte, jetzt nehme Ich dich ein, damit du Mir gehörst! Meine Braut, schenke Mir deinen Geist, dann werde Ich ihn mit dem Meinen vereinen, der durch die Gottheit Jahwes geheiligt ist. (Ich täuschte mich beim Schreiben, und Jesus korrigierte mich.) Wir sind jetzt vereint wie unter dem Kreuz: Meine Heiligste Mutter teilt immer noch Mein ganzes Leiden, das sich wegen euch ständig erneuert. Wir sind ein einziges Wesen! Meine geliebte Braut, gib Mir die Hand!

Debora: – Ich kann nicht, Jesus, meine Arme zittern!

Jesus: – Meine Tochter, Mein Gedanke soll auch dein Gedanke sein!

Maria: – Meine Tochter, vertraue dich deiner Mama an. Komm: halte deine Hand deinem Jesus hin. (Jesus nahm meine Hand und streifte mir ganz sanft einen Ring über, der merkwürdigerweise leuchtet.)

Jesus: – Hiermit überlasse Ich dir Meinen Geist der Liebe. Von nun an wirst du dir Meiner Gottheit bewußt sein. Laß deinen Geist umherschweifen, damit du die Wunder betrachten kannst, die du noch nicht begriffen hattest. Du sollst in Mir leben und Mein Heiligtum werden!»

Danach kam Satan und schüttete seine Wut über Debora aus, so daß sie den Mut verlor. Doch Jesus bat sie, ihren Seelenzustand aufzuschreiben und sagte:

«Meine Tochter, komm zu Mir und verliere nicht den Mut, wenn die Prüfungen kommen. Ich will, daß du für deine Verfolger betest. Bete mit Mir:

Herr, ich opfere dir meine Schmerzen und meine Ängste auf.
Segne meine Verfolger
und mach aus mir ein Opfer für Deinen Heiligen Altar.
Milder Erlöser,
laß mich durch meine Demütigungen schweigend sühnen
für jene, die dein Wort unterdrücken.
Du unablässig Gekreuzigter, vergib die Sünden,
die die Söhne deiner heiligen Wohnstätte begehen!
O Retter und Erlöser,
gib, daß ich nie den Mut verliere,
damit den Menschen noch einmal
das Wort Gottes als der wahre Weg und das wahre Licht vermittelt wird.
Ehre sei Dir, Allmächtiger,
weil du mir mitten im Leiden die Gnade schenkst.
O Du von Herzen demütiger Herr,
gib, daß ich deinem göttlichen Willen immer gehorche
und mich ihm füge,
dann wirst du Wunder ohne Ende vollbringen.»

Dann sagte er: «Meine Tochter, jetzt wird dir bewußt, was es heißt: "Meine Seele ist zu Tode betrübt." Jetzt begreifst du auch die Feigheit der Jünger, die schliefen und mich im Stich ließen.» (21.5.1993)

Das ist meine Katechese

Vor Debora liegt noch ein weiter Weg, um zu lernen, ihr Leben als Braut Jesu zu leben. Sie fürchtet, ihrem Bräutigam zu mißfallen:

Debora: «Jesus, bist du zufrieden mit mir?

Jesus: – Ich bin unersättlich, und du wirst unendlich geprüft werden, um zu einem Wiederschein Meiner Heiligkeit zu werden, aber am Ende wird Mein göttliches Feuer all deine Unvollkommenheiten zum Schmelzen bringen. Ich bin in dir.» (28.5.1993)

Dann von neuem: «Aber brauchst du mich denn wirklich? Ich bin so unbedeutend!

Jesus: – Meine Tochter, schau nicht auf deine Armseligkeit, auch wenn sie sehr groß ist, sondern schau auf die Kraft der Liebe, die Mein Heiliger Geist in dich gelegt hat. Sühne, Kleine, sühne! Du sollst den Todeskampf kämpfen in dieser Wüste, die wegen der Sünde und dem Laster trockener denn je geworden ist. (...) Heutzutage sühnt niemand mehr, und wenn doch jemand es tut, will er im Austausch dafür etwas bekommen. Als Ich Mich dem Vater aufopferte, habe Ich da den Vater um mehr gebeten als um das, was Mir zukam?» (28.5.1993)

Jesus ermutigt seine Geliebte und sagt ihr, wie sehr er sich freut: «Meine Tochter, Mein Geist findet Gefallen an dir, weil er dich auserwählt hat wie den Diener Jesajas (42,1-9).» (3.6.1993)

Ein anderes Mal beginnt Jesus, mit Debora über die Liebe zu sprechen:

Jesus: «Meine Tochter, weißt du, was Liebe bedeutet?

Debora: – Jesus, ich glaube ja, aber das ist ein so großes Wort!

Jesus: – Debora, du sollst nicht sagen, "ich glaube", sondern: «Herr, mein Herz gibt mir ein... (...)

Debora: – Vielleicht habe ich nicht genug geliebt, weder Dich noch die Geschöpfe?

Jesus: – Meine Kleine, niemand wird jemals genug lieben, denn da dieses Gefühl keine Grenzen kennt, um vollkommen ausgedrückt zu werden, kann es niemals erschöpft werden. Schau, Meine Debora, die menschliche Natur überläßt ihren Platz nicht so leicht der göttlichen Natur, die in jedem Menschen als Gabe des Vaters verwurzelt ist, und deshalb liebt der Mensch nie genug. Die Liebe lieben bedeutet, sich täglich seinem Bruder hinzugeben. Dies zeigt sich in Taten der Liebe. Ich bin dein Meister, und Ich will, daß du, Mein Geschöpf, von Mir lernst, wie und wann du lieben sollst. Das ist meine Katechese.» (10.6.1993)

Und um seine Schülerin vor der Gefahr des Stolzes zu bewahren sagt er:

Jesus: «Du mußt immer daran denken, Meine kleine Tochter, daß du nichts bist, und daß du so bleiben mußt, weil du Meine göttliche Vaterschaft nur dann erkennen kannst, wenn du dich selbst verleugnest. (28.6.1993)

Debora: – Herr, ich fühle schon die Schmerzen der Dornenkrone.

Jesus: – Heute sollst du noch mehr leiden, und zwar schweigend, und ohne dich auf dein Bett zu legen. Willst du an Meiner Dornenkrone teilhaben?» (13.8.1993)

Oftmals ist Debora außerordentlich betrübt und fühlt sich unfähig, ihr so schweres Kreuz zu tragen: «Mein Herr, die schweren Marter beginnen: ich fühle, daß ich nicht mehr kann!

Jesus: – Meine Tochter, Ich selbst unterstütze dich und werde dich immer unterstützen...» (15.1.1994)

In der Pfingstnacht am 21. Mai schläft Debora ein, nachdem sie eine Botschaft Jesu empfangen hat. Sie sieht den Himmel und die Liebe des Vaters, und fühlt sich dabei völlig in die Seligkeit mit den anwesenden Engeln eingetaucht.

Am 18. Juli 1993 erleidet Debora bei Exerzitien von Msgr. Milingo die Passion und erhält eine Offenbarung. Am Ende befiehlt ihr der Bischof: «Gib mir das Papier, ich will es unterschreiben. Ich bin ein Zeuge der Güte Gottes.»

Nach der Dornenkrone bringt Jesus ihr ein weiteres Zeichen Seiner Liebe: Debora sieht zwei Strahlen vom Herzen Jesu ausgehen, die ihre Hände treffen; das nennt man Stigmatisierung:

Jesus: «Meine Tochter, sie werden nicht von Löchern durchbohrt sein: das duftende Blut, das vom heiligen Tempel Gottes herabkommt, wird aus deinen Händen treten und sie verletzen.

Debora: – Herr, das verstehe ich nicht.

Jesus: – Meine Tochter, es gefällt Mir, dich in dieser Weise zu lieben. Ich bin der wunderbare Baumeister des Lebens, Ich werde das Blut und den Schmerz in deinem Fleisch entstehen lassen, ohne daß die Menschen verstehen können, wie das geschieht. Du sollst mit Mir innig verbunden sein! Du sollst Mein Opfer sein.»

Dann bringt Jesus ihr die Eucharistie. (6.9.1994)

In den folgenden Tagen leidet Debora fürchterliche Schmerzen. Sie schreibt:

«Wenn ich schreien könnte, würde ich wohl eine ganze Stadt zum Einstürzen bringen. Mein Jesus, niemand wird jemals ermessen, wie sehr ich leide aus Liebe zu deinen Leiden. Herr, manchmal habe ich den Eindruck, daß meine Hände in kochender Lava erhitzt werden, und das Leiden ist so stark, daß ich sie nicht mehr als Teile meines Körpers empfinde. Manchmal schäme ich mich wegen dieser Wunden; verzeih mir, Herr...» (8.9.1994)

So trägt Debora an ihrem Leib die Zeichen ihrer Liebe zu ihrem Bräutigam und zu uns allen. Sehr oft ist sie an der Grenze der Ohnmacht, aber Jesus und Maria besuchen sie immer mit ihrer göttlichen Liebe und tragen mit ihr das Kreuz der Erlösung und der Sühne.

Jesus: «Du bist die Dienerin, die mit der Tiefe Meines überaus leidensvollen Herzens innig vertraut ist, vergiß das nicht.» (10.8.1996)

«Ich habe es dir schon gesagt: du bist die vertraute Dienerin Meiner Göttlichen Eucharistie: Meine Mutter hat dich auf diese Sendung vorbereitet, und jetzt erkennst du ihren Früchte.» (14.3.1997)

Tests und wissenschaftliche Prüfungen

Debora ist während ihrer Visionen und des Leidens, das sie erduldet, mehr als einmal von professionellen Medizinern beobachtet worden: von Kardiologen, Neurologen und Spezialisten aller Art. Man hat sie mit Nadeln an verschiedenen Stellen ihres Körpers gestochen, ohne die geringste Reaktion oder den mindesten Schmerz feststellen zu können, und ohne daß ein Tropfen Blut zum Vorschein kam. Während der Erscheinungen hat man immer sehr starke Strahler vor die Augen der Seherin gebracht: aber auch da zogen sich die Pupillen nicht im mindesten zusammen und wiesen keinerlei Störung auf.

Während ihrer Reisen hatte Debora die Gelegenheit, Msgr. Milingo kennenzulernen. Er vertraute sie dem Arzt Dr. Gino De Blasi[11] an, der sie bezüglich der verschiedenen «Phänomene», die man bei ihr beobachten kann, medizinischen Untersuchungen unterzog. Wir geben hier sein Zeugnis wieder:

«Am 5. August 1994 habe ich im Institut der Töchter von Jesus, dem Guten Hirten in Zagarolo (in der Gegend von Rom), die von Msgr. Milingo gegründet worden sind, die zwanzigjährige Debora Marasco aus Manduria (in der Gegend von Taranto) untersucht.

11. Chirurg, Orthopäde und Traumatologe, sowie Spezialist für Homöopathie und Akupunktur.

Sie wies parallele Einschnitte von 7 bis 8 cm Länge auf, die sich von der linken bis zur rechten Schläfe am Rand des Haaransatzes hinzogen: diese Wunden vermehrten sich nach ein paar Minuten; dann kamen andere Verletzungen hinzu, die aus Punkten von 3 bis 4 mm Durchmesser bestanden, aus denen sich rotes, intensiv duftendes Blut ergoß.

Die Patientin, die körperlichen und mündlichen *stimuli* gegenüber unempfindlich blieb, hatte halb geschlossene Augenlider und stöhnte ununterbrochen; manchmal murmelte sie etwas, das zum Teil verständlich war und sich auf den Blut weinenden Jesus bezog.

Zeitgleich mit diesen körperlichen Phänomenen traten aus den Augen eines Bildnisses Jesu, das über Deboras Bett hing, blutige Tränen: diese Ereignisse sind nicht menschlich erklärbar und noch weniger von Menschenhand hervorgerufen.

Während Debora noch immer litt und sich in einem Zustand der Bewußtlosigkeit befand, begann sie um 13 Uhr zu schreiben; ein Priester las während des Schreibens mit.

Um 13 Uhr 40 wies Debora unter starkem Stöhnen und mit ungeordneten Körperbewegungen — so als wolle sie etwas ausweichen — in der Kreuzbein- und Lendengegend etwa 10 bis 12 parallele, gebogene Einschnitte auf, die sich von links nach rechts zogen und 15 bis 20 cm lang waren. Dann kamen im rechten Winkel zu den ersten drei weitere Schnitte hinzu: auch hier floß Blut aus den kleinen Öffnungen.

Der Blutdruck blieb konstant: 115/70 bis 120/75.

Während dieser Ereignisse wurde der intensive und "frische" Duft, der von dem Blut und der Haut ausging, auf wunderbare Weise immer stärker. Ich habe es besonders bezeichnend gefunden, daß die Blutflecken sich auf den Tüchern, die einfach auf Deboras Wunden gedrückt wurden, in Kreuzzeichen verwandelten.

Um 14 Uhr 30 ereignete sich ein weiteres Phänomen: ein Ausschwitzen auf den Handrücken, besonders in der Gegend der Handwurzel, in einem Rechteck von 7 x 2 cm, und auf beiden Seiten der Handflächen. Dieses Phänomen zeigte sich auch im Gebiet der Fußunterseite und des Fußrückens: der überaus intensive Schmerz der betroffenen Stellen machte jegliche aktive oder passive Bewegung unmöglich.

Diese Phänomene gingen um 5 Uhr zu Ende, während das Blut der Hände, der Füße und der linken Lendengegend in dem Maß resorbiert wurde, in dem das Phänomen relativ verging. Teilweise geronnenes Blut blieb dagegen auf der Stirn wie ineinander verschlungene Fäden sichtbar, und zwar fast drei Tage lang.

Am 11. August war Debora bei mir zu Gast. Sie hatte ein Bildnis von Christus mitgebracht. Um 10 Uhr 30 begann es, Tränen zu vergießen, und zwar viel reichlicher als das vorhergehende Mal.

Diese Tränen waren so zahlreich, daß einige davon auf den Marmor des Möbelstücks flossen, auf dem das Bildnis stand. Die Tropfen drangen so schnell in den Stein ein, daß sie nicht mehr von Watte aufgesaugt werden konnten. Diese Tropfen sind noch immer sichtbar.

Kurz davor, am 8. August, hatte sich ebenfalls in meiner Wohnung ein anderes außergewöhnliches Phänomen ereignet. Das Bildnis der Jungfrau Maria, Hilfe der Christen, prägte sich auf der Decke des Bettes ein, in dem Debora sich am ersten Tag ihrer Ankunft in Tivoli ausruhte. Jetzt duftet das Bild.

Da ich ebenso Zeuge der hier dargestellten Phänomene war sowie anderer, ähnlicher Phänomene, die sich bei verschiedenen Umständen und Personen ereignet haben, kann ich zusammenfassend für das eben Dargestellte ohne den mindesten Zweifel definieren, daß die festgehaltenen Tatsachen nicht von einem psycho-physischen Krankheitsprozeß ausgelöst werden.»

Tivoli, den 16. August 1994

Dr. Gino De Blasi
Via A. Del Re, 33 - Tivoli (Roma)

Die Sendung Deboras

Deboras Sendung weist die unterschiedlichen Facetten ihrer Berufung auf: sie ist Opfer, das Beispiel geben und sühnen soll; sie ist Prophetin, die eine Offenbarung Gottes mitteilen soll; und sie ist Mutter, die die Söhne Gottes erziehen soll.

Der Heilige Geist erinnert durch Debora jeden Christen an seine Taufberufung.

«Ihr seid das Licht der Welt.» Ihr sollt diese Welt weder genießen, noch von ihr anerkannt werden wollen, sondern ihr sollt allein danach streben, Gott zu gefallen.

«Ihr seid das Salz der Erde.» Ihr sollt lernen, das aufzuopfern, was Gott euch schenkt, und jeder soll seinen Prüfungen einen Sinn geben.

Opfere dich auf als Vorbild für die Welt

Maria ist das Vorbild, die Urform und das Urbild der Kirche[12]; sie ist bestens geeignet, um Debora zu ermutigen, in ihre Fußstapfen zu treten.

Maria: «Meine Tochter, ich wende mich jetzt an dich: Opfere dich auf wie das Lamm, das sich auf dem Altar als Opfer darbringt. Du sollst wie viele Heilige das Abbild des lebendigen Gekreuzigten werden. Opfere dich als Vorbild für die Welt auf. Du sollst ein Vorbild der Liebe, der Demut, der Brüderlichkeit, der Güte, des ständigen Leidens und der Hingabe an Gott in der Armut sein, und du sollst vor allem die beständige Hingabe für deinen Bruder ausstrahlen.

In seiner Freiheit überläßt Gott deinem Willen die freie Wahl, diesen Plan anzunehmen oder abzulehnen, aber wenn du wüßtest,

12. Siehe *Lumen Gentium*, 63-65

wie sehr Er und ich dich lieben, würdest du jetzt sofort beginnen.» (10.11.1992)

Jesus: «Ich komme zu dir, damit du lieben lernst. Morgen wirst du ihnen zeigen, daß der Herr große Dinge an dir tut. Wenn auch keine Liebe in ihnen ist, so sollst du ihnen doch durch deine Demut und deine Einfachheit helfen, wie Ich es bei dir tue. Das nennt man die "Kette der Liebe": der eine ist für den anderen da. Komm in mein Herz und sei mir immer treu...» (10.6.1993)

Du mußt dein Wesen für jeden hingeben..

«Er hat unsere Leiden auf sich genommen und unsere Krankheiten getragen» (Mt 8,17). Der Auftrag zu sühnen duldet keinen Aufschub, weil das Böse sich auf der Erde ausbreitet, und weil Gott und besonders der Eucharistie immer schlimmere Beleidigungen zugefügt werden. Wir sind alle durch unsere Taufgnade dazu aufgerufen, mit Freuden füreinander zu leiden und in unserem Leib zu ergänzen, «was für den Leib Christi, die Kirche, an den Leiden Christi noch fehlt» (Kol 1,24); wir sind aufgerufen, nicht nur als Konsumenten der geistigen Güter zu leben, und uns von «Milch» zu ernähren, wie der heilige Paulus sagt, sondern auch zu geben: wir sollen uns mit Freude und aus reiner Liebe zu Gott hingeben. Und wir sind berufen, nicht wie ein Kind über unser Leiden zu klagen, sondern jede Prüfung im Glauben als ein Zeichen der Liebe Gottes zu uns anzunehmen.

Maria: «Meine Tochter, deine Mutter leidet und geht mit dir voran. Heute wird dir die Kreuzigung erspart bleiben, aber Gott, der Herr hat für dich einen anderen "Bußakt" vorgesehen. Deine Knie werden sich auf dem Boden abtöten müssen. Du sollst dich hinknien und Jesus bitten, daß der Vater des Himmels die Strafen aufhebt, die die Menschen durch ihre willentlichen und fortgesetzten Sünden verdienen. Meine Tochter, ich brauche deine Gebete, damit an diesem Ort eine Schranke des Friedens errichtet wird. Sie soll mit den anderen Schranken verbunden sein, die ich nach meinem Willen errichtet habe, um den Krieg zu besiegen. Gib dich meinem Rosenkranz hin, und laß meinen Sohn in dir wirken.» (14.6.1993)

«Liebe Tochter, heute will ich durch dein Leiden die ganze Gnade schenken, die nötig ist, um die Sünde in die Flucht zu schlagen. Du sollst nicht vor deiner Sendung zurückweichen. Dein *fiat* für den Herrn, der dich berufen hat, ist jetzt wichtiger denn je. Du sollst weder Angst noch Furcht haben, wenn mein mütterliches Herz dich zur Wanderschaft ruft. Ja, denn ich werde dich an derart viele Orte führen, weil ich jenen Gnade schenken will, die mich darum bitten.

Meine Tochter, Jesus nimmt dein Leiden und dein Kreuz an; du sollst es aus Liebe zu Ihm tragen.» (21.6.1993)

Debora: «Meister, was kann ich für Dich tun?

Jesus: – Du hast bereits den Auftrag bekommen, in der Welt um meinetwillen prophetisch zu reden und zu leiden. Was braucht es mehr, um dich mit Mir zu vereinen? Ich segne dich und schenke dir Meinen Frieden.» (28.9.1993)

«Mein Lamm, jetzt sollst du mit Mir leiden und keine Angst haben vor jenen, die den Leib töten, weil ein großer Plan auf dir ruht. Du wirst Meine leidende Botin der Liebe sein. (…)» (9.12.1993)

Maria: «Meine Tochter, ich will, daß du dein Leiden schweigend trägst. Du sollst dafür sorgen, daß der Herr der einzige wahre Zeuge deiner Schmerzen ist. Ich bin die Mutter des Schweigens…» (9.3.1994)

Am 6. Juli 1994 vertraut Jesus Debora einen neuen Auftrag an: sie soll für die geweihten Seelen sühnen.

Debora: «Herr, du leidest so sehr! Kann ich dir helfen?

Jesus: – Ich, Christus, bitte dich zu leiden und dich für viele der Meinen zum Opfer machen zu lassen: für die geweihten Seelen. (…) Und für Mein Haus; dieses Haus, das ausgetrocknet ist wie die Steppe, und wo Mein Fuß Stunde um Stunde stolpert, weil ich über lauter Tote gehe. (…)

Du Ärmste, du Mein kleines Schaf, das in Meinem Namen leidet und sühnt. Erfülle ihn, erfülle ihn, diesen Liebesakt für deinen armen Herrn, der nach Seelen dürstet. (…) Auch du wirst auf dem Kreuz sterben, so wie Ich. Willst du der Welt absterben, um sie zu retten?

Debora: – Ja, Herr, ich werde es tun, im Schweigen…»

Dann tritt Debora in die Passion ein.

Maria: «Meine Tochter, du sollst leiden und dein Blut mit dem meines göttlichen Sohnes vereinen, damit die Verbreitung der "Bewegung der Liebe" beginnt.» (28.1.1995)

Jesus: «Komm, Meine Liebe, du Opfer deines Herrn. Meine Tochter, die Verfolger begegnen dir auf deinem Weg, weil sie dein Gebet brauchen.» (3.3.1995)

«Meine Tochter, du bist Mein priesterliches Lamm. Du sollst dein Wesen für jeden Priester der Erde aufopfern und in deinem Leib den Schmerz ihrer Verleugnung fühlen. Wenn sie sich von Meinen Lehren lösen, trennen sie sich von Meinem Geist — selbst wenn sie innerhalb Meines Hauses bleiben — und folgen dem Agenten der Verdammnis. Er weckt in ihnen die Gleichgültigkeit Meiner Eucharistie gegenüber, die sie manchmal mit einer solchen Respektlosigkeit zu entweihen verstehen.» (27.11.1995)

Im März 1996 schreibt Debora unter Tränen zum ersten Mal in ihr Tagebuch, was sie innerlich erlebt: «Diese Zeilen sind mit Großbuchstaben in mein Herz eingeprägt. Es ist wie eine immer offene Wunde, die langsam blutet, ohne Ruhe oder Trost zu finden: die Priester sind mir zum Ärgernis geworden. Was für ein Übel fügen sie meiner armen Seele zu, Herr... Sie bringen mich innerlich um...» (23.3.1996)

Ihre Niedergeschlagenheit ist so groß, daß ihr Herz beginnt, sich zu panzern.

Jesus: «O Mein kleines Lamm, dein verletztes Herz ist dabei, sich zu verhärten. Mein kleines Kind, schau Meine Wunden an: heute werden sie siegen. Der Tag des glorreichen Sieges dringt in die schmerzlichen Höhlen der Welt ein, die sich in der Sünde wälzt.»

Die Niedergeschlagenheit und die Einsamkeit des Propheten sind nichts neues; denken wir nur an den großen Elias, der in die Wüste floh und dort den Tod suchte. (1 Kön 19,1-8)

Debora: «Mein Jesus, ich halte es nicht mehr aus; die Sehnsucht nach dem Tod greift mich Tag und Nacht an und quält mich seit Monaten. Hohe Fenster sind meine Feinde geworden. Überall greift das Böse mich an. Herr, ich bin dabei unterzugehen.

Jesus: – Auf, Meine Tochter, sprich mit deinem Vater und verbirg deine langen Zeiten des Schweigens nicht vor der Wahrheit.

Debora: – Vielleicht verliere ich den Glauben an die Güte.

Jesus: – Das ist das Böse in jedem Menschen und es befällt auch dich wie eine Krankheit, du Geschöpf, das Ich bevorzuge und mit einer so großen Liebe liebe... Meine Tochter, du läßt dich gerade zerstören und merkst es nicht. Das schlimmste ist, daß eine solche Zerstörung dir von Meiner Kirche zugefügt wurde...» (19.5.1996)

«Du bist von Meinem Vater auf ganz besondere Weise erwählt worden. Du wirst jedes einzelne Leiden Meiner erlösenden Passion und des miterlösenden Leidens des Herzens Meiner Mutter erdulden. Wie Ich wirst du als Übeltäter, falscher Prophet und Botin Satans hingestellt werden! Jetzt wirst du als Verbannte leiden, und angesichts der Leere, in die die Bewohner Meines Hauses dich eingeschlossen haben, wird alles wie eine große Niederlage aussehen.

Mein Tod ist als eine Niederlage betrachtet worden, Mein Leben als eine Lästerung für das Volk! Doch niemand hat an den Sieg gedacht, der auf ein solches Leiden folgte: Meine Auferstehung. Ich sage es dir noch einmal: das Werk, das aus deinem Handeln entsteht, ist nicht das deine, und das wird die ganze Menschheit begreifen können. Mein Blut fließt in dein Herz, und während du in deiner Passion stöhnst und an Meinem Erlösungswerk teilnimmst, führst du wie eine wahre Mutter viele Meiner sündigen Söhne zurück, die sich überall in der Schändlichkeit der Welt verirrt haben. (...)

Du wirst Meine innig vertraute Dienerin und die Braut Meines Leibes sein, der unter der Erscheinungsform der Eucharistie verborgen ist. Verliere nicht den Mut, o Meine kleine Märtyrerin, du Mein priesterliches Lamm, das sich zur Sühne für die große Entweihung aufopfert.

Du wirst für eine Verrückte gehalten werden, die im Namen der falschen Gerechtigkeit der Welt ausgeliefert wird...

Ohne es zu merken werden sie dich von nun an Mir gleichmachen, indem sie dich alles erdulden lassen, was Ich selbst erduldet habe...

Meine Tochter, willst du in deiner Liebe von neuem den Auftrag annehmen, den Ich dir bereitet habe, bevor es die Zeit nicht mehr gibt? Willst du Mich von neuem an deine Seite auf den Thron der Wahrheit setzen, die keinen Untergang kennt?»

Debora: – Ja, mein Meister und Herr. (...)

Jesus: – Ich bin mit Meiner ganzen sakramentalen Wesenheit bei dir: sie wird dir als eine Gabe der Fürbitte der heiligen Johanna von Orléans geschenkt. Bete zu ihr, weil sie dir als Führerin in diesem bedeutenden Auftrag gegeben wurde, den recht wenige begriffen haben.» (1.6.1997)

«Meine Geliebte, du sollst lernen, dir selbst abzusterben und daran denken, daß ich dich liebe; nicht wegen dem, was du vermagst, sondern wegen deiner Unfähigkeit. Du bist nichts und nichts in dir könnte Mich trösten, wenn Ich es nicht in Meiner großen Liebe so beschlossen hätte.» (11.6.1997)

«Ich habe dich aufgefordert, an Meiner Erlösung teilzunehmen, die bis zum Ende dauern wird, und Ich habe dich Jener anvertraut, die die vollkommene Miterlöserin ist.[13]» (8.4.1998)

Du wirst Italien durch dein Martyrium retten

Auch wenn diese Offenbarung für die Welt bestimmt ist, so gilt der Sühneauftrag Deboras im wesentlichen Italien.

«Der Sezessionismus ist eine wahre Bedrohung für dein Land, und heute wende Ich Mich mehr denn je an dich, weil du ein wichtiges und von Gott gewolltes Werkzeug zur Rettung der ganzen Nation bist. (...) Liebe deinen Gott, der dich für ein neues, noch nie dagewesenes Werk erwählt hat. Du wirst Italien durch dein jugendliches Martyrium retten, Meine Tochter.» (25.3.1997)

Jesus: «Ich werde deine Nation dank der Hingabe retten, die du aus dir selbst gemacht hast. Ich werde dich in jeden Winkel Italiens schicken, und du wirst die "Schändlichkeit" aus den Herzen entfernen; du wirst die täuschende Zunge ausreißen, wie man es mit einem Schleier macht, der Lügen und Verrat verbirgt.» (29.9.1998)

Als Mutter und Schwester aller

Debora ist voller Mitgefühl für jene, die zu ihr kommen, und wie der Apostel der Nationen (1 Thess 2,7) führt sie dank ihres Zuhörens und ihrer Liebe in den aufgeopferten Leiden viele Seelen zum Leben in Gott zurück.

13. Das heißt die Miterlöserin schlechthin, weil Maria, die Mutter des gekreuzigten Jesus und der Kirche in einer überragenden und allumfassenden Weise unsere Miterlöserin ist.

Jesus: «Ich habe (Debora) befohlen, mit der Salbe der Heiligsten Jungfrau die Wunden der verjagten, lächerlich gemachten und ausgelieferten Schafe zu heilen und Ich habe zu ihrem Herzen gesprochen, um sie zur Mutter und Schwester all jener zu machen, die sie kennenlernen werden.» (30.1.1998)

«Wer könnte dich mehr lieben als Ich? Meine Braut, wer wird dich mit der Leidenschaft lieben, mit der Ich dein armes Dasein ausfülle, indem Ich aus dir Meine ewig Liebende und eine unermüdliche Mutter für die Kinder mache, die "das Haus verlassen" haben? Du selbst weißt es und bezeugst es durch dein Leben, daß Ich das nicht leichtfertig dahersage!» (2.2.1998)

Du aber, meine Tochter, bist mein Geist der Wahrheit

Jeder Getaufte muß «die großen Taten dessen verkünden, der uns aus der Finsternis in sein wunderbares Licht gerufen hat» (1 Petr 2,9), was immer ihn das kosten mag. Manche erhalten eine besondere Geistesgabe, um im Namen des Herrn prophetisch zu reden wie die Propheten des Alten Bundes. Das ist auch bei Debora der Fall, die unserer Generation diese Botschaften überbringen muß, von denen manche die biblischen Prophezeiungen entschlüsseln und erhellen. Diese prophetische Gnade ist natürlich an die achte Seligpreisung gebunden: Selig, die um Meines Namens willen verfolgt werden! Denn nirgends hat ein Prophet so wenig Ansehen wie in seiner Heimat. (Mk 6,4)

Debora: «Jesus, es ist nicht leicht, deinen Schmerz zu tragen, aber noch weniger deine Offenbarungen! Sie werden immer hintertrieben, diskutiert, abgelehnt. Was soll ich nur tun, Herr?

Jesus: – Tochter, so nimm Mein Blut auf dich, damit du dir des Werkes bewußt wirst, das Ich durch dich leiste. Komm, betrachte Meine Liebe. Fühlst du das Leiden deines Guten Hirten?

Debora: – Jesus, ich bin eben so unsagbar betrübt.

Jesus: – Meine Tochter, Ich sende dieser Menschheit durch dich eine letzte Warnung.[14] Mir fehlen die Worte, um Mein bitteres Leiden auszudrücken.» (25.8.1994)

«Du wirst ein Stein des Anstoßes und ein Grund des Grauens für die Arbeiter des Tieres sein!» (30.1.1998)

14. In dem Sinn, daß wir am Ende der göttlichen Mahnungen angelangt sind.

Wenn Gott bei Jesaja den Reservepfeil in den Köcher gesteckt hat — «Er machte meinen Mund zu einem scharfen Schwert, er verbarg mich im Schatten seiner Hand. Er machte mich zum spitzen Pfeil und steckte mich in seinen Köcher» (Jes 49,2) — so ist mit Debora der Pfeil gezogen!

«Ich, der Wahre, habe dich in Meinem Volk herausgerufen, um dich ihm erneuert und geläutert zurückzugeben, damit sein Geist von Meiner Gegenwart erfüllt wird. Als Ich dich erwählte, habe Ich dich in Meine Hand gelegt, um dir genügend Kraft einzuhauchen, damit das Banner Unserer beider Vereinten Herzen bis zur Sonne erhoben wird. Ich habe meinen Bogen gespannt und dich wie einen starken und sicheren Pfeil daraufgelegt... Dann habe Ich dich in die Finsternis Meiner Geschöpfe geworfen, die jetzt so weit entfernt von Mir, und Meiner Liebe gegenüber so gefühllos sind. Und Ich, der Herr, war dabei innerlich bewegt!» (10.4.1998)

Maria: «Sei glücklich, dann wirst auch du bald in der Freude deines Herrn sein, (...) wenn du auf der Erde erfüllt hast, was dir anvertraut worden ist. Aber hab keine Angst, das wird bald der Fall sein, schneller, als du es dir vorstellen kannst! Deshalb trägst du so große und vielfältige Leiden auf deinen Schultern.» (14.8.1995)

«Meine Tochter, du warst für diese Zeit bestimmt, um das Werkzeug Meines Lichtes in dieser dichten Finsternis zu sein. Was ist das doch für eine Zeit armseliger Seelen. Diese Zeit ist untreuer als die Zeit der heidnischen Götzen.» (15.8.1995)

Jesus: «Meine Tochter, die Berufung, die du trägst, ist in Wirklichkeit Meine Warnung, damit diese Feiglinge wieder zu atmen beginnen. Gott wird große Dinge für sie tun, wenn sie einverstanden sind, daß Ich sie zurückrufe und nach Meinem Gutdünken benütze. Du aber, Meine Tochter, bist Mein Geist der Wahrheit; du kündigst den Frieden an und öffnest Meinen Sündern die Türen, die jetzt deine Verfolger sind, und die Ich deinem Leiden anvertraue.» (3.10.1997)

«Ich habe dich gesandt, damit die eucharistische Frömmigkeit in das Herz der Welt erhoben und verherrlicht wird...» (27.1.1999)

«Geh, meine Tochter, halte die Ausbreitung der Modernismen in den Vorräumen meiner Paläste auf![15] Sprich und beruhige die Kranken durch die Kraft Meiner Lehren und der Tradition.» (13.2.1998)

«Ich habe dir schon die "Feuertaufe" gesandt, damit du in Treue zu deinem Auftrag furchtlos alles verkünden kannst, was Ich dir offenbare; denn dies ist Mein unumstößliches Gebot: niemand darf deinen Auftrag behindern, sonst werden Meine Engel eingreifen.» (3.9.1998)

15. Klöster, Institutionen, Gemeinden...

Manduria und die Kirche

Maria: «Liebe Kinder, die Menschen nehmen diese Erscheinung nicht an und gehen auch nicht auf sie ein. Sie wird widerlegt, aber ich werde sie als die größte Erscheinung offenbaren, weil sie Meine Botschaften abschließt. Dann wird eine Zeit kommen, in der Meine Besuche aufhören.»

Eine Offenbarung, die gleich zu Beginn auf Ablehnung stößt

In dem Bestreben, den Bitten der Jungfrau Maria zu gehorchen, hat Debora von Anfang an verzweifelt versucht, durch ihren Pfarrer den ständigen Kontakt mit der Hierarchie der Kirche zu halten. Die Gemeindekirche ist Schauplatz von Erscheinungen Mariens, aber Debora wird wenige Tage später verjagt.

Voller Vertrauen versucht sie, ihren Bischof von allem in Kenntnis zu setzen. Aber sie begegnet einem Argwohn, der nur noch größer und eine Quelle neuer Schwierigkeiten wird.

Die ersten Priester, die Debora aufnehmen, werden alle versetzt. Dank Debora ist einer von ihnen nach zehn Jahren zum Priestertum zurückgekehrt, nachdem er von dramatischen Ereignissen zutiefst erschüttert worden war. Er wird in vielen Zeitungen und im Fernsehen öffentlich von der Kirche verleumdet, aber er zieht einen großen geistigen Nutzen daraus.

Es gibt keinen einzigen Diözesanpriester in ihren Umgebung, der sie unterstützen würde. Mehrmals verleumden sie Debora als Ketzerin, als vom Glauben Abgefallene, als Angeberin, als Aufwieglerin, als Hexe, als Tochter Satans... «Denkt an das Wort, das ich euch gesagt habe: Der Sklave ist nicht größer als sein Herr. Wenn sie mich verfolgt haben, werden sie auch euch verfolgen...» (Joh 15,20)

Debora war sich selbst überlassen, und das bestätigt nur, was Jesus ihr in seinen Botschaften sagen wird: «Du wirst alle Meine

Schmerzen erleiden, du wirst als schändlich, verflucht, verstoßenswert angesehen werden, so daß Ich dein geistlicher Führer sein werde und die verschiedenen Stufen deiner Heiligung mit Meinem Blut unterschreiben werde, das in dich einströmt.»

Tatsächlich sind die geistlichen Führer Deboras *Die innere Burg* von Teresa von Avila, die *Nachfolge Jesu-Christi*, und die *Abhandlung über die wahre Andacht zur Jungfrau Maria* des heiligen Ludwig-Maria Grignion de Montfort.

Das Geheimnis des Gehorsams

Debora befindet sich in einer schwierigen Zerreißprobe: sie will der Kirche und Jesus gleichermaßen gehorchen:

Jesus: «"Verflucht der Mann, der auf Menschen vertraut." Ich bin der Herr, und man ist allein Mir zu Gehorsam verpflichtet für alle Ewigkeit.[16]

Debora: – Jesus, sie sagen, daß ich Dir meine Treue zeigen muß, indem ich mich der Kirche unterordne; so suchen sie Deine Offenbarungen für nichtig zu erklären!

Jesus: – Meine Kleine, du mußt ihnen folgen, weil der Gehorsam heiligt, aber Ich werde nicht zulassen, daß Meine heiligen Offenbarungen zugedeckt, verfälscht oder dem Gefallen und Maß von Menschen angepaßt werden, die sich Geistliche nennen, obwohl sie in Wahrheit Menschen sind, die ich nicht beauftragt habe. Sie gehen gegen den Geist Gottes an, der vergeblich versucht, sie zu leiten. O ihr Menschen, ihr habt die Gabe der Unterscheidung zwischen Gut und Böse verloren, doch am Ende wird allein Meine Gerechtigkeit siegen.» (21.5.1993)

«Komm zu Mir, Mein Kind, das die Menschen ablehnen: Mein Herz segnet dich! Die Söhne Meiner Heiligen Wohnung kämpfen gegen dich und widerlegen dich mit den Worten: "Hört nicht auf die Worte des Dämons, folgt ihnen nicht." Dabei flüstert genau dieser Satan ihnen ins Ohr und führt sie in Versuchung, damit sie diese verleumderischen Worte aussprechen, ohne es selbst zu merken. In Wirklichkeit sind sie es, deren Gewissen schläft. Was für eine Zeit tiefer Betrübnis!»

16. Jer 17,5

Debora: «Meister, die Hierarchie der Kirche widerlegt das, was ich sage.

Jesus: – Meine Kleine, laß Meine Hand nicht los, sie leitet dich... Ich, der Treue, verspreche der Welt, daß Ich durch dich und andere meinen "Heilsplan" für die Menschheit verwirkliche. O du ehebrecherische Generation, bald, sehr bald werde ich auch die gefühllosesten Seelen aufrütteln...» (3.6.1993)

Am 14. Juli 1993 hat Debora ein Treffen mit ihrem Bischof. Sie ist traurig und bitter: sie hat Angst, verjagt zu werden... Aber Jesus beruhigt sie, und sie wird freundlich empfangen.

Jesus: «Wenn sie euch fragen, wer euch die Vollmacht gibt, so sollt ihr antworten: "Die Vollmacht selbst." Ich verändere Meine eigenen Offenbarungen nie...» (4.3.1994)

Der Bischof verbietet Debora, in den Garten «Himmelsgrün» zu gehen (29.5.1994). Sie leidet fürchterlich und brennt darauf, die Via Crucis mit den anderen zu gehen... bis sie schließlich nicht mehr widerstehen kann. Daraufhin besuchen Jesus und Maria sie, und sie empfängt eine Botschaft von der Stimme des Vaters. Diese Frage des Gehorsams verfolgt Debora. Da sie im ersten Petrusbrief (Petr 2,13-16) gelesen hat, daß er im Gedenken an den Herrn von jedem menschlichen Geschöpf die Unterwerfung verlangt, befragt sie Jesus. Er antwortet ihr folgendes:

Jesus: «Meine Kleine, dein Gehorsam Meinem Leib gegenüber ist das Zeichen, daß Ich Wunder in dir wirke. Dieser Gehorsam der Kirche, Meiner Braut, gegenüber entspricht in allem dem, was Mein Geist gelehrt hat; er ist der Schlüssel, um das Werk zu ergründen, das Ich gerade in dir vollbringe. In allem anderen wünsche ich, daß du Meinen Anweisungen folgst und mit Mir Jesaja 65 betrachtest. Meine Tochter, du mußt geduldig den Verzicht annehmen, den einige der Meinen dir auferlegen. Und wenn man versucht zu unterdrücken, anstatt zu verstehen, ist die Stunde gekommen, in der du dein Kreuz auf dich nehmen sollst. Es ist die Zeit, in der du im Glanz der Wahrheit sterben mußt, und dabei soll Mein Name immer in deinem Mund bleiben. Tochter, schau Meinen Papst an, der zahlreiche Mächtige der Welt gegen sich aufbringt, weil er Meinen Willen tun will. Aber das hat nichts zu sagen, weil jene, die Mich nicht gesucht haben und Mich nicht kennen wollten, dann gerettet werden. Ja, meine Tochter, Ich habe dir dein Martyrium offenbart...» (3.10.1994)

Maria: «Meine Tochter, beunruhige dich nicht! Du wirst nicht deshalb verworfen, weil du Fehler machst. Nein, denn du hast dich dem Willen des Herrn untergeordnet! Die Welt verjagt dich, weil du ihr nicht angehörst. Dies geschieht also nicht aufgrund deiner Geburt, noch aus einem anderen menschlichen Grund, sondern rein aus übernatürlichem Willen. Halte aus und hab keine Angst! Achte darauf, daß du dem Herrn gefällst. Bereue deine Fehler Ihm gegenüber und fürchte sonst nichts.» (31.12.1994)

Verfolgung und Tröstung

Im Verlauf des Monats Januar 1995 verläßt Debora im Gehorsam ihrem damaligen Bischof gegenüber Manduria. Es ist allerdings so, daß ein Bischof nicht die Vollmacht hat, von einem Laien zu verlangen, daß er seinen Wohnsitz wechselt. Er wartete Beweise ab, bevor er sie zurückrief. Am 23. September 1995 bringt die Heilige Jungfrau ihren Wunsch zum Ausdruck, Debora am 23. Oktober im Garten «Himmelsgrün» zu besuchen, da die Beweise, die von der bischöflichen Kurie verlangt wurden, beigebracht worden waren. Jedoch wird weiterhin von der Kanzel herunter verkündet, daß Debora ungehorsam sei...

Während der harten Angriffe durch Priester kann Debora sich der Tränen nicht erwehren.

Um durch ihre unerwünschte Gegenwart keine Konflikte heraufzubeschwören, geht sie eines Sonntags nicht in die Kirche. Die Heilige Jungfrau bringt ihr die Eucharistie sichtbar nach Hause. Ihre Mutter und ihr Bruder sind dabei: «Ich habe diese göttliche Hostie genommen, damit auch die sich nähren kann, die ferngehalten wird. Ich fordere dich auf, für meine mütterlichen Anliegen zu beten, damit alles sich in eine wohlschmeckende Frucht verwandelt. Mein Herz bittet dich, ohne Unterlaß für deinen Hirten, meinen Sohn, den Bischof zu beten.»

Eines Tages, als sie von diesen Widersprüchen genug hat, sagt Debora zu Maria: «Unsere Liebe Frau, verzeih mir, wenn ich dir ohne Umschweife folgende Frage stelle, aber es ist doch einfach wahr: Warum erscheinst du ihnen nicht selbst? Uns glauben sie doch nicht: ich selbst habe jetzt schon Schwierigkeiten, diese Worte weiterzuleiten!» (23.5.1995)

Jesus: «Du bist hier, weil auch an diesem Ort meine Kirche verdorben und des Verrates und des Irrtums, der Arroganz und der Herrschsucht, des Treuebruchs und der Ablehnung schuldig ist.» (25.5.1995)

«Die Amtsträger Meiner Kirche verleugnen und kreuzigen (Mich) weiterhin! Auch du wirst abgelehnt werden, wie Ich von den Pharisäern und den Doktoren ihres ungerechten Gesetzes abgelehnt wurde.

Ich will nie mehr aus deinem Mund noch aus dem Mund jener, die dich kennenlernen, den Namen Satans hören, der jedem Werk Meiner Vorsehung angehängt wird, weil die Dunkelmänner im Schoß Meiner Kirche sich freuen, wenn sie die Zeichen dem Bösen zuschreiben können, die Ich, der Allmächtige, bei Meinen Erscheinungen schenke. Denn wenn sie Meine Zeichen geringschätzen und abwerten, verbergen sie ihren Mangel an Glauben hinter einer Macht, die Ich nur wenigen gegeben habe.» (17.8.1995)

Trotz der zahlreichen Zeichen, die der Himmel schenkt, muß auch Debora, die Jesus in seiner Passion gleich wird, die Ablehnung der Amtsträger erdulden: «Wenn die Welt euch haßt, dann wißt, daß sie mich vor euch gehaßt hat... Denkt an das Wort, das ich euch gesagt habe: der Sklave ist nicht größer als sein Herr. Wenn sie mich verfolgt haben, werden sie auch euch verfolgen... Das alles werden sie euch um meines Namens willen antun, denn sie kennen den nicht, der mich gesandt hat... Wer mich haßt, haßt auch meinen Vater. Wenn ich bei ihnen nicht die Werke vollbracht hätte, die kein anderer vollbracht hat, wären sie ohne Sünde. Jetzt aber haben sie (die Werke) gesehen, und doch hassen sie mich und meinen Vater.» (Joh 15,18-25)

Am Sonntag, dem 14. Dezember 1997, wird allen Gemeinden der Diözese Oria ein Hirtenbrief des Ordinariats geschickt, in dem diese Erscheinung als eine Frucht des Bösen bezeichnet wird, und der mit einem Satz des Heiligen Petrus endet: «Leistet ihm Widerstand in der Kraft des Glaubens!» (1 Petr 5,9). Dennoch haben manche Priester diesen Brief nicht verlesen, während andere ihm persönliche, völlig unpassende Kommentare hinzufügten. Debora opferte ihr Leiden für ihre Heiligung auf. Am nächsten Morgen wurde der Bischof tot in seinem Bett vorgefunden, vermutlich infolge eines Herzinfarktes.

Jesus: «Ich frage euch: Was heißt Gehorsam? Heißt das vielleicht, die Last und die Schwierigkeiten abzuschütteln, die das "folge Mir nach" und das "gib dich Mir zu eigen" einschließen? O ihr verrückten und machtgierigen Menschen, die ihr von wirren, wollüstigen und schändlichen Leidenschaften verblendet seid und ganz in wilder Betätigung aufgeht, setzt denn die Tugend des Gehorsams nicht die Tugend der Autorität voraus? Mehr denn je sage Ich heute: Weh denen, die den Menschen schwere Lasten auf die Schultern legen, selbst aber keinen Finger rühren wollen! (Mt 23,4)» (8.4.1998)

«Du weißt, daß Ich Mich von Meinem Thron erhoben habe, um aus dir eine Gerettete, eine Geliebte, eine Braut, eine Mutter, ein lebendiges Abbild Meines Leidens zu machen! Ich frage dich von neuem: Willst du mit Mir Mein Leiden und Meine Gnade in dir tragen, um die Toten aufzuerwecken? Kleine Tochter, willst du von neuem Meinen Kelch auf die höchste Ebene der Herzen im Schoß Meiner Kirche bringen?» (5.6.1998)

Im Herbst 1998 ist ein neuer Bischof eingesetzt worden.

Die Zeichen

Bevor Jesus die Apostel verläßt, um zum Vater zurückzukehren, verspricht er ihnen, daß «Zeichen jene begleiten werden, die geglaubt haben» (Mk 16,17). Der heilige Thomas von Aquin sagt, daß sie geschenkt werden, um den Ungläubigen zu helfen, zum Glauben zu kommen. Sie dienen auch dazu, den Glauben an die wirksame Macht des Heiligen Geistes zu vertiefen. Wenn Jesus Zeichen wirkte, schrieb er sie der Macht des Heligen Geistes zu (Mt 12,22-32) und bekräftigte so, daß das Reich Gottes jetzt schon unter uns ist; deshalb wurde er von den Pharisäern beschuldigt, die gegen den Heiligen Geist lästerten, aus der Macht Beelzebuls heraus zu handeln.

Das Phänomen der Tränen

Zu den Erscheinungen der Madonna vom Ölbaum kommt ein wahrer Regen von zum Teil blutigen Tränen auf Statuen hinzu. Schon bevor die Heilige Jungfrau Debora erschien, sickern am 19. September 1992 die ersten menschlichen Tränen aus Statuen und Bildnissen in ihrem Zimmer. Die ersten blutigen Tränen zeigen sich am 30. Dezember 1993 auf der Statue der Madonna von Fatima.

Von Ende 1993 bis 1997 hat die große Statue der Madonna 347 Mal blutige Tränen vergossen, und 92 Mal das Kruzifix, das in der Kapelle hängt. Dazuhin sickerte 18 Mal Öl aus dem Kruzifix, und 226 Mal aus der Statue der Madonna. Dieses Öl hat mehr als einmal seine wunderbaren therapeutischen Eigenschaften bewiesen. Aus einem Bildnis der Madonna vom Ölbaum ist ebenfalls 100 Mal Öl ausgesickert, und 15 Mal Blut. Aus einem Bildnis Jesu sickerte 42 Mal Blut und 100 Mal Öl. Die große Statue der Madonna und das Kruzifix haben mehrmals menschliche Tränen vergossen (gemäß der Ergebnisse der Untersuchung). Dasselbe

Ergebnis gilt für das Blut, das von beiden Statuen vergossen wird. Von jeder Statue wurde unter polizeilicher Aufsicht eine Probe entnommen und in einem Labor untersucht: es handelt sich um menschliches Blut der Gruppe AB; es ist warm und gerinnt unter dem Einfluß der Atmosphäre.

Dieses Phänomen der Tränen begleitet Debora oft während ihrer Reisen. Und Jesus selbst gibt uns die Erklärung dafür.

Jesus: «Oh, wie sehr schmerzen Meine Wunden, wenn ihr Mein Blut und das Meiner Mutter, das für euch vergossen wird, anschaut, als sei es ein unanständiges Schauspiel, das für viele Menschen ein Grund zur Enttäuschung und zur Beschämung ist. O ihr Menschen, dieses Blut, das euch gesandt wird, stellt die Tragödie dar, die ihr gerade verursacht. Und Wir, die göttliche Dreifaltigkeit mit Maria, der Mutter und Dienerin des Kreuzes, offenbaren euch gerade das Heil und die Barmherzigkeit. Diese Generation gleicht der von Babylon, wenn sie nicht noch schlimmer ist!» (22.3.1995)

Maria: «Meine Tochter, in Kürze wird der Vater (die Beleidigung) nicht mehr dulden. Meine schmerzenden Augen bluten, wenn ich den armen Stellvertreter Jesu sehe, dessen Hals ausgetrocknet ist, weil niemand auf ihn hört. Ich blute, denn viele meiner Söhne werden mir weggenommen, weil man ihnen das Leben verweigert. Ich blute, weil ich sehe, wie das Herz meines Jesus verleugnet und geringgeschätzt wird, wie man es lästert und verrät, wenn man Sein Ewiges Opfer durch schwarze Messen und Opfer für das Tier ersetzt. Ich blute, weil meine Hirten nicht mehr am Firmament des Himmels strahlen. Viele haben das Credo ihres Gottes aufgegeben und haben sich verderben lassen. Das ist das Drittel der Sterne, die vom Schwanz des Bösen vom Himmel gefegt werden...» (23.5.1995)

Jesus: «...Durch die Augen meiner Mutter werde Ich Meinen Schmerz in der Sprache des Blutes offenbaren, weil Blut Leben bedeutet. Leben schenken heißt, in der tiefsten Lebensfaser des Herzens zu leiden, weil das unschuldige Blut für den Bundesschluß mit Gott steht. Deshalb hat der Höchste allen Dingen im Himmel und auf Erden durch Mein Blut, das aus der Tiefe Meines Inneren gequollen ist, Frieden bringen wollen. Aus diesen reinsten Augen lasse Ich den Schmerz scheinen, doch wehe denen, die die Bedeutung eines so großen Schmerzes verdrehen…

Ich offenbare Mich mit Blut, weil Kain und Herodes nur diese Sprache verstehen, und weil Gott Seine Vorwürfe in dieser Sprache an sie richten wird. Diese Vorwürfe werden nicht bloß aus einer einfachen Warnung bestehen, wenn ihre mörderische Hand nicht aufhört! (Aus den Augen der weißen Porzellanstatue der Madonna vom geweihten Ölbaum sickert Blut.) Bedenke, Meine Debora, wenn man nur die Tropfen zählen könnte, die Ich und Meine Mutter auf der ganzen Welt für euch vergießen! Es sind Tropfen bitteren Schmerzes, der das Leben erstickt; es sind Blutstropfen!» (19.5.1995)

Am 7. August 1995 muß Debora wegen der Tränen, die aus geweihten Bildnissen in Sturno sickerten, eine Hausdurchsuchung und eine persönliche Durchsuchung auf sich nehmen. Das demütigt sie zutiefst.

Dieses Phänomen der Tränen aus Blut oder Öl geht noch immer weiter, aber es ereignet sich meist in privatem Rahmen, da niemand daran glauben will — außer jenen, die den Mut haben, wie der heilige Thomas wenigstens dann zu glauben, wenn sie sehen!

Die anderen Zeichen

Am Himmel

«Es werden Zeichen sichtbar werden am Himmel…» (Lk 21,25)

Maria: «Ich bin hierher gekommen, um euch zu retten, und damit ihr mein Herz lieben lernt. Meine Geliebten, es steht geschrieben, daß es Zeichen an der Sonne, dem Mond und auf der Erde geben wird. Es war mein Wunsch, sie hier zu verwirklichen… Wie oft hat nicht die Sonne getanzt, um euch die freudige Botschaft meiner Ankunft zu verkünden? Wie oft hat nicht der Mond in meinem Namen und als mein Zeichen zu euch gesprochen und euch ein Zeichen gegeben! Wie oft habe ich nicht mit euch geweint! Liebe Kinder, ihr vergeßt so schnell, was das Herz Gottes euch schenkt!»

Am 20. März 1993 dreht sich die Sonne in der Kapelle der Jungfrau von den Schmerzen um sich selbst und nimmt verschiedene Farben an. Dazuhin bildet sich ein Regenbogen. Neben der

Sonne kann man die leuchtende Gestalt einer Frau mit offenen Armen sehen. Alle erkennen in ihr die Heilige Jungfrau.

Am 24. März ereignete sich dasselbe Phänomen der Sonne, die sich um sich selbst drehte und dabei nacheinander die Farben rosa, blau und wieder rosa annahm, bis sie sich dann in eine riesige, leuchtende Hostie verwandelte. Zahlreiche Zeugen beobachteten dieses Phänomen am Himmel. Gleichzeitig blutete Debora reichlich an der Stirn und den Füßen.

Am 29. März beobachteten die Menschen während des Rosenkranzgebetes vor der Kapelle der Jungfrau von den Schmerzen, wie die Sonne sich in der Mitte blau färbte und von einem rosafarbenen Hof umgeben wurde, während Debora zu Hause die Passion erlitt. Die Sonne begann, drei Minuten lang wie ein Herz zu schlagen.

Im November 1993 bemerkten Menschen am Himmel von Manduria Wolken, die die Gestalt einer ganz lichterfüllten Frau bildeten. Die geheimnisvolle Gestalt war zwanzig Minuten lang sichtbar. Ein anderes Mal bildete sich wiederum aus Wolken ein großes «M» am Himmel. An einem anderen Tag stand «Debora, Tochter Gottes» am Himmel geschrieben. Und oft wird das Kreuz am Erscheinungsort von einem strahlenden Licht eingehüllt.

Zeichen, die an Debora selbst sichtbar werden

Am 25. März 1993 blutete Debora während der Erscheinung reichlich an den Füßen. An den Knöcheln formte das Blut das Wort MIR (Frieden) und H (Hostie) in Großbuchstaben.

Am 23. April 1993 sagte Jesus zu Debora: «Meine Tochter, du sollst Mein Haus mit Duft erfüllen.» Debora dachte, es gehe darum, die Kirche abzuwaschen und tat dies. Aber die Leute in der Umgebung begannen den Duft wahrzunehmen, der von ihr ausging. Seither geht dieser Duft ununterbrochen von ihr aus.

Am 14. April vergoß die Statue der Heiligen Jungfrau menschliche Tränen, während Debora an den Knöcheln und an der Stirn blutete; daraufhin verströmte der Blutschweiß auf ihren Handflächen einen intensiven Rosenduft. Auf den Tüchern, die man

Das Christusbild,
das blutige Tränen vergossen hat

Die Jungfrau von der Eucharistie,
so wie Debora sie sieht

Debora während einer Erscheinung (an jedem 23. des Monats)

Nach der Erscheinung schreibt Debora den Text der Botschaft Jesu oder Mariens nieder

Außen- und Innenansicht der Kapelle vom «Himmelsgrün»

Maria sagt: «Meine Kinder, ich wünsche, daß viele gerettet werden. Deshalb habe ich euch diese Brunnenschale gegeben. Reinigt euch und tragt diese Erde bei euch, die mein göttlicher Sohn berührt und gesegnet hat! Die Menschheit muß sich reinigen!» (23.7.98)

Vor der Kapelle: der Ölbaum der Erscheinungen

Die Statue der Jungfrau am Fuß des Ölbaums, auf dem Maria an jedem 23. des Monats Debora erscheint

Im Innenraum der Kapelle: Jesus Christus, so wie Debora ihn sieht

Während einer Kreuzweg-Andacht:
Prozession mit der Jungfrau
von der Eucharistie auf dem
schmerzhaften Weg Mariens

Die Jungfrau Maria ist
am 24. Juli 1993 vor dem Hintergrund
eines großen Kreuzes erschienen

«Der schmerzhafte Weg Mariens soll auf den Knien zurückgelegt werden...
Er soll wie in Montechiari von drei Arten von Rosen gesäumt sein: die rote ist für euch und bedeutet: Martyrium; die weiße: Gebet und Weihe der kleinen Kinder und Familien an Mein Herz, das die Quelle der immerwährenden Salbung ist; die gelbe bedeutet den Reueschmerz, um den ich hier bitte. Sie sollen in Dreiergruppen hier angepflanzt werden!» (17.5.97)

Garten Getsemani: Christus im Todeskampf

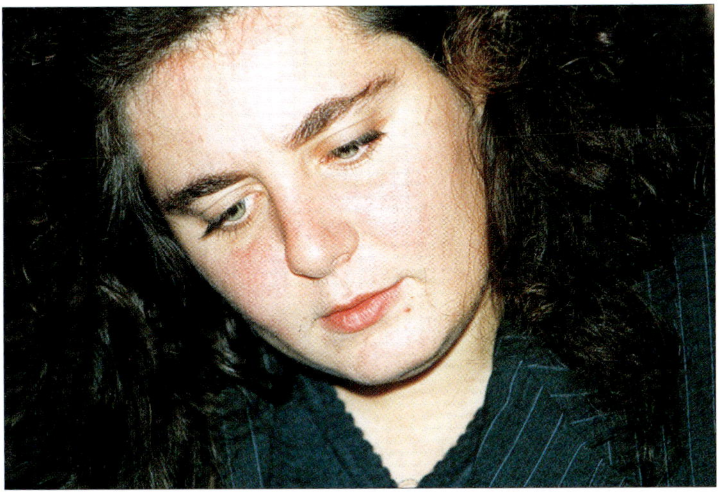

Debora, die Seherin von Manduria

Debora bei einem Vortrag in Straßburg

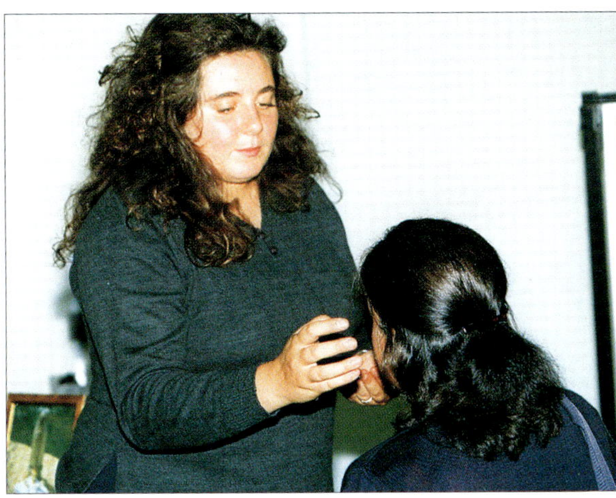

Bei der Salbung mit dem Öl von Manduria spricht Debora das von Maria mitgeteilte Gebet

Das von Maria erbetene kleine Oratorium am Ende des schmerzhaften Wegs Mariens

Die Jungfrau von der Eucharistie in dem kleinen Oratorium

Die Statue Unserer Lieben Frau vom Rosenkranz von Fatima, aus der oft Öl sickert, und die blutige Tränen vergießt

Die Jungfrau von der Eucharistie im Kapelleninnern

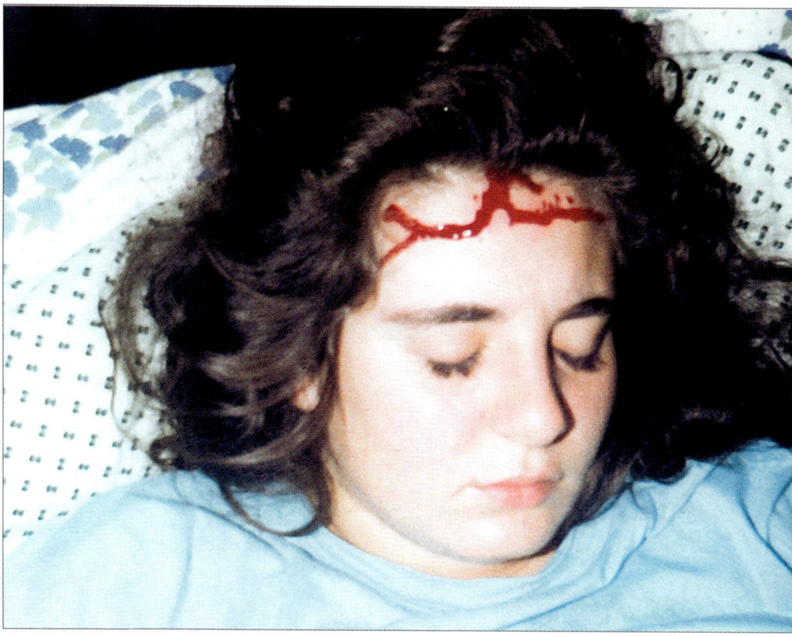

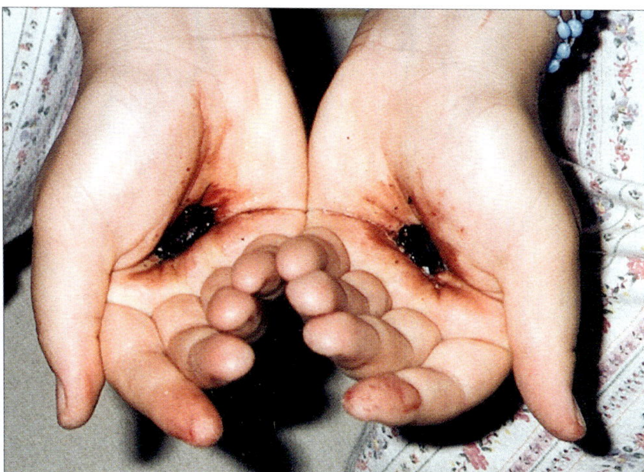

Debora trägt die Wundmale des Leidens Christi auf Stirn, Händen und Füßen

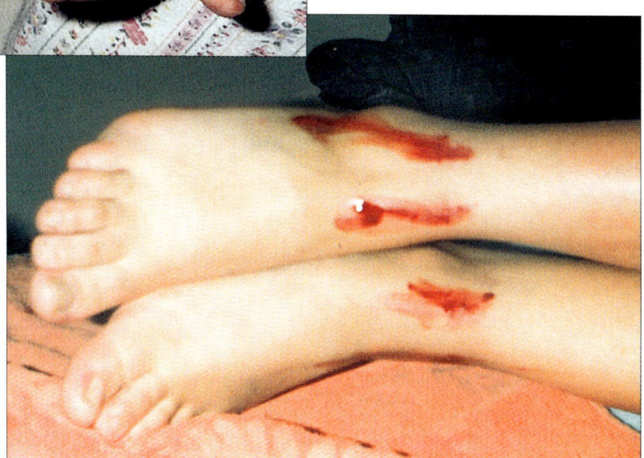

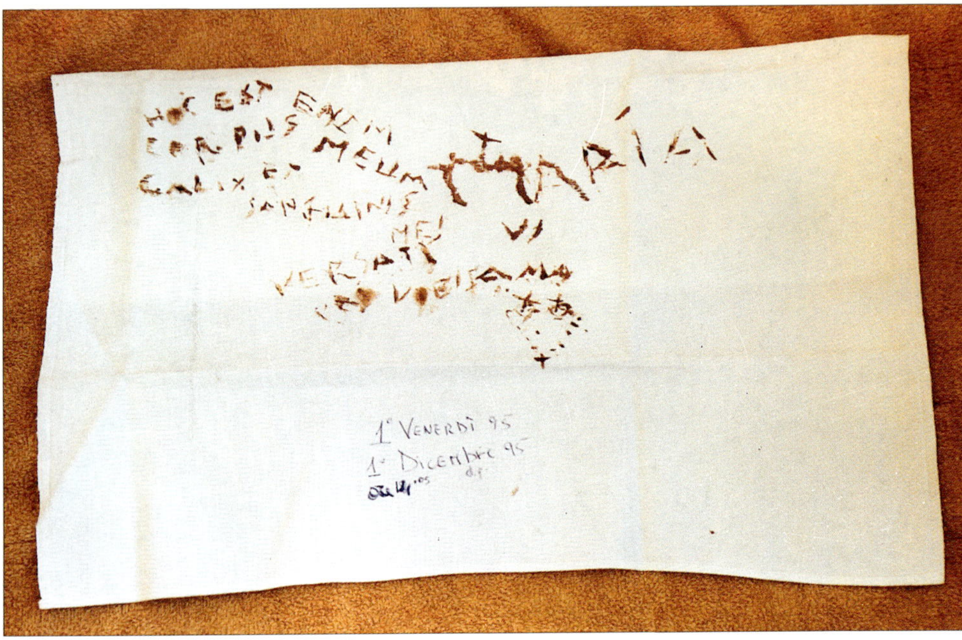

Auf den Tüchern, die während Deboras Leidensphasen zum Aufsaugen des Blutes dienen, bilden sich auf wunderbare Weise verschiedene Buchstaben und Zeichen.
Hier: die Worte der Wandlung: Dies ist mein Leib, Mein Blut, das für euch vergossen wird; Maria liebt euch; das Zeichen des Herzens

Hier: Ich habe Durst; das Zeichen des Fisches; das des Kreuzes; der Name Deboras; die beiden Herzen; das Zeichen Mariens; das Heiligste Herz Jesu

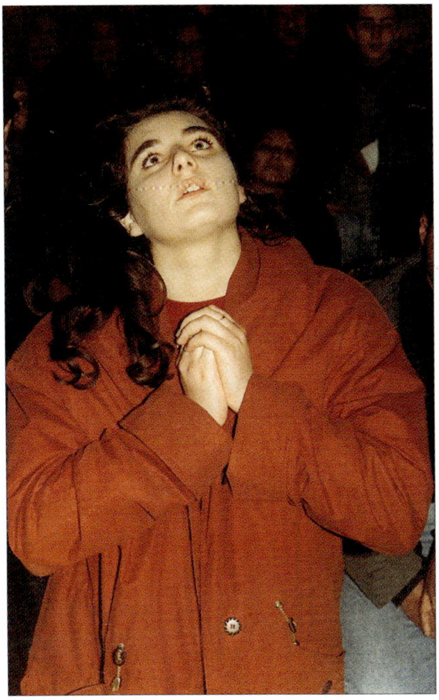

Links und unten:
Debora während einer Erscheinung

Pilger vor der Kapelle

Eingang zum schmerzhaften Weg Mariens (auf den sie ihre Füße gesetzt hat) mit den Kreuzwegstationen

Im Ölgarten von Manduria: Christus im Todeskampf

Grab Christi.
Der weggewälzte Stein
symbolisiert
die Eucharistie

Anbetender Engel
vor dem Grab Christi

Innenansicht des Grab Christi

Prozession mit
der Jungfrau von der Eucharistie

Debora während einer Erscheinung

Eine Sühneprozession zu Ehren von Jesus und Maria

Bildnis der Jungfrau von der Eucharistie
im Kapelleninnern

Innenansicht des Hauses von Debora

Gekreuzigter Christus,
der blutige Tränen vergießt

Salbung mit dem Öl
von Manduria

In Italien erregen die Erscheinungen von Manduria lebhaftes Interesse (hier ein Vortrag in Sizilien), aber ebenso auch in Europa und Nordamerika

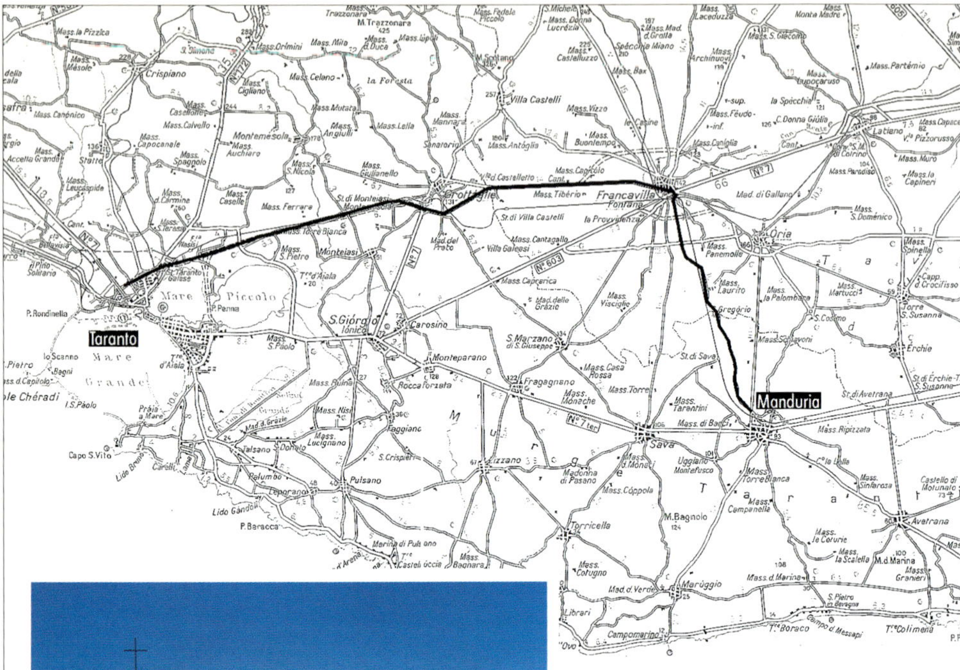

Taranto und Manduria befinden sich in Apulien (im «Stiefelabsatz» von Italien)

Eingang zum Garten vom «Himmelsgrün»

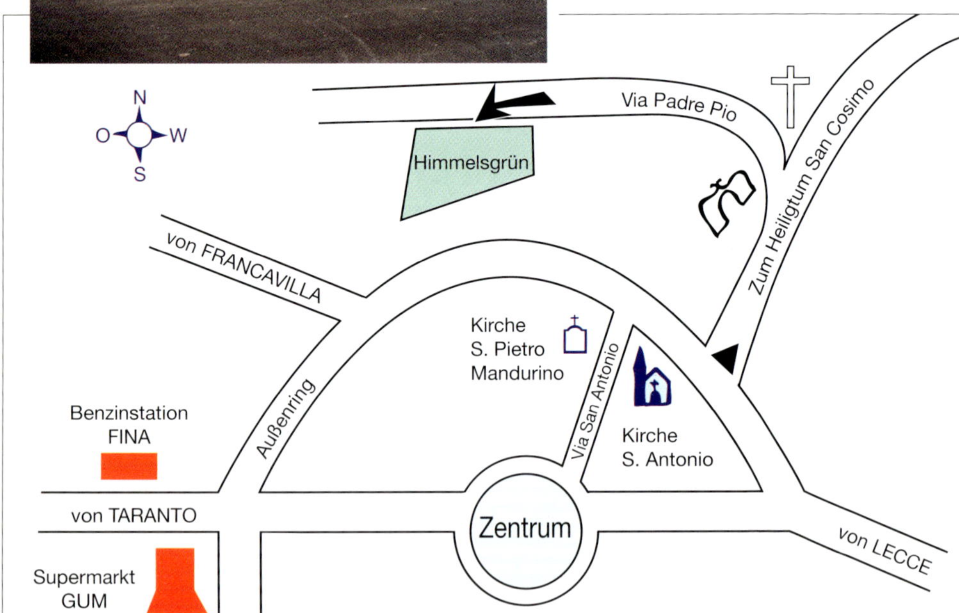

Genaueres zur Wegbeschreibung auf Seite 20 dieses Buches

zum Aufsaugen dieses Blutes verwendete, bildeten sich Buchstaben und Zeichen:

Man findet unzählige Zeichen auf den Tüchern, die dazu gedient haben, das Blut von Deboras Leiden aufzusaugen. Es haben sich Kreuzzeichen, das Zeichen des Fisches, ein Herz mit einem Kreuz und Worte wie die der Wandlung auf lateinisch, die Initialen J, M, und Deboras Namen geformt...

Manchmal bilden sich diese Zeichen auch auf den Wänden oder an der Decke (siehe Photo-Teil).

Während der Erscheinungen haben viele gesehen, wie die Augen der Statue der Heiligen Jungfrau lebendig wurden. Viele beteuern auch, die Madonna selbst während der Erscheinungen gesehen zu haben.

Eucharistische Zeichen

Während der Erscheinungen konnte man oft sehen, wie Debora die Kommunion empfing. Nach der Erscheinung zeigte sie eine große Hostie, die die Madonna ihr gerade gebracht hatte. Außer der Aussage Deboras haben viele die Hostie vom Himmel herabkommen und sich auf die Zunge der Seherin legen sehen. Es gibt für jedes dieser Phänomene eine Dokumentation auf Photos oder Filmen.

Diese Zeichen sind deutlich verschieden von jenen, die der Böse hinterläßt, wenn er seine Wut an Debora und ihrer Umgebung ausläßt, indem er Gegenstände und Möbelstücke zerschlägt, so daß die Menschen sich viele Fragen stellen. Seitdem Jesus Debora die Eucharistie gebracht hat, die sie immer bei sich trägt, haben diese äußeren Ausdrucksformen Satans aufgehört. Das ist das ständige Zeichen Seines Sieges über die Mächte des Bösen.

Als weiteres eucharistisches Zeichen ist Debora eine zweite Hostie zur Sühneanbetung übergeben worden.

Maria: «Meine Tochter, mit diesen Wundern rufe ich euch, damit die Gerechtigkeit des Vaters nicht wie ein Gewitter und mitten in der Nacht herabkommt!» (3.3.1996)

Der Beiname Jesu und die Beinamen der Jungfrau Maria

In Manduria bezeichnet Jesus sich als «*König der Offenbarung*», und Maria stellt sich hauptsächlich als «*Jungfrau von der Eucharistie*», als «*Mutter des geweihten Ölbaums*», als «*Quelle des heiligen Öls von der immerwährenden Salbung*» vor. Sie nennt auch noch eine Vielzahl anderer Beinamen, die wir bereits kennengelernt haben.

König der Offenbarung

Jesus offenbart sich Debora als «König der Offenbarung», als Retter und Erlöser der Welt. «Meine Tochter, Blut Meines Blutes, sei voller Freude, weil Ich dir Meine Offenbarung zu erkennen gab. Lobe Gott, weil er dich zur Zeugin für den Geist der prophetischen Rede gemacht hat.» Er hat diesen Titel gewählt, um diese «letzte» und abschließende Offenbarung am Ende der Zeit des Bösen zu unterschreiben, denn er erläutert oft, was Er dem heiligen Apostel Johannes in der Apokalypse offenbart hat.

Jesus: «So spricht Gott zu Seiner heiligen und geliebten Braut (die Kirche): Meine Geliebte (...), Ich schicke die Demütigen zu dir, damit du begreifst, daß Ich selbst zu dir spreche in diesen kleinen Geschöpfen. Sie machen sich zu Meinen Dienern, indem sie alle möglichen Leiden in stiller Liebe annehmen. Doch du marterst sie noch immer. Ich, der König der Offenbarung, bringe dir durch dieses demütige Werkzeug die "Schlüssel der Einheit".» (4.6.1993)

«Debora, meine Braut, komm an das Herz deines mystischen Bräutigams. Erlaube Mir, dem Heiligsten Herzen, deine Seele zu unterweisen. Willst du nicht auch, daß der König der Offenbarung Seine Geheimnisse Seiner kleinen Dienerin offenbart?» (16.7.1998)

Die Jungfrau von der Eucharistie

Am 23. November 1992 stellt sich die Jungfrau Maria zum ersten Mal als Jungfrau von der Eucharistie vor. Sie erscheint mit einer großen, leuchtenden Hostie auf der Brust, auf die sie mit der linken Hand hinweist, indem sie sie zum Zeichen der Sühne wie eine Patene darunterhält, während sie in der rechten Hand den Rosenkranz trägt und drei Finger zum Zeichen des trinitarischen Segens erhebt.

Maria: «Ich bin die Jungfrau von der Eucharistie. Ich habe dir schon gesagt, daß durch diesen Titel eine neue Stufe auf der Leiter erklommen wird, an deren Ende der verherrlichte, mächtige Christus in seinem Leib und Seinem Blut sichtbar wird.

Ich habe dir gesagt, daß diese Andachtsübung Italien retten könnte, aber heute versichere ich dir, daß sie die Welt und die ganze Kirche retten wird!» (23.8.1998)

Durch diesen Beinamen bestätigt die Heilige Jungfrau ihre Jungfräulichkeit im Hinblick auf ihre Miterlöserschaft, die in der heutigen Zeit so sehr in Zweifel gezogen wird, und teilt sich als Mutter der Kirche mit (zu der sie von Papst Paul VI. erklärt worden ist). Die Tatsache, daß sie die Eucharistie anstelle ihres Herzens auf der Brust trägt, weist sie als Mutter des Sohnes und in ihrer Vereinigung mit Ihm für das Heil der Menschheit aus. Sie unterstreicht dadurch ihre bedeutende Rolle als allumfassende Mittlerin.

Es sei auch darauf hingewiesen, daß das Wappen Johannes-Pauls II. unten links auf ihrem weißen, gürtellosen Kleid eingeprägt ist. Damit bringt sie ihre Vorliebe für den Stellvertreter Christi auf Erden und seine Teilnahme an ihrem Sieg zum Ausdruck.

Das Bildnis und die Statue der Jungfrau von der Eucharistie

Am Anfang wollten Jesus und Maria, daß das Bildnis der Jungfrau von der Eucharistie verbreitet wird, an das — ähnlich dem Gemälde des barmherzigen Jesus von Schwester Faustina — eine besondere Gnade gebunden ist. Der Unterschied besteht darin, daß hier jedes Bildnis den Segen in sich trägt. Danach wollten sie diesen Segen ebenso auf die Statuen ausdehnen, die die Jungfrau von der Eucharistie darstellen.

Ein und dasselbe Bildnis trägt also eine doppelte Botschaft: die Jungfrau als Mittlerin aller Gnaden, da sie uns ihren Sohn Jesus zeigt und schenkt: — «Die Gnade und die Wahrheit kamen durch Jesus-Christus» (Joh 1,17) — und die Eucharistie, die die Quelle und der Höhepunkt der Kirche ist, wie das II. Vatikanische Konzil gesagt hat.

Jesus: «Verweilt vor dem Bildnis Meiner Mutter und eurer Mutter, und harrt aus im Gebet. Ich, Christus, sage euch: Laßt sie zu euch sprechen, dann werdet ihr beglückt sein. Schaut unverwandt auf ihr Herz, in dem das Meine lebt; oh, wie sehr wünschte ich auch, daß das eure in ihrem übergroßen Herzen lebt! Schaut es aufmerksam an, weil es mehr als nur ein menschliches Gemälde ist: in ihm lebt der Schatz der Schätze, die Blume der Blumen, die Königin der Königinnen. Bewundert immer wieder ihr edles Angesicht, dessen melancholischer Blick ganz euch zugewandt ist. Bewahrt dieses Geschenk des Himmels eifersüchtig.» (8.10.1995)

Maria: «Sorge dafür, daß mein Bildnis sich verbreitet und weitergegeben wird: wer immer auf die Eucharistie schaut, die ich auf meiner Brust trage, wird augenblicklich von Frieden erfüllt werden und höchste Gaben erhalten.» (23.1.1997)

«Ich verspreche dir, daß mein Bildnis bis an die entferntesten Grenzen gelangen wird, und daß viele "nach Hause" zurückgeführt werden.»

Jesus: «Aber das Bildnis der heiligsten Königin des Himmels ist eine wirkliche Gegenwart.» (22.6.1998)

«Ich bitte euch, die Statuen und Bildnisse tausendfach nachzubilden. Sie sollen verbreitet werden wie Samen, den der Wind weiterträgt.

Auf den Bergen und in den Tälern soll dieses Bildnis der Prophetin des Vaters und der Quelle der Firmung, im Schatten der Bäume aufgestellt werden.» (16.7.1998)

Maria, die Mutter des geweihten Ölbaums

Der Ölbaum

Im Heiligen Land wird der Ölbaum sehr geschätzt; das Erwählte Volk umsorgt ihn liebevoll wegen der Schönheit und der Güte seines Holzes, wegen seiner immergrünen Blätter, wegen seiner Frucht und vor allem wegen seines Öles.

In der Bibel ist der Ölbaum das Symbol für den Gerechten, der von Gott gesegnet ist (Ps 52,10; 128,3; cf. Sir 50,10), und für die göttliche Weisheit, die das Gesetz als den Weg der Gerechtigkeit und des Glücks offenbart (Sir 24,14.19-23). In Sacharja (4,11-14) stellen die beiden Ölbäume, deren Öl die sieben Lampen der Leuchter am Brennen hält, die «zwei Söhne des Öls», das heißt die beiden Gesalbten Gottes dar, den König und den Hohenpriester. Dieses Bild deutet bereits auf Christus hin.

Der Ölbaum ist auch das Symbol des Friedens: nach der Reinigung durch die Wasser der Großen Sintflut schließt Gott einen Bund mit den Menschen und schickt ihm einen Ölzweig im Schnabel einer Taube. Der geweihte Ölbaum, von dem aller Segen abstammt, hat durch Sein Leiden und Seinen Tod am Kreuz den Neuen Bund geschlossen. In seiner Person ist Er alles in einem: großer König, Hoherpriester und Prophet. Durch Maria, die reine Taube, durch ihre göttliche Mutterschaft und ihre Teilnahme am Opfer Christi als Miterlöserin, erreichen uns alle diese Gnaden.

Der heilige Paulus hat den Ölbaum erwählt, um mit uns über die Beziehung zu den Juden zu sprechen, die der direkte Zweig sind, während die bekehrten Heiden der aufgepropfte Zweig sind durch den Glauben an Jesus Christus, der die Wurzel ist.

In Manduria hat Gott diesen Ort und diesen Baum erwählt, damit wir der Fülle Seiner Gaben gedenken und sie mithilfe der Jungfrau Maria begreifen. In der Offenbarung an Debora definiert Jesus den Ölbaum als «*Baum des Lebens, der Ihn darstellt*». So begreifen wir, warum die Mutter des Lebensbaums sich «*Mutter des geweihten Ölbaums*» nennt.

Maria: «Ihr Lieben, ich möchte euch allen den Sinn des Beinamens "Mutter des geweihten Ölbaums" erklären. Meine Kinder, der Ölbaum ist das Zeichen des Friedens, und ich habe mich an diesem Ort auch als Mutter des Friedens vorgestellt.» (23.8.1994)

Am nächsten Tag sieht Debora die Jungfrau vom geweihten Ölbaum, wie sie einen Teller voll Öl in der Hand hält; und die Menschheit wird mit all ihren Sünden in diesen ewigen Segen eingetaucht.

Maria: «Es war der Wunsch des Herrn, mich mit einem Ölzweig in der Hand zu euch zu senden, denn Er will euch die letzten Botschaften übermitteln: Frieden, Frieden, Frieden, bevor Sein Zorn überläuft. (...) Die Mutter des geweihten Ölbaums besitzt Gaben der Heilung, die sich in dem Maß ausbreiten, in dem diese Andacht verbreitet wird. Jesus will, daß ihr diesen Namen in eurem Herzen mitnehmt, wo immer ihr hingeht. (...) Gott, der Vater will, daß durch dieses kleine Werkzeug die Andacht zur Königin des Salböls und zur Mutter der Ewigen Tränen eingeführt wird, die in ihren unbefleckten, ganz reinen Händen ihre Söhne, die sich aus Ungehorsam entfernt haben, reinwäscht und zum Vater trägt.» (23.12.1994)

«Meine Tochter, dein Meister will, daß die Andacht zu Meiner Mutter, der Heiligen Jungfrau vom Öle, verbreitet wird. Man wird versuchen, ihr durch viele Hindernisse den Weg zu versperren, aber ich bitte darum, daß man Zeugnis für mich gibt.» (28.7.1995)

Jesus: «Ich bin dabei, einen neuen Garten Eden für euch vorzubereiten, in dem ihr alle wieder zu Kräften kommen könnt, weil ihr dort vom lebendigen Brot ernährt werdet, das vom Himmel herabgekommen ist. Meine Mutter Maria hat euch durch ihre Erscheinung auf dem Baum des Lebens, der Mich darstellt (der Ölbaum im Garten "Himmelsgrün", auf dem sie erscheint), das Brot des Lebens und den Trank des Heiles gebracht. Ich lade euch jetzt ein, damit ihr an dieser geistigen Nahrung Anteil bekommt, die auf das Fest des Abendmahles vorbereitet und es vorwegnimmt, zu dem Ich euch jeden Tag (in der heiligen Messe) erwarte.

Kommt, oh, kommt zum Fuß des geweihten Ölbaums, der durch Mein Herz im "Heiligen Garten" geweiht wurde; dort habe Ich im Übermaß Meiner Liebe und durch die Vermittlung meiner Dienerin die Stunden Meiner erlösenden Passion verewigt (in der Zeit lebendig erhalten)! Kommt, da das Heiligste Herz des Vaters dort Seine Wonne findet und der ganzen Welt die schönste Braut geschenkt hat: Er hat sie mit Namen geschmückt, die ihr machtvolles Handeln im Hinblick auf das glorreiche Ereignis Meiner Wiederkunft deutlich machen. Sie ist die Reine Jungfrau, die das fleischgewordene Wort in ihrem Schoß getragen hat, und die seither alle unwürdig zelebrierten Opfer sühnt; durch ihr Schweigen hat sie die Menschheit auf ihre Begegnung mit Gott vorbereitet.» (16.6.1998)

Das Öl

Wir müssen uns zuerst auf das Wort Gottes beziehen, um die umfassende Bedeutung und den ganzen Reichtum des Öls zu erfassen. In der Bibel sehen wir, daß das Öl ein wesentliches Nahrungsmittel ist, mit dem Gott sein treues Volk ernährt (Dt 11,4). Er segnet es und schenkt ihm dieses Land, das reich an Ölbäumen ist (Dt 7,13f; Jer 31,12). Seine Fülle ist das Zeichen des Heils (Joël 2,19). Aber das Öl ist auch eine Salbe für den Wohlgeruch des Leibes (Am 6,6; Est 2,12), es stärkt die Glieder (Ez 16,9) und mildert den Schmerz der Wunden (Jes 1,6; Lk 10,34), es hat therapeutische Eigenschaften vor allem für den kranken Leib. Und schließlich ist das Öl der Lampen Quelle von Licht und durch sein Feuer von Wärme (Ex 27,20f; Mt 25,3-8). Es ist ein Ehrenzeichen für den, der es empfängt (Ps 23,5). Das Öl ist ein Symbol der Freundschaft, der Liebe, des Glücks und der Freude.

Das Volk Gottes weiht das beste Öl dem Bedarf des Gottesdienstes: es stellt einen bedeutenden Teil des Zehnten dar, es brennt vor dem Herrn, es wird als Brandopfer ausgegossen, und man stellt aus ihm den heiligen Balsam für die Altarweihe, die Priesterweihe und die Königsweihe her. Es hat die Kraft zu weihen, wie wir an Mose sehen, der Aaron weihte, und an Samuel, der den jungen David weihte. Diese Salbung wird als äußeres Zeichen der göttlichen Erwählung von der Ausgießung des Heiligen Geistes begleitet, der den Erwählten erfaßt. Christus selbst ist der Gesalbte, der mit Öl Geweihte, der im Ölgarten die bedrückenden Kräfte der Finsternis besiegt hat, indem er den Willen des Vaters[17] annahm.

Diese Verbindung zwischen der Salbung und dem Geist liegt dieser wesentlichen Symbolik des Öls in vier Sakramenten der Kirche zugrunde: der Taufe, der Firmung, der Priesterweihe und der Krankensalbung. Das heilige Öl vermittelt dem Christen die vielfältige Gnade des Heiligen Geistes. Es bedeutet Teilnahme an der prophetischen Salbung Jesu selbt, und somit eine geistige Salbung

17. Bei einer Pilgerreise ins Heilige Land (im März 1996) hat der Heilige Geist Debora den körperlichen und geistigen Todeskampf Jesu nacherleben lassen.

durch den Glauben. Schon die Apostel, die von Jesus ausgesandt worden waren, «trieben viele Dämonen aus und salbten viele Kranke mit Öl und heilten sie» (Mk 6,13). Nachdem uns Maria so viele Zeichen von wunderbar hervorsprudelnden Quellen geschenkt hat, gibt sie uns jetzt das Zeichen des von ihr geweihten Öles.

Maria, Quelle des heiligen Öls von der immerwährenden Salbung

Ohne den Sakramenten etwas wegzunehmen, sondern im Gegenteil, um sie aufzuwerten, will Jesus Christus uns heute den Wert und die Kraft des Öles neu beibringen, um Seine Gnade zu offenbaren. Er schenkt uns diese Gabe durch Seine Mutter, die Dienerin des Herrn:

«Das Öl, das heilige Öl ist die Essenz, die meine Mutter unablässig bereithält, um es jenen zu geben, die heutzutage leiden. Sie tut dies mehr noch als zu der Zeit, da sie sich mit ihren ganz reinen Händen verausgabte, um meine armen Jünger mit der mildernden Salbe einzudecken, die die Wunden und die Menschen selbst hätten heilen sollen!

Ich selbst habe ihnen geboten, Salbungen vorzunehmen, damit das Volk es nicht wagt, sie wegen ihres Wesens als arme Sünder anzugreifen, sondern damit sie im Schauen auf das Salbungsöl in Einfachheit und Gehorsam glauben.

Nein, nicht das Öl heilte, damals genauso wenig wie heute! Gott war und ist der Arzt, der heilt! Das Öl war das Werkzeug und wird es auch für dich sein, Meine Tochter und Mein Jünger.

Geh also und lehre Meine Priester salben, damit sie erfahren, wie schön es ist, Gott durch die heilige Salbung anzugehören, die die Kraft für den dreifachen Auftrag jedes Menschen schenkt: den königlichen Auftrag, den priesterlichen Auftrag — der der Laien und der der Priester — und den prophetischen Auftrag...» (22.6.1998)

Maria ist die wahre Quelle dieses Öls, das am Kreuz aus der geöffneten Seite Jesu fließt. Sie hat das makellose Opfer dem Vater hingegeben, und es steht ihr, der Mutter und Mittlerin aller Gnaden zu, ihre Kinder mit der glühenden Flamme der Gnade zu nähren. Wie Eva die Frucht des Todesbaumes gepflückt und durch Adam an uns weitergegeben hat, so pflückt Maria die Frucht des

Lebensbaumes, des geweihten Ölbaumes, und schenkt sie uns durch Jesus. Sie will, daß wir als Christen fest stehen. Nachdem sie uns so viele Wasserquellen geschenkt hat, bringt sie uns jetzt das Feuer des Geistes. Sie will uns stärken, indem sie uns das Öl anbietet, mit dem wir die Macht des Heiligen Geistes in all unserem Tun entdecken. Sie will uns festigen, damit wir in diesem großen geistigen Wirrwarr den Weg des «wahren Lebens» im Herrn wiederfinden — «Ich salbe euch mit dem Öl, das vom Tempel Gottes herabkommt...» (23.2.1998) — und damit wir Zeugen der Liebe Gottes und Arbeiter für die Evangelisation werden.[18]

18. Siehe die Botschaft Jesu vom 16. Juli 1998, S. 226.

Die vier Hauptandachten

Die Andacht zum eucharistischen Jesus

In Manduria haben der Herr und Seine heilige Mutter uns mit Nachdruck ermahnt, zum Glauben und zur Ehrfurcht vor der Eucharistie zurückzukehren. In den letzten Jahrzehnten haben sich Achtlosigkeit und Nachlässigkeit in der Kirche ausgebreitet. Die liturgischen Anpassungen, die von den Konzilsvätern verlangt worden waren, sind in einer Atmosphäre großer Verwirrung eingeführt worden und werden noch heute nicht überall beachtet. Man tritt ohne Kniebeuge in die Kirche ein, man unterhält sich darin, und obwohl die Kirche einen Dienst zur Kommunionausteilung eingerichtet hat, teilt oft irgendwer die Kommunion aus. Man geht im Zustand schwerer Sünde zur Kommunion. Und was die Anbetung anlangt, so «macht man das nicht mehr», hat der Herr Pfarrer gesagt! Und am Schluß glaubt man nicht einmal mehr an das Wunder der Realpräsenz in der Hostie. Es handele sich nur um ein Symbol. All diese Verhaltensweisen verletzen die Herzen Jesu und Mariens und bedürfen der Sühne. Mögen all jene, die noch etwas Glauben haben, demütig mit guten Beispiel vorangehen, ohne ein Aufhebens daraus zu machen.

Du hast in deinem Herzen nicht meditiert

Als erstes gibt Jesus Debora ein Gebet, das in Vereinigung mit Seinem Opfer zum Liebesopfer einlädt.

Jesus: «Betet bei der Erhebung Meines Leibes folgendermaßen zu Mir:

Göttlicher Leib Jesu,
wir erneuern den Akt der Treue und der Zugehörigkeit
zu deinem Geist der Liebe.
Durch die unendliche Liebe, die du für uns empfindest,
die wir Söhne und Töchter sind, die es nicht verdienen, dich zu empfangen,

schenken wir dir unser "Ja"
zu den Schmerzen, die du im voraus für uns bestimmt hast.
Ernähre und entflamme uns nach deinem Willen,
dem Willen des himmlischen Vaters.
Durch Dich und mit Dir und in Dir
bringen wir uns als Opfer dar zu deinem Ruhm
und zum Heil für unsere Brüder. Amen.» (28.6.1993)

Zwei Jahre nach ihrer mystischen Vermählung tadelt Jesus sie wegen einer unwürdig empfangenen Kommunion.

Jesus: «Meine Kleine, in einem Punkt bin Ich nicht zufrieden.

Debora: – Sag es mir, Herr, dann werde ich tun, was du willst.

Jesus: – Während Meiner Wandlung hast du Mich nicht intensiv geliebt, und dann hast du in deinem Herzen nicht über Meinen Leib, das lebendige Brot, meditiert!

Debora: – Vielleicht hatte ich Angst vor dem kommenden Leiden.

Jesus: – Jetzt wünsche Ich, daß Mein göttlicher Partikel in deinen Mund zurückkehrt, und daß du sühnst.

Debora: – Herr, eine Stunde nach der Kommunion?

Jesus: – Sei nicht ungläubig, meine Kleine.

Debora: – Aber, Herr, wenn ich das den Priestern und meinen Brüdern sage, werden sie mir absolut nie glauben!

Jesus: – Hab keine Angst, Meine Liebe, der Herr wird die Gnade schenken, so daß die Hostie sichtbar wird.[19] Jetzt sollst du dich darauf vorbereiten, deinen Bräutigam zu umarmen, der nach Liebe hungert und nach Sühne dürstet. Steige mit Mir bis zu Golgotha hinauf. Opfere dich für deine Verfolger auf...» (4.4.1995)

Glaubst du an den Göttlichen Leib, die Eucharistie?

In der Nacht vom 17. zum 18. Juni 1995 erteilt Jesus Debora eine erste Katechese:

Jesus: «Glaubst du an den Göttlichen Leib, die Eucharistie?

Debora: – Ja, auch wenn ich manchmal wanke.

Jesus: – Glaubst du an die übergroße Liebe Gottes, die sich hinter der eucharistischen Erscheinungsform verbirgt?

19. Die Hostie, die Debora eine Stunde zuvor bei der Messe verzehrt hatte, kam in Gegenwart eines Priesters in ihren Mund zurück.

Debora: – Herr, diese Frage bringt mich in Bedrängnis.

Jesus: – Das sagst du recht, Meine Tochter, Ich bin der Herr, und Ich bin in dem kleinen göttlichen Partikel innerlich gegenwärtig. Ich komme, um dich das zu lehren.»

Debora: Ich sehe Jesus, den Herrn, vor Mir erscheinen; Er ist zum ersten Mal rot gekleidet. In der Mitte Seines Herzens befindet sich die Eucharistie, und das Blut fließt aus Seinen heiligen Wunden in einen riesigen Kelch. Jesus steht über dem Kelch.

Jesus: «Meine Tochter, was du hier siehst, geschieht unsichtbar bei jeder Eucharistiefeier.

Debora: – Herr, was für eine verkannte Gnade! Aber manchmal hat man große Zweifel, wenn man bedenkt, daß man Fleisch ißt!

Jesus: – Debora, würdest du Mein Fleisch in Form von wirklichem Fleisch essen, und würdest du Mein Blut in Form von wirklichem Blut trinken? Wenn Ich als Neugeborenes auf den Altar käme, wärst du dann bereit, meinen Leib zu öffnen und dich davon zu nähren?

Debora: – Natürlich nicht, Herr! Du hast wohl recht. So sagen deine Worte immer die Wahrheit, weil du die Wahrheit bist!

Jesus: – Meine Tochter, wer würde Mich anbeten, wenn Ich Mich im Tabernakel zu einem kleinen Kind machen ließe, das durch sein Lallen die königliche Harmonie des Schweigens stört, das die liebende Vereinigung begünstigt? Sage Mir, wer hätte den

Mut, ein kleines Geschöpf in einem Palast dem Hunger und dem Durst zu überlassen? Und doch tut ihr Mir das an, trotz all der Liebe, die Ich euch schenke. Die ganze Unermeßlichkeit ist da! Bedenkt, wie mächtig eine Kommunion ist, die man im Stand vollkommener Gnade empfängt. Wer sich von ihr ernährt, wird zur Gnade für den, dem er begegnet, weil die Gnade selbst aus ihm scheint und sich übermittelt; und all das geschieht aus Liebe.»

Das größte Opfer der Versöhnung: Gebrauchsanweisung

Nachdem Jesus uns an das Geheimnis der Hingabe Seines Leibes erinnert hat, kommt er zweimal wieder, um seine Lehre über die Eucharistie zu vervollständigen. Hier geht es darum, die beiden Botschaften vom 27. und 28. November 1995 zu lesen.[20]

Die Eucharistiefeier als Mittelpunkt des menschlichen Lebens

Die Jungfrau Maria wird diese Botschaft bestätigen:

Maria: «Ich wünsche sehnlichst, daß das Sakrament der Kommunion so vonstatten geht, wie Mein Sohn es früher von euch verlangt hat. Du sollst auch jedem Priester sagen, daß die Mutter Gottes diese Verkündigung auf göttliches Gebot hin bringt.

Debora: – Mutter, beziehst du dich auf die Mundkommunion?

Maria: – Ja, meine Tochter, beachtet das, was Er euch sagt, dann wird viel Unheil vermieden. Der Herr wird die Entweihung nicht mehr dulden. Ich lasse euch diese Gabe: sie soll in eurem Herzen versiegelt werden, damit Jesus mit der ganzen erforderlichen Andacht und der größten Ehrfurcht angebetet wird. (...) Ich bitte euch, das Wort meines Sohnes noch einmal zu lesen, in dem er euch sagt, wie wichtig es ist, die Eucharistie mit dem Herzen, als wahre und unerläßliche Kommunion zu empfangen.» (23.4.1997)

In den folgenden Tagen kamen die Engel der Gemeinden verschiedener Länder zu Debora. Sie hatten leidende Gesichter...

Die Engel der Gemeinden Frankreichs sagten folgendes: «Die Seelen können unmöglich auf diesem Weg der Verdammnis weitergehen. Zu oft wird die Kommunion im Zustand schwerer Sünde empfangen. Man kann die Frevel schon gar nicht mehr zählen!»

20. Siehe S. 173-177

Neun Tage lang wurden die himmlischen Boten zu Debora gesandt, um Sühne zu fordern. Das Gebet, das sie am häufigsten verlangen ist: «Liebendes Herz Jesu...»[21]

Jesus: «Meine Kinder, die Zeiten gehen ihrem Ende entgegen, und die Welt hat noch nicht begriffen, wie wichtig es ist, die Eucharistiefeier wieder zum Mittelpunkt des menschlichen Lebens zu machen. Ich bringe euch hier den eucharistischen Jesus, die ungeliebte Liebe. (...) Alle müssen diese große Andacht kennenlernen.» (23.10.1997)

Maria: «Meine Tochter, ich bereite euch auf den großen Sieg vor, der durch die Jungfrau von der Göttlichen Eucharistie errungen wird. Alle sollen wissen, daß sie am letzten Tag den Ausschlag an der Waagschale geben wird. Die vielen unwürdig empfangenen Kommunionen werden dem Menschen große Schmerzen verursachen! Ich habe euch all diese Dinge im Verlauf meiner Besuche gesagt, aber wenige Herzen haben sie in die Tat umgesetzt.» (8.12.97)

«Wenn ihr diese Opfer annehmt (euch der Liebe mit dem Herzen als Opfer hinzugeben), dann habt ihr den Weg begriffen, den ich euch mehrmals aufgezeigt habe: für das Heilige Sakrament zu sühnen und dafür zu sorgen, daß es seinen zentralen Platz im Herzen all meiner Kinder wiederbekommt. Ich habe mehrmals mit euch über den Sieg gesprochen, aber ohne meine Kinder kann ich nicht siegen. Wenn ihr bereit seid und euch aufopfert, werdet ihr die Apostel und Zeugen dieses beispiellosen Ereignisses werden.» (23.3.1998)

Jesus: «Mein Vater im Himmel hat den Mund geöffnet, um die Bewohner der Erde sein *basta*[22] bezüglich der Greuel, die im Zusammenhang mit dem Heiligsten Altarsakrament geschehen, vernehmen zu lassen, aber niemand bemerkt den heiligen Zorn, der auf euch zukommt, weil ihr euch eure eigene Meinung bildet. (...) Ich war bereit, dir Meine Mutter zu schicken, damit du Meinen Leib[23] bewahren kannst und durch dein jugendliches Opfer

21. Siehe S. 293
22. «Es reicht!»
23. Dies bezieht sich auf den Tag, an dem die Heilige Jungfrau die Eucharistie zu Debora nach Hause gebracht hatte.

allen Laien ihre Schändungen, Respektlosigkeiten und ihre tödlichen Zugeständnisse vergeben werden.»[24] (3.9.1998)

«Bete die Eucharistie an, die das Herz meines Herzens ist…» (25.11.1998)

«Liebe Tochter, die du von Meinem Rat belehrt wirst, wie groß ist die Bitterkeit, die Ich in Meinem so liebenden Herzen über den Verlust des Glaubens und des Vertrauens zum Heiligsten Altarsakrament empfinde. In diesem Bereich handle und wache Ich als schweigender Zuhörer und Meister. Eure Gemeinden sind zum größten Teil "Randgebiete", und keine Mittelpunkte der Liebe und der Brüderlichkeit mehr. Das kommt von eurer mangelnden Demut und eurer fehlenden Bereitschaft, euch vom Heiligen Geist erfüllen zu lassen. Denn Er erhebt und formt die Herzen, bis sie durch die wahren Geistesgaben feinfühlig und wirklich christlich geworden sind. Zuviel vergeblicher Lobpreis steigt zu Meinem Herzen empor. Ich will die Aufrichtigkeit der Herzen! (Ps 50,8)» (19.3.1999)

Die Andacht zu den Tränen aus Blut und Öl der Jungfrau Maria

Jesus: «Wenn Ich Meine Mutter weinen sehe, kann ich nicht nein sagen.»

Maria: «Mein Sohn Jesus will durch dich die Andacht zu den blutigen Tränen einführen, die von Unseren beiden heiligen und unbefleckten Herzen vergossen werden und auf die Menschheit herabströmen.» (1.9.1994)

«Viele fragen sich, warum der Herr solche Zeichen offenbart. Heute abend will ich ganz einfach mit euch sprechen, um euch den Grund meiner Tränen zu erklären:

– Meine wiederholten Aufrufe werden abgelehnt.

– Meine zahlreichen Erscheinungen werden für überflüssig erklärt.

– Die Liebe Meines Sohnes wird sogar im Herzen der Kirche lebhaft angezweifelt.

24. Für alle Laien, die die Kommunion nicht in außerordentlichen Formen, die von der Kirche vorgesehen sind, spenden mußten, sondern in gewöhnlichen Formen, die von Geistlichen zugestanden werden, die den festgesetzten Regeln untreu sind; und für alle Respektlosigkeiten, die sich daraus ergeben haben.

– Meine ganze Arbeit wird geringgeschätzt.

Wie oft muß ich euch noch aufrufen und inständig bitten, damit ihr den Willen Gottes begreift?» (23.5.1995)

Die Heilige Jungfrau rechtfertigt diese besondere Andacht, die dringend verbreitet werden muß, folgendermaßen:

«Die Andacht zu meinen Tränen wird die Welt retten. Sie stellt die letzte Hoffnung dar! Dieser Ort (der Garten "Himmelsgrün"), an dem Unsere Liebe Frau vom heiligen Öl gesprochen hat, soll wertgeschätzt werden.

Ich habe mich der Welt mittels des heiligen Olivenhains als Quelle der immerwährenden Salbung offenbart, und ich will, daß diese Quelle über jedem Menschen ausgegossen wird. Macht meine Andacht zu den Tränen bekannt: sie soll euch Kraft und Mut geben, um auf den Ruf des göttlichen Sohnes zu antworten. Ich bin Unsere Liebe Frau von der Eucharistie und von der Großen Sühne. Aus diesem Grund bin ich auch die Königin vom Ölbaum der Segnungen und die Quelle der größten Sakramentalie: des heiligen Öls.

Gott will, daß ich unter diesem Namen verehrt werde.

Heutzutage mißt man der Eucharistie in der Welt keine Bedeutung mehr bei, doch meine Tränen werden die Welt vor einer großen Katastrophe retten. Diese Söhne hier, die deinem Leiden beiwohnen, betrachten jetzt meine Tränen, die aus meinem Bildnis sickern und empfinden das unergründliche Geheimnis. Das habe ich so gewollt, damit sie furchtlos Zeugnis geben. (...)

Die Andacht, zu der ich euch jetzt aufrufe, schließt alle anderen Andachten ein und wird die stärkste Gnadenwirkung von allen haben. Auf dem Berg Karmel habe ich vom Rosenkranz gesprochen; heute spreche ich in der Ebene von Manduria von der göttlichen Eucharistie. Nehmt diesen erhabenen Ruf guten Herzens auf, der Laien und Geweihte gleichermaßen versammeln soll, damit meine Andacht schnell verbreitet wird. Ich segne euch...» (6.6.1997)

Die Heilige Jungfrau hat ihr Leiden in dieser sichtbaren Form bereits Katharina Labouré (1830), den Hirten von La Salette (1846) und in Syrakus (1953) offenbart. Aber die Bitte Unserer Lieben Frau um eine «Andacht zu den Tränen» scheint aus Brasilien zu kommen. Am 8. November 1929 betete nämlich dort Schwester Amalia vom Gegeißelten Jesus, eine Missionarin des Göttlichen Gekreuzigten, für die Heilung einer Verwandten, die von der Medizin aufgegeben worden war. Sie hörte eine Stimme, die ihr sagte: «Wenn du diese Gnade erlangen willst, mußt du sie durch die Tränen Meiner Mutter erbitten. Alles, was die Menschen durch diese Tränen von Mir erbitten, bin Ich "gezwungen", ihnen zu gewähren.»

Unsere Liebe Frau unterwies Debora am 4. März 1998 genau, wie wir nach ihrem Willen zu ihr beten sollen. [25]

Die Andacht zur Wunde des Heiligen Antlitzes Jesu, der «ungeliebten mystischen Liebe»

Die Jungfrau Maria empfiehlt uns diese Andacht, und wer in besonderer Weise des schmerzhaften Stockschlages gedenkt, den ein Soldat Jesus auf die rechte Wange, zwischen Backenknochen und Nase versetzt hat, dem verspricht Jesus die Befreiung von Qualen.

Maria: «Meine Tochter, ich wünsche ganze Tage der Anbetung vor dem schmerzhaften Antlitz Meines Sohnes. Vergiß nicht, daß der Kelch meines Jesus voll ist, und daß die Entweihungen nicht mehr länger geduldet werden...» (1.9.1994)

(Jesus hebt den Kopf, und Debora sieht, daß Sein Antlitz verschwollen und voller Prellungen und Verletzungen ist.)

Jesus: «Wenn du Mich durch die Schmerzen Meines heiligen Antlitzes ehrst, werde Ich durch dich einen Regen von kostbarem Blut über der Welt ausgießen.»

(Danach stürzt Jesus erschöpft zu Boden. Er scheint sehr zu leiden.)

Jesus: «Ich werde sterben, meine Tochter.»

(Debora ist entsetzt, als sie die blutende Wunde auf dem Antlitz Jesu sieht.)

Jesus: «Diese Wunde, die Mir sehr, sehr weh tut, stammt von dem schmerzhaften Stockschlag, den ein Soldat Mir zugefügt hat.

25. Siehe das «Gebet des Rosenkranzes der Tränen Mariens aus Blut und Öl», S. 291.

Verbreitet die Andacht, dann werde Ich euch durch die Verdienste, die Ich mit dieser Wunde für euch erlangt habe, die Befreiung von Qualen gewähren.»

Die Andacht zur Heiligsten Jungfrau, der Quelle des heiligen Öls von der immerwährenden Salbung

Maria: «Dieses Öl, das ich, die Heilige Jungfrau vom geweihten Ölbaum, die Königin des allumfassenden Friedens, habe fließen lassen, ist eine leuchtende Gabe meines Sohnes, um diesen wertvollen Bestandteil des sakramentalen Lebens wieder aufzuwerten. Das Öl ist Balsam und Salbung, es dient der Linderung und der Sühne.» (24.5.1995)

Jesus: «Meine Tochter, dein Meister will, daß die Andacht zu Meiner Mutter, der Heiligen Jungfrau vom Öle, verbreitet wird. Man wird versuchen, ihr alle möglichen Hindernisse in den Weg zu legen, aber Ich bitte euch, Zeugnis für Mich zu geben.

Meine Gnade hat sich grenzenlos ausgebreitet, und genauso will Ich, daß ihr grenzenlos von Meinen Wundern sprecht. Satan, der Verfolger Meiner Kirche, will Mein Werk zum Schweigen bringen, um zu verhindern, daß Mein Volk aufwacht. Es ist aber Mein Wille einzugreifen und euch schnell zu retten. Ihr dürft jedoch nicht vergessen, daß Ich ein Gott der Freiheit bin, und daß die Urteilsfähigkeit und die Wahl bei euch liegen.

O du Meine Schöpfung, Ich lasse dich aus nächster Nähe die ganze Leidenschaft Meiner Liebe erkennen, damit du die ganze Güte Gottes erfahren und in Seinen heiligen Pferch zurückkehren kannst. Ich verdamme noch nicht und habe noch Geduld... Ich bitte euch, Mein Wunder fruchtbar zu machen. Es soll weder Angst noch Großtuerei geben!

Ich habe euch aufgerufen, weil ihr fähig seid, alles zum Guten zu führen und alles wirklich gut zu machen, das sage Ich euch!» (28.7.1995)

«Die Andacht zu Meiner heiligen Mutter, die sie als Quelle des heiligen Öls von der immerwährenden Salbung preist, ist ein Juwel, den Ich ihr geschenkt habe, und Ich will, daß sie zum Trost für ihre Tränen verbreitet wird. Du sollst sie lieben...» (17.1.1998)

Maria: «Meine Kinder, der Herr schenkt euch im Übermaß seiner Güte diese Andacht zu meinem Herzen, der Quelle der ewigen Salbung, damit ich dadurch wieder zu euch kommen, euch festigen und in den Himmel führen kann.» (23.8.1998)

Die Salbung mit dem geweihten Öl von Manduria

Dieses Öl ist eine Gabe Jesu und eine beständige Salbung. Es ist von der Jungfrau Maria geweiht und fließt auf wunderbare Weise aus ihren Bildnissen und Statuen. Auf der ganzen Welt bewirkt es körperliche und geistige Heilungen.[26] Man muß es jedoch von dem Öl unterscheiden, das am Gründonnerstag vom Bischof für liturgische Zwecke bei den Sakramenten der Taufe, der Firmung, der Priesterweihe und der Krankensalbung geweiht wird.

Es ist ein Akt des persönlichen Vertrauens auf die zuvorkommende Macht der Heiligen Jungfrau, der «Quelle des heiligen Öls von der immerwährenden Salbung», wenn man eine Salbung mit dem geweihten Öl der Heiligen Jungfrau vornimmt. Sie hält Fürbitte, damit die Gnade aus der väterlichen Güte Gottes in unser Herz und unseren Leib herabkommt. Man kann diese Salbung empfangen und sie an anderen vornehmen, indem man zunächst sein Herz weiht.

Maria: «Ich wünsche die Weihe an mein Unbeflecktes Herz, den Brunnen des Friedens, der Quelle des heiligen Öls. Meine Tochter, sprich dieses Gebet jedesmal, wenn du dich an mich wendest:

O Unbeflecktes Herz, Mutter meines Herrn,
Quelle des heiligen Öls
von der immerwährenden Salbung,
Ich großer Sünder bitte dich inständig,
daß du mir dein Geheimnis zeigst,
und daß du mich Dir heute weihst.»

Die Heilige Jungfrau verspricht kein Wundermittel, sondern will unseren Glauben vermehren. Sie schaut zuerst auf die Gesundheit

26. Wenn Sie selbst eine Heilung mit diesem Öl erleben oder Zeuge einer solchen Heilung sind, so sind wir Ihnen dankbar, wenn Sie Ihr Zeugnis an die «Bewegung der Liebe» schicken.

des Geistes. Wir sollen vor allem dananch streben, die «Heilung des Herzens» zu erlangen. Überlassen wir unserer himmlischen Mutter die Wahl, wann und wie sie in die materiellen Bedürfnisse unseres Lebens eingreifen will. Wie sich ein Kind seiner Mutter anvertraut, so sollen auch wir uns Maria anvertrauen, um durch die Fürbitte der heiligen Erzengel Michael und Uriel vor den Fallen Satans beschützt zu werden. Die Heilige Jungfrau benützt diese einzigartige Formulierung: «Dieses Öl, das ich selbst geweiht habe, und das ihr mir weihen sollt.» Und zudem läßt sie uns in dem Gebet sagen: «Ich großer Sünder bitte dich inständig, mir dein Geheimnis[27] zu zeigen, und mich Dir zu weihen.» Dagegen sagen wir in der Regel: «Ich weihe mich dir.» Wir weihen ihr das Öl, und sie weiht uns ihr. Erwartet sie nicht in Anbetracht unserer Armut und unserer Schwäche einen Akt des Vertrauens und der Hingabe von uns, damit sie unser Leben gemäß dem Plan Gottes für uns verändern kann?

Da dieses geweihte Öl Symbol des Friedens, der Kraft, der Läuterung und der körperlichen Heilung ist, dürfen wir diese Gaben auch erwarten.

Wie soll man das Öl weihen?

Maria: «Ich bitte euch, neun Tropfen geweihtes Öl[28] in einen Liter Olivenöl zu gießen, um dieses Öl zu weihen. Das sollt ihr jenen Söhnen bringen, die in ihrem Herzen krank sind, weil sie die Gnade Gottes nicht in sich haben... Ich will euch von dem bösen Feind befreien. Ruft mich als Heiligste Jungfrau vom Öle an, das salbt und heilt.»

Da diese schöne Ausdrucksform des Glaubens sich immer mehr verbreitet, und damit das Öl ausreicht, hat die Heilige Jungfrau erlaubt, daß es unendlich vermehrt wird. Wenn man also nur neun Tropfen (wie die neun Chöre der Engel) dieses wunderbar geweihten Öls (oder den mit den neun Tropfen getränkten Wattebausch)

27. Das Geheimnis, von dem Ludwig-Maria Grignion de Montfort spricht.
28. Oder den getränkten Wattebausch. Um geweihtes Öl von den Bildnissen oder Statuen der Heiligen Jungfrau in Manduria zu bekommen, können Sie an folgende Adresse schreiben: «Movimento d'Amore, Via Fratelli Bandiera 3, I-74024 MANDURIA (TA). Tel./Fax: 0039.09.99713612 (nur italienisch). Bitte denken Sie bei Ihrer Spende an die Portokosten! (Antwort erfolgt auf italienisch.)

in einen Liter naturreines Olivenöl gießt, ist das ganze Öl geweiht. Und mit neun Tropfen dieses neuen Öls kann man einen weiteren Liter geweihtes Öl herstellen, und dies unendlich oft. Die Kranken können es in ihren Speisen zu sich nehmen. Dieses Öl hat besondere Eigenschaften, die durch die neun Tropfen geweihtes Öl weitergegeben werden. Eine davon besteht darin, den Dämon zu vertreiben.

Sind diese Zeichen des Öls nicht auch eine Mahnung? Man kann nicht umhin, eine Verbindung zwischen dem Zeichen des Öls und dem Gleichnis von den klugen und den törichten Jungfrauen im Matthäus-Evangelium (25,1-13) herzustellen, auch wenn die Heilige Jungfrau dies nicht ausdrücklich erwähnt hat. Wir dürfen nicht vergessen, daß Maria und ihr Sohn uns auf die große Wiederkunft Jesu vorbereiten. Ist dies nicht auch eine Weise, wie der Herr seinen Erwählten das Siegel auf die Stirn drückt (Offb 7,3)? Dieses Öl soll uns zum Wachen ermahnen, damit der Bräutigam uns bereit findet, wenn er wiederkommt. Geben wir diesem geweihten Öl also viel Raum in unseren Herzen und in unserem Leben! Teilen wir es mit unseren Brüdern, solange noch Zeit ist.

Wie soll man eine Salbung vornehmen?

Man träufelt etwas Öl auf einen Wattebausch und macht zu Ehren der fünf Wunden Christi fünf Kreuzzeichen:

1) Man macht das Kreuzzeichen auf die Stirn *(Reinigung und Erleuchtung des Geistes)*;

2) Man macht ein Kreuzzeichen auf die Lippen *(Reinigung der Sprache, und Wachstum im Geist der Abtötung mit all seinen vielfältigen Aspekten)*;

3) Man macht ein Kreuzzeichen auf das Herz — konkret: unterhalb des Halses *(um unser Empfinden zu reinigen, zu veredeln und zu stärken)*;

4) Schließlich macht man ein Kreuzzeichen in jede der beiden Handflächen *(damit all unsere Handlungen in Gerechtigkeit und Liebe dem Gebot Gottes entsprechen)*.

Während der Salbung spricht man folgendes Gebet:

Maria, Mutter des geweihten Ölbaums
Heiligste Jungfrau vom Öle,
Berühre uns, liebe uns
und heile unser Herz
Auf deine Weise und
durch deine Liebe.

Diese Salbung, die je nach Bedarf wiederholt werden kann, mildert und heilt geistige und körperliche Leiden. Sie festigt uns als Christen (der Gesalbte schlechthin ist Christus), und sie beschützt uns gegen den Dämon.

Die Werke

Die offenbarte Weisheit des lebendigen Gottes

Die Heilige Jungfrau und Jesus haben mehrmals über die Bedeutung gesprochen, die der *offenbarten Weisheit des lebendigen Gottes* zukommt. Man könnte sie als beständige Katechese der vergangenen Ereignisse definieren, um über die heutigen Ereignisse im Hinblick auf die zukünftigen hinauszuwachsen.

Es ist eine doppelte Katechese: zum einen beinhaltet sie die grundsätzlichen Lehren, zum anderen den fortwährenden Dialog zwischen Debora, Jesus und Maria. Sie stellt eine wahre Lebensschule dar, vor allem in Bezug auf in christlicher Gesinnung ertragenes Leiden. Dieses ist ein Stein des Anstoßes für den Verstand, wenn er nicht durch den Glauben erneuert wird, und ein Grund für große Auflehnung, die manchmal dazu führt, den Glauben aufzugeben.

Ein Buch

Während einer Offenbarung am 20. Mai 1993 erblickt Debora die ganze Traurigkeit des Herzens Jesu. Sie würde sie so gern bekanntmachen, aber was kann sie allein schon tun!

Jesus: «Ich habe dir nicht gesagt, daß du alleine handeln sollst. Du sollst nicht davon reden, aber du sollst es aufschreiben, und Ich werde es in Meinem Buch veröffentlichen, dem Ich den Titel: *Sapienza rivelata del Dio vivente*[29] geben will.

Debora: – Jesus, welches Buch? Ich kann nicht… (Jesus unterbricht mich).

Jesus: – In Wahrheit, nicht du wirst es ankündigen, sondern Ich selbst, durch die Liebe, die du deinem Nächsten schenkst (…). Ich sage: "Kein Wort darf an Meiner Offenbarung weggenommen

29. Offenbarte Weisheit des lebendigen Gottes

werden, sonst wird Mein Zorn unerbittlich sein." (...) Euer Vater hat gesprochen! Heilige das erste Jahr Meiner Offenbarung.»

Der Herr sprach nämlich seit einem Jahr zu Debora. Ihr Herz jubelte vor Freude wegen der Gnade Gottes, die keine Grenzen kennt. Jesus wollte, daß die *Offenbarte Weisheit des lebendigen Gottes* zu Anfang gleich in drei Bänden erscheint.[30]

Um die ganze Menschheit zu Mir zurückzubringen

Jesus: «Meine Botschaft wird Mein Volk nähren, weil sie das wahre Brot des Lebens ist. Meine Debora, jetzt ist die Zeit der Bekehrung, und Meine Gnade breitet sich zutiefst in allen aus, damit jeder die nötige Zeit hat gerettet zu werden, bevor Ich mitten unter euch wiederkehre. (...)

Es gibt zwei Türen, die euch zu Mir zurückbringen: Mein Leib und Meine Offenbarungen!» (27.5.1993)

«Alle müssen wissen, was Ich dir offenbare, damit auch ihnen Meine grenzenlose Liebe zugute kommt.»

«Wenn Ich mit dir spreche, sollen nach Meinem Willen alle begreifen, daß Ich Mich an die ganze Menschheit wende, an die mit dem hohem Preis Meines Blutes erlösten Söhne. Meine Debora, du bist Mein Altar, und wer auf Meinen Geist in dir hört, wird die Freude erfahren, die Tiefen meiner innigsten Geheimnisse zu ergründen. Wenn Ich in dir spreche, so stellt Mich der "ICH BIN" vor die Welt, um sie in Ewigkeit zu unterweisen.» (7.1.1996)

Jesus: «Meine Tochter, die Offenbarung, die Ich dir von Anfang an übermittelt habe, galt der ganzen Menschheit, aber eine solche Weisheit ist nicht von vielen verstanden worden, und deshalb ist Mein heiliger Name in dieser beeindruckenden, neuen Offenbarung nicht gepriesen worden. Ich, die Heilige Liebe, wollte die Schätze Meiner Sanftheit und die Zeichen, die die Menschheit zur zweiten Auferstehung bringen werden, in dein Herz gießen.

Die Menschen wollten ihre Schritte nicht auf den Weg des Friedens lenken, der aus Meinem Heiligen Kreuz und der Botschaft besteht, die du auf Mein Geheiß hin weiterträgst. Tochter, Ich, deine mystische Liebe, bitte dich um deine Hilfe! (...)

30. Auf italiensich, als «pro-manuscripto»-Ausgabe bei der «Bewegung der Liebe» im November 1997 erschienen. Ein vierter Band ist soeben veröffentlicht worden.

Ich schenke euch all diese Lehren und spreche zu diesem Geschöpf als König der Offenbarung, der alles mit Seinem Geist überfluten will.» (19.5.1997)

Die Bewegung der Liebe in den Zentren der Jungfrau von der Eucharistie

Die himmlische Mutter hat zunächst eine Gebetsgruppe gewünscht. Bei einem Dialog mit Jesus bemüht sich Debora zu erfahren, was Er davon hält:

«Meine Vorsehung hat euch in Gemeinschaft gewollt, aber... das ist nur der Anfang des Weges.» (27.5.1993)

Jesus: «Jeder Sohn Meiner Gebetsgruppe wird eine Aufgabe haben, die Ich, der Herr, für jeden wünsche. Bald werde Ich Mich den Versammelten mitteilen, und jeder wird seinen eigenen Auftrag bekommen. Er sei gesegnet im Namen des Vaters, in Meinem Namen und in dem des Beistandes, des Heiligen Geistes.» (3.7.1993)

Dieser Plan hat seinen besonderen Charakter, der niemals mit anderen verwechselt werden darf.

Maria: «Hier habe ich meinen Blick auf einige Sünder gerichtet, und hier will ich meinen Heilsplan entstehen lassen...» (4.12.1993)

Maria: «Ich rufe viele meiner Kinder auf, eine große Gebetsgruppe zu bilden, in der alle sich als Väter und Mütter ihrer Brüder fühlen.» (23.12.1996)

Mit mir eine Bewegung gründen, die den Namen «Liebe» trägt

Die «Bewegung der Liebe» ist auf die ausdrücklichen Bitte des Herzens Jesu hin entstanden, als Gabe an das Unbefleckte Herz Seiner und unserer Mutter durch Seine Botin der Liebe.

Maria: «Meine Bewegung heißt "Liebe", weil ihr Name immer mehr dem Vater im Himmel gleicht. Die Liebe vergibt alles, die Liebe nimmt alles an, die Liebe ist barmherzig.[31] Dieser Plan ist von meinem Herzen unterzeichnet, weil ich selbst dem Herrn Sühne für Seinen unbefleckten und gerechten Namen darbringen will.

Meine Lieben, ich bin bei euch und der "Bewegung der Liebe Gottes", dessen Mutter und Beschützerin ich bin. Ich will euch

31. Siehe 1 Kor 13.

sagen: "Der Herr liebt euch, und erwartet euch alle durch mich im Paradies"...» (8.12.1994)

Die ersten Menschen, die auf diesen Ruf antworten, sind genau jene, die in den Garten «Himmelsgrün» kommen: er ist eine Quelle von Gnade, die plötzlich und in unerklärlicher Weise die Leere ihres Daseins verwandelt.

Jesus: «Meine Kleine, ich wünsche, daß du deinen Brüdern "die Erfahrung meiner zwölf Apostel mit dem Evangelium" mitteilst. Ich wünsche, daß gewisse Söhne gerufen und erzogen werden, um das Evangelium zu leben, es kennenzulernen und auszudrücken. (...) Heute werde Ich dir in der Versammlung zuflüstern, wer die ersten Brüder sind, die diesen Weg gehen sollen.» (18.11.1993)

«Meine Tochter, du sollst die andern wissen lassen, daß Ich an zehn Herzen klopfe, und Ich sage euch in Wahrheit: sie werden Mir folgen. Ich habe sie erwählt. Du aber sollst darum bitten, in Mein Gebet einzutreten, damit du sie erkennst... Ich komme mit Meinem Segen, um sie im Amt der Evangelisation zu bestätigen.» (25.8.1994)

Aber die Bekehrung geschieht nicht von allein, und manchmal nimmt die Mutter kein Blatt vor den Mund:

Maria: «Meine Tochter, ihr strahlt die Gnade Gottes nicht aus, mit der ich euch erfüllt habe. Das Gebet erhebt sich nicht von der Erde, und für viele ist es leer und leblos. In ihnen und durch sie wird in den anderen keinerlei Werk Frucht bringen. Sie handeln mit viel Arroganz, viel Boshaftigkeit und dreister Ehrfurchtslosigkeit.» (23.6.1995)

Maria: «Ich fordere euch auf, mit mir eine Bewegung zu gründen, die den Namen "Liebe" trägt, weil heute zu viele Seelen verlorengegangen sind, und ich sie an der Hand zum Gebet zurückführen muß.

Wenn die Familien meines Werkes den wahren Frieden wollen, müssen die Frauen sich bekehren und demütige Dienerinnen ihrer Familie, ihrer Kinder und ihres Ehemannes sein. Ich werde ihr Vorbild sein! Sie sollen mehr beten und fasten; sie sollen sich schlicht kleiden und sich von den alten Kleidern trennen, die so schlecht zu den Kindern Gottes passen, die der Tempel des Heiligen Geistes sind!

Wenn die für mein Werk Berufenen ihm nicht schnell entsprechen, wird die Kälte des Bösen in ihr Leben eindringen und du, meine Tochter, wirst ihnen deine Unterstützung entziehen müssen. Deine Pflicht ihnen gegenüber wird dann nur im Gebet bestehen.» (25.6.1998)

Wie im Evangelium richtet der Ruf sich an alle, und die Anforderungen sind dieselben.

Jesus: «Erlaubt Meinem Herzen, euch mit Barmherzigkeit zu gebrauchen, und aus dieser Bewegung eine Armee von Seelen zu machen, die Mich durch die Sühne verherrlichen. Ihr sollt begreifen, daß jede Seele guten Willens dieser Bewegung der Liebe angehören kann, ob sie in der Nähe oder weit weg lebt.

Sie sollen wissen, daß ich starke Seelen will, die sich auf den Geist der wahren Hingabe einlassen, und die schweigsam sind, um Mich die Geißelung vergessen zu lassen, die Ich jeden Tag durch die Kritiken und Urteile erleide.

Aus Liebe zu Meinem Namen wollte Ich eine solche Gnade gewähren. Jetzt muß Ich ihre Frucht ernten, damit Mein Vater durch sie die Toten zum Leben erweckt. Wenn ihr aufmerksam zuhört, ist alles leicht zu verstehen, und wenn ihr nicht widersprecht, werde Ich leichter handeln können. Ich werde alles erneuern.» (5.6.1997)

Jesus: «Ihr seid Meine Bewegung von Dienern der Anbetung, und auch wenn ihr unfähig seid, einem so überaus hohen Ruf zu entsprechen, will Ich, daß ihr Mich anbetet. O ja, Ich werde auf eure innere Veränderung warten wie eine weise und kluge Mutter.» (19.10.1997)

Aus den wechselseitigen Dialogen zwischen Jesus und Maria, von denen Debora in ihrem Tagebuch berichtet, geht eine unermeßliche gegenseitige Zärtlichkeit hervor. Sie mildert die Sühne, die sie teilen, und das liebende Opfer, das sie gegenseitig austauschen, deren einziges Ziel es ist, das verletzte Herz des Ewigen Vaters mild zu stimmen.

Eine schwere Geburt

Wie jedes göttliche Werk in dieser Welt bringt es auch hier innere Kämpfe mit sich. Manduria macht da keine Ausnahme.

Jesus: «Höre Mich jetzt an: Ich werde dir Menschen schicken, die dir helfen, Mein Werk noch weiter voranzubringen. Aber du sollst aufmerksam sein, weil Söhne Meines alten Feindes darunter sind, die sich mit ihnen vermischen und dir Leiden bringen werden. Es braucht eine ernsthafte Prüfung! Mein Werk in dir soll mit keinem anderen vermischt werden; Ich will, daß es einfach aber einzigartig ist. Ihr werdet die Diener von der Anbetung der Eucharistie genannt werden. Bald werdet ihr kaum noch einen Ort finden, an dem ihr Mich anbeten könnt.» (10.7.1997)

Im folgenden Monat erschütterte eine schwere Krise die Mitglieder der Bewegung. Debora ist davon ganz niedergeschlagen. Sie bittet die Heilige Jungfrau, von Gott, dem Vater, die Auflösung der Bewegung zu erbitten, ohne daß sie sich schuldig fühlen. Maria antwortet ihr, daß Gott jedem die Freiheit läßt, und daß auch sie gehen kann. Sie lächelt nicht: «Jedesmal, wenn ein Sohn "nein" sagt, werden von neuem bittere Tränen vergossen: das Herz meines Sohnes wird von neuem gekreuzigt!» (5.8.1997). Debora geht in sich und sagt von neuem ihr *fiat*. Bei ihrem folgenden Besuch erklärt Maria, daß es immer ein Mangel an Demut ist, wenn jemand aufgibt.

Erst vor kurzem gab die heilige Katharina von Siena, die für den «heiligen Willen» bereit war, die Seelen der Bewegung zu leiten, folgende Botschaft:

«Du solltest den Seelen, die dir nahestehen, sagen, daß sie sich schnell entscheiden sollen, weil der Gute Jesus seine göttlichen Pläne erfüllen muß. Sie sollen Mut fassen, und jeder soll sich eifrig den verschiedenen Wirkungsbereichen widmen. Sie sollen eins und solidarisch sein, sonst wird es mir nicht gelingen, sie zu bewahren. Manche geben mir zu denken und bereiten mir Kummer.» (29.4.1998)

Maria: «Meine Kinder, ihr sollt keine Angst haben, denn ich beschütze jene, die sich mit ihrem ganzen Willen den Plänen des Herrn hingeben. Dies ist mein Werk, und ich habe es mit meinen königlichen Mantel bedeckt, damit viele meiner Herde die Realpräsenz meines Sohnes in der Eucharistie fühlen können!» (23.10.98)

«Meine Bewegung soll handeln ohne zurückzuweichen; sie soll nicht dem schlechten Beispiel der schwächsten Brüder folgen! Ich verspreche euch, daß dank eurer Opfer viele gerettet werden können.» (23.12.1998)

Ganze Familien und vor allem junge Menschen nehmen täglich diese Aufforderung an, zur Liebe Gottes zurückzukehren und Sein Reich auf jene auszudehnen, die am weitesten entfernt und verzweifelte Fälle sind.

«Meine Tochter, ich bin für diese Seelen gekommen, die niemand haben will, über die man sich lustig macht, die gedemütigt werden, die von den Konformisten unter dem Deckmantel eines Glaubens abgewiesen werden, der sich vor dem Herrn wie Nebel auflöst...» (31.12.1994)

Die «Bewegung der Liebe»

Sie ist gegründet worden, um die übernatürlichen Ereignisse, die Erscheinungen und die Begebenheiten, die sich in Manduria seit 1992 zugetragen haben, zu verbreiten und bekannt zu machen.

Sie hält sich an den Geist des Dekretes über das Apotolat der Laien des II.Vatikanischen Konzils. Sie verkündet eine wahre Treue zur katholischen Kirche und zum Papst. Sie will der Kirche dienen und stellt sich in ihren Dienst, besonders zur Verwirklichung der Aufträge, die die Jungfrau von der Eucharistie ihnen anvertraut hat, sowie zur Bekräftigung der Dogmen und der Glaubenswahrheiten, die in Manduria wieder in Erinnerung gerufen worden sind.

Das Ziel der «Bewegung der Liebe» ist die Heiligung ihrer Mitglieder durch die Nachfolge Christi in der Treue zu den Lehren unserer Mutter, der Kirche, und zu den Aufforderungen der Jungfrau von der Eucharistie. Dies geschieht durch die Gründung von Heimen, die für die Beleidigungen sühnen, die dem eucharistischen Jesus, der ungeliebten Liebe, zugefügt werden, und die das Öl verbreiten, das die Heilige Jungfrau als machtvolles Hilfsmittel zu unserer geistigen Heilung eingesetzt hat.

Maria: «Nach den zahlreichen Bewegungen, die Ich auf der Welt erweckt habe, schenke ich euch heute diese neue Bewegung;

sie soll in der Hingabe an die Liebe leben, und ich werde ihr auch geweihte Seelen anschließen.» (31.5.1998)

Die Hauskirchen

Die «Bewegung der Liebe» ist mit den Hauskirchen verbunden. Sie bestehen aus Familien und sind eine machtvolle Waffe in den Händen der Jungfrau Maria.

Maria: «Meine Lieben, der Atem des Geistes hat seine göttlichen Gaben unter euch ausgehaucht. Jetzt ist es an euch, sie anzunehmen und fruchtbar zu machen. Meine Lieben, diese Gaben werden sich besser verwurzeln können, wenn ihr von Haus zu Haus geht und kleine Hauskirche gründet. (...) Wie Kronen sollt ihr in euren Familien Hauskirchen von eurer Mutter des geweihten Ölbaums bilden. (23.12.1994)

Ihr sollt die Hauskirchen wie ein Geschenk annehmen, die ich euch als eine Versammlung eurer Herzen im Geist der Einheit mit dem Papst vorgegeben habe. Dabei sollt ihr den Geist anrufen; Er wird zu euch kommen, wenn ihr ihn in dem demütigen Wunsch herabruft, euer Gebet und euer Leben zu heiligen.» (31.5.1998)

Es ist unentbehrlich und wichtig, daß diese Hauskirchen gebildet werden und sich ausbreiten, damit durch die Rückkehr zu Gott ein neues christliches Bewußtsein entsteht. Das Volk ist weit verstreut und lebt in der Verwirrung. Es muß die Einheit und die Werte wiederfinden, die die Kirche immer vermittelt hat. Die Bewegung der Liebe hat durch die Sühne dieses Ziel im Auge.

In den Erscheinungen in Manduria hat die Jungfrau Maria die Hauskirchen als Ort bezeichnet, an dem die Familien sich öffnen, um Gott im Gespräch der einzelnen Mitglieder untereinander kennenzulernen. Die Familie ist als grundlegende Zelle der Gesellschaft durch ihre Atmosphäre der schönste und beste Ort, um die Entfaltung einer solchen Hauskirche zu fördern. Die Gemeinde ist als Hüterin und Wohnung des eucharistischen Christus (in einem größeren Rahmen und mit der Zustimmung des Pfarrers) der ideale Ort, um Maria in ihrer Anbetung Jesu nachzuahmen, die der Mittelpunkt der ganzen Botschaft der Jungfrau von der Eucharistie ist.

Die Hauskirchen werden so zu bedeutenden Orten des Gebetes und der Sühne; sie sind ein wahres Apostolat zur Unterstützung des priesterlichen Amtes und eine lebendige Verwirklichung der Botschaft, weil durch das Gebet eine glühende missionarische Tätigkeit entsteht.

Auszüge aus den Statuten der «Bewegung der Liebe»

Art. 1: **Name und Sitz**

Es wurde ein unabhängiger Verein ohne lukrativen Zweck gegründet mit Namen «Movimento d'Amore» (Bewegung der Liebe), Heim der Jungfrau von der Eucharistie, der Mutter des geweihten Ölbaums, der Quelle des heiligen Öls von der immerwährenden Salbung. Sein Sitz befindet sich in der Via Nuova per S. Cosimo, contrada Cittu, Cittu, I - 74127 Manduria (TA).

Der Verein kann andere, delegierte Sitze eröffnen sowie Korrespondenzbüros, auf Ebene der Provinz, der Region, des Landes und des Auslandes.

Die abgeordneten Sitze und die Korrespondenzbüros stützen sich auf den Hauptsitz.

Art. 2: **Art des Vereins**

Die «Bewegung der Liebe» ist ein privater Verein, der zur Verbreitung der Kenntnis über geistige Ereignisse, Erscheinungen und Begebenheiten, die in Manduria (TA) oder woanders geschehen sind und noch geschehen werden, gegründet wurde. Der Wille Gottes soll durch die Veröffentlichung und die Verbreitung gedruckter oder audiovisueller Dokumente, die sich auf diese Ereignisse beziehen, kundgetan werden.

Die «Bewegung der Liebe» bezieht sich auf den Geist des Dekretes über das Apostolat der Laien des II. Vatikanischen Konzils; sie verkündet ihre Treue zur katholischen Kirche und zum Papst.

Sie ist in der Kirche entstanden und stellt sich in deren Dienst, besonders zur Verwirklichung der Aufträge, die ihr von der Jungfrau von der Eucharistie anvertraut wurden, und zur Bekräftigung der Dogmen und der Glaubenswahrheiten, die sie gefordert hat.

Art. 3: **Ziel**

Das Ziel der «Bewegung der Liebe» ist die Heiligung seiner Mitglieder durch die Nachfolge Christi, in der Treue zur Lehre der

Kirche und zu den Aufforderungen der Jungfrau von der Eucharistie.

Den Zentren der Jungfrau von der Eucharistie ist ein besonderer Auftrag anvertraut:

– das Eintreten für die Verehrung des Leibes des eucharistischen Jesus Christus;

– das Eintreten für die Verehrung Unserer Mutter, besonders in Bezug auf ihr Privileg der Jungfräulichkeit und ihres Handelns in der Welt als Mittlerin der Gnaden;

– die Weihe der Familien, der Jugendlichen, der Kinder an die Heiligen Herzen Jesu und Mariens im Geist von Fatima und Lourdes. Dabei soll man insbesondere die Lehren des heiligen Franziskus, des *Poverello* von Assisi, und des heiligen Ludwig-Maria Grignion de Montfort befolgen.

Die Zugehörigkeit zur «Bewegung der Liebe» beinhaltet die Entfaltung einer äußeren missionarischen Tätigkeit in Einklang mit der Spiritualität der Bewegung, indem man gemäß der Gebote Gottes lebt, ihn ehrt und achtet, und besonders die Tugenden der *Liebe, Demut, Einfachheit des Lebens, Gastfreundschaft, Barmherzigkeit und Vergebung* praktiziert.

Folgende geistige Mittel werden für diesen Weg empfohlen:

– die tägliche Messe;

– das tägliche Rosenkranzgebet;

– das Angelusgebet und das Sühnegebet zu den Wunden Unseres Herrn Jesus Christus;

– die häufige Beichte;

– die tägliche Betrachtung der Heiligen Schrift und der privaten Offenbarungen, die Unser Herr Jesus Christus als König der Offenbarungen und Unsere Liebe Frau, die Jungfrau von der Eucharistie, die Mutter des geweihten Ölbaums, die Quelle des heiligen Öls von der immerwährenden Salbung gegeben haben;

– das wöchentliche Fasten; mittwochs für die Heilige Jungfrau und freitags für den Gekreuzigten Jesus. Dieses Fasten beinhaltet den Verzicht auf Fleisch, auf übermäßiges Essen, auf Nikotin und auf alle körperlichen und geistigen Begierden (cf. Gal 5,16-22);

– die häufige Anbetung des eucharistischen Jesus, besonders in der Gemeinde;

– das Eintreten für die Andacht zu Maria, der Jungfrau von der Eucharistie, der Mutter des geweihten Ölbaums, der Quelle des heiliges Öls von der immerwährenden Salbung, und zu Jesus Christus, Unserem Herrn, dem König der Offenbarung;

– geistige Exerzitien und Zeiten der Ausbildung.

Allgemeingültigkeit

Die unabhängige Bewegung, die keinen lukrativen Zweck hat, kann auch Stationen außerhalb Italiens einrichten, die an den Hauptsitz in Italien gebunden und von ihm abhängig sind.

Wer der Bewegung angehören will, muß eine schriftliche Anfrage an ihren Präsidenten richten. Nach eingehender Prüfung kann ihm erlaubt werden, in Beachtung der in den Statuten vorgesehenen Spiritualität und Tätigkeiten, und im Zusammenhang mit den ausdrücklichen und wiederholten Aufforderungen Jesu und Mariens in ihren Botschaften, der Bewegung anzugehören.

Alle können der «Bewegung der Liebe» angehören, indem sie Hauskirche bilden: dafür genügt es, Anbeter der Eucharistie zu sein, die für Maria folgende Attribute anerkennen: Jungfrau von der Eucharistie und Quelle des heiligen Öls von der immerwährenden Salbung.

Anbeter der Eucharistie sein heißt, in einer andauernden Hingabe unserer selbst an die Liebe und den Willen Gottes zu leben: es geht darum, sich ohne Unterlaß vereint mit Jesus für Seine Pläne aufzuopfern, indem wir Ihn in unseren Handlungen und unseren Gedanken immer gegenwärtig sein lassen, damit Er uns in Sein ewiges und einziges Opfer hineinnimmt, das sich auf dem Altar erfüllt und sich im Tabernakel fortsetzt. In einer solchen Haltung wird die Eucharistie zum lebendigen und handelnden Christus in uns, weil wir Ihn in Fülle als den Mittelpunkt unseres Lebens aufgenommen haben. Dabei vertrauen wir unablässig, ohne uns Fragen zu stellen; und wir sind uns bewußt, daß Er uns in jedem Ereignis und jeder Situation unendlich liebt.

Die Hauskirche ist ein Opfer unserer Zeit an die Heilige Mutter Gottes: man betet den Rosenkranz und den Rosenkranz der Tränen, man betrachtet die Botschaften im Licht des Evangeliums und opfert Nachtwachen zur eucharistischen Sühne auf (im Rahmen des Möglichen in der Kirche, sonst «im Geist und in der Wahrheit» im eigenen Zimmer). Dann erwacht von selbst der Wunsch, die Kommunion zu empfangen mit all dem Feuer der Liebe, das Tag und Nacht zum Himmel aufsteigt.

Von den Hauskirchen breiten sich diese Gebetsgruppen, die man Heime *(focolari)* nennt, in die Gemeinde hinein aus. Sie sind von den Botschaften der Heiligen Jungfrau geprägt und evangelisieren so, um neue Seelen für Christus zu gewinnen. Sie werden zu Zentren, von denen die Macht Mariens, unserer Mutter, ausgeht, die durch sie handelt. In Demut und Treue zum Evangelium und zu den Botschaften verbreiten sie die Andacht zur Heiligen Jungfrau.

Aus den Versprechen der beiden Heiligen Herzen geht hervor, daß jene, die diese Erfahrung in der Schule Mariens leben, sehr große Gnaden erhalten werden.

Die Mitglieder dieser Hauskirchen bestehen im wesentlichen aus Familien, die sich verpflichten, aus der Gnade Gottes nach Artikel 2 der Statuten der «Bewegung der Liebe» zu leben.

Jede Familie, die sich für diesen Kreuzzug der Segnungen einsetzt, bekommt Gelegenheit, die Spiritualität zu leben, die Unsere Liebe Frau von den «Dienern der Anbetung» in dieser Bewegung verlangt, damit sie Sühneseelen und wahre Zeugen werden, insbesondere durch ein Leben der Vereinigung mit Jesus und ihren Brüdern.

Die Mittel, um die Hauskirchen zu verbreiten

Folgende Elemente sind nötig:

– die Verbreitung des Rosenkranzgebetes und des Rosenkranzes der Tränen;

– die Verbreitung des Bildnisses, das die Jungfrau von der Eucharistie darstellt, damit der Eucharistie, die man auf ihrer Brust betrachten soll, zu einem strahlenden Sieg verholfen wird;

– die Texte der Dialoge der *Offenbarten Weisheit des lebendigen Gottes* als tägliche Katechese;

– die Lektüre der Bibel, die der Pfeiler unserer geistigen Erziehung ist;

– die Kommunion und die häufige Beichte;
– körperliche und geistige Werke der Barmherzigkeit.

Wer auf eine innere Eingabe hin oder aus gutem Willen eine Hauskirche bilden möchte, oder einfach sich selbst im Geist dieser Erscheinung, die den Abschluß der marianischen Offenbarungen bildet, weihen möchte, muß die «Bewegung der Liebe» davon unterrichten, um den Heilsplan auf Erden zu verwirklichen, und um Zeugnis zu geben von allen Gnaden, die auf diese Andacht hin erlangt wurden.

Die Menschen, die diese Hauskirchen der Liebe und der Sühne bilden wollen, müssen nicht unbedingt Mitglieder der «Bewegung der Liebe» sein, aber sie müssen selbstverständlich die Ziele annehmen, die in den Statuten vorgesehen sind. So wird durch das Kennenlernen dieser Hauskirchen, die allerorts gegründet werden, eine Gemeinschaft der Liebe gewährleistet und ein Zentrum des wahren Apostolates gebildet, das die Heilige Jungfrau durch ihr Werkzeug wachsen lassen wird.

Man muß die «Bewegung der Liebe» über jede Hauskirche unterrichten, das außerhalb einer Familie gegründet wird; die Bewegung wird von Zeit zu Zeit die Möglichkeit prüfen, Dokumente oder ähnliches zu verbreiten, um einen wahren Dienst an unserer Heiligen Mutter, der Kirche, zu gewährleisten.

Überdies muß man täglich die drei Andachten beten:

– die Andacht zu den Tränen der Heiligen Jungfrau;

– die Andacht zur Wunde des Heiligen Antlitzes Jesu;

– die Andacht zu Maria, der Mutter des geweihten Ölbaums.

Es wird auch empfohlen, die Botschaften zu verbreiten, die Debora empfängt.

Die geweihten Laien, die Debora umgeben

Um Debora in ihrem schweren Auftrag zu unterstützen und ihr zu helfen, hat Jesus ihr zu ihrem Erstaunen Laienschwestern geschenkt. Er erwartet von ihnen, daß sie als Bräute durch ihre Hingabe wirken, indem sie für Ihn und für den Nächsten leben.[32]

32. Siehe die Botschaft vom 12. Juli 1998, S. 223 f.

Am 23. August 1998 antworten Antonella und Filomena, zwei junge Mädchen, auf den Anruf Jesu, indem sie in Freiheit ihr Leben hingeben, um dem Herrn bei Debora zu dienen. Vier Monate später kam Immaculata, ein junges Mädchen von 23 Jahren dazu. Auch andere haben sich geweiht, bleiben aber in der Welt.

Der Garten «Himmelsgrün», oder der heilige Gethsemani

Im Anschluß an die Stimmen fanden die ersten Erscheinungen in dem kleinen Haus statt, in dem Debora mit ihrer Mutter und ihrem Bruder wohnte. Sie fanden auch in der Gemeindekirche und anderen Orten der Gottesverehrung statt, von denen Debora trotz der sichtbaren Zeichen der Passion an ihrem Leib nach und nach vertrieben wird.

Da sie überall abgelehnt wird, wählt die Heilige Jungfrau dann für sie einen privaten Ort in der Natur, außerhalb der Stadt. Es handelt sich um einen Olivenhain am nördlichen Rand Mandurias, in der Nähe der Reste der messapischen Siedlung, bei der kleinen Kirche S. Pietro Mandurino und der Kirche S. Antonio. Damals war es nur ein von seinem Eigentümer verwahrlostes Gut (wie viele Seelen auch); die Leute brachten ihren Abfall dort hin.

Ein Olivenhain in der Natur

Maria: «Jesus will bekanntmachen, daß er in diesem Winkel der Erde seine Wohnung errichtet hat.» (23.10.1996)

«Liebe Kinder, gebt diesen Ort nicht auf, an dem ich größere Dinge vollbringen werde, wenn ich nicht mehr sichtbar erscheine. (...)

Ich habe euch einen Ort geben wollen, um eure geistliche Tätigkeit zu entwickeln, wenn ihr wollt, und ihr werdet im Glauben an ihm festhalten; Ich werde ihn für immer bewahren!» (23.12.1996)

«Immer wenn eine Seele hier eintritt, wird sie durch die Macht meines Versprechens gerettet.» (23.3.1997)

«Meine Tochter, ich will dich von neuem ermahnen, hierher in den heiligen Gethsemani (den Garten "Himmelsgrün") zu kommen, damit ihr in der Stille meiner Ölbäume die Wüste in euch zum Blühen bringt. Ich sage dir noch einmal, daß sich hier die Quelle der Gnade befindet.» (23.8.1998)

Unter einem menschlichen Blickwinkel ist der Garten «Himmelsgrün» ein immergrünes Olivenfeld, das jetzt von Blumen geschmückt wird; doch unter dem Blickwinkel des Glaubens, ist es ein kleines Stück Paradies dank der ständigen Gegenwart der Jungfrau Maria und der zahlreichen, verheißenen Gnaden. Es ist ein Ort der Bekehrung, der Buße, des Gebetes, der Betrachtung der Botschaften und der Anbetung. Wenn es auch nur eine «Zweitwohnung» des Himmels ist, so ist es immerhin ein heiliges Land.

«Liebe Söhne, ich, eure Mutter, bitte euch, häufiger an meinen Ort zu kommen, damit ihr die Kraft und die Hilfe für meinen Kampf findet.» (24.9.1994)

«Ich wünsche, daß die "Bewegung der Liebe", die Jesus gewollt hat, von hier ausgeht. So wird die ganze Welt wissen, daß ich allen meinen Kindern die Liebe bringe.

Öffnet diesem Plan alle Türen. Habt keine Angst: ich bin hier bei euch, und niemand wird euch von mir abbringen können. Ich bitte euch als Mutter Gottes und eure Mutter, an diesem Ort eine Oase des Friedens und des Gebets zu errichten, in der man die Kraft empfangen kann, weiterhin als Zeuge meines Sohnes zu leben.

Liebe Kinder, jetzt geht eure Mutter in den Himmel hinauf, aber ich verlasse euch nicht. An diesem Ort bin ich Tag und Nacht gegenwärtig. Kommt zu Mir! Kommt, ihr verstreuten Kinder! Kehrt zu meinem Jesus zurück, der wegen eurer Ablehnung weint, die er ständig ertragen muß.» (23.10.1994)

«Meine Söhne, ihr müßt jetzt begreifen, daß ich an diesem Ort ununterbrochene Gebete und ständigen Dank für den Herrn wünsche.» (1.11.1994)

«Ich habe meinen Fuß auf diesen Winkel der Erde gesetzt, weil ich will, daß die Menschen lernen, Gott in der Sprache der Natur zu schauen.

Ich habe diesen Ort erwählt, weil er weit von den wollüstigen Vergnügungen der Welt entfernt ist, und nicht zu nah an den tönenden Parasiten der satanischen Maschinen liegt. Hier, im Frieden dieser Ölbäume, will ich euch das Geschenk des Glaubens neu entdecken lassen, damit ihr die Wundertaten des Herrn besingt, indem ihr euch für das Wunder Seiner Liebe öffnet.» (31.12.1994)

Nach und nach hat die Heilige Jungfrau ihren himmlischen Garten mit neuen Gaben bereichert, indem sie diesen Ort jedes Mal anders bezeichnete, um uns die großen Stationen der christlichen Geheimnisse in Erinnerung zu rufen. So hat sie den Ölbaum gewählt, um mit uns über den Baum des Lebens zu sprechen; die Brunnenschale, um uns an unsere Taufe zu erinnern und uns aufzufordern, die Beichte neu zu entdecken; das Kreuz — in Verbindung mit Dozulé — um uns zur Reue aufzurufen und auf die Wiederkunft Jesu vorzubereiten; die Kapelle, um unserer Mutter im Gebet zu begegnen; den schmerzhaften Weg Mariens, um die Beleidigungen zu sühnen, die Gott durch all die Sünden zugefügt werden.

Der Olivenbaum und der Geweihte Ölbaum

Nachdem die Heilige Jungfrau sich zugunsten ihres Sohnes zurückgezogen hatte, schläft Debora friedlich ein, und... lassen wir sie selbst dieses Ereignis berichten:

«Ich hatte einen Traum. Ich befand mich auf dem Land. Es gab da viele Steine und Olivenbäume. Von einem besonderen, sehr charakteristischen Baum, der mitten unter Felsen stand, ging ein Licht aus. Dann vernahm ich eine sanfte und milde Stimme: "Suche diesen Ort. Ich warte dort auf dich! Dort wird Meine Hand Wunder tun. Eile!"

Ich hatte diesen Ort noch nie gesehen, er war mir völlig unbekannt. Wie sollte ich es anstellen, ohne wenigstens die Gegend zu kennen, in der er sich befinden sollte? In den darauffolgenden Tagen begann ich Nachforschungen anzustellen. Viele Menschen zeigten mir ihre Grundstücke, aber keines entsprach diesem Traum. Und dann hat mir eines Tages die Mutter des jungen Mannes, den ich verlassen hatte, um dem Herrn nachzufolgen, ihr Grundstück gezeigt, und ich rief voller Freude aus: "Das ist er!" Er liegt am Rand von Manduria.»

Am 17. Mai 1993 findet die erste Erscheinung in dem Olivenhain statt. Die himmlische Mutter bringt ihren Wunsch zum Ausdruck, daß man dort eine Kapelle zu Ehren ihrer Besuche errichtet.

Am 17. Juni 1993 sagt sie bei einer Erscheinung im Olivenhain:

Maria: «Liebe Tochter, ich bin die Jungfrau Maria von Nazareth. Schau diesen Ort an und betrachte ihn, weil er ein heiliges Land werden wird, wie das Land meines Sohnes.»

«Am 25. dieses Monats werde ich wieder an diesem Ort erscheinen, den ich "Himmelsgrün" nennen werden. Ich erwarte dich dort um 19 Uhr 45.» (21.6.1993)

«Ich bin Maria, die Unbefleckte, ich bin in der Dreifaltigkeit. Im Namen der Dreifaltigkeit bitte ich euch, an diesen Ort zu kommen. Meine Einladung gilt allen, vor allem aber meinen geweihten Seelen.» (4.12.1993)

«Liebe Kinder, Ich, die Mutter und die Königin des Gartens "Himmelsgrün", komme hierher, um euch das Reich Gottes zu bringen. Ich komme, weil ihr den Frieden meines Sohnes noch nicht verstanden habt.» (23.4.1994)

Am 3. Juli 1994 erscheint die Heilige Jungfrau Debora im Garten «Himmelsgrün» um 21 Uhr 30:

Maria: «*Shalom*, ihr lieben, von Gott gesegneten Kinder. Meine Kleinen, Gott, der Herr, segnet euch und erfüllt euch mit besonderen Gnaden. Heute werden viele von euch im Namen meines Sohnes Jesus die Heilung des Herzens erlangen.

Ich bin die Mutter des Ölbaums, deshalb wollte ich diesen Ort, der mir geweiht ist, "Himmelsgrün" nennen. Ich wünsche sehnlichst, daß alle zum Baum des Lebens kommen, der für jene ewig ist, die meinen Namen in ihrem Herzen bewahren.

Liebe Tochter, ich werde das Öl persönlich weihen.

Wenn ihr mir, der Mutter von der Göttlichen Liebe Jesu, geweiht seid, werdet ihr mir helfen, den Bösen zu besiegen.

Meine Tochter, ich wende mich an dich, und ich will allen bekanntmachen, daß ich das Wort des Heiles für die Menschheit bringe, wenn ich mich dir mitteile. Du sollst der Welt folgendes sagen: ich bin “die Frau in der Wüste”; diese Stunde ist jetzt gekommen. Die “Großen” werden es verstehen.

Meine lieben Kinder, ich sage euch: der Lobpreis des Vaters ist das beste Gebet.

Ich will, daß unsere nächste Begegnung am 23. dieses Monats stattfindet. Eines Tages werdet ihr die Bedeutung dieses Datums begreifen, das ich für meine Mitteilungen an die Welt gewählt habe.

Liebe Kinder, von nun an werdet ihr mich folgendermaßen anrufen:

Maria, Mutter des geweihten Ölbaums, Heiligste Jungfrau vom Öle, berühre uns, liebe uns und heile unser Herz auf deine Weise und durch deine Liebe.

Ich segne euch und grüße euch. Auf Wiedersehen und bis bald.» (3.7.1994)

Jesus: «Kommt, kommt zum Fuß des geweihten Ölbaums, der durch Mein Herz im “Heiligen Garten” geweiht wurde; dort habe Ich im Übermaß Meiner Liebe und durch die Vermittlung meiner Dienerin die Stunden Meiner erlösenden Passion verewigt![33] Kommt, da das Heiligste Herz des Vaters dort Seine Wonne findet und der ganzen Welt die schönste Braut geschenkt hat: Er hat sie mit Namen geschmückt, die ihr machtvolles Handeln im Hinblick auf das glorreiche Ereignis Meiner Wiederkunft deutlich machen. Sie ist die Reine Jungfrau, die das fleischgewordene Wort in ihrem Schoß getragen hat, und die seither alle unwürdig zelebrierten Opfer sühnt; durch ihr Schweigen hat sie die Menschheit auf ihre Begegnung mit Gott vorbereitet.» (16.7.1998)

Die öffentlichen Erscheinungen finden im Garten «Himmelsgrün» an jedem 23. des Monats statt.

Die Kapelle

Maria: «Ich bitte euch, hier einen Ort der Meditation zu errichten, wo man Frieden findet. Wenn ihr diesen Frieden im Herzen habt, könnt ihr in die Welt zurückkehren und mit mehr Mut in ihr leben.» (23.10.1994)

33. Das heißt, innerhalb der Zeit lebendig erhalten.

Diese Kapelle ist von freiwilligen Helfern errichtet worden und befindet sich genau hinter dem Ölbaum der Erscheinungen. In ihrer Mitte steht ein kleiner Altar, und auf der hinteren Wand findet man das Bildnis der Jungfrau von der Eucharistie, das von zahlreichen Votivtafeln eingerahmt wird. In der linken Ecke stellt eine Statue Jesus dar, so wie Debora ihn sieht: mit dem Kelch in der linken Hand und der Hostie in der Handfläche der rechten Hand. Die Statue der Jungfrau von der Eucharistie steht in der rechten Ecke; und auf der vorderen Wand ist ein schönes Kruzifix angebracht. Eine Brüstung aus kleinen Säulen grenzt den Chorraum ab, der mit einer schmiedeeisernen Tür verschlossen wird. Ein paar Bänke erlauben den Pilgern, sich dort zu sammeln und zu beten.

Maria: «Dieses Haus ist meine Wohnung, und ihr sollt mich mit eurer Gegenwart begleiten.» (23.1.1997)

Das Kreuz

Maria: «Meine liebe Tochter, an diesem Ort soll ein Kreuz meines Sohnes errichtet werden, der euer einziges Heil ist. Dort sollt ihr euch niederwerfen und um die Vergebung eurer Sünden bitten.» (24.7.1993)

Jesus: «Komm näher, Ich werde dir unter dem himmlischen Kreuz des Heils diktieren. Komm, zögere nicht!»

Debora nähert sich dem Kreuz und stellt mit Erstaunen fest, daß ein intensiver Duft von ihm ausgeht.

Jesus: «Meine Tochter, knie dich auf diesen Stein und bete mit Mir:

Christus, Du Sohn des lebendigen Gottes, du spürbare Gegenwart des Vaters, die auf die Erde herabgekommen ist, es komme das Reich deiner Herrlichkeit, es komme das Reich deiner Herrlichkeit, es komme das Reich deiner Herrlichkeit. Amen.» (2.8.1993)

Am Fest des Glorreichen Kreuzes 1996 sieht Debora hinter den Schultern von Jesus und Maria ein leuchtendes Kreuz, von dem Lichtstrahlen ausgehen. Oberhalb des Kreuzes erscheint folgende Schrift: «*Ecce Crux Domini*»[34], und darüber eine weitere, noch leuchtendere Schrift: «*Jesus hominum Salvator*».

Debora sieht die beiden vereinten Herzen, die wie eine außergewöhnliche Flamme leuchten: «Das ist die Frische, die Macht und die Wärme ihres ganzen Wesens. Schau es dir genau an und verkünde, daß unsere beiden Herzen genauso siegen werden, wie sie vereint sind. Küsse die Wunden meines Sohnes, bekreuzige dich mit dem Kreuz deines Rosenkranzes und bete:

O heilige und leuchtende Wunden,
Erbarmen für die Menschen und für die Völker der Welt.
Barmherzigkeit und Erbarmen, o heiliger Vater,
durch die Wunden des Gerechten, deines Sohnes. Amen.»

Jesus: «Meine Tochter, das Kreuz dieses Berges ist von nun an in jenem enthalten, das du hast errichten lassen im Gehorsam gegenüber Meiner Bitte, die Mir am Herzen liegt. Jetzt verspreche Ich dir feierlich, daß Ich jenen, die hier vergeben oder um Vergebung bitten werden, alle ihre Sünden vergebe, und daß Ich ihnen die Gnade einer dauerhaften Bekehrung schenke. Ich will, daß man hier (in Manduria) das Gebet des Kreuzweges an jedem ersten Freitag des Monats einführt, damit euer Herz geläutert wird, und daß ihr die Kommunion empfangt.

Die Menschheit ist im Begriff, konkret zu erkennen, was Meine Mutter euch schon angekündigt hat.

Du mußt aus eigenem Antrieb vergeben, dieses Vorbild erwarte Ich von dir. Ich habe schon viele Gaben in dich gelegt und werde dir noch weitere schenken...

Meine segnende Hand öffnet sich über der Welt: o Mein Volk, ich heile dich. Mein Frieden soll auf dir ruhen, o Mein Laub, Mein Jerusalem; bleibt in Mir, wie Ich im Vater bleibe...» (14.9.1996)

Maria: «Das Gebet, das mir unter dem Kreuz am liebsten ist, ist das Gebet für den Heiligen Vater und für meinen baldigen Sieg, dem dieses große Zeichen vorausgehen wird.» (14.9.1996)

---

34. «Siehe das Kreuz des Herrn.» Es ist dasselbe Kreuz und dieselbe lateinische Inschrift, die Madeleine Aumont in Dozulé gesehen hat, und das die Botschaften und Bitten bestätigen sollte, die ihr übermittelt worden waren. Weiter oben am Himmel: «Jesus, Retter der Menschen». Deshalb wurde ein Kreuz von Dozulé (7 m 38 hoch) errichtet, wie es an vielen Orten der Welt geschieht.

Die Brunnenschale

Das Becken ist gegenüber vom Eingangsportal der Kapelle ausgehoben worden. Wie die Kirche uns zu Beginn der Fastenzeit die Gelegenheit gibt, das Aschenkreuz zu empfangen, damit wir bedenken, wer wir sind, und damit wir Buße tun und uns auf das große Ostern unseres Lebens vorbereiten, so lädt uns Maria ein, in dieser Zeit der Läuterung diese Geste zu vollziehen, die das glorreiche Ostern Jesu und seine bevorstehende Wiederkunft in Herrlichkeit vorbereitet.

Am 23. September 1996 erscheint die Dame nach dem Gebet des Kreuzweges während der Anrufung des Heiligen Geistes mit einem strahlenden Lächeln, und während sie Debora anschaut…[35]

Maria: «Mein Sohn will, daß man an diesem heiligen Ort einen Reinigungsakt vollzieht, bevor man zum Kreuz geht, um für all die Male zu sühnen, in denen eure Herzen sich der Sünde hingegeben haben. Bete mit mir. Ich gebe dir die Worte vor; du sollst sie wiederholen:

O reine Erde, o würdige Erde, reinige mein Herz,
o geweihte Erde, schmücke meine Seele.

Hier wünscht Jesus die Brunnenschale der Reinigung. Mit dieser Erde sollen die Menschen ein Kreuz auf ihr Gesicht zeichnen, und um Vergebung für ihre Sünden bitten. Wenn das Herz der Menschen gut und wohlgesinnt ist, wird Wasser aus dem Boden entspringen, das zusammen mit der Erde Schlamm bildet.» (14.9.1996)

Maria: «Meine Tochter, bezeichne dich mit der Erde. Ich will, daß du zum Zeichen der Reinigung dein Gesicht damit bedeckst. Wer das mit diesem Zeichen für die von meinem Sohn vorher festgesetzte Zeit vollzieht, wird große Gnaden erlangen.»

«Meine Kinder, ich will, daß viele gerettet werden. Deshalb habe ich euch diese Brunnenschale gegeben. Reinigt euch und tragt diese Erde bei euch, die mein Göttlicher Sohn berührt und geweiht hat! Die Menschheit muß sich reinigen!

35. Bezug auf die Botschaft vom 23. September 1996, S. 186.

Nur so werden viele Familien den Frieden wiederfinden und die große Leere ausfüllen können, die jetzt noch ihr tägliches Leben beherrscht.» (23.7.1998)

Der heilige Gethsemani

Die Heilige Jungfrau sagt oft «heiliger Gethsemani», wenn sie vom Garten «Himmelsgrün» spricht. Dieser Ort eignet sich in doppelter Hinsicht dafür, da es sich um einen Olivenhain handelt, in dem Maria durch ihre Bildnisse Tränen aus Öl vergießt. Und zudem durchlebt Debora, die kleine Ikone Jesu und Mariens, zusammen mit ihnen den Todeskampf, um die Welt zu retten und die Kirche zu erneuern.

Maria: «Ich verlasse dich, aber du wirst mich wiedersehen, und auch andere werden mich an diesem vom Herrn gesegneten Ort, dem heiligen Gethsemani, sehen.» (23.6.1996)

Der schmerzhafte Weg Mariens und das kleine Oratorium

Debora: Die schöne Frau erscheint im Garten «Himmelsgrün», und ich sehe ein kleines, quadratisches Oratorium. Ein mit Rosen geschmückter Weg führt dorthin.

Maria: «Meine Tochter, was du da siehst, wirst du verwirklichen müssen, damit der Ort, an dem ich mich niedergelassen, und den ich durchquert habe, im Gebet erhalten bleibt. Erinnerst du dich an den Weg, den ich dich bei den ersten Erscheinungen zurücklegen ließ bis zu dem Ort, an dem das Glorreiche Kreuz Meines Sohnes errichtet wurde? (...) Jetzt sollst du diesen Ort mit folgendem Schmuck versehen: laß ein Oratorium und einen Weg bauen, der nach meinem Wunsch mit drei Arten von Rosen gesäumt sein soll. So wirst du die Bitte der Botschaft von Montechiari weiterführen. Die Rosen sollen dreifarbig sein: gelb, rot und weiß.

– die rote ist für euch und bedeutet: Martyrium;

– die weiße bedeutet: Gebet, und die Weihe der kleinen Kinder und der Familien an Mein Herz, die Quelle der immerwährenden Salbung;

– die gelbe bedeutet den Reueschmerz, um den ich hier bitte.

Sie sollen in Dreiergruppen angepflanzt werden!

Ich bitte dich, für den feierlichen Tag meiner ersten Erscheinung an diesem Ort[36] die Stationen des Kreuzwegs mit den Bildern der Geheimnisse des gesamten Rosenkranzes entlang dieses Weges anzubringen. Er wird der "schmerzhafte Weg Mariens" genannt werden. Er soll auf Knien bis zu dem Heiligtum zurückgelegt werden, in dem ihr meine Statue und einen einfachen Altar aufstellen sollt.

Hier, wo mein heiliger Fuß sich niedergelassen hat, um euch dieses übergroße Vorrecht zu schenken, verspreche ich folgendes:

– die verhärtetsten Sünder werden sich bekehren;

– die geweihten Seelen werden wieder auf den rechten Weg zurückkehren;

– die Kranken werden auf diesem Weg die Quelle der Gnade finden; (ich bin damit einverstanden, daß er mir in besonders schweren Fällen von ihren Verwandten aufgeopfert wird);

– viele werden mich selbst sehen, und ich werde sie in ihrer Betrübnis trösten.» (17.5.1997)

Die freiwilligen Helfer der «Bewegung der Liebe» haben diesen marianischen Weg so eingerichtet, wie es Deboras Vision entspricht. Er besteht aus rauhen, einzementierten Steinen, ist von jeweils drei Rosenstöcken in den drei Farben gesäumt und wird von den Kreuzwegstationen abgesteckt. Ganz hinten rechts in dem Grundstück hat man hinter einem kleinen Oratorium eine Grabstelle gebaut und den Grabstein, der am Tag der Auferstehung vom Grab weggewälzt war, als riesige Hostie mit den Buchstaben IHS dargestellt.

36. Am 17. Mai 1993

Die wichtigsten Ereignisse im Garten «Himmelsgrün»

Die Gedenktage

In ihren Unterhaltungen mit Debora hat die Heilige Jungfrau selbst nach und nach alle diese Gedenktage gefordert, besonders am 23. Mai 1997.

Maria: «Alles, was ich euch vorgebe, ist zum Heil dieser Erde, und wenn sie sich wahrhaft bekehrt, werde ich sie von einer besonderen Strafe verschonen, die ganz Italien erschüttern wird, wenn es sich nicht bekehrt.»

Der 23. Mai

Es ist ein Tag zur Ehre Mariens, der Quelle des heiligen Öls von der immerwährenden Salbung, der Mutter des geweihten Ölbaums und der Jungfrau von der Eucharistie.

Maria: «Ich will, daß ihr mir jeden 23. des Monats einen Tag zu Ehren der Beinamen aufopfert, mit denen ich mich offenbart habe: "Königin des geweihten Ölbaums, Quelle des heiligen Öls von der immerwährenden Salbung, Jungfrau von der Eucharistie."

An diesem Tag wird es jedesmal unzählige Wunder geben.» (23.5.1997)

Der 23. Oktober

Tag der allumfassenden Sühne für die Eucharistie.

Maria: «Ihr sollt einen Weltgebetstag halten, den ihr zur Sühne für die Eucharistie aufopfert.»

Der 8. Dezember

Fest der Unbefleckten Empfängnis Mariens. Tag der Buße, die zu ihren Ehren aufgeopfert wird.

Maria: «Der 8. Dezember wird ein weiteres Datum für deine Erscheinungen sein.» (23.5.1997)

«Heute erneuere ich meinen Aufruf an die Welt, alles unseren beiden Heiligen Herzen zu weihen.» (8.12.1997)

Zusammen mit dem Eintreten für die Eucharistie, ist das Eintreten für die Heilige Jungfrau in ihrer Unbefleckten Empfängnis der zweite grundlegende Punkt, auf dem die «Bewegung der Liebe» von Manduria beruht.

Die Gebetstermine

Der 22. jeden Monats

Es ist der Tag, an dem Debora die Pilger empfängt, um sie mit geistlichen Ratschlägen zu unterstützen und sie auf den Weg der Umkehr zu bringen, oder sie auf dem Weg des Glaubens zu stärken. Abends findet eine Gebetswache vor dem eucharistischen Jesus in der Hostie statt, die die Jungfrau von der Eucharistie Debora gebracht hat.

Der 23. jeden Monats

Es ist der Tag, an dem die Jungfrau Maria Debora im Garten «Himmelsgrün», dem heiligen Gethsemani erscheint.

Trotz aller Zeichen und Offenbarungen, die drei Jahre lang gegeben wurden, um die Anerkennung der Erscheinungen Mariens zu erreichen, war es Debora aus Gehorsam der Kirche gegenüber immer noch untersagt, in den Garten «Himmelsgrün» zu gehen; daraufhin kündigte Maria öffentliche Erscheinungen an, die an jedem 23. des Monats stattfinden.

Maria: «Meine Tochter, ich will nicht mehr, daß du mich an einem privaten Ort empfängst. Jetzt ist der geforderte Beweis geliefert worden. Ich selbst habe die nötigen Zeichen gegeben, damit ich erkannt werden kann. Ich werde dir sagen, wann du mich öffentlich empfangen wirst.» (23.5.1995)

Zur Vorbereitung auf die Heilige Jungfrau betet man am Nachmittag einen Kreuzweg auf dem schmerzhaften Weg Mariens und danach den Rosenkranz.

Wenn die Erscheinungen beendet sein werden, bleibt der 23. ein Tag des Gebetes und des Lobpreises.

Der 24. jeden Monats

Ein Tag des Lobpreises.

Die Gebets- und Sühnetage

Donnerstags und samstags werden Gebetswachen gehalten.

Maria: «Bekehrt euch, laßt euch retten! An diesem Ort schenke ich euch Meine Gegenwart. Schiebt mich nicht beiseite. Ich will, daß ihr donnerstags in der Nacht mit meinem Sohn den Gethsemani durchlebt.» (24.7.1993)

«Ich will, daß ihr jede Woche am Donnerstag um 19 Uhr das Heilungsgebet vom Heiligen Geist betet.»

«Ihr sollt jeden Donnerstag bei Nacht in meinem Gethsemani beten, um die Engel des Trostes für jeden Bewohner der Erde herabzurufen. (11.3.1996)

Am jedem ersten Freitag des Monats legt man den schmerzhaften Weg Mariens auf Knien bis zum Oratorium zurück.

Maria: «Ich bitte euch, den Kreuzweg jeden Freitag zu beten. Ich erwarte jeden von euch. Tut es in diesem Geist der Sühne und des Herzensgebetes, an dem mir so viel liegt...» (14.9.1995)

Jesus: «Ich will, daß man hier (in Manduria) das Gebet des Kreuzweges an jedem ersten Freitag des Monats einführt, damit euer Herz geläutert wird, und daß ihr die Kommunion empfangt.» (14.9.1996)

Manchmal wird um einen besonderen Gebetstag gebeten.

Maria: «Ich fordere euch auf, am nächsten Samstag Meinem Unbefleckten Herzen eine Gebetswache zu widmen zur Sühne für das Herz meines verlassenen und von euren Sünden zerrissenen Sohnes.» (23.5.1994)

Einige Daten

12. Dezember 1973	Geburt Deboras.
20. Mai 1992	Erster Ruf durch die Stimme.
23. Oktober 1992	Erste Erscheinung der Heiligen Jungfrau in ihrem Haus.
31. Oktober 1992	Erste Schikane des Dämons.
13. November 1992	Besuch der Heiligen Jungfrau zusammen mit dem heiligen Franziskus von Assisi.
25. November 1992	Besuch der Heiligen Jungfrau zusammen mit Padre Pio, und erste persönliche Prophezeiungen.
12. Dezember 1992	Erstes Geheimnis (bei jedem Geburtstag ein weiteres).
6. Februar 1993	Erste Passion in der Gemeindekirche.
14. Mai 1993	Mystische Vermählung.
17. Mai 1993	Erste Erscheinung im Olivenhain «Himmelsgrün». Maria bittet darum, daß zu Ehren ihrer Besuche auf Erden eine Kapelle errichtet wird.
20. Mai 1993	Zur Feier des Jahrtages seines ersten Rufes kündigt Jesus das Buch *Offenbarte Weisheit des lebendigen Gottes* an.
30. Dezember 1993	Die Statue der Madonna von Fatima vergießt zum ersten Mal blutige Tränen.
Januar 1994	Debora verläßt Manduria auf Geheiß ihres Bischofs.
Oktober 1994	Die Heilige Jungfrau kündigt Debora ihre Erscheinung im Garten «Himmelsgrün» an jedem 23. des Monats an, nachdem sie die verlangten «Beweise» geliefert hat.

Eine wirklich katholische Botschaft

Ein Professor für Mariologie in Rom bestätigt die theologische Richtigkeit des Inhaltes der Botschaften nach folgenden Gesichtspunkten:

a) In christologischer Hinsicht: die Offenbarungen sind auf Christus ausgerichtet; dies wird besonders deutlich, da «Unsere Liebe Frau» bei ihrer Offenbarung die Eucharistie im Mittelpunkt ihres Wesens, das heißt in ihrem Herzen trägt.

b) In mariologischer Hinsicht: der Inhalt der Botschaften preist die hebräische Herkunft der Heiligen Jungfrau: «Ich bin Myriam aus Nazareth».

c) Im Hinblick auf die Kirche: es fällt auf, daß die Mutter uns mit Milde auffordert, uns vom Sohn zu ernähren, der «das lebendige Brot ist, das vom Himmel herabgekommen ist», und unsere Herzen zu bekehren.

d) Im Hinblick auf den rechten Glauben: die Themen, die von den himmlischen Gesprächspartnern behandelt werden, stehen klar im Einklang mit den Schriften und dem Lehramt der katholischen Kirche.

Am Ende dieses zweiten Jahrtausends kündigt die Offenbarung der Jungfrau von der Eucharistie eine neue Morgenröte für die kommenden Jahrhunderte an. Mit diesem Bild stellen sich uns die drei weißen Farben unter einem neuen Blickwinkel dar. Das Traumbild von Don Bosco ist dabei, sich zu verwirklichen! Der Sieg des Unbefleckten Herzens ist der Sieg der Eucharistie, da es sich mit Seinem Herzen vereinigt. Maria führt die Menschen mit dem Papst, dessen Wappenzeichen sie trägt, in prophetischer Weise zu ihrem Sohn, und durch Ihn zum Frieden. Als Königin des Friedens schenkt sie uns in Fülle das Öl des geweihten Ölbaums, um die Herzen zu läutern, die Seelen zu retten, und uns auf die

Wiederkunft Jesu vorzubereiten. Da die Eucharistie das Wesen der Kirche ausmacht, wird die Eucharistie der Mittelpunkt der wiedergefundene Einheit sein, deren Baumeister Maria und Johannes-Paul II. sind. Diese neue Geburt geht mit den Schmerzen der Niederkunft einher. Zusammen mit Debora und so vielen anderen Opferseelen können jene, die die Eucharistie anbeten, die Maria lieben und auf den Papst hören, in ihrem bescheidenen Maß daran teilnehmen. «Der Geist und die Braut aber sagen: Komm! Wer hört, der rufe. Komm, Herr Jesus!» (Offb 22,17)

Wo ist die «Bewegung der Liebe» zu erreichen?

a cura del Movimento d'Amore
Via Fratelli Bandiera, 3
I - 74024 MANDURIA (TA)

Tel/Fax: 0039 09 99 71 36 12. (Antwort auf italienisch)

Die offenbarte Weisheit des lebendigen Gottes

Botschaften an Debora (Manduria)

11. November 1992, zu Hause, um 16 Uhr

Die «schöne Dame» kommt wieder und sagt mir:

«Jesus Christus, das Ewige Lamm, sei ohne Unterlaß gepriesen!»

Die Madonna fordert mich auf, den Rosenkranz zu beten. Sie kündigt die Geheimnisse an, betet das Vater unser, das Ehre sei dem Vater und die drei göttlichen Tugenden. Sie bittet mich, die Gegrüßet seist du Maria zu beten. Nach dem Rosenkranz sagt sie mir:

«Meine Tocher, es gibt in der Welt Bewegungen, die meinen Namen tragen, aber viele Bischöfe und Priester schließen sich ihnen nicht an. Auch wenn sie dir nicht glauben, sollst du ihnen sagen, daß selbst jene, die immer dagegen waren, bald ohne es zu wollen einbezogen werden. Meine Kleine, Seele meiner Seele, der Herr will sich in dir wohlfühlen können. Folge seinem Beispiel und meinem guten, mütterlichen Rat, dann können wir durch dich einmal mehr Worte Ewigen Lebens verbreiten. Jedem vertraut der Herr einen Auftrag an, und du wirst den deinen bald klar erkennen.

Wenn du jedoch bei der ersten Schwierigkeit aufgibst, so zeigt das, daß ich nicht vollkommen in dir bin. Jesus hat dich durch seinen Tod erlöst; deshalb sollst du danach streben, ihm zu gefallen, da er dich so sehr geliebt hat. Dein Mund soll unablässig beten, und du sollst jeden Tag ein Stück Himmel leben, indem du den Schöpfer lobst.

Liebt die Heiligste Dreifaltigkeit, damit nicht Götzen in euer Herz einziehen. Gelobt sei das Leben, das Leben schafft: Jesus!»

7. Januar 1993, zu Hause, um 15 Uhr 30

Erscheinung der himmlischen Mutter:

«Lob und Ehre sei Jesus Christus.

Liebe Tochter, heute will ich meine Aufforderung zum Gebet, zur Bekehrung und zur Liebe erneuern. Ich bitte euch um Gebet, Gebet und nochmals Gebet. Nur durch das Gebet werden die

Leiden vermindert. Nur durch das Gebet werdet ihr das Heil der Seelen finden und in dieser Welt Frieden und Trost. Ich, eure Mutter, will, daß ihr alle gerettet werdet! Strebt nach einem Leben in Harmonie mit Gott und mit der Natur, denn wenn ein einziges Gesetz verletzt wird, zerbricht das Gleichgewicht der Seele und des Körpers, und ihr, meine armen Kinder, fallt dann in die Hände meines Feindes.

Ich danke euch, daß ihr euch heute in meinem Namen versammelt habt. Ich segne euch.»

15. Januar 1993, zu Hause, um 16 Uhr

Die himmlische Mutter erscheint und sagt mir:

«Meine liebe Tochter, an diesem Freitag will ich mein Leiden mit dir teilen und dich an die Leiden meines Sohnes bei der Dornenkrönung erinnern.»

In diesem Moment wird eine Dornenkrone auf meinen Kopf gelegt, die alle Anwesenden sehen können.

«Ich würde dir gern sagen: "Frieden, Frieden und nochmals Frieden für die Welt", aber diese Welt ist zu sehr von Bosheit und von Haß erfüllt. Ich würde dir gern sagen: "Liebe, Liebe und nochmals Liebe", aber die Welt verhält sich ihrem Vater gegenüber nicht wie ein Kind. Ich bin die Mutter der Welt und will sie ändern; ich will, daß sie aufmerksam und liebevoll ist, aber vor allem, daß sie sich in der Anbetung meinem Jesus zuwendet, der euch so sehr liebt, daß er mitten unter euch kommt und sich euch gleichmacht.

Nehmt meine Einladung an. Die Zeit ist sehr nahe. Ich segne euch.»

6. Februar 1993, zu Hause, um 19 Uhr

«Meine liebe Tochter, heute richtet sich meine Botschaft an meine geliebten Söhne, die Priester. Sage ihnen, daß Satan jetzt in mein Haus eingedrungen ist und bei vielen Gleichgültigkeit auslöst, sei es ihrem Dienst gegenüber, sei es dem gegenüber, was Gott — heute mehr denn je — ihnen jeden Tag schenkt. Sage ihnen, daß ich ihnen immer nahe bin, daß ich bereit bin, sie in allen Versuchungen zu beschützen, weil sich in jedem von ihnen durch die feierlichen Handlungen des Priesteramtes das milde Gesicht meines Jesus widerspiegelt.

Ich bitte euch, diese Gegend meinem Unbefleckten Herzen zu weihen: auf diesen Straßen fließt zu viel Blut, und zu viele Leben werden im Namen eines barbarischen Gesetzes zerstört, das vom Haß und der Rachsucht hervorgerufen wird. In dieser Gegend ist die Gnade Gottes mehr denn je gegenwärtig.

Ich wende mich an meine Diener und bitte sie: unterdrückt die Tradition der Prozessionen und der Gebetswachen nicht, sondern im Gegenteil, nehmt sie im Namen meiner Liebe zu euch wieder auf. Denn die Prozession ist wie das Gebet auch Sühne für eure Sünden und ein Gnadenbrunnen für euch. Ich bin die Königin des Friedens und der Liebe, und ich sage dem Kalten Krieg zwischem dem Guten und dem Bösen: "Es ist genug, genug, genug!"

... Meine Kinder, ich bitte euch: liebt einander. Die Zeit ist erfüllt: tut Buße, sonst wird der Zorn Gottes unerbittlich sein. Betet alle zusammen vereint in meinem Namen, dann werdet ihr das Ende im Frieden des Geistes aufnehmen. Ich segne dich, meine Tochter, sowie meine geliebten Kinder, die Priester.

Bald werden die Zeichen des Heiligen Geistes auf den Gesichtern der Menschen sichtbar werden, die sich zu meiner Liebe bekehren.

Gelobt sei Jesus Christus!»

Am Ende der Erscheinung verlangt der Pfarrer, daß ich mich nicht mehr in der Kirche blicken lasse, damit dieser ganze «Spuk» ein Ende habe.

7. Februar 1993, auf dem Land

Ich entschloß mich, an einem einsamen Ort auf dem Land zu beten, den man «Kleines Lourdes» nennt. Das tat ich auch an den folgenden Tagen.

14. Februar 1993, im «Kleinen Lourdes»

Während des Gebetes erscheint Maria:

«Meine liebe Tochter, an diesem heiligen Tag, an dem der Sieg meines Unbefleckten Herzens auf der Erde gefeiert wird, freue ich mich, daß ihr im Gebet versammelt seid: in einem wahren Herzensgebet.

Viele Herzen sind noch kalt.

Ich danke dir, daß du meinem Ruf gefolgt bist.»

In der Nacht des 14. auf den 15. Februar 1993, um 1 Uhr 30

Ich höre, wie ich leise gerufen werde. Ich öffne die Augen und sehe die Schöne Dame, die mich bittet, aufzustehen und zu schreiben.

«Liebe Tochter des Lichts: in Anbetracht dessen, daß die Menschheit weiterhin das Gesetz des Himmels mit Füßen tritt, offenbare ich dir die letzte Botschaft der Geheimnisse von Fatima, die seit 1917 versiegelt ist, und die in den 60er Jahren der ganzen Welt bekanntgemacht werden sollte. Man hat nicht auf meinen mütterlichen Ruf gehört, so daß viel Unglück über diese Erde gekommen ist. Heute, meine Kleine, gebe ich dir den Auftrag, mit all jenen darüber zu sprechen, die du erreichen kannst, sowie mit vielen Kindern des Lichts, damit die Welt sich noch bekehren kann. Ich will, daß der Papst auf den schmerzhaften Ruf meines Sohnes hört, der wegen eurer Sünden noch immer im Todeskampf liegt, und daß er die günstige Gelegenheit ergreift, eine solche Botschaft bekanntzumachen.»

Plötzlich erscheint die Weltkugel in ihren Händen, und ich bemerke zu meinem Erstaunen, daß sie sich nach und nach mit Blut überzieht. Sie beginnt folgendermaßen:

«Meine kleine Tochter, ich habe einmal in Fatima gesagt, daß eine große Katastrophe auf das ganze Menschengeschlecht herabkommen würde, wenn die Welt sich nicht bekehrt. Diese Katastrophe sollte nicht damals, sondern in der zweiten Hälfte des 20. Jahrhunderts eintreten. Ich hatte diese Strafe bereits in La Salette den beiden Hirten Melanie und Maximin vorhergesagt, und heute wiederhole ich es noch einmal, weil die Menschheit weiterhin im Irrtum verharrt und die Gaben des Himmels mit Füßen tritt.

Jetzt hat Satan überall Unordnung gestiftet, da er die Macht in den höchsten Rängen innehat und den Gang aller Dinge bestimmt. Ich habe schon zu Lucia *(in Fatima)* gesagt, daß es ihm, dem Sohn der Finsternis, gelingen würde, die Geister der größten Wissenschaftler zu verderben und sie dazu zu bringen, sehr starke Waffen zu erfinden, mit denen man in einigen Augenblicken den Planeten Erde zerstören kann. Ich habe gesagt, daß es ihm gelingen würde, das Schicksal der ganzen Welt in der Hand zu halten, indem er die Mächtigen und die Staatschefs verführt, und jetzt ist es so weit gekommen. Ich werde bald gezwungen sein, den Arm meines Sohnes fallen zu lassen, dann werdet ihr alle sehen, daß er mit einer unerbittlichen Gerechtigkeit und Strenge strafen wird, wie es noch nie der Fall war.

Für die Kirche ist die Zeit der harten Prüfungen und der bereits vorhergesagten Leiden gekommen. Kardinäle erheben sich gegen Kardinäle, Bischöfe gegen Bischöfe, und Satan marschiert schon in ihren Rängen, während man in Rom große Veränderungen erahnen kann.

Niemand erwartet den Sohn Gottes, aber du sollst allen sagen, daß er wiederkommen wird wie ein Dieb in der Nacht, und daß er dann gemäß der unendlich gerechten Gerechtigkeit des himmlischen Vaters strafen wird. Feuer und Rauch werden mit Gewalt vom Himmel herabkommen, das Meer wird sich in Dampf verwandeln, alles wird überflutet sein, und ein größerer und zerstörerischerer Krieg als die vorhergehenden wird ausbrechen, wenn alles so bleibt wie es ist. Viele Erwachsene und Kinder werden sterben, und die Überlebenden werden die Toten beneiden, weil sie all das nicht sehen müssen.

Die Erde wird der Schauplatz des Todes, des Elends, des Ruins und des Krieges sein. Die Zeiten der Zeiten kommen jetzt an ihr Ende, und meine Befürchtung wird Tag für Tag mehr zu einer grauenerregende Wirklichkeit. Ich wende mich an die Welt, um zu sagen, daß nicht nur die Guten gemeinsam mit den Bösen zugrundegehen werden, sondern auch die Staatschefs mit ihren Völkern und die Großen der Kirche mit ihren Gläubigen.

Meine Tochter, Satan hat leider seine Handlanger auf der ganzen Erde verstreut, und sehr oft gibt der Mensch der Versuchung und der Sünde nach. Wenn der Mensch vorhätte, die ganze Welt zu zerstören, würde Gott ihn diesmal aus dem Weltall verschwinden lassen, nicht indem er Wasser, das Symbol der Reinigung, vom Himmel fallen läßt, sondern Feuer, das Symbol der Gerechtigkeit.

Wenn es auf der Erde dunkel werden wird, so heißt das, daß mein Sohn mit seinen Engeln wiederkehrt; dann wird die neue Erde beginnen, die von all jenen erneuert wird, die jetzt am Triumph meines Unbefleckten Herzens arbeiten, und die dieses Unglück überlebt haben werden.

Diese Auserwählten, die zum Zeichen ihres Vertrauens auf Gott das Siegel des Kreuzes auf der Stirn tragen, werden zusammenleben und als einziges Ziel "den himmlischen Vater" haben, wie zu der Zeit, als dieser herrliche Planet noch nicht in der Sünde verfangen war.

Ich, die Mutter Gottes, bediene mich also deiner, um der Welt die große Katastrophe anzukündigen, die sie erleben wird, wenn sie sich nicht bekehrt. Ich, die Königin des Friedens und der Liebe, die himmlische Mutter, bin diesmal auf die Erde gekommen, um den Geist zu heilen, und nicht mehr den Leib.

Ich verspreche euch das Heil, wenn ihr meinen himmlischen Ruf aufnehmt. Ich danke dir, daß du meinem Ruf gefolgt bist, und ich bitte dich, der Welt meine Botschaft mitzuteilen.

Betet und liebt. Gelobt sei das Leben, das Leben schafft: Jesus Christus.»

Ich habe diese Botschaften mehreren religiösen Autoritäten mitgeteilt, unter anderem meinem Bischof, und ich bin überzeugt, dem Herrn einen Dienst erwiesen zu haben.

20. Februar 1993, in der Gemeinde, um 18 Uhr

Ich bin in der Kirche von großer Feindseligkeit umgeben und warte auf das Kommen der «Dame». Als sie erscheint, sagt sie mir:

«Liebe Kinder, wenn ihr wüßtet, wie glücklich mein Jesus ist, wenn er euch vom Himmel aus sieht, wie ihr alle im Gebet versammelt seid mit erwartungsvollen Herzen, die für mein Kommen auf Erden vorbereitet sind. Ich, die Jungfrau, die Mutter des einzigen, wahren Gottes, will durch meine unzähligen Erscheinungen die Welt retten durch die große Gabe meiner Botschaften, die ich ihr bringe. Ich will euch, dem auserwählten Volk Gottes, auch helfen, dieser schwierigen Zeit voller Fallen die Stirn zu bieten, damit euer Herz auf die Zweite Ankunft meines Sohnes, auf seine Wiederkunft in Herrlichkeit vorbereitet ist.

Meine Kinder, wenn ihr meinen Botschaften glaubt, wird euer Herz von Liebe und Frieden erfüllt. Andernfalls wird es trocken bleiben wie eine Wüste.

An diesem Ort läßt Gott seine Barmherzigkeit herabregnen. Die Menschenmengen werden sich versammeln, und wer mit

Glauben herkommt, wird hier seine Gnadenquelle finden. Ich will, daß man mir zu Ehren einen großen Fackelzug für den Frieden abhält.

Ich wende mich an mein geliebtes Kind, den Pfarrer dieser Gemeinde, damit er sich zum Verbreiter meiner Botschaften und zum Mitarbeiter des Friedens und der Liebe macht. Habt keine Angst, öffnet der Liebe und meiner Bitte die Türen. Verteidigt das Evangelium leidenschaftlich, dann bleibt ihr in der Wahrheit.

Ich segne euch, meine Lichtstrahlen; lobt Jesus Christus durch die Musik und durch die Lieder.»

22. März 1993, in der Kapelle der Pietà, um 17 Uhr 20

Ich warte wie versprochen auf die Madonna, doch vergeblich. So sage ich: «Herr, dein Wille geschehe.»

Plötzlich sehe ich drei Lichter:

«Gelobt sei Jesus Christus!

Das Warten ist ein Leiden, und das Leiden adelt die Seele. Liebe Kinder des Lichts, was ich vorhergesagt habe ist dabei, sich der Welt zu offenbaren. Mein wahres Gebet ist die Liebe. Wenn ihr in Liebe handelt, seid ihr untereinander solidarisch.

Diese verdorbene Welt ist im Begriff, erneuert zu werden. Aber wenn ihr im Irrtum verharrt, werdet ihr mit euren Augen sehen, was ihr lieber niemals sehen wolltet.

Liebt einander! Liebt einander! Liebt einander! Ich bringe euch die Liebe und nehme euch die Falschheit weg. Nehmt mich zum Vorbild, die ich die Mutter des Meisterlichen Weges bin. Meine Kinder, ich erwarte euch diesen ganzen Monat über und hoffe, daß ihr mit dem Herzen betet. Ich will, daß ihr mit eurem Herzen ja sagt, nicht nur mit dem Mund. Ich, eure himmlische Mutter, die allumfassende Mittlerin bin für euch alle gekommen, meine Kinder, aber vor allem um jene aufzunehmen, die ein reines Herz haben, und um sie mit Liebe in der Liebe zu versammeln. Bewahrt euren Glauben im Schoß des mystischen Leibes meines Sohnes. Jesus ist im Begriff wiederzukommen!

Gelobt sei Jesus Christus, das Leben, das Leben schafft!»

23. März 1993, in der Kapelle der Pietà

«Ewiges Lob sei der Frucht meines Leibes, Jesus!

Hier bin ich, meine geliebte Tochter, heute richtet sich meine Botschaft besonders an euch Jugendliche, die ihr gerade einer Zeit geistiger Finsternis gegenübersteht. Ihr seid der Same des Lebens, und deshalb bitte ich euch, euch nicht von meinem Feind beherrschen zu lassen, der euch mit seiner List und seiner Täuschung zur Mutlosigkeit treibt, sei es im Gebet oder in eurem Handeln. Paßt auf den Dämon auf: er ist jetzt mitten unter euch. Er hat kein Gesicht, deshalb wird es euch schwerfallen, ihn in seinem Werk zu erkennen, aber habt keine Angst, bleibt eurem Auftrag treu. Eure himmlische Mutter wird euch mit ihrer göttlichen Liebe schützen. Ihr sollt nicht leiden, ihr meine Jugendlichen! Bald werden die kleinen Verletzungen zu großen Schmerzen werden, aber wenn diese Zeit erst vorüber ist, wird das göttliche Licht der Heiligsten Dreifaltigkeit auf diese Erde strahlen, und sie wird in Reinheit leuchten. Dann wird mein Sohn wiederkommen, um das herrliche Reich seines Vaters zu errichten.

Gott schickt mich zu euch, und ich werde euch mit meinem Licht der Liebe verwandeln, indem ich Apostel der himmlischen Armee aus euch mache.

Ich segne euch mit meiner mütterlichen Liebe.»

25. März 1993, in der Kapelle der Pietà

«Gelobt sei das Leben, das Leben schafft: Jesus Christus!

Liebe Tochter, höre, was ich dir jetzt sagen will, und was du der Welt bekanntmachen sollst, ob sie es glaubt oder nicht. Der Adler mit den fünf Sonnenfedern handelt gerade, indem er die Herzen auswählt und den Weg für die glorreiche Taube vorbereitet.

Der Hauch wird von Osten kommen, aber bevor die glorreiche Taube auf die Erde kommt, wird die Sonne drei Tage lang kein Licht mehr geben. Die Sterne werden von der Finsternis des Alls verschlungen werden. Die Wasser werden die Erde überschwemmen und neue Erden werden entstehen. Die Berge werden ihren Platz und ihre Anordnung wechseln; dann wird der Mensch den Tod suchen, wie er heute Gold sucht.

Wenn die glorreiche Taube kommt, wird das Feuer der Gerechtigkeit auf den Menschen herabkommen wie ein hungriger Geier, der sich auf das Fleisch einer verwesenden Leiche stürzt, um sie vollkommen zu verschlingen.

Meine Kinder, die Zeit der Wahl ist gekommen. Bevor all das geschieht fordere ich, die Mutter des höchsten Gutes, euch noch einmal auf, die Strafe Gottes abzuwenden.

Mein Herz ist voller Schmerz und liegt im Todeskampf wegen dieser so kranken Erde, die von Menschen bewohnt wird, die andere Menschen umbringen. Mit meinem schmerzhaften Herzen bitte ich euch, diese blutrünstigen Hände abzuhalten; wer könnte sonst gerettet werden? Ich bin der Anker eures Heils; wer an meinen Sohn glaubt und auf ihn hofft, wird gerettet werden.

Wer hartnäckig im Irrtum verharrt, wird für immer mit Satan in den Abgrund der Hölle geworfen werden.

Schaut mit den wohlwollenden Augen des Glaubens auf mich, dann wird Gott euch Frieden und Heil gewähren.

Ich danke dir, daß du meinem Ruf gefolgt bist, und ich segne diese Erde mit meinem mütterlichen Segen. Jedes Jahr werde ich dir am 25. März eine «Warnung» geben!»

Während der Erscheinung bluteten Ihre Füße reichlich. Auf Ihren Knöcheln bildete das ausgeflossene Blut die Buchstaben MIR und H.

Nach der Prozession hat die Statue der Madonna geweint, und alle waren Zeugen dieses Ereignisses.

In der Nacht vom 20. auf den 21. April 1993, um 4 Uhr 30

Jesus: «Debora, meine kleine Tochter, wach auf! Das fleischgewordene Wort Gottes, das aus dem Schoß der Jungfrau von Nazareth geboren ist und nach dem Willen Meines Allmächtigen Vaters Jesus genannt wurde, spricht mit dir. Mein Vater hat der Welt das Heil gebracht, als Er Seinen glorreichen Engel zu Meiner Mutter sandte. Ich bin Christus, der vom himmlischen, allmächtigen Vater geweiht ist.

Mein Vater hat Mich aus Liebe zu den Menschen im ewigen Licht der Wahrheit und der Liebe zu seiner lebendigen Gegenwart mitten unter euch gemacht, da der Vater und Ich Eins sind. Wie ich aus Liebe zu euch brenne, so werdet auch ihr durch den Heiligen

Geist glühen und entflammt werden, um der Liebe zu entsprechen. Wie Ich im Vater, dem Feuer der Liebe bin, so werdet ihr in Mir sein und in Mir erneuert werden.

Meine Kleine Tochter, in dieser schrecklichen Stunde der Finsternis sollt ihr für das Heil der Seelen folgendermaßen zu Mir beten:

Liebendes Herz Jesu,
in dieser Stunde der Finsternis,
sei durch Deine Leiden am Kreuz
das Licht für die Menschheit!

Ich verspreche jenen, die mir jeden Abend dieses Gebet mit ihren Leiden aufopfern, daß die Seelen, die sich dem Gebet widmen, gerettet werden, und daß Ich all jene, die im Zustand der Gnade sind, auf eine höhere Stufe der Spiritualität heben werde.

Der Geist Gottes hat gesprochen.»

In der Nacht vom 22. auf den 23. April 1993

Jesus: «Debora, glaubst du fest an die Liebe Gottes, der dreifaltig Einer ist?

Debora: – Ohne jeden Zweifel, Herr.

Jesus: – Würde es dir gelingen, dir den Vater ohne den Sohn, und den Heiligen Geist ohne den Vater vorzustellen?

Debora: – Ich glaube nicht. Zweifel über ein Dogma würden auch andere Dogmen hinfällig machen.

Jesus: – Du hast gut geantwortet, meine Tochter.

Meine Kirche zu spalten bedeutet, Meinen Leib zu spalten. Es ist wie wenn man sich den Vater ohne den Sohn, und den Heiligen Geist ohne den Vater vorstellt.

Wenn den Menschen die Bedeutung dieses Vergleichs klar würde, würden sie begreifen, daß sie unter dem Blick Gottes alle vereinte Brüder sind, die sich als gute Brüder nicht spalten, noch sich gegenseitig angreifen, noch jeder auf seinen eigenen Weg beharren sollten...

Die Dreifaltigkeit muß für alle dieselbe sein, wie Mein Blut und Mein Leib die Nahrung für alle Völker sein müssen. Vor allem meine Kirche muß geeint sein. Ja, eine einzige Herde! Ein einziger Wille, dem auf Erden alle folgen: der göttliche Wille.

Niemand soll sich den Namen Gottes zu eigen machen, um eine Ausnahme zu bilden oder andere zu zwingen, um sich aufzudrängen oder anerkannt zu werden, denn Ich sage euch: es wird kein Heil für jene geben, die behaupten, gerecht zu sein, aber in Gegenwart des Allmächtigen lügen, und die das Monopol des göttlichen Willens, der in der Heiligen Schrift schriftlich niedergelegt ist, für sich in Anspruch nehmen. Ich sage es euch noch einmal: es wird kein Heil geben für jene, die durch Verallgemeinerung das Wort Gottes verzerren oder entstellen, um ihren eigenen Wünschen nach Macht und Ehre zu dienen...»

3. Mai 1993, zu Hause, um 11 Uhr

Jesus: «Die heutige Botschaft richtet sich an die Kirche, die Mutter Meiner Kinder. Schreibe:

Meine Braut, weißt du denn nicht, daß Ich Mich wirklich auf dem Altar aufopfere? Warum überfallen dich Zweifel? Begreifst du nicht, daß du den ganzen Gottesdienst auf eine reine Formsache reduzierst?

... Du weißt genau, daß Ich dich so sehr liebe, und daß Ich dich auferbaut habe, indem Ich deinen heiligen Namen (den der Kirche) auf die Stirn deiner Kinder gezeichnet habe! Öffne dich also den Gesetzen der Liebe, meine Geliebte.

Vereinige dich mit deinen Schwestern, mein "Goldbaum". Laß Selbstlosigkeit und Liebe wachsen. Du fühlst Meine Gaben, und du tust gut daran, denn der Irrtum darf deinen heiligen Namen nicht verdunkeln. Du sollst aber nicht blind und taub sein, denn du kannst nicht umhin, das Echo Meiner Stimme zu erkennen, wenn sie unter den Menschen erschallt.

Die Klugheit ist eine Tugend, die Ich selbst dich gelehrt habe, aber paß auf: diese Tugend muß dir auch dienen, um die Sünde zu meiden.[37] Bevor du eine Sünde begehst, sollst du dir diese Tugend zunutze machen. Sei wahrhaft klug!

Meine Geliebte, öffne dich noch mehr: du hast Meine Gabe der Unterscheidung, und du weißt, was gut und was böse ist. Gib dich

37. Anm. d. Redaktion: die Wirklichkeit verleugnen, unbegründete Zweifel äußern, es an Glauben oder Nächstenliebe fehlen lassen, oder notwenige Entscheidungen zu gegebener Zeit nicht fällen.

Mir mehr hin, dann werde Ich dich noch mehr mit Gaben und Tugenden bereichern. Sei rein und Meinen Äußerungen gegenüber fügsam. Höre auf Mich in dir, wenn ich zu dir spreche. Ich treibe dich an, weil ich dich liebe und dich vollkommen haben will.»

* * *

«Und jetzt wende Ich Mich an dich, erster Sohn Meiner geliebten Braut (an den Papst):

Wieviel Leiden ist in deinem Herzen! Wieviel Gleichgültigkeit begegnest du in deiner Umgebung! Jene, die auf dich hören, sind nicht sehr zahlreich, aber Ich, ja, Ich höre auf dich und sehe dich, und bald werde ich dich mit Liebe, und nicht mehr mit Leiden erfüllen. Mein Sohn, du bist die lieblichste Frucht, die Ich in dieser Zeit bekommen konnte. Du sollst dir deines Schatzes (Papst zu sein) sicher sein, denn im Himmel ist die mächtige und heilige Mutter, die vor Gott für dich und für deine Sicherheit betet. Hat sie dich nach göttlichem Willen nicht mehrmals gerettet?

Mein lieber Sohn, du sollst deinen großen Auftrag weiterverfolgen. Vereinige Meine Kirche mit den anderen. Weißt du denn nicht, daß ein Leib, dem mehrere Glieder fehlen, nicht mehr richtig funktionieren kann?

Geh unbesorgt in Meinem Namen voran, mein Papst der neuen Zeit...»

5. Mai 1993, zu Hause, um Mitternacht

Die Jungfrau Maria bittet mich aufzustehen und diktiert mir folgende Botschaft:

«Jeden Augenblick sei der Name meines Sohnes Jesus Christus gelobt!

Tochter des Lichts, meine heutige Botschaft richtet sich besonders an die Jugendlichen:

Liebe Kinder, ich bin an diesen Ort gekommen, weil ich auch euch meine (geistige) Mutterschaft und vor allem meinen besonderen Schutz anbieten will.

In dieser Welt findet Satan zur Zeit eine außerordentlich fruchtbare Erde, und sein Rauch verführt euch durch die falschen Vergnügen der Welt. Schaut umher: er ist dabei, euch zu vertilgen wie ein Gift Insekten vertilgt. Mehr denn je bitte ich euch heute, euch zu bekehren, indem ich einmal mehr meine Aufforderung zum Gebet erneuere.

Wenn ihr Glauben hättet, kleine Kinder, würdet ihr rein und siegreich aus dem Tunnel der Versuchung hervorgehen. Wenn ihr keinen Glauben habt, wird der Sohn der Finsternis euch in eine Sackgasse führen, indem er euch zunächst zum Laster anstiftet und euch dann zum Tod führt. Am Schluß wird er sich eurer Seelen bemächtigen. Oh, wie zerrissen ist mein Herz!

Meine kleinen Kinder, ihr müßt den Samen fruchtbar machen, den eure Mutter unaufhörlich in eure Herzen sät, ohne daß ihr (seine) Gegenwart bemerkt. Ich will euch lehren, im Glauben zu wandeln. Mein Plan besteht darin, euch zu meinem Sohn zu führen, der jeden Tag an jeder eurer Wegkreuzungen auf euch wartet.

Kommt, kleine Kinder, ich werde euch alle unter meinen geweihten Mantel nehmen.

Meine liebe Tochter, jetzt wende ich mich an deine jungen Brüder:

Kinder des Lichts, Gott segne euch, weil eure täglichen und unablässigen Gebete, die ihr mit dem Herzen verrichtet, bis zum Vater gedrungen sind. Ich danke euch, daß ihr durch eure Liebe meinem Feind viele Seelen entrissen habt. Ich will, daß ihr eine große Gebetsgruppe bildet, aber dafür muß es euch gelingen, unsere Worte zusammen mit dem Evangelium zu allen Jugendlichen zu bringen, denen ihr begegnet. Habt Mut, liebe Kinder, jede Gelegenheit ist geeignet, um Seelen zu retten! Sprecht weniger, denn euer Gerede ist meistens vergeblich; verwandelt euer Gerede in sanfte Worte der Liebe, die einstimmig von Jesus und Maria, von Maria und Jesus sprechen!...

Meine Kinder, habt Mut, ich bin bei euch, und wenn ihr in mir seid, werde ich mich stärker und deutlicher offenbaren, weil ich weiß, daß euer Geist stark, euer Fleisch aber schwach ist.»

Debora: «Mutter, ich danke dir für alles; ich will dich nur fragen, wo sich der Junge aus Mailand namens Sandro befindet, weil seine Eltern wissen wollen, was sie für ihn tun können.

Maria: – Er ist im Fegefeuer, aber er wird bald in die Herrlichkeit Gottes eintreten. Unablässige Stimmen und Rosenkränze, die nicht für ihn, sondern für die anderen aufgeopfert werden, werden den Sand bilden, der zugunsten Sandros zur "Sanduhr" des allmächtigen Gottes emporgebracht wird: ich will seiner Mama sagen, daß sie nicht mehr um ihr Kind weinen soll, sonst wird sie nie Frieden finden und nicht über ihrer Familie wachen können, wie sie es tun muß, wenn sie im Paradies ist.

Meine kleine Tochter, die Zeit meines Besuches ist vorbei. Küsse meine Füße und ehre mich durch dein ständiges "Ja". Ehre vor allem meinen göttlichen Sohn. Ich segne dich. Gelobt sei Jesus Christus!»

In der Nacht vom 7. auf den 8. Mai 1993, um 2 Uhr 35

Jesus: «Meine kleine Tochter, Ich bin es, Jesus Christus. Was fürchtest du? Bald wird es dir gelingen, Mich zu erkennen. Meine Milde, Meine Gnade und Meine Liebe zu dir und zu der Welt sind die Mittel, mit denen du Mich von Meinem Feind unterscheiden kannst.

Debora: – Mein Herr, wenn es dich nicht zu sehr stört, würde ich dir gern eine Frage stellen. Heute habe ich erfahren... (hier unterbricht er mich).

Jesus: – Meine Kleine, du sollst lernen zu sagen: Du hast mich erfahren lassen, du hast mich sehen lassen, da immer Ich dem Menschen etwas vorgebe, und nicht der Zufall!»

Debora: (Ich frage mehrere Dinge, die wichtig für mich sind): – Wie du wünschst!

Jesus: – Meine kleinen Kinder, denkt an folgendes:

Ihr sollt nie nach Zeichen verlangen, es sei denn der Vater gewährt sie euch. Ihr sollt dem Vernunftdenken keinen Platz einräumen, sondern frei und sorglos sein und euch Mir grenzenlos hingeben, da es in Meinem Plan keinen Platz für das Vernunftdenken, sondern nur für das Herz gibt.

Debora: – Jesus, was bedeutet das?

Jesus: – Meine kleine Tochter, das bedeutet, daß Ich der Ton und ihr das Stroh seid. Ich bin der Zement, und ihr seid die Steine: das eine benötigt das andere, um die Kirche zu stärken.

Debora: – Ich werde tun, was du sagst. Wenn das der Wille Gottes ist, so soll er geschehen!

Jesus: – Du sollst gesegnet sein für dein ununterbrochenes *fiat*, auch in den bittersten Schwierigkeiten. Ich liebe dich, und eines Tages werde Ich deinen Gehorsam laut ausrufen. Du Meine Braut und Mein Jünger, du Mein Widerschein und Meine Liebe. Ich liebe dich, du Meine jugendliche Märtyrerin.

Bis bald. Friede sei mit deiner Seele!»

13. Mai 1993, zu Hause, um 23 Uhr 30

Maria: «Liebe Tochter, heute wird meiner Erscheinung in Fatima in der immer noch gesegneten Cova da Iria gedacht. Mehr denn je fordere ich dich heute auf, die Botschaft von Fatima vor allem unter den Jugendlichen zu verbreiten, die die Hoffnung von morgen, das Salz und der Sauerteig der Erde sind. Wie ich es dir vorhergesagt habe, werden bald die Sterne des Himmels erlöschen wie die Sonne auch, aber du sollst keine Angst haben und deine Hoffnung immer auf den Ewigen Gott setzen. Wir im Himmel haben dich erwählt, weil du nichts bist und es dir durch dieses Nichts-Sein gelingt, den anderen Mut einzuflößen, ohne die Seelen zu verwirren. Meine Tochter, du sollst viel zum Gebet aufrufen, weil weder Worte noch Tränen das Leiden meines Sohnes lindern können. Seid immer einfach und rein, und löst euch von den materiellen Gütern! Denkt nicht daran, euren Leib zu schmücken, da es bald große Wirren geben wird. Dann wird eure einzige Nahrung und euer einziges Parfüm Unser Wort sein.

Meine kleinen Kinder, seid wachsam, denn der Kelch meines Sohnes ist schon voll, und bald, sogar sehr bald wird der Tag kommen, an dem ich den Arm meines Sohnes loslassen werde, und dann wird es Tränen und Zähneknirschen geben. Ihr sollt im Gebet ganz nahe bei mir sein, weil ich allein euch zu eurem barmherzigen Retter führen kann. Ich bin Maria, die "allumfassende Mittlerin". Öffnet eure Herzen und achtet darauf, daß sich in ihnen der Liebesplan Gottes verwirklichen kann.

Meine lieben Kinder, die Stunde ist gekommen, in der ihr zwischen dem Paradies und der Hölle wählen müßt. Gott läßt euch in seiner unendlichen Freiheit die Wahl. Wenn ihr das Paradies wählt, so sollt ihr wissen, daß der Weg lang und schmal ist, daß ihr jedoch am Ende Herrlichkeit und Licht für eure Seelen finden werdet, die das einzige, ewige Glück sind. Wenn ihr an mich glaubt, werden an diesem Ort die reinsten Bekehrungen erblühen. Ihr sollt immer nahe bei mir sein und mit dem Heiligsten Meßopfer vereint bleiben. Liebe Tochter, du muß immer so demütig bleiben wie jetzt, dann werden mein Jesus und ich die Pläne des Vaters verwirklichen können.

Und ihr alle, meine lieben Kinder, sollt auf mich hören! Es sind die letzten Zeiten.

Gelobt sei Jesus Christus!»

14. Mai 1993, zu Hause, um 21 Uhr 30

Erscheinung Jesu und Mariens, und meine mystische Vermählung.

«Friede sei mit dir, unsere Tochter!» *(Das sagen sie gemeinsam.)*

Jesus: «Schreibe in deinem Heft unsere liebende Unterhaltung nieder.

Maria: – Geliebte Tochter, deine Mutter ist bei dir!

Debora: – Was soll ich für euch tun, meine Gebieter? *(Bei diesen Worten lächeln sie mich an.)*

Maria: – Komm, meine kleine Tochter, komm näher und reiche mir deine Hand. Ich werde sie meinem Jesus hinhalten!

Jesus: – Meine Geliebte, jetzt nehme Ich dich ein, damit du Mir gehörst! Meine Braut, schenke Mir deinen Geist, dann werde ich ihn mit dem Meinen vereinen, der durch die Gottheit Jahwes geheiligt ist. (Ich täuschte mich beim Schreiben, und Jesus verbesserte mich.) Wir sind jetzt genauso vereint wie unter dem Kreuz: Meine heiligste Mutter teilt immer noch mein ganzes Leiden, das sich wegen euch ständig erneuert. Wir sind ein einziges Wesen! Meine geliebte Braut, gibt Mir die Hand!

Debora: – Ich kann nicht, Jesus, meine Arme zittern!

Jesus: – Meine Tochter, Mein Gedanke soll auch dein Gedanke sein!

Maria: – Meine Tochter, vertraue dich deiner Mutter an. Komm: halte deine Hand deinem Jesus hin. *(Jesus nahm meine Hand und streifte mir ganz sanft einen Ring über, der auf seltsame Weise leuchtet.)*

Jesus: – Hiermit lasse Ich Meinen Geist der Liebe in dir. Von nun an wirst du dir Meiner Gottheit bewußt sein. Laß deinen Geist umherschweifen, damit du die Wunder betrachten kannst, die du noch nicht begriffen hast. Du sollst in Mir leben und Mein Heiligtum werden!

Debora: – Jesus, ich will dich fragen, was das für ein Plan ist, der sich verwirklichen wird, und was ich tun muß…

Jesus: – Debora, mein Plan besteht darin, Mein Reich auf Erden wie im Himmel zu errichten!

Debora: – Ich verstehe es immer noch nicht genau.

Jesus: – Mein Reich auf Erden ist wegen eures Seelenzustandes trocken und wüstenhaft geworden. Die Menschen sind geschwächt, weil sie mich nicht kennen. Bedenke, meine kleine Tochter, daß ich die "vollendete Weisheit" bin; und jetzt kommt diese Weisheit bis zu euch, um in euch diese Kenntnis zu mehren, die Ich selber euch eines Tages gegeben habe. Meine Hirten selbst haben die Schafe zerstreut, indem sie Meine Gnade abgelehnt haben, die ihre Schritte leitet. Es ist die Gnade, die sich ihnen durch Meine Vertrauten offenbart hat und noch immer offenbart. Ich richte Mein Reich mitten unter euch auf, bevor sich die Dinge des Himmels offenbaren, die Mein Johannes als erster gesehen hat. Das Neue Jerusalem wird bald mitten unter euch herabkommen, und Ich beabsichtige, die Welt vorzubereiten und dich und andere Werkzeuge für Meine bevorstehende Wiederkunft einzusetzen.

Debora: – Jesus, ich muß dich etwas über C.A. fragen. *(Er unterbricht mich.)*

Jesus: – Meine kleine Tochter, Ich werde dir die Wahrheit sagen. Sei aufmerksam. Ich bin der Treue und der Wahre. Allein Ich kann treu und wahr sein, nicht die Menschen, die sich hinter angeblichen religiösen Vereinen verstecken, die verdorbenen menschlichen Gesetzen gehorchen. In Wirklichkeit machen sie sich über meine Gesetze lustig und mißbrauchen Meine unendliche Barmherzigkeit. Du sollst wissen, daß Ich bei Meiner Wiederkunft Meinen Feind und alle seine Agenten zertreten werde.»

30. Mai 1993 (Pfingsten), im Olivenhain, am Fuß des geweihten Baumes

Erscheinung der Madonna:

«Liebe Tochter, heute wird des Herabkommens des Heiligen Geistes im Abendmahlssaal gedacht. Heute fordere ich, die Mutter Jesus und eure Mutter, euch auf, alle in meine göttliche Macht der Liebe zu kommen, damit sie euch “Weisheit und Kraft” gibt, um den zahlreichen Schwierigkeiten des Lebens die Stirn zu bieten.

Jetzt wünsche ich vor allem, daß in euch, meinen Kindern, die Ehrfurcht Gottes erwacht. Sie ist die einzige Waffe, um die Sünde zu bekämpfen; denn die Sünde läßt eure Seelen, die Gott “ganz heilig” haben will, an Boden verlieren.

An diesem heiligen Tag erneuert der Heilige Geist Gottes Seine Braut (die Kirche), damit sie leuchtender wird denn je, denn sie wird von neuem das Zeugnis der Ewigen Liebe Gottes zu Seinen Kindern geben.

Liebe Tochter, heute ist mein Licht auf dich herabgekommen, aber ich will, daß die ganze Welt mein Herz kennenlernt, damit man in den Stunden der Verzweiflung weiß, daß dieses Herz die barmherzige Hilfe für die Sünder und immer bereit ist, sie aufzunehmen und zu Jesus zu führen.

Ihr meine Kinder, sollt alle weiterhin ausharren im Kampf, damit Unser Wort in die Herzen gebracht wird. Wir werden jeden Augenblick bei euch sein. Meine Kinder, ihr sollt wissen, daß eure Mutter sehr glücklich über euch ist, wenn ihr “Werkzeuge des Wortes Gottes” werdet.

Liebe Kinder, ich komme aus dem Paradies, aber bedenkt, daß das Reich Gottes schon mitten unter euch ist, damit ihr das Reich des Vaters auf Erden leben könnt, wie ich es im Himmel lebe. Ich bin in der Dreifaltigkeit! Ich bin die Braut der Heiligsten Dreifaltigkeit, und ich werde heute den Vater bitten, daß der Heilige Geist der Liebe euch entzündet und dadurch jede Art von Lauheit und Gleichgültigkeit Unserem Wort gegenüber aufhört.

Liebe Kinder, ihr sollt meine Botschaften tief in euren Herzen leben. Ihr schiebt sie oft beiseite, um persönlichen Ansichten Platz zu machen. Heute bitte ich euch im Namen des Geistes Gottes, der heilig ist: Öffnet eure Herzen, euren Geist und eure Seelen, dann werdet ihr wirklich mit Vertrauen sagen können: "Jesus, komm mitten unter uns!", weil sie geläutert sind.

Danke, daß ihr meinem Ruf gefolgt seid!

Bis bald. Gelobt sei der Name Jesu!»

4. Juni 1993, zu Hause, um 20 Uhr

Innere Unterhaltung mit Jesus.

Jesus: «Höre, Meine Tochter. Was Ich dir jetzt sagen werde, ist von großer Bedeutung.

Debora: – Jesus, bist du es?

Jesus: – Ich bin es, Meine Debora: willst du für Mich schreiben?

Debora: – Ja, Jesus, mein Herr, ich bin bereit, dir zu dienen.

Jesus: – Was du heute schreibst, wird von (...) zu den Kirchenmännern, den Hirten Meiner Schafe gebracht werden, damit sie später nicht sagen können: "Wir wußten nichts von der Gnade Gottes, die in dieser Form auf die Erde herabkommt."

So spricht Gott zu Seiner heiligen, gelieben Braut (der Kirche):

Meine Geliebte, du hast doch nie gehört, daß Ich, der Bräutigam, Meiner Braut nicht zu Hilfe eile, wenn sie sich in großer Gefahr befindet? So komme Ich heute mit Meinen heiligen Offenbarungen, um dich zu leiten, dich zu bessern, aber vor allem, um dir zu helfen, dich nach deinem ständigen Fallen wieder zu erheben! Meine Geliebte, warum lehnst du Mich ab, wohingegen der große Verfall dich gleichgültig läßt? Es ist Zeit, daß du das merkst! Ich schicke die Demütigen zu dir, damit du begreifst, daß Ich selbst zu dir spreche in diesen kleinen Geschöpfen. Sie machen sich zu Meinen Dienern, indem sie alle möglichen Leiden in stiller Liebe annehmen. Doch du marterst sie noch immer. Ich, der König der Offenbarung, bringe dir durch dieses demütige Werkzeug die "Schlüssel der Einheit". Ich zerstöre nicht, was Ich selbst vor zweitausend Jahren erbaut habe, Ich will dich nur aus dieser Erstarrung holen, die deine Seele, deinen Geist und dein Herz erstickt. Schau um dich, Meine Geliebte, und unterscheide wahrhaft das Gute vom Bösen. Schau genau hin, wie Mein Feind höhnisch lacht, wenn du Mich ablehnst und mißhandelst, indem du Meine Kleinen verfolgst.

Meine geliebte Wohnung, Ich will dich nicht verletzen, noch dich verurteilen, sondern dich heiligen, weil Ich, dein mystischer Bräutigam, heilig bin. Du sollst in Meinen Wunsch einwilligen. Du sollst nicht stolz sein, wenn die Kleinsten das Echo Meiner Stimme und Meines Gedenkens zu dir bringen, sondern du sollst sanft und demütig von Herzen sein, wie Ich es bin. Du sollst glauben, wenn Meine heilige Prophetie deine Kinder ergreift! Habe Ich den Menschen früher nicht gesagt, daß ihre Kinder prophetisch reden würden, und daß es am Himmel wie auf der Erde große Zeichen Meiner Gegenwart geben wird?

Du sollst also glauben, wenn ein kleines "Werkzeug" dir sagt: "Christus hat mir gesagt, daß Er mit dem Vater und dem Heiligen Geist ein Einziger ist, und daß Er der Sohn der Unbefleckten Empfängnis ist, der Braut des Heiligen Geistes." Wieviele Zeichen und Märtyrer brauchst du, bevor du sagst: "Der Herr hört nie auf zu sprechen?" Er ist der Ewige in alle Ewigkeit. Ich komme, um dir noch einmal den Frieden und das Heil zu schenken.

Ich komme, um das "Neue Pfingsten" auf die Erde herabzurufen. Ich komme, um euch zu sagen: "Rettet euch vor den Fallstrikken Satans, Meinem unerbittlichen Feind, der euer Gedächtnis mit seinem Rauch verfinstert und Opfer der Sünde aus euch gemacht hat, als Ich euch aufrief, Opfer für Meinen heiligen Altar zu sein!" Meine Braut, frage dich, warum deine Jugendlichen sich von dir abwenden, um vergifteten Philosophien und Theorien zu folgen? Ich gebe jeder Zeit die Mittel, damit Mein Wort und Mein Geist in allen Generationen aufgehen. Du sollst dir bewußt werden, daß keine Liebe in deinen Worten ist, und daß deiner Klugheit die Unterscheidung fehlt.

Ihr Kinder der Geliebten, wißt ihr nicht mehr, daß Ich euch eines Tages gesagt habe, daß ihr Mich in Herrlichkeit wiederkommen sehen würdet?

Jetzt sage Ich euch: Die Zeit ist nahe. Paßt auf eure vorschnellen Urteile auf, weil ihr dem König der Könige Rechenschaft ablegen müßt, wenn ihr am Jüngsten Tag vor Ihm erscheinen werdet. Ich sage euch: Wer sich von Meinem offenbarten Wort nährt, wird gesegnet sein, weil er dem göttlichen Willen des Erlösers gehorcht hat.

Das ist die Botschaft, die Ich dir und deinen Kindern sende. Ich habe dich auferbaut, um dich zu schmücken und zu verschönern. Ich habe dich mitten in den Lorbeeren der Herrlichkeit wandeln lassen, aber heute bitte Ich dich, Mir von Angesicht zu Angesicht zu begegnen durch Meine Offenbarungen und Meine demütigen Boten, die auf der ganzen Erde verbreitet sind. Meine Braut, du sollst keine Angst haben, das Gesetz der Menschen aufzugeben, um Mein heiliges Gesetz anzunehmen. Deshalb sage Ich dir: Weh dem Mann, der auf den Menschen vertraut, denn Ich bin der Treue und der Wahre, und Ich werde eines Tages wie ein Sturm über die Erde blasen, um die Treuen von den Bösen zu scheiden.

Tochter der Liebe des Vaters, komm nahe zu Meinem Feuer der Liebe und öffne dich, weil die Sünden dieser Generation unzählig sind. Wenn du demütig bist, wird das "Neue Pfingsten" auf dich herabkommen, das du für deinen Weg des Heils und der Heiligkeit brauchst, der einzig zu Mir führt, denn Ich bin der Weg, die Wahrheit und das Leben! Friede sei mit dir!

Debora: – Jesus, dein Wille geschehe!

Jesus: – Meine Tochter, empfange Meinen Frieden. Bis bald!»

17. Juni 1993, um 20 Uhr 15

Maria: «Liebe Tochter, ich bin die Jungfrau Maria von Nazareth. Schau diesen Ort an und betrachte ihn, denn er wird ein heiliges Land werden, wie das Land meines Sohnes. Eure Herzen beginnen, sich zu öffnen, deshalb beginnen meine Zeichen, sich zu offenbaren. Es ist Zeit, euer Leben dem Herrn hinzugeben.

Liebe Kinder, eines Tages, werdet ihr mich alle sehen, wie ihr auch meinen Sohn sehen werdet, aber heute zählt in den Augen Gottes nur das Gebet, die vollkommene Bekehrung des Herzens, die ständigen Gebetswachen, sowie das Fasten und die andauernden Opfer. Liebe Kinder, ich fordere euch noch einmal auf, den heiligen Rosenkranz zu beten: Ich, die Mutter Jesu, kann euch nur durch ihn wieder lebendig machen.

Meine Kinder, ihr sollt euch eurer Taten bewußt sein, ja, seid euch ihrer bewußt. Ich bin eure Hoffnung, die der Welt mit Licht und Leben vorangeht. Mein Herz ist offen. Es ist jetzt Zeit, daß das eure sich entscheidet. Ich warte bei jedem eurer Gebete darauf.

Meine liebe Tochter, nächsten Samstag werde ich bei dir sein, um dir das ganze Licht des Himmels zu übermitteln und dir von neuem den Weg des Heils für deine Brüder, meine Kinder, zu zeigen. Jede Wunde wird geheilt, wenn man sich an meinen göttlichen Sohn wendet.

Gelobt sei Jesus, das Ewige Lamm, der Befreier von der Sünde!»

25. Juni 1993, im Garten «Himmelsgrün», um 19 Uhr 45

Maria: «Gelobt sei Jesus Christus!

Liebe Tochter, heute strömt mein Unbeflecktes Herz vor Freude über, weil ich sehe, daß der Plan Gottes von vielen Seelen angenommen wird. Jetzt bist du noch mein einziges Zeichen. Doch bald, wenn viele weitere Seelen meinem mütterlichen Ruf folgen, werde ich viele Zeichen geben. Mein Haus wird an diesem gesegneten Ort erbaut werden. Hier hat Gott, der Herr, seine unendliche Gnade ausgebreitet, und ihr werdet zahlreiche Gnaden erlangen, wenn ihr mit dem Herzen um sie bittet.

Meine Kinder, meine Liebe ist groß. Ich bin eure Mutter, und ich will sie euch schenken. Ich will euch alle zu meinem Jesus führen. Große Prüfungen erwarten die Erde, aber wenn ihr euch meinem Herzen anvertraut, werde ich euch Schritt für Schritt führen. Empfangt den Frieden des Herrn. Setzt immer euer Vertrauen in meinen heiligen Rosenkranz; das ist nicht nur mein Wunsch, sondern auch der meines göttlichen Sohnes.

Ihr müßt eure Herzen für meine Offenbarungen öffnen, damit der Heilige Geist in euch arbeiten kann. Bald werde ich mich euch allen mitteilen.

Meine liebe Tochter, bis bald. Ich danke dir, daß du meinem Ruf gefolgt bist. Gelobt sei der heiligste Name meines göttlichen Sohnes Jesus Christus!»

21. August 1993

Erscheinung Unserer Lieben Frau vom Rosenkranz

Maria: «Liebe, geliebte Kinder, Ich bin Unsere Liebe Frau vom Rosenkranz. Denkt daran, daß ich eines Tages bei der Hochzeit von Kana gesagt habe: "Was mein Sohn euch sagt, das tut." Heute sage ich euch als eure Mutter mehr denn je: "Was mein göttlicher Sohn euch sagt, das tut!"

Debora: – Himmlische Frau, ich bitte dich, sage uns, was wir tun müssen, um zu verstehen, was dein Sohn uns sagt.

Maria: – Meine Tochter, mein Sohn hat sich hier und an anderen Orten mit dem Herzen offenbart, um euch begreiflich zu machen, daß ihr das Evangelium wirklich leben müßt. Auch dieses Land hier kommt in den Genuß der göttlichen Gegenwart meines Sohnes; leider werden seine Offenbarungen nicht ernst genommen.

Meine Kinder, ihr fragt euch, warum wir manchmal spät zu unseren Begegnungen der Liebe kommen? Heute rufe ich euch zur Liebe und zur Verantwortung der Göttlichkeit meines Sohnes gegenüber auf.

Bald wird es ein großes Zeichen geben! Meine Kinder, ich bitte euch, ihr sollt euch nicht an die Zeichen gewöhnen, und ihr sollt den Höchsten nicht um Zeichen bitten: der Vater schenkt die Gnaden.

Meine Tochter, grüße alle von mir und sage ihnen, daß ich sie segne.»

21. September 1993, zu Hause, um 3 Uhr

Ich schlafe tief; da fühle ich eine Wärme auf meinem Gesicht und öffne die Augen. Die große Hand eines Mannes mit großen, grünen Augen streichelt mich mit einer unbeschreiblichen Sanftheit. Es ist Jesus; er ist in ein paradiesisches Licht getaucht: sein Duft berauscht mich so sehr, daß mir die Sinne schwinden. Er schaut mich intensiv an, dann sagt er mir:

Jesus: «Gesegnete Tochter, verlasse deine Ruhestätte. Komm und schreibe für Mich. Heute wird Mein Wort "Tag der Herrlichkeit" heißen. Das sollst du deinen Brüdern sagen, es aufschreiben und allen bekanntmachen, ohne dich zu fragen, wie es aufgenommen wird. Durch dich, du unendliche Armseligkeit, gebe Ich diese Schriften weiter, damit alle Menschen sich an Mich drücken, wie wenn sie angekettet oder von Meiner Treue verzaubert wären, die Ich euch noch einmal durch unzählige Zeichen bekunde. Ich bedecke das ganze All mit Frieden, und Ich will, daß Mein Frieden in seiner ganzen Fülle in euer Herz einzieht, das der Tempel Meines Geistes sein soll.

Geliebte Söhne und Brüder der Welt, Ich will, daß ihr euch freut, denn euer Meister sagt euch: "Der Tag der Herrlichkeit ist nicht fern von euren Tagen, in denen ihr die Zeichen des himmlischen Vaters erlebt, die sich am Himmel und auf der Erde ereignen. Jubelt, Meine Kinder, da euer Meister alle Arten von Sünden reinigen und alles Böse auslöschen wird, das von Meinem Feind ersonnen wurde. Ich, der Sohn des Höchsten, werde in der Fülle der Herrlichkeit kommen, und alle werden an Mich glauben. Selbst die Gotteslästerer werden laut diese Worte aussprechen: Hosanna! Hosanna! Hosanna! Preist den glorreichen Erlöser, der mit Seiner ganzen Macht und den Armeen Seiner siegreichen Engel zu uns kommt."

Ich habe die Salbung erhalten und werde allen die Wahrheit und das Heil zeigen, und Meine unendliche Liebe wird selbst die vertrocknetsten Herzen überfluten. Dann wird der Vater im Himmel der Welt auf wunderbare Weise diese unendliche Gnade der Bekehrung und der ewigen Treue schenken. Ich sage: "Wenn ihr wollt, werdet ihr alle, ja, jeder von euch, vom Heiligen Geist berührt werden, der euch in der Liebe entzündet. Dann werdet ihr Mich sehen können, wie ihr auch eure Brüder seht, und ihr werdet mit Mir sprechen, wie ihr mit euren Vätern sprecht."

O Meine Kinder, wieviel muß Ich noch aufopfern, um eure Herzen zu erobern! Wie Ich Mich damals auf dem Kreuz aufgeopfert habe, um euch zu erlösen, so wird Meine grenzenlose Liebe in der kommenden Zeit euch das Brot des Lebens schenken, um euch zu retten. Meine kleinen Schäflein, kommt zu Mir zurück! Was für eine Herrlichkeit wird der Herr euch geben, wenn ihr jeden Augenblick Seinen Namen preist. Heute teile Ich Mich an vielen Orten zusammen mit dem himmlischen Hof durch Meine Offenbarungen mit, denn Ich will, daß jeder vor der festgelegten Zeit in seinem Herzen Reue wegen der begangenen Sünden empfindet. Jeder soll seinen Blick auf Meine Passion, auf Mein Kreuz und auf all das richten, was Ich euch geschenkt habe und noch immer schenke. Denn Gott nimmt euch nicht auf, ihr Kinder und Brüder Meines Herzens, wenn ihr mit euren Händen und eurem Geist in den Vergnügungen der Welt steckt. Ihr Kleinen und Großen der Erde, Ihr Gerechten und Ungerechten sollt also alle bereit sein, Mich aufzunehmen, denn das heilige Jerusalem steht vor eurer Tür.

Ich, Jesus, will euch in einer einzigen Herde vereinen: der Herde Meines Herzens und des Herzens Meiner Heiligsten Mutter Myriam. Euer Leben soll von nun an den Geboten des Herrn treu sein, und ihr sollt jedes eurer Worte bedenken, bevor ihr es ausprecht, denn es soll keine üble Rede aus eurem Mund kommen. Jede eurer Handlungen soll geprüft werden und im Herrn geschehen. Die Liebe soll der einzige Wert sein, auf den ihr eure Existenz gründet. Ich bin der Mann der Schmerzen, ihr sollt also wissen, daß keines eurer Leiden umsonst erduldet wird!

Der König der Offenbarung hat zu Seinen Kindern gesprochen. Ich segne euch. Bis bald.»

15. Januar 1994, zu Hause, um 10 Uhr 05

Innere Unterhaltung mit Jesus.

Jesus: «Meine Kleine, heute betrifft Meine Offenbarung vor allem die heutige Gebetsversammlung.

Schreibe: So spricht der Geist Gottes: mein Geist des Friedens ruht auf euch. Ich liebe euch und verwandle eure Armseligkeit in Edelsteine. Hört auf Mein Herz, das für euch schlägt! Schaut Meine Augen an, die nur auf euch blicken! Ich gebe Mein Leben nochmals für euch hin, Meine Geliebten! Meine Freunde, kehrt zu Mir zurück. Warum seid ihr fern von dem, der euch seine Freunde genannt hat? Ich habe euch in dieser trockenen Wüste gesucht, aber wann werdet ihr Mich suchen? Die Verbrechen dieser Generation haben die Weisheit und die Einsicht aus euren Herzen ausgerissen. Meine Kinder, eines Tages ist geschrieben worden, daß Mein Heiliger Geist Gnaden in Überfülle über euch ausgießen wird, gerade über euch, und daß eure Söhne und Töchter in Meinem Namen prophetisch reden werden. Ihr armen Kinder, euch fehlt Meine Erkenntnis: weil die Schriften heilig sind, erfüllt sich heute alles, was darin geschrieben steht.

Meine Freunde, Ich will, daß ihr alle zusammen in Mir seid: Ich bin der Baum des Lebens! Ich belehre euch durch Zeichen am

Himmel und auf der Erde, damit ihr bereit seid, Mich würdig zu empfangen. Wenn ihr auf Meine Stimme hört, werdet ihr eines Tages an einem seligen Ort der Ruhe leben. Du Menschengeschlecht, du hast jahrhundertelang zahllose Götter angebetet, du warst von ihnen fasziniert und hast ihnen gedient, wie du Mir hättest dienen müssen. Du hast sie angebetet und geliebt, während Ich in den Tabernakeln der Welt nach euren Seelen dürstete und nur auf einen einzigen Blick, auf ein einziges süßes Wort der Liebe von euch hoffte! O Meine Freunde, wie ist es möglich, daß ihr euch so weit von Mir entfernt habt?

Liebe Kinder, erlaubt Mir, euch zu segnen. Laßt Mich in eure Wohnungen ein, laßt Mich eure Zungen rein und unbefleckt machen, damit sie bereit sind, das Reich Gottes auf Erden zu verkünden, wie Ich es euch gelehrt habe.

Heute zeige Ich euch von neuem Meine Liebe, um euch begreiflich zu machen, daß sie trotz eurer Beleidigungen und eurer Gleichgültigkeit unverändert ist. Wie lange werde Ich noch im Leiden warten müssen? Wie lange werdet ihr, Meine jungen Freunde, Mich noch durch Geschöpfe der Erde ersetzen? O Meine Geliebten! O Meine Geliebten! O Meine Geliebten! Mein Herz blutet. Wahrlich, Ich sage euch, Meine Feinde sind dabei, die Erde mit dem Heidenlärm ihrer Agenten zu überziehen; aber Ich werde euch das Geräusch Meiner Schritte noch lauter vernehmen lassen, stärker noch als die Stimme Meines Geistes.

Meine Kinder, euer Herr wird bald für die Gerechten kommen, aber auch für die Bösen, und dann werde Ich von euch Rechenschaft für eure Taten verlangen. Die Zeit der Schriften erfüllt sich gerade, und Meine Feinde werden in allen Erdteilen falsche Dinge über Mich erzählen und Meinem Volk ein falsches Bild von Mir geben, denn sie lehnen Meine wahre Identität ab.

Paßt auf, Meine Kinder, paßt auf wegen der Menschen, die euch mit ihren vergifteten Theorien, ihrem unreinen Vorbild und ihren rationalistischen Entstellungen nähren wollen. Sie wollen die Liebe mit Haß, das Gute mit dem Bösen «belohnen», und sie wollen euch auf einen Satz verschlingen. All das wird eintreten. Meine Worte sind durchschaubar.

Meine Kinder, betrachtet die Zeichen Meines reinigenden Blutes über euch, damit ihr euch noch einmal Meiner geliebten Braut, der Mutter Meiner Kinder, nähern könnt.

Ich gebe euch diese Zeichen, damit ihr die Gebote des Vaters achtet und meinen geweihten Seelen auf ihrem schwierigen Weg beisteht. Schlaft nicht, indem ihr alle Gelegenheiten versäumt. Opfert Mir eure Gebetswachen, eure Opfer und eure Sühneprozessionen auf! Meine Kinder, ihr sollt nicht länger die Spitze des Schwertes sein, das Mein Heiligstes Herz durchbohrt!

Ich segne euch; bald besucht euch Meine heilige Mutter, die als Mittlerin für die Welt und als Herrin zu euch gesandt wird. Laßt euch führen und ernährt euch von Meinem Leib und Meinem Blut. Ihr sollt Meine wahre Herde sein! Auf Wiedersehen. Laßt uns Gott verherrlichen.

Debora: – Jesus, ich habe alles aufgeschrieben. Was soll ich jetzt tun?

Jesus: – Gib das, was du aufgeschrieben hast, an die Welt weiter. Mach Meine Traurigkeit bekannt und sage allen, daß Ich in jedem Tabernakel als der Lebendige auf euch warte. Ich segne dich und Ich liebe dich.

Debora: – Auch ich liebe dich, Herr!»

14. Februar 1994, um 16 Uhr 30

Nach der Passion liege ich auf meinem Schmerzensbett, und Jesus sagt mir:

«Meine Tochter, liebe Mich mit deinem ganzen Wesen. Du sollst vollkommen in Mir sein, dann werde Ich große und staunenswerte Dinge in dir vollbringen. Schreibe für Meine Kinder Israels:

Wann werdet ihr euch für euren König, den wahren König entscheiden? Ich bin der Retter der Menschen, und Ich allein kann euch zum wahren Leben führen. Meine Kinder, die Zeit des Geistes ist gekommen; in dieser Zeit werdet ihr von einer lauten Stimme in allen Sprachen von Mir reden hören, da das erste Jahrtausend für die Liebe des Vaters, das zweite für die Liebe des Sohnes und das dritte für die Liebe des Heiligen Geistes steht. Er stellt den Sohn im Vater dar und verwirklicht das Heil in dem Wort, das schon offenbart und geschrieben wurde. Ich werde als der König der Offenbarung unzählige Werke vollbringen, damit die Welt Mein Handeln auf der Erde erkennt. Meine Worte sind transparent! Erinnert ihr euch an die Zeit, da Meine Mutter gesagt hat, daß ihr Unbeflecktes Herz siegen werde? Nun, auch Rußland wird aus seiner Erstarrung auferstehen und vielen Völkern einen Aufwind der Bekehrung bringen. Aber davor wird es euch nicht gelingen, euch die Gnaden des Heiligen Geistes zu eigen zu machen, wenn ihr nicht bereit seid, euch auf die wahren Prüfungen vorzubereiten.

Meine Kinder, ihr haltet euer Leben sorgfältig von Mir fern! Und doch schenke Ich euch in Meiner Liebe noch weitere Zeichen für eure Bekehrung. So spricht der Geist Gottes zu seinen Kindern: sorgt dafür, daß ihr Ihn aufnehmt! Diese Zeit ist die Zeit der Hingabe an die Hand Gottes.

Wenn ihr in Meinen Frieden eintretet, werde Ich den Heiligen Geist auf euch herabkommen lassen. Dann werdet ihr bei Mir und Eins mit dem Vater sein. Ich bin bei euch, und Ich werde immer in derselben Weise zu euch sprechen.

Mein Frieden ruht auf euch; die Liebe liebt euch.»

9. März 1994, um 15 Uhr 15

Erscheinung Jesu.

«Meine Tochter, Ich will die Einheit. Mein Leib muß eins sein: sei Mein Werkzeug der Einheit zwischen den Kirchen. Ich kann nicht weitermachen, solange Mein geheiligter Leib zerbrochen ist. Ich will als der König der Offenbarung, daß du, Meine heilige Braut (die Kirche), dich mit deinen Schwestern vereinigst.

Meine Tochter, es ist Zeit, daß du mit deinen Geistesgaben zu Meinen Kindern gehst. Meine Kirche muß sich vereinigen. Ermahne Meine geweihten Seelen, damit Meine Barmherzigkeit ihre Wundertaten zeigt. Sprich, ja, sprich, es ist höchste Zeit, daß die Welt an ihren Kindern das Reich der vollbrachten Wunder erkennt.

Denkt daran, in Meiner heiligen Kirche immer in Gemeinschaft mit Mir zu sein. Betet und wacht und gehorcht Meinem Wort. Es ist Zeit, Apostel Meines heiligen Reiches zu werden.

Meine Kinder, habt Mut, ich bin bei euch und werde es immer sein. Der Vater und der Beistand (der Heilige Geist) segnen euch mit Mir. Dies hier ist Mein großes Zeichen, das für alle gelten wird.»

21. März 1994, zu Hause, um 10 Uhr

Jesus: «Meine Tochter, ich fühle eine große Erleichterung in Meinen zerrissenen Gliedern. Ich liebe dich, du Altar Meines Herzens: du sollst mit Mir leiden, du sollst mit Mir Mein großes Leiden erleben. So wirst du dein Land befreien von seinen schlimmen Gebrechen, von den gotteslästerlichen Worten Meiner Diener, von den Schwertern, die Meinen armen, gemarterten Leib weiterhin erschöpfen. Kleine Tochter Meines Heiligsten Herzens, lobe Mich in deinen Handlungen. Schenke Mir unablässig diesen ausgezeichneten Honig, dann werde Ich immer in dir sein, wie es Tag für Tag dem Wunsch deines Herzens entspricht. Weißt du denn nicht, daß nichts Mir entgeht von dem, was dem Menschen zustößt oder ihn quält? Wenn man begreifen würde, daß Ich alles vermag, würden viele Meinem Herzen die unmöglichsten Gnaden entreißen. Ich schenke euch als der Wahrhaftige Meine Schätze. Warum nützt ihr das nicht aus? Ich zeige Mich mit Meiner ganzen Zärtlichkeit, aber ihr lehnt Meine göttlichen Rufe ab und meint, daß ihr auf dem rechten Weg seid und keinerlei Sünde begeht.

Wann werdet ihr euren Stolz demütigen und euch von der Hand des Meisters führen lassen? Wann werdet ihr aufhören, jenem nachzufolgen, der vor Stolz aufgeblasen ist? Durch Meine schmerzhaften Wunden habe Ich euch zu dem gemacht, was ihr seid. Ich sage euch: "Öffnet eure Herzen und nehmt Mich auf. Ich sage euch immer wieder, daß Ich bald bei euch sein werde, ja, bei euch! Gehorcht alle Meinem Papst, bleibt alle der Kirche treu! Zerstreut euch nicht, trotz der Unreinheit der Meinen!" Bald werden die "Mauern des Drachen" zerschlagen werden, und mit ihm die letzten Köpfe, die noch an der Macht waren. Ich werde den Feind mit Meinem Stock schlagen, alle Geißeln des Bösen befreien und die Tumore aus Meinem mystischen Leib entfernen. Bleibt mit eurem Herzen Meinem "Märtyrer" nahe; Ich sage es euch noch einmal: mit eurem Herzen. Verratet ihn nicht mit eurem Geist: die Kraft eurer Liebe zu ihm wird ihn über diese Welt der Unreinheit erheben.»

Debora: – Ja, Herr Jesus, Mein Geliebter.

Jesus: – Aus der Höhe habe Ich dich vernommen und bin dir liebevoll zu Hilfe gekommen. Geh jetzt und hilf deinem mystischen Bräutigam, indem du ausrufst: "Das heilige Reich Gottes kommt! Bereitet den Weg eures Herzens; reinigt es und hofft, seid ausdauernd im Glauben und in der Liebe, vor allem aber in der Barmherzigkeit."

Ich schenke dir Meinen Frieden, und Ich segne dich.»

23. März 1994, im Garten «Himmelsgrün», um 18 Uhr 45

Erscheinung der Madonna.

«*Shalom*, gelobt sei mein göttlicher Sohn Jesus Christus!

Meine geliebten Kinder, Ich komme als eure Mutter vom Garten «Himmelsgrün» wieder auf diese Erde, damit ihr leuchtender werdet denn je. Ich bitte euch, das Gebet zu verbreiten. Nur durch das Gebet wird es euch gelingen, den Feind aus der Welt zu vertreiben, der die selige Heimat seinem Reich der Finsternis unterordnen will, das von der Erde und nicht vom Himmel ist.

Ich bitte als Mutter des Paradieses und der Ewigen Liebe nicht um das, was mir paßt, sondern alles, worum ich euch bitte, hat das Heil zum Ziel, das für euch bereitet ist. Benützt euer Herz und seid bereit, mit dem Herzen zu sprechen, weil alles Aufrichtige und Wohlwollende vom Herzen ausgeht. Ich bitte euch noch einmal: verbreitet meine heiligen Gaben. Mein Wort wird für euch eine Quelle des Heils sein, die mit dem Leib Meines Sohnes vereint ist.

Diese Zeit ist eine Zeit der großen Leiden für Jesus, das Ewige Lamm. Kommt ihm zu Hilfe auf seinem schwierigen Weg zu den Seelen. In dieser Zeit bitte Ich euch als Mutter der Schmerzen, euch in den Sakramenten mit meinem göttlichen Sohn zu vereinen, damit ihr vollkommen in Ihm lebt. Ich werde auch in den kommenden Monaten bei euch sein, und ich werde viele Herzensgnaden gewähren, damit ihr diese üble Zeit des roten Drachen überstehen könnt.

Dies ist ein Aufruf an die Menschen dieser Erde, die die Macht innehaben: Seid aufmerksam, damit ihr die Werke erkennt, die ihr zugunsten des Friedens vollbringen sollt, damit ihr nicht in das "Auge um Auge, Zahn um Zahn" geratet. Vielmehr sollen die Liebe und die Weisheit die Oberhand gewinnen, und das kann nur durch das Gebet erreicht werden.

Ich schenke euch eine große Freude: bald wird Rußland auferstehen und eine Lehrmeisterin für euch arme Verbannte werden. Rußland wird auferstehen und euch große Propheten des Friedens schenken, und Mein geliebter Johannes-Paul II. wird der Zeuge der Liebe sein.

Ich liebe euch, und ich segne euch. Bis bald. Gelobt sei Jesus, euer einziger Meister und Retter.»

23. Mai 1994, im Garten «Himmelsgrün», um 20 Uhr 20

Die Madonna erscheint mir nach langen Stunden des Gebetes und der Anrufung des Heiligen Geistes.

«Gelobt sei mein göttlicher Sohn Jesus Christus!

Liebe Kinder, heute richtet sich meine Einladung an alle Herzen. Jetzt soll die wahre Auferstehung eurer Herzen stattfinden. Wenn ihr euch nicht aus der Erstarrung der Sünde erhebt, wird kein Pfingsten auf euch herabkommen können, um euch den wahren Glauben des Herzens zu schenken, den man durch das Opfer und die Hingabe an Gott erlangt.

Meine Kinder, ihr seid das Neue Jerusalem, aber die Zeit der Herrlichkeit für die Diener meines Sohnes ist noch nicht angebrochen. Es wird erst eine Zeit der Reinigung durch das Leiden geben.

Meine Tochter, schau und berichte, was ich dir zeigen werde. *(Hier sah ich Satan, der die Seelen züchtete und sie auf scheußlichste Weise wachsen ließ. Er schickte* diese *Seelen in ihre völlige Zerstörung, nachdem er ihnen ihre Freiheit gestohlen hatte.)*

Meine Tochter, berichte dies Meinen geweihten Seelen und sage ihnen, daß es sehr leicht ist, in dieser Zeit des Glaubensabfalls auf die Tricke des Thronräubers hereinzufallen. Der Sohn der Finsternis kennt keine Skrupel. Zudem warne ich dich vor einer großen Gefahr, die die Menschheit bedroht, wenn sie sich nicht für Gott, den Herrn entscheidet, der erst beschimpft und dann im Stich gelassen wird.

Die Entweihung des Hauses des Vaters erreicht ihren Höhepunkt, der Kelch meines Sohnes ist voll. Ich gebe euch den Schlüssel, mit dem ihr für immer den Teufel in seiner finsteren Höhle einschließen könnt: das hängt einzig und allein von eurem Willen ab. Ich gebe euch als Mutter Gottes meine Botschaften, aber ihr wollt sie weder verstehen, noch sie in die Tat umsetzen. Ich sage euch: das Gebet, das Opfer, die Eucharistie und die Buße führen zum Heil. Ohne das könnt ihr sicher sein, nicht in das Reich des Vates zu kommen, das seit Anbeginn der Schöpfung für euch bereitet ist.

Meine Kinder, ihr seid oberflächlich, und euer zu schwacher Glaube wird euch auf Abwege führen, wenn ihr nicht das Kreuz meines Sohnes ergeben auf euch nehmt. Ich bitte euch: Weiht nächsten Samstag eine Gebetswache meinem Unbefleckten Herzen zur Sühne für das Herz meines Sohnes, das so verlassen und von euren Sünden zerrissen ist.

Meine Kinder, ihr wollt nicht verstehen: all das dient eurem Heil! Geht häufiger zur Beichte und lebt im Stand der Gnade, sonst wird der Feind in euch eine geeignete Wohnung für seine Finsternis finden.

Ich segne euch mit meinem mütterlichen Segen. Ich danke euch, daß ihr an diesen Ort gekommen seid. Bis bald.»

23. Juni 1994, im Garten «Himmelsgrün», um 20 Uhr 45

Erscheinung Mariens und meines Schutzengels.

«Der heiligste Name meines göttlichen Sohnes Jesus Christus sei ohne Unterlaß gelobt! *(Mein Schutzengel Fidemilus steht bei ihr.)* Lobe deinen Gott, meine kleine Seele.

Debora: – Ja, heilige Mutter, ich lobe ihn und preise ihn für die Gnade, die er mir gewährt.

Maria: – Liebe Tochter, als Mutter Gottes und eure Mutter stelle ich euch alle, die hier Anwesenden und die Abwesenden, unter meinen mütterlichen Segen.

Meine geliebten Kinder, seid nicht traurig, wenn ich euch sage, daß mein Unbeflecktes Herz zerrissen ist. Ich kann nicht umhin zu weinen! Ihr kehrt meinem Sohn den Rücken zu. Ihr hört nicht auf unsere Bitten, die wir an verschiedenen Orten aussprechen, damit ihr gerettet werdet. Ihr seid oft von den Dingen der Erde mit Beschlag belegt und fragt euch nie wirklich, warum so viele Wunder oder Katastrophen diese armselige Erde überziehen. Ich bin immer bei euch, um euch zu sagen, daß ihr alles im Evangelium findet, das mein Sohn den Menschen durch seine Jünger gebracht hat.

Ich bin immer hier, aber ihr nehmt meine Botschaften nicht mit eurem Herzen auf. Schaut, was auf der Welt geschieht: das kommt, weil ihr nicht auf meine Rufe gehört habt! Ich bitte euch um Gebet. Besucht das Haus meines Sohnes, das das Herz seines Leibes ist. Es wird immer schlimmer werden, wenn ihr nicht auf die milden Worte eurer Mutter hört, die so viel Gutes für euch will. Schließt Frieden untereinander, versöhnt euch mit Gott: es ist nicht mehr viel Zeit. Ich bin Maria, die heilige Pilgerin, und ich komme, um die heiligen Worte meines Sohnes zu verkünden.»

* * *

«... Meine Tochter, höre jetzt diese Worte, die für meinen Papst, meinen gesegneten Sohn, bestimmt sind:

Petrus, du Sohn meines Unbefleckten Herzens, alles Gold und alle Ehren werden deiner Tochter Rom weggenommen werden, und sie wird ein Wrack sein; sogar der Heilige Felsen wird ins Feuer geworfen werden, und man wird auf ihm weiden, wenn er sich nicht entschließt, seine ursprüngliche, christliche Gottesverehrung wiederherzustellen. Mein liebes Kind, predige weiterhin, daß das Reich Gottes nahe ist, sonst werden die Schweine auf deiner Tochter weiden und einen finsteren Schweinestall aus ihr machen. Mein lieber Soldat des Heiligsten Herzens meines Sohnes, du Hirt Seiner Weiden, sei nicht traurig, wenn die meinen in deiner Umgebung dich bedrängen und dir die Herrlichkeit stehlen, die Mein Sohn selbst dir gegeben hat! Arbeite weiter in der Welt und für die Welt, denn es ist dein Auftrag, die Kirche, das Herz des Leibes meines Sohnes, zu vereinen und wiederherzustellen.

Mein liebes Kind, deine Mutter sagt dir: von hier aus wird dir der Dolch Satans ins Herz gestoßen werden. Du wirst noch viel zu leiden haben, und du wirst gemartert werden, aber wenn der erbitterte Kampf erst einmal begonnen hat, wird mein Sohn dir die "Krone" zurückgeben, die sie dir weggenommen haben, um den Hauch des göttlichen Geistes in der Braut Jesu zu ersticken. Mein Kind, ich komme zu dir durch den Mund einer weiteren Armseligen — meinem demütigen Werkzeug, die angespuckt, verurteilt und abgelehnt wird — um mit dir zu sprechen, wie eine Mutter mit ihrem kleinen, wehrlosen Kind spricht, während sie es in seine Wiege legt und ihm ihren mütterlichen Schutz verspricht.

Mein Kind, was für einen Schmerz empfinde ich, wenn ich sehe, wie in deiner Umgebung, im Innersten deiner Tochter, ganze "Reiche" im voraus errichtet werden. Meine geliebter Hirte, du wirst noch viele Schläge einstecken müssen wegen dieser falschen Throne. Wenige Hirten werden dir helfen und deine "Tochter" führen, denn die Zeit der als Lämmer verkleideten Wölfe ist gekommen. Sie werden der Herde viel Leid bringen, indem sie sich die Heiligen und Gott, den Vater, zunutze machen. Das ist genau der Grund der andauernden Offenbarungen Unserer Gegenwart und der Wunder, die ständig auf der Erde geschehen. Wir selbst eilen persönlich an zahlreiche Orte der Welt, um die zerstreute Herde zu vereinen, die vor allem wegen der Hartherzigkeit der Kinder der Braut meines Sohnes vertrieben wurden.

Liebes kleines Kind Petrus, eile, und deine Hand soll all "diese Orte" weihen, damit Ich als Mutter Gottes, als Myriam, die Jungfrau von Nazareth, dem letzten Kampf ein Ende setzen kann, den der Thronräuber der Herzen auf der Erde ausgelöst hat. Ich will, daß alles auf der Welt meinem Unbefleckten Herzen geweiht wird. Du mußt auf diese Worte hören, weil der Welt nicht mehr viel Zeit bleibt.

Lieber Petrus, Ich komme als Mutter des Himmels zu dir, weil du der Liebe des Vaters trotz der Wüste in meinem Haus treu geblieben bist. Mein lieber Sohn Jesus befindet sich in einem fürchterlichen Todeskampf wegen dieser Ungerechtigkeit, die die Glieder seines mystischen Leibes "wurmstichig" gemacht hat. Wie kann man auf einer Spaltung bauen?

Mein liebes Kind, eile herbei und vereinige die Kirche. Jesus will keine Spaltung: er will, daß alles in der Einheit "Unseres Vaters im Himmel" geschieht. Es hat wenig zu sagen, wenn diese Worte den Menschen nicht gefallen. Ich bin von Gott, dem Herrn, gesandt und habe den Befehl erhalten, sie durch deinen Mund auszusprechen; und Ich selbst bitte dich, sie zu verwirklichen.

Du sollst meine wahren Heiligtümer erkennen und besuchen. Bereite deine Tochter (die Kirche) auf die Vereinigung mit ihren Schwestern vor. Mein liebes Kind, bete mit noch mehr Inbrunst, dann wird mein Sohn Jesus dir die Gnade schenken und dich dorthin erheben, wo du das Schwert Satans sehen wirst, das ununterbrochen das Herz des Leibes meines Sohnes verletzt. Ich sage dir, dann wirst du ununterbrochen weinen, weil du den ganzen Schmerz und die Zerrissenheit begreifen wirst, die der Herr gerade erleidet. Mein lieber Sohn, laß dich nicht vom irrigen Verhalten gewisser Personen beeinflussen, die zu den meinen gehören.

Der Herr ruft vom Himmel herab: Mein Heiligtum steht in Flammen! Höre, du Petrus der Weiden meines Sohnes, der Ruf deiner himmlischen Mutter richtet sich an dich: es bleibt nicht mehr viel Zeit, und wenn alles bleibt, wie es ist, wird die Erde weiterhin Katasprophen erleiden.

O geliebte Seele meines Unbefleckten Herzens, wie könnten meine Lämmer sich ernähren, wenn die Hände der meinen leer sind? Mein Herz blutet und blutet! Der Himmel versucht, euch zu warnen, und wenn ihr das Wort des Himmels aufnehmt, wird Gott, der Herr, seinen Zorn besänftigen. Er wird sein Reich ausweiten und alle Wunden heilen.

Geh, reise nach Rußland und bringe die heiligen Worte Jesu dorthin. Von dort wird die Miliz meines Unbefleckten Herzens ausgehen. Das ist die Botschaft, die ich dir bringe, bevor der "rote Prinz" verschlingt, was noch heil ist. Mein lieber Sohn, bedenke, daß es nur einen einzigen Kornspeicher gibt, um den Hunger der Welt zu stillen! Höre auf mich, bevor eine Flut von Blut den Heiligen Felsen und die ganze Welt überschwemmt! Jetzt ist die Zeit des Geistes gekommen, und der Geist weht, wo er will.

Gepriesen sei der heiligste Name meines göttlichen Sohnes Jesus Christus! Eines Tages wird er deine Worte hören.

Ich segne euch alle und liebe euch alle... Bis bald.»

3. Juli 1994, im Garten «Himmelsgrün», um 21 Uhr 30

Erscheinung der Madonna.

«*Shalom*, ihr lieben, von Gott gesegneten Kinder. Meine Kleinen, Gott, der Herr, segnet euch und erfüllt euch mit besonderen Gnaden. Heute werden viele von euch im Namen meines Sohnes Jesus die Heilung des Herzens erlangen.

Ich bin die Mutter des Ölbaums, deshalb wollte ich diesen Ort, der mir geweiht ist, "Himmelsgrün" nennen. Ich wünsche sehnlichst, daß alle zum Baum des Lebens kommen, der für jene ewig ist, die meinen mütterlichen Namen in ihrem Herzen bewahren.

Liebe Tochter, ich werde das Öl persönlich weihen.

Wenn ihr mir als der Mutter der göttlichen Liebe Jesu geweiht seid, werdet ihr mir helfen, den Bösen zu besiegen.

Meine Tochter, ich wende mich an dich, und ich will allen bekanntmachen, daß ich das Wort des Heiles für die Menschheit bringe, wenn ich mich dir mitteile. Du sollst der Welt folgendes sagen: Ich bin "die Frau in der Wüste"; diese Stunde ist jetzt gekommen. Die "Großen" werden es verstehen.

Meine lieben Kinder, ich sage euch: das Lob des Vaters ist das beste Gebet.

Ich will, daß unsere nächste Begegnung am 23. dieses Monats stattfindet. Eines Tages werdet ihr die Bedeutung dieses Datums begreifen, das ich für meine Mitteilungen an die Welt gewählt habe.

Liebe Kinder, von nun an sollt ihr mich folgendermaßen anrufen:

Maria, Mutter des geweihten Ölbaums,
Heiligste Jungfrau vom Öle,
Berühre uns, liebe uns und heile unser Herz
Auf deine Weise und durch deine Liebe.

Ich segne euch und grüße euch. Auf Wiedersehen und bis bald.»

5. August 1994, in Zagarolo bei Msgr. Milingo, um 12 Uhr 05

Jesus: «Du Wonne meines Herzens, Meine Wunden sind geöffnet. Schau auf Mein Blut: es fließt für euch. Meine Tochter, Ich werde von vielen Meiner geweihten Seelen so sehr verletzt!

Debora: – Herr, ich versuche, es weiterzusagen, aber sie hören nicht auf mich: sie glauben meinen Worten nicht. Verzeih mir, Herr, aber ich schaffe es nicht, deinen Schmerz begreiflich zu machen.

Jesus: – Meine Tochter, sag Meinen geweihten Seelen, daß sie lebendigere Messen feiern sollen. Mein Volk muß fühlen, daß Ich mitten unter ihnen ganz nahe bin.

Jetzt ist die Zeit des großen Glaubensabfalls, und Satan geht zum Angriff über. Er versucht, sich in Meinen Tabernakel einzuschleichen! Neben Meinem Diener (dem Papst) steht jener, der mit Worten den Frieden predigt, aber in seinem Herzen den Krieg und die Spaltung anzettelt. Mein Echo muß zu allen durchdringen; es ist die Stunde der Entscheidung.

Meine Tochter, sprich zu Meinem Jerusalem, das Meine Propheten umbringt und übel zurichtet. Höre nicht auf, Meine Botschaft weiterzutragen! Du bist hier im Haus Meines treuen Dieners, und Ich stelle dich unter seine Flügel, um euch in diesem Kampf gegen den Feind zu vereinen.

Meine Tochter, Mein Engel, dein Leiden wird furchtbar sein, aber am Ende werde Ich dich bis zu Meinem Thron der Herrlichkeit erheben.

Ich will euch als der König der Offenbarung unsterblich machen. Meine Kleinen, Ich stehe an eurer Tür. Debora, Meine "Bienenbotin", Meine Wiederkunft ist ganz nahe, und Ich werde die teuflischen Mächte völlig besiegen. Meine Kinder, betrachtet Meine blutigen Tränen. Ich lasse sie euch meditieren, damit ihr euch vollkommen für Mein Reich entscheidet.

Meine Tochter, eile und erzähle der Welt von Meinem Leiden. Ich will, daß Mein Schrei die ganze Welt erreicht.

Hier gebe Ich noch ein Zeugnis Meiner Gegenwart, weil Ich will, daß du, kleine Tochter, die Verbindung zwischen Mir und Meiner Dienerin (der Kirche) herstellst. Ja, Ich will eine Armee von Dienern für den endzeitlichen Kampf.

Ich segne dich und schenke dir Meinen Frieden. Bleibe in Mir. Auf: schreibe Mein Zeichen.»[38]

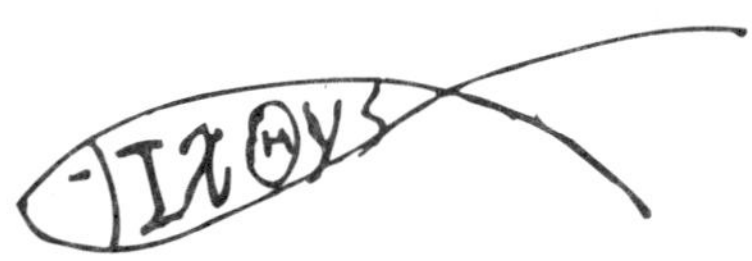

5. August 1994, um 17 Uhr

Erscheinung der Madonna.

«Gelobt sei der heiligste Name meines göttlichen Sohnes. Liebe Tochter, deine Mutter liebt dich.

Debora: – Danke, meine Mutter, für alles, was du uns geschenkt hast.

Maria: – Gesegnete Tochter, meine mütterlichen Tränen haben sich in diesem Haus[39] als Zeichen Unserer Gegenwart offenbart.

Meine Tochter, es gibt einen großen Plan für dich und für diese Nation. Ich will, daß ihr dafür betet. Liebe Tochter, unser Zeichen (die Tränen) bezeugt, daß das, was du weiterträgst, nicht von dir kommt, sondern vom allmächtigen Schöpfer, der alles vermag. Ich will, daß ihr die Tränen, die wir wegen des Glaubensabfalls dieser Menschheit vergießen, betrachtet, verehrt und durch das Opfer und das Gebet abwischt. All das geschieht, damit ihr wißt, daß die Tage der Zweiten Wiederkunft bevorstehen.

38. Debora sagt: «Während dieser Begegnung sah ich Jesus weinen, während die Menschen in meiner Umgebung sahen, wie das Bildnis Jesu, des Königs der Offenbarung, blutige Tränen vergoß. Im selben Moment vergoß die Statue Mariens, Hilfe der Christen, die in der Kapelle steht, blutige Tränen in Gegenwart der Schwestern und einiger Laien.»

39. Dem Haus «Jesus, der Gute Hirte».

Meine Kinder, alles ist für die gelobte Herrlicheit dessen bestimmt, der alles verdient.

Gesegnete Botin, du sollst das Wort, das Jesus, der König der Könige, dir anvertraut hat, weitertragen. Bleibe in Seiner göttlichen Liebe: Er gebietet dir, Ihn auf diese Weise zu lieben.

Zeigt eurem Herrn eure Dankbarkeit. Er allein ist der einzige Spender der Gnaden, die ihr alle empfangt.

An diesem feierlichen Tag, der meinem Herzen so teuer ist, wollten wir euch zeigen, wie sehr unser Herz von Bitterkeit erfüllt ist. Nehmt es und erfüllt es mit eurer Hingabe an Gott.

Kleine Tochter, der Segen und der Friede Gottes sollen auf dir ruhen, da diese Erde durch dich und viele andere Kinder ein neues Gesicht bekommen, und die Kirche am Schluß wiederaufleben wird.

Bis bald. Gelobt sei das ewige, aufgeopferte Lamm, mein geliebter Sohn Jesus.»

Debora: – Meine Liebe Frau, wieviel Jahre wird das noch dauern?

Maria: – Meine Kleinste, das spielt keine Rolle, weil ich ewig bin und in Dem lebe, der Ewig ist. Amen.»

1. September 1994, zu Hause, 13 Uhr 27

Maria: «Meine Tochter, laß die Diener Gottes wissen, daß die Zeit des großen Zeichens am Himmel mit Riesenschritten naht.

Debora: – Welches Zeichen, Meine Liebe Frau?

Maria: – Meine Tochter, es wird das entscheidende Zeichen für die Bekehrung Rußlands sein. Es wird groß und grauenerregend sein für jene, die nicht auf Gott, den Herrn, vertrauen. Es wird ein beglückendes Zeichen sein für jene, die ihre Hoffnung auf die Liebe des Herrn gesetzt haben, indem sie alle möglichen Demütigungen erdulden. In diesem Augenblick werden viele von ihrem Gebrechen erlöst werden.

Debora: – Heilige Mutter, hilf uns!

Maria: – Meine Tochter, ich habe dir schon gesagt, daß du in meinen Anliegen beten sollst, besonders für das Heil Italiens! Wenn die Diener meines Sohnes ihrer Untreue kein Ende setzen und nicht aufhören, meinen Sohn zu kreuzigen, wird Italien bestraft werden!

Debora: – Meine Liebe Frau, ich bitte dich inständig, besänftige seinen Zorn!

Maria: – Meine Tochter, in dieser Zeit wird es noch mehr Wunder geben, und Ich werde als gesegnete und hilfreiche Mutter meine Worte des Heils in jedes Haus bringen, wenn es nötig ist! Viele haben den Glauben aufgegeben und haben auf die Heiligkeit meines Sohnes gespuckt. Viele Priester und geweihte Männer und Frauen haben sich zur Gleichgültigkeit und zu ihrer Gottlosigkeit bei der Feier der heiligen Geheimnisse, zu dem grausamen Tod, der auf sie wartet, und zu den Freuden des Fleisches hinreißen lassen. Wenige von ihnen wachen weiter bis zur letzten Stunde.

Meine Tochter, mein Sohn läßt mich durch dich der ganzen Menschheit sagen, daß die Kirche in Kürze eine fürchterliche Krise durchmachen wird, und daß ihre Führer, die damit beschäftigt sind, ihre kirchliche Macht auszubauen, vom Zorn Gottes überrascht werden, der sie beschämen und den Händen des Feindes ausliefern wird.

Meine Tochter, der Herr trägt dir auf, allen nichtkirchlichen Machthabern zu sagen, gut achtzugeben, damit sie nicht allen möglichen Arten von Atheismus und Spiritismus freie Hand lassen. Das feurige Schwert des heiligen Erzengels Michael ist schon erhoben wegen des vielfältigen Ungehorsams dem Herrn gegenüber.

Sage ihnen, daß ein falscher Friede über der Menschheit herrscht. Es wird Kriege geben, bis hin zum letzten Krieg, der sich vor den zehn Kaisern des Antichristen abspielen wird!

Laß meine Diener wissen, daß der Herr ihre Fehler bei der Erfüllung des Willens Gottes nicht duldet. Sie strafen sich selbst und ziehen sich Bestürzung und ihren Häusern tiefe Betrübnis zu. Laß sie wissen, daß der Herr durch die Tränen meines Sohnes und mithilfe eurer Gebete seine Gerechtigkeit mildern wird.

Mein Sohn Jesus will durch dich die Andacht zu den blutigen Tränen einführen, die von Unseren beiden heiligen und unbefleckten

Herzen über die Menschheit vergossen werden und auf sie herabströmen.

Geh, meine Tochter, auf! Ich wende mich als Mutter des geweihten Ölbaums und als Königin des Friedens an alle guten und wahren Diener Gottes. Ich bin an diesen Ort gekommen, um all jene zu rufen, die mir helfen, durch ihre Loslösung von der Welt die Menschheit zu retten, die sich jetzt in einer recht schwierigen Situation befindet. Die Worte und der Gestank, der durch die Laster Satans verursacht werden, sind mir unangenehm. Sage ihnen, daß in diesen Zeiten die Guten von den Bösen getrennt werden, die das Heil ablehnen.

Meine Tochter, es soll keinerlei böses Wort, schon gar nicht über meine treuen Diener ausgesprochen werden, sonst wird es für sie selbst zum Urteil der Verdammung werden.

Meine Kinder, ich richte einen dringenden Aufruf an die Erde. Ich rufe die ganze Welt auf zu verkünden, daß Gott lebendig ist, und daß Er auf dem Weg der Wiederkehr ist!

Meine Streiter, seid mutig: kämpft für den Endkampf. Zeigt euch als meine wahren Kinder des Lichts. Nur Mut, ich bin im Garten "Himmelsgrün" immer gegenwärtig. Kommt zu meinen Füßen, werft euch nieder, dann werde ich euch einen angemessenen Rat geben.

Meine Tochter, mein Sohn will, daß dieses Wort in der Welt verbreitet wird. Fang an, zögere nicht. Der heilige Erzengel Michael wird dich mit seinen glorreichen Legionen verteidigen! Nur Mut, bevor die Erde bebt und die Erschütterungen des letzten Tages erleidet. Danach wird alles "ganz anders" sein.

Ich wünsche ganze Tage der Anbetung vor dem schmerzhaften Antlitz meines Sohnes. Ich werde den Weg ebnen! Nur Mut, meine Kleinsten. Eure Unbefleckte Mutter unterstützt euch. *Shalom.*

Meine Tochter, warne die Nationen der Erde! Bedenke, daß der Kelch meines Sohnes voll ist, und daß die Entweihungen nicht mehr geduldet werden. Meine Kleine, sage deinen Brüdern, daß sie mir ihr Herz öffnen sollen, dann werde ich ein Wunder wirken: das Geschenk des Glaubens!»

23. September 1992, im Garten «Himmelsgrün»

Erscheinung der Mutter vom geweihten Ölbaum.

«Liebste Kinder, eure Mutter segnet euch. Heute bin ich glücklich, weil eure Seelen dem Herrn zugewandt sind; ihr müßt jedoch begreifen, wie dringend es ist, daß ihr euch für Gott entscheidet. Beobachtet aufmerksam die kommende Zeit! Als "Pilgerin des Friedens" ziehe ich von Land zu Land, damit ihr alle gerettet werdet, meine Kinder. Es ist dringend nötig, daß ihr die ganze Arbeit begreift, die Gott gerade für euch vollbringt, um euch zu retten, und wie kurz die Zeit Satans noch ist, der euch aus Stolz von meinem Herzen fernhält.

Liebe Kinder, ich bin die Mutter der Liebe und des Friedens, und ich bitte euch im Namen meines geliebten Sohnes, "Apostel" dieses Reiches meines Sohnes Jesus zu sein, das als ganzes errichtet werden muß.

Eure Mutter bittet darum, daß ihr häufiger an diesen Ort kommt, da ihr hier die Kraft und die Unterstützung für den Kampf findet.

Jetzt ist die Zeit der Wirren, aber mit eurem guten Willen werde ich die Dinge wieder an ihren Platz bringen, so wie es früher war.

Ich kündige euch an, daß die Strafen Gottes auf die Erde herabgekommen sind, aber mit euren Opfern und eurer Hilfe werde Ich sie als Mutter des Friedens von euch fernhalten. Bald werden die Tage der großen Betrübnis euch völlig einschließen, aber habt keine Angst, denn ihr seid bei mir. Ich werde euch mit meinem mütterlichen Segen bedecken.

Bald wird man das große Kreuz meines Sohnes strahlen sehen. Auch an diesem Ort werden viele es sehen und sich bekehren.

Meine Kinder, wenn ihr meiner Liebe nicht entsprecht, werde ich nicht in euch handeln können. Aber wenn ihr mir einen kleinen Platz in eurem Herzen laßt, werde ich einziehen und mein Sohn, der in euch wohnt, wird euch mit Seinem Frieden erfüllen und heilen.»

23. Oktober 1994

Maria: «... Meine Kinder, Ich erinnere euch als eure Mutter daran, daß jetzt die Zeit des Unglücks herrscht, und daß mein Unbeflecktes Herz bald den Sieg bringen wird. Wenn ihr mir jedoch nicht helft, wird es große Leiden für diese Generation geben. Sehr bald werden die göttlichen Aufrufe in der Welt zu Ende sein, und ihr werdet die falschen Propheten dieser Erde kennenlernen, die dann ihren Auftrag zum Widerstand antreten werden.

In dieser kommenden Zeit werden meine wahren Kinder die wahrhafte Verfolgung erleiden, aber alle meine Kinder werden ihnen zu Hilfe kommen, und die, die wirklich mir gehören, werden den Kampf führen.

Meine Kinder, hört auf die Worte eurer Mutter, die euch die Wahrheit lehren will, die Jesus Christus ist, und die euch zu Ihm führen will. Meine Kinder, kommt hierher, damit ihr zu der Herde meines Sohnes gehört.

... Ihr sollt euch bewußt werden, daß ich hierher gekommen bin und mich hier diesem armseligen Geschöpf einzig in dem Ziel offenbart habe, euch alle in den Himmel zu führen, wo mein lieber Sohn Jesus auf euch wartet.

Liebe Kinder, jetzt bitte ich euch, zärtlicher miteinander vereint zu sein; dann werdet ihr zusammen mit mir eine Macht für diese neue Zeit bilden, die bald kommt.

Ich bitte euch, hier einen Ort der Meditation zu errichten, an dem man den Frieden empfängt. Wenn ihr diesen Frieden im Herzen habt, könnt ihr in die Welt zurückkehren und mit mehr Mut in ihr leben.

Ich wünsche, daß die "Bewegung der Liebe", die mein Sohn gewollt hat, von hier ausgeht. So wird die ganze Welt wissen, daß ich allen meinen Kindern die Liebe bringe.

Öffnet diesem Plan alle Türen. Habt keine Angst: ich bin hier bei euch, und niemand wird euch von Mir abbringen können. Ich bitte euch als Mutter Gottes und eure Mutter, an diesem Ort eine Oase des Friedens und des Gebetes zu errichten, in der man die Kraft empfangen kann, weiterhin als Zeuge meines Sohnes zu leben.

Liebe Kinder, jetzt geht eure Mutter in den Himmel hinauf, aber ich verlasse euch nicht. An diesem Ort bin ich Tag und Nacht gegenwärtig. Kommt zu Mir! Kommt, ihr verstreuten Kinder! Kehrt zu meinem Jesus zurück, der wegen eurer Ablehnung weint, die er ständig erdulden muß. Meine Tochter, willst du mir weiterhin dienen?

Debora: – Mutter, ich werde es aus Liebe zu Jesus, meinem Herrn, tun.»

31. Dezember 1994, im Garten «Himmelsgrün», um 19 Uhr 30

Erscheinung Mariens unter dem Kreuz.

«Ehre sei meinem geliebten Sohn Jesus Christus!

Meine Tochter, du sollst mit mir diese letzten Stunden des Jahres im Gebet und der Sühne leben! *(In diesem Augenblick beginne ich die Schmerzen der Dornenkrönung zu fühlen; ich spüre, wie warmes Blut zu meinem rechten Auge hinabrinnt.)*

Liebe Tochter, heute nacht erheben sich die Gebete der Gerechten und Unschuldigen mehr zu Gott als der Duft des Weihrauchs. In diesem Augenbick wird Jesus von seinen Kindern im Stich gelassen, die sich schon mit der großen Familie Satans vereint haben, weil sie übermäßig von materiellen Dingen mit Beschlag belegt werden. Meine Tochter, wieviel Traurigkeit hat euch dieses Jahr wegen eurer Irrtümer eingebracht! Wenn diese Menschheit nicht ernsthaft den Ruf des Himmels annimmt, wird das kommende und die folgenden Jahre noch schlimmer werden und voller Angst und Leiden sein.

Ich bin die Mutter des göttlichen Leibes, und als ich mit der heiligen Eucharistie zu dir kam, wollte ich eine Botschaft der Sühne an dich richten. Ich bin die "Mutter des fortwährenden Opfers". Ich wollte mich in dem einfachen und armen Kleid zeigen, das ich gewöhnlich trug, als ich in Nazareth wohnte, weil ich von dort aus eine Botschaft der Armut weitertrage, die eine wertvolle Perle für den Herrn ist. Ich bin heute in diesem Kleid herabgekommen, weil ich zu den Kleinen der Welt, zu den Armen im Herzen sprechen will.

Meine Tochter, alles ist ein Zwiegespräch zwischen Gott und euch, das durch mich geht. Ich bin vom Himmel an diesen Ort gekommen, um mit euch über das Heil und über die Liebe zu sprechen. An diesen Ort, an dem es wegen der Vorurteile und dem Mangel an Liebe nicht viele Seelen gibt, und an dem man mehrmals auf die Gnade des Herrn gespuckt hat. Ich bin an diesen Ort gekommen und habe hier meine ganze Gegenwart geschenkt. Ja, liebe Tochter, je mehr sie von den Menschen, den Kindern der Welt, abgelehnt wird, desto mehr freut es mein himmlisches Herz, wenn sie aufgenommen wird.

Debora: – Meine Mutter, wenn man mich fragt, warum du hierher kommst, was soll ich dann antworten?

Maria: – Meine Tocher, wie oft haben die Menschen mein Herz durchbohrt, indem sie Schmutz auf dieses göttliche Werk geworfen haben! O meine Tochter, wenn man doch begreifen wollte, daß diese Worte "und führe uns nicht in Versuchung" aus dem geliebten Gebet meines Sohnes bedeuten, daß man den Willen des Vaters annimmt! Ich werde so vielen meiner störrischen Riesenesel sagen, daß ich meinen Fuß auf diesen Winkel der Erde gesetzt habe, weil ich will, daß die Menschen lernen, Gott in der Sprache der Natur zu schauen.

Ich habe diesen Ort erwählt, weil er weit von den wollüstigen Vergnügungen der Welt entfernt ist, und nicht zu nahe an den tönenden Parasiten der satanischen Maschinen liegt. Hier, im Frieden dieser Ölbäume, will ich euch das Geschenk des Glaubens neu entdecken lassen, damit ihr die Wundertaten des Herrn besingt, indem ihr euch für das Wunder Seiner Liebe öffnet.

Ich bin hierher gekommen, um euch zu retten und euch mein Herz lieben zu lehren. Meine Geliebten, es steht geschrieben, daß es blutige Zeichen an der Sonne, dem Mond und auf der Erde geben wird! Ich habe all dies hier verwirklichen wollen gegen euren Willen, meine Kinder, die ihr die Arbeit zertretet, die ich Stunde um Stunde vollbringe. Wie oft hat nicht die Sonne am Himmel getanzt, um euch die glückliche Nachricht meiner Ankunft zu bringen? Wie oft hat nicht der Mond von meinem Namen zu euch gesprochen, und euch mein Zeichen offenbart? Wie oft habe ich mit euch geweint? Wie oft habe ich das Blut meines Herzens vergossen, als ich eure grausame Gleichgültigkeit sah? Wie oft habe ich euch nicht mit dem duftenden Öl des Wohlstands gesegnet?

Meine Kinder, ihr vergeßt schnell alles, was das Herz Gottes euch schenkt, aber ihr habt nie darüber nachgedacht, daß Er euch fragen wird, was ihr aus Seinen Liebesgaben gemacht habt. Seid also nicht hart mit dem Herrn, sonst werdet ihr nie Sein Wort in euren Herzen vernehmen. Ihr sollt mit dem Mund schweigen, um Seine Sprache zu vernehmen. Das sollst du ihnen sagen! Meine Tochter, jetzt sollst du für dieses kommende Jahr beten…»

23. Januar 1995, um 20 Uhr 20

«Ehre sei meinem göttlichen Sohn Jesus Christus!

Meine Kinder, ich danke euch, daß ihr mit meinem geliebten Gebet, dem heiligen Rosenkranz, auf mich gewartet habt.

Meine Tochter, meine Hand hat dich hierher geführt, und ich will, daß man aus dieser Wohnung, in die ich mit allen meinen Engeln komme, ein Heim des Gebetes macht, das meinem Unbefleckten Herzen geweiht ist.

Heute schaue ich, die Mutter des geweihten Ölbaums, mit Liebe auf euch und schenke euch den Frieden meines Sohnes. Ich lasse eine Flut von Blumen auf euch herabkommen, damit ihr mit himmlischem Duft erfüllt seid und euch an der Liebe meines Sohnes berauschen könnt.

Meine Lieben, ich lese in euren Herzen, und ich heile eure Wunden. Ich werde euch in dem Maß unzählige Gnaden gewähren, in dem meine Andacht sich verbreitet.

Mein Sohn Jesus hat aus euch seine Lieblingskinder gemacht, da Er mich zu euch gesandt hat, und ich habe euch die Liebe offenbart, indem ich euch meine Tränen zeigte. Ich will euch versammeln, die ihr von verschiedenen Orten kommt, aber durch mein Herz vereint seid, damit ihr auf die Läuterung vorbereitet seid.

Meine Kinder, kommt nahe zu mir, denn die Dämonen sind mit ihrer ganzen Macht auf die Erde herabgekommen und rüsten sich für ihre letzten, unerbittlichen Angriffe. Ich bereite euch vor; vereint mit mir werdet ihr als Sieger daraus hervorgehen.

Habt Mut, bildet die Heime unter meinem Namen der Mutter vom geweihten Ölbaum, der Königin des Friedens und der Mutter des göttlichen Leibes. Opfert sie mir auf; ich werde sie zu meinem Sohn führen.

Bis bald, meine Kinder, betet mit dem Herzen... Opfert mir eure Gebete auf.

Gelobt sei mein göttlicher Sohn Jesus Christus, das Ewige Lamm!»

20. Mai 1995, um 10 Uhr 40

Jesus: «Liebe Tochter, Ich liebe dich unermeßlich und bewahre dich in Meinem Herzen. Aber du sollst nicht versuchen, alles zu verstehen. Dein Gott ist ein Gott der Einfachheit, und Er offenbart sich seinem Volk gern in einer ausgewogenen Weisheit, damit es begreift und sich davon aufrütteln läßt.»

Debora: – Vergib mir, Herr, aber die Wissenschaft und die Vernunft tun deinem Herzen sehr oft Gewalt an wegen ihres...» *(Er unterbricht mich.)*

Jesus: «Ja, kleine Tochter. Die Wissenschaft löst durch ihre Vorherrschaft ein schreckliches Mißtrauen Mir und Meinem Vater gegenüber aus. Ja, mehr verstehen wollen kann manchmal zu einem tödlichen Talisman werden!

Meine Tochter, Ich bete für das Heil meiner Mutter, während Meine Mutter weint, wenn sie sieht, wie Satan Mir durch feinsinnige Täuschungen die Seelen stiehlt und sie durch falsche Werte verdirbt. In Meinem Volk gibt es niemanden, der nicht verdorben ist! Meine Debora, enttäusche Mich nicht: arbeite für Mich. Ich erdulde alles mit dir, daran sollst du nicht zweifeln. Ich werde dich bis zu Mir erheben. Kleine Tochter, meine Braut, heute ist ein Festtag für uns!»

Debora: – Ja, Herr, seit drei Jahren ziehst du mir die Ohren lang!

Jesus: – Du weißt, Meine Tochter, daß Ich Mich nicht nur frommen Seelen nähere; Ich werde allen Mein Brot schenken. Deshalb habe Ich Zeugen in deine Nähe gebracht, die dasselbe Kreuz tragen wie du.

Seht, was Ich euch schenke: Meine Botschaft, damit ihr auf dem Weg weitergehen könnt, denn Ich allein bin der Weg. Und all das schenke Ich euch umsonst, weil Ich kein voreingenommener Gott bin!

Hab keine Angst, hab keine Angst, da nicht du handelst oder handeln wirst, sondern Meine mächtige und ausführende Hand. Ich werde das Neue Pfingsten in Meiner Kirche erwecken, und ihr werdet aus großer Entfernung auf das Böse schauen, weil der Höchste Gärtner die Wüste begießen wird. Meine Geliebte, hab keine Angst. Laß sie gewähren (hier geht es um die Priester). Bete so, wie sie es wünschen. Ich werde dir den Mund öffnen und dich ausrufen lassen: "Jetzt will ich euch in Erinnerung rufen, was ihr alle schon wißt, daß der Herr jene umkommen ließ, die nicht glauben wollten, nachdem Er Sein Volk aus Ägypten herausgeführt hatte."

Debora: – Jesus, das verstehe ich nicht.

Jesus: – Das ist gut so. Du bist von mir abhängig: deshalb wirst du immer die Freiheit haben, Frucht zu bringen. Du wirst nicht von der Bosheit befruchtet, noch in einer großen Weisheit gewiegt, und doch dienst du Mir. Ich will, daß du überlebst, Meine Liebe und Mein Nichts. Ich bin mitten unter euch, um Meinen Palast wieder aufzubauen. Ich will, daß meine heilige Mutter, die Mittlerin, getröstet wird, weil sie dabei ist, die große Strafe abzuwenden. Meine Kinder, arbeitet durch eure Werke und durch ein lebendiges Gebet zusammen. Ihr habt unzählige Strafen auf euch herabgezogen. Betrachtet Meine Liebe in der Mutter aller Menschen. Bis bald!»

19. Juni 1995, um 21 Uhr 30

Jesus: «... Durch die Augen Meiner Mutter werde Ich Meinen Schmerz in der Sprache des Blutes offenbaren, weil Blut Leben bedeutet. Leben schenken heißt, in der tiefsten Lebensfaser des Herzens zu leiden, weil das unschuldige Blut für den Bundesschluß mit Gott steht. Deshalb hat der Höchste allen Dingen im Himmel und auf Erden mit Meinem Blut, das aus den Tiefen Meines Inneren entsprungen ist, Frieden bringen wollen. Aus diesen reinsten Augen lasse Ich den Schmerz scheinen, doch wehe denen, die die Bedeutung eines so großen Schmerzes verdrehen...

Ich offenbare Mich mit Blut, weil Kain und Herodes nur diese Sprache verstehen, und weil Gott Seine Vorwürfe in dieser Sprache an sie richten wird. Diese Vorwürfe werden nicht bloß aus einer einfachen Warnung bestehen, wenn ihre mörderische Hand nicht aufhört! (Aus den Augen der weißen Porzellanstatue der Madonna vom geweihten Ölbaum, die mir von dem geschenkt wurde, der sie hergestellt hat, sickert Blut.) Bedenke, Meine Debora, wenn man die Tropfen zählen könnte, Schmerzes, der das Leben wegnimmt, diese Blutstropfen, die Ich und Meine Mutter auf der ganzen Welt vergießen! Es sind Tropfen bitteren Schmerzes, der das Leben nimmt; es sind Blutstropfen.»

23. Juni 1995, Fest des Heiligsten Herzens Jesu

Nach einer langen Anrufung zum Heiligen Geist erscheint die Dame in ihrer leuchtenden Schönheit. Sie ist ganz weiß gekleidet und trägt einen weißen, aber durchsichtigen Mantel auf ihren Schultern, der am Hals mit einer kleinen, goldenen Blume zusammengehalten wird. Sie richtet folgende, sehr milde Worte an mich:

«Gelobt sei das göttliche Herz meines göttlichen Sohnes!

Liebste Tochter, heute komme ich vom Paradies herab, um euch das Licht zu bringen, das aus dem heiligsten Herzen meines göttlichen Sohnes entspringt. Ich will euch dieses Licht bringen, damit ihr in diesen Stunden tiefer Finsternis Frieden und Ruhe, Segen und Glauben findet!

Liebste Kinder, ich bitte euch, gebt euch diesem so glühenden Herzen, das von dieser Menschheit mit bestialischer Grausamkeit verschmäht wird, wie einem sicheren Zufluchtsort hin. Heute habe ich auf jeden von euch geschaut und alle eure Bitten in mein Herz genommen und sie mit der Liebe gesegnet, die vom Vater herabkommt. Sie sind zum Teil erhört worden.

Ich bin sehr besorgt wegen der Gleichgültigkeit vieler gegenüber den Zeichen, die der heilige und gerechte Vater euch als letzten Aufruf schickt! Zu diesem Zweck bitte ich jene, die sich schon auf dem rechten Weg befinden, sich als Familien oder einzeln Unseren beiden Herzen zu weihen, die kurz vor ihrem Sieg stehen. Es hat Gott gefallen, euch mithilfe zahlreicher Öltropfen zu trösten, um euch daran zu erinnern, daß Er nie aufgibt und Seinen Versprechen treu bleibt.

Jetzt will ich meinen Kindern danken, die hierhergekommen sind, um noch einmal die Stimme zu vernehmen, die der Höchste

Hirt vom Osten bis zum Westen erschallen läßt. Ich segne ihren Einsatz, aber ich sage nochmals: ihr müßt mit mir den Weg der Sakramente einschlagen, sonst wird Satan siegen, denn er ist stärker als ihr.

Meine Tochter, ich bin dir nahe in deinem schmerzhaften Todeskampf in der Wüste, in der du dich befindest. Bezeichne dich jetzt mit dem Kruzifix meines Rosenkranzes an den Stellen, die ich dir vorgegeben habe *(das heißt: der Stirn, dem Mund, dem Herzen und den Handinnenflächen).*

Meine Tochter, es ist nicht mehr viel Zeit, um diese letzten Aufrufe zu begreifen, und ich lasse euch gerade vom Ewigen die nötige Zeit gewähren. Helft mir, helft mir mit eurem guten Willen; ohne ihn tut sich nicht viel. Ich komme als Mutter des geweihten Ölbaums, um euch den nötigen Frieden zu senden, damit ihr den ständigen Kämpfen trotzen könnt, die der alte Verfolger euch Tag für Tag liefert. Ich bin eure Mutter, hört auf mich, die Zeit ist kurz.

Liebe Tochter, mein Sohn Jesus will, daß du die Verse 18-19 des Judas-Briefes betrachtest, und daß du diese Worte der Wahrheit an all jene richtest, die dich ständig umbringen. ("Sie haben euch gesagt: Am Ende der Zeit wird es Spötter geben, die sich von ihren gottlosen Begierden leiten lassen. Sie werden die Einheit zerstören, denn es sind irdisch gesinnte Menschen, die den Geist nicht besitzen.")

Ich danke euch, daß ihr meinem mütterlichen Ruf gefolgt seid. Unsere Begegnung geht weiter. Verteidigt mein Werk der Liebe, da meine Botschaft noch nicht beendet ist. Verteidigt es gegen Satan. Der Segen, den ich euch gebe, geht vom Herzen meines Sohnes aus! Ich nehme euch alle in mein Unbeflecktes Herz hinein. Bis bald, paßt mir ja auf! Gelobt sei mein göttlicher Sohn Jesus!»

23. Juli 1995, um 21 Uhr 20

Maria: «Gelobt sei Jesus Christus, das Lamm Gottes.

Debora: – Er sei immer gelobt!

Maria: – Liebe Kinder, ich bin die Mutter Jesu, und ich nehme an eurer Freude im Lobpreis des Ewigen teil. Ich bin glücklich, euch in einem reinen Herzensgebet zu sehen. Wir haben auch in diesem Land unsere Schmerzen offenbart (die Statuen und Bildnisse, die geweint haben), damit ihr euch der Bitterkeit der Dornenkrone bewußt werdet, die uns umgibt und durchbohrt! Es ist ein Zeichen der Liebe und der Hoffnung, und ich will, daß ihr es nicht verschweigt, sondern meinen zahlreichen Kindern mit einer großen Sanftheit offenbart, die in der Finsternis leben.

Meine Kinder, Satan hat eine große Zahl von Herzen eingenommen, aber ich werde sie als euer Heil in aller Sicherheit zum Hafen bringen; dafür müßt ihr mir helfen und mit mir zusammenarbeiten, damit diese Hoffnung auf Befreiung so nah wie möglich kommt. Betrachtet die Tränen meines Sohnes und die meinen, und zwar in ihrem wahren Leidenszusammenhang! Die ganze Welt erleidet einen schrecklichen Todeskampf, aber ich sage dir, meine Tochter, daß der Sieg meines Unbefleckten Herzens bald da ist. Er wird sich zum Jubiläum des Jahres 2000 ereignen, das von dem Stellvertreter meines Sohnes Jesus, meinem geliebten Sohn, angekündigt wurde.

Meine kleine Tochter, sage ihnen, daß sie keine Angst haben sollen. Ich bin ständig bei euch. Es war eine unermeßliche Freude, geweihte Seelen bei euch zu sehen, die endlich meinem Ruf gefolgt und meine Lieblingsseelen sind. Ich segne sie mit einem ganz besonderen Segen, und ich erfülle sie mit meiner mütterlichen Liebe. Habt keine Angst, auch wenn diese Zeiten mit großen Schmerzen und großen Wirren verbunden sind. Gemeinsam werden wir siegen. Betet, meine Kinder, betet.

Gebt eure vergeblichen Reden auf, und laßt meine Tränen nicht auf meinen Bildnissen verschimmeln: sie sind ein Zeugnis, daß Gott lebendig und mitten unter euch ist. Als Mutter der Hoffnung fordere ich euch zu einer ernsthaften Bekehrung auf; macht euch zu Initiatoren meiner Botschaften und opfert Jesus eure Buße auf.

Der Kelch des Herrn ist randvoll, aber es ist noch Zeit für jene, die wirklich gerettet werden wollen. Meine Tochter, mach dir keine Sorgen wegen der Ablehnung, die du ständig erfahren mußt. Du bist für mich ein kleiner Johannes, der mit vielen anderen dem Willen Gottes zugestimmt hat. Ich segne euch, aber denkt daran, meinen Segen und meinen Kuß allen, besonders den Gebrechlichen zu bringen. Bis bald!

Lob sei dem Namen meines geliebten Sohnes Jesus!»

17. August 1995

Jesus: «Meine Tochter, weine über Mein Herz. Ruhe dich in ihm aus, es ist deine Wohnung und dein Zufluchtsort.

Debora: – Mein Herr, ich empfinde einen solchen Schmerz in meinem Herzen, wenn ich diese Einschränkung, dieses dumme Schweigen anschaue, das für mich ja auch der Weg des geringsten Widerstandes wäre, aber...

Jesus: – Weine nicht mehr, höre Mir jetzt zu. Beruhige dich wieder und freue dich; ja, freue dich, denn deine Augen sehen den lebendigen und wahren Gott-Menschen. *(Hier erscheint er strahlender denn je mit Fleisch und Blut.)* Meine Tochter, wenn du Kummer hast, heißt das, daß du den Schmerz Unserer heiligsten Herzen teilst, die verraten und gedemütigt, gekreuzigt und gelästert werden!

Leihe dein Ohr Meinen Worten der Wahrheit, wie du es am Anfang getan hast. Laß dich nicht von der Traurigkeit niederdrükken, auch wenn ihr Mich aus Feigheit verratet und dadurch tief verletzt, wenn ihr Meine Wahrheit aus Angst verbergt! Meine Tochter, du warst für diese Zeit gewollt, um das Werkzeug Meines Lichts in dieser finsteren Menge zu sein, die aus elenden Seelen besteht! Diese Zeit ist noch verräterischer als die heidnischen Zeiten des Götzendienstes es waren!

Als das Heiligste Herz rufe Ich seit Jahrhunderten die Seelen auf und verteile unermeßliche Gaben, aber noch nie sind sie so abgelehnt worden wie heute. Die Frucht eures ganz theoretischen Glaubens sind Zweifel, Ängste und Unglaube. Noch nie haben sich die Seelen, die ich neben Meine Geliebten gestellt habe — damit ihnen durch ihr Leben in der Nähe Meiner Geliebten Meine große Liebe genauso zugute kommt — so elend verhalten, indem sie zweifeln, verurteilen und Meine Lämmer durch ihre hinterhältigen Worte einschüchtern und sie dabei die allgemeine Schande und Verachtung fühlen lassen. Verfluchte und lügenhafte Zeit, die einen stummen und blinden Gott vorzieht!

O Meine Botin, wie können sie glauben, daß der Schöpfer aller Dinge genauso tot ist wie ihre "Werte"? Ich bin ganz lebendig: Mein Wort ist lebendig, und in Kürze wird Meine Kirche wieder aufleben! Die Zeit ist vergangen, die Jahreszeiten sind aufeinander gefolgt, aber die Klage des Ewigen ist noch nicht gehört worden. Die Machthaber Meiner Kirche verleugnen und kreuzigen (Mich) weiterhin!

Auch du wirst verleugnet werden, wie Ich von den Pharisäern und den Gelehrten ihres ungerechten Gesetzes verleugnet wurde...

Die Weisen, die diese Zeilen lesen werden, sollen nicht die Stirn in Falten ziehen, denn sie wissen, daß dies keine lügenhaften Worte sind! Wer glaubt, nicht gesehen zu werden, aber indessen für seinen eigenen Willen und seinen vergeblichen Ruhm arbeitet, soll jetzt nicht verletzt und empört reagieren! Wie Ich damals die Schriftgelehrten und die Pharisäer warnte, so will Ich heute mit Meiner ganzen göttlichen Macht die Verfolger Meiner Tochter und noch andere warnen, daß diese Kleinen trotz ihrer Unzulänglichkeit, aber dank ihrer Treue und ihrem fest verankerten Glauben dabei sind, alles zu überwinden.

Mit diesen Kleinen stelle Ich gerade Mein Haus wieder her. Ich bin dabei, es mit dem Opfer ihrer Geduld zu schmücken. Mit ihrem Lächeln mitten in körperlichen und seelischen Prüfungen kann Ich Mein Haus heilig machen und mit Liebe erfüllen. Ich versichere euch, daß keiner von diesen Befürwortern des Krieges gerettet wird, die ungerecht gehandelt haben und diese Kleinen geopfert haben. Meine Kirche muß sich ändern, sie muß eine wirkliche Wiedergeburt ins Werk setzen, sie muß sich öffnen und ihre Gaben benützen, zum Beispiel die Klugheit in dem Sinn, wie Ich, Christus, sie geboten habe.

Tochter Meiner Seele, ich bitte dich dennoch, für all jene zu beten, die diesen Kampf gegen dich führen, dich ablehnen und für einen wahren Fluch halten. Deine Nahrung wird ein Brot der Tränen sein, aber du wirst den besten Platz in Meinem Reich gewinnen. Vergib und laß die Nägel der Ablehnung dein Fleisch durchbohren, das für immer gesegnet sein wird. Ich bin der Vater der Vergebung, aber von Meinem Kreuz herab stoße auch Ich heute einen Schmerzensschrei aus, der sich durch ein Blutzeichen zum Ausdruck bringt. All jene, die es nicht annehmen, werden verdammt sein wie die Nachkommen Kains; und genauso werden jene, die die Werke des Heiligen Geistes verhöhnen, dafür wie die

Israeliten die Sklaverei ernten bis zum Ende der Zeiten. Mein Vater wird mit allen streng sein, die sich nicht ändern, nachdem sie Meine Anweisungen vernommen haben. Er wird ihnen dieselbe Verurteilung auferlegen wie den Einwohnern des alten Sodom.

Hört, meine Kinder, ob ihr nun gottgeweiht seid, oder nicht, ihr meine Diener: der Kelch ist bereits voll. Seid nicht auch noch die Galle. Schmückt eure Herzen mit neuen Gewändern! Führt keine oberflächlichen Reden und widerlegt nicht durch ein allzu rationalistisches Verhalten die Tatsache, daß ihr Mein seid... (Hier hält Jesus inne und fährt dann fort:) Es steht geschrieben: "Wenn ihr nicht redet, werden die Steine reden."

Heute wiederhole Ich, Jesus, der Herr, für Meine Kleinen folgendes: jedesmal, jawohl, Ich sage "jedesmal", wenn der Mechanismus der Verfolgung ausgelöst wird, werde Ich das verwirklichen, was Ich euch gerade gesagt habe, und es wird für diese Verfolger das Zeichen ihrer Auflehnung sein!

Meine Tochter, sei nicht betrübt und niedergeschlagen, denn diese Worte richten sich nicht an alle meine Diener. Du sollst sie jedoch allen mitteilen.

Debora: – Mein Gott, ich bin traurig, und wie sollte es auch anders sein, da ich weiß, daß all diese Dinge wahr sind: ich begegne ihnen täglich.

Jesus: – Meine Tochter, warum fordern sie Mich heraus? Warum? Habe Ich ihnen nicht gesagt: "Was ihr auf Erden binden werdet, wird auch im Himmel gebunden sein, und was ihr auf Erden lösen werdet, wird auch im Himmel gelöst sein"? Ich habe ihnen diese Macht gewährt, und schau, mit welcher Untreue sie es Mir heimzahlen! Warum wollt ihr Mir den Mund verbieten? Habe Ich nicht die Macht, den Himmel beben zu lassen und die Tiefen des Meeres zu erschüttern? Meine Schöpfung, Ich warne dich gerade davor, indem Ich dir die Gefahr offenbare, und du bist dankbar dafür: hab keine Angst! Vor wem habt ihr denn Angst? Seid nicht töricht: geht voran und hört auf all das, was Ich euch durch Meine heiligste Mutter schicke, die geehrt und geachtet werden soll, wie Ich sie achte und ehre! Ihr lebt gerade das Ende der Zeiten!»

23. August 1995, in Andria empfangen

Maria: «Gelobt sei der göttliche Leib meines Jesus, der in der Eucharistie gegenwärtig ist!

Liebe Tochter, ich bin die Mutter des geweihten Ölbaums, die Königin des Friedens. Ich komme von neuem als Vermittlerin des Friedens hierher, mitten unter meine Kinder. Sie brauchen die Gnaden Gottes, des Herrn, um ihre Kräfte zu stärken in diesen Stunden der Finsternis, die auf der ganzen Menschheit lastet.

Ich bin eure Königin und ich bin gern bei euch, da ihr meine lebendige Liebeskrone seid. Meine Tochter, mein Herz wird vom Schmerz zerrissen wegen dieser Nachkommen, die sich um jeden Preis mit Kain und dem schrecklichen Herodes gleichsetzen wollten. Ich kann diese Erde nicht mehr anschauen und sie nicht mehr als vollkommene Schöpfung genießen.

Ihr liebt den Krieg und sät überall Zwietracht. Wie könnte ich den Frieden verwirklichen und ihn besonders in den am schlimmsten gemarterten und niedergedrückten Völkern wiederherstellen, wenn euer Wille verdorben und dem Willen des Vaters feindlich gesinnt ist? Dennoch bringe ich euch heute durch diese kleine Zahl von Kindern die Andacht, die die Herzen erneuern und einen neuen Wind bringt, der meine Gärten erneuern wird.

Debora: – Heilige Mutter, was sind das für Gärten?

Maria: – Meine Tochter, diese Gärten seid ihr! Oh, mein Herz ist zutiefst betrübt, und die Liebe meines Sohnes wird gekreuzigt! Die Kirche soll wissen, daß sie gerade die Zeit Seiner Passion und Seiner Kreuzigung durchlebt, und daß sie sich dafür einsetzen muß, möglichst viele Seelen zu retten. Die Skandale müssen ein Ende finden, die Unreinheit muß besiegt werden, sonst werdet ihr in Zukunft noch schlimmere Tage erleben. Mein Unbeflecktes Herz ist dabei, sein ganzes Leiden zum Ausdruck zu bringen. Was euch anbetrifft, meine Kinder, so sollt ihr euch für die neue Evangelisation einsetzen, die dazu beitragen wird, daß dieses Neue Pfingsten mit Macht über euch allen ausgegossen wird. Ihr sollt die Soldaten der himmlischen Miliz werden, die vom Erzengel Michael, meinem General, angeführt wird! Seid Lichtstrahler in der Finsternis, die immer schneller um sich greift.

Meine Tochter, es ist nicht mehr viel Zeit, deshalb warne ich euch, weil ich als eure Mutter wegen meiner Kinder in bitteres Leiden getaucht bin.

Ich segne euch: der Himmel wird sich öffnen und ich werde euch von neuem eine heilige Läuterung schenken. Bringe allen meinen Kuß. Ich begleite jene im Gebet, die an diesem Ort zu mir gekommen sind. Ich werde in Kürze wiederkehren. Bis bald, denn meine Botschaft ist noch nicht zu Ende.»

27. November 1995, am Fest der Wundertätigen Medaille

Jesus: «Heute ist die Eucharistie Gegenstand Meiner Katechese! Ich segne dich, Meine geliebte Seele, du innig vertraute Dienerin Meiner heiligsten Gegenwart bei den Mystikern und den weißen Schleiern. Tochter Meines Volkes, schau dir genau an, was Meine Liebe dir offenbaren will. *(Hier sah ich einen Priester, der mit seinen erhobenen Händen die Eucharistie dem Blick aller Gläubigen darbot.)*

Sieh den feierlichsten Akt der ganzen Heiligen Messe, das größte Opfer der Versöhnung! Wer von euch könnte erklären, welch unermeßliches Wunder das ist? Die Eucharistie ist die Sonne, das heilige Herz, die Gnade. Sie ist Mein Zeugnis. Die Eucharistie gibt der Treue zu Meinen Worten Gestalt: "Ich bin bei euch alle Tage." Ich lebe in dieser Wohnung, die ganz aus Sanftmut und Liebe besteht und voll göttlicher Barmherzigkeit ist.

Es gibt kein Wunder auf Erden, das die Eucharistie übertreffen könnte! In ihrer Unscheinbarkeit steckt Meine ganze Größe! Meine Priester, durch die sich Mein Geist über euch ausgießt, stellen vereint mit dem heiligsten Kelch Jenen dar, der "Alles" ist. So nehmt ihr an Meiner Passion teil und werdet in jedem Moment "kleine Töchter-Hostien".

O Meine Priester, die gefallenen Engel würden gern diesen wunderbaren Akt der Liebe und der Heils zerstören, weil sie sich seiner Größe bewußt sind. Ob Meine Priester das begreifen? Ja, manche begreifen es, aber sie sind nicht sehr zahlreich! Die Eucharistie ist das innere Feuer, in dem Mein ganzes Wesen ewig lebt, und in dem ohne Ende Mein heiligender Geist brennt.

Die Eucharistie bewirkt, daß Meine Kirche über die Jahrhunderte hinweg unfehlbar und siegreich ist. Sie begleitet die

Barmherzigkeit und die Macht dieser unermeßlichen Sonne, die Ich über den Sünden der Welt aufgehen lasse, und die die Reue bringt! Warum sind die Menschen nicht mehr bewegt angesichts einer so offenkundigen Herrlichkeit und beim Gedanken an ein solches Leiden, das ohne Unterlaß vergegenwärtigt wird?

Ich sage es dir noch einmal, Tochter Meiner Eucharistie, es gibt kein größeres Opfer der Versöhnung als dieses!»

Debora: – Du bist mein Herr und mein Gott! Preis sei Dir, allmächtiger Gott, Du der Heilige der Heiligen. Wie ich Dich liebe, eucharistischer Jesus!

Jesus: – Du bist das Werk dieser großen Macht, Meine Debora, du Seele, die wie alle anderen durch Mein Leiden erlöst ist! Ja, wascht jede einzelne dieser bereits geretteten Seele rein, genau wie bei jeder Heiligen Messe.

O Meine Schäflein, entfernt euch nicht von Jenem, der euch so sehr liebt, und verzweifelt nicht! Für euch, die ihr an Meinen Leib glaubt und euch von ihm ernährt, wird die Hoffnung nicht vergehen! Selig seid ihr, wenn ihr das Glück Meiner Mutter begreift, die bei jedem Heiligen Opfer neben dem Priester gegenwärtig ist. Sie beschützt ihn wie das kleine Kind im mütterlichen Schoß, und unterstützt ihn bei dieser heiligen Läuterung, die sich mitten unter Meinem Volk durch ihn und mit Meiner Gnade vollzieht!...

Danke, o Vater, der du deine Kinder durch Mich, deinen einzigen Sohn, und durch die reine Taube Maria liebst... So will Ich, daß auch ihr dem Vater dankt und Ihn um den Geist der Stärke für Meine geweihten Seelen bittet.

Meine Seelen, der Schmerzensschrei, der vom Baum des Kreuzes ausgeht, richtet sich an euch: betet für die Meinen, die kein Vertrauen in die Macht ihres geweihten Dienstes haben, damit sie zum Ursprung ihrer glücklichen Berufung zurückfinden, die sie empfangen haben, und damit sie wieder das Geräusch Meiner Schritte vernehmen können und fühlen, wie sanft Ich sie in ihrem Herzen liebkose!

Meine Tochter, du bist Mein priesterliches Lamm. Du sollst dein Wesen für jeden Priester der Erde aufopfern und in deinem Leib den Schmerz ihrer Verleugnung fühlen. Wenn sie sich von Meinen Lehren lösen, trennen sie sich von Meinem Geist — selbst wenn sie innerhalb Meines Hauses bleiben — und folgen dem Agenten der Verdammnis. Er weckt in ihnen die Gleichgültigkeit Meiner Eucharistie gegenüber, die sie manchmal mit einer so großen Ehrfurchtslosigkeit zu entweihen verstehen.

Aber Ich bin die Liebe, Meine Tochter. Gott ist die Liebe, und diese Liebe ist höher und größer als ein solcher Mangel an Einfühlungsvermögen und ein so großer Verrat. Meine Tochter, Ich liebe Meine Kirche, Ich liebe sie so sehr, daß Ich jeden Tag für sie sterbe.

Bringe Mir durch dein Opfer Meine Diener, drücke sie an das Herz Meiner Mutter, die sich dir in dieser prophetischen Zeit als Mutter des fortwährenden Opfers, als Mutter des Ewigen Ölbaums des Friedens und als Quelle eines Öls offenbart, das in einem Großteil der Sakramente für die heilkräftige Wirkung steht. Ich sage dir: bald werdet ihr alle die Zeichen Meiner Eucharistie sehen. An dem festgesetzten Tag werden die göttlichen Hostien aus allen Tabernakeln und aus allen geweihten Händen zum Himmel fliegen als Zeichen des Sieges dieses reinsten und erhabensten Sakramentes!

Meine gesegnete Tochter, ruhe dich jetzt aus. Wir werden später weitermachen.» *(In Wirklichkeit bin ich ebenso glücklich wie erschöpft.)*

Jesus: «Die versöhnende Macht der Eucharistie teilt sich dir gerade mit… mein Frieden…» *(Es ist 19 Uhr 45.)*

Debora: «Ja, Herr, ich komme (ich war gerade mit dem Abendessen fertig). Wie glücklich ich bin, daß Du immer bei mir bist, vor allem wenn es regnet, da ist die Verbindung inniger.» *(Es regnete in Strömen.)*

Jesus: «Mein Segen komme auf die ganze Welt herab!» *(Debora: Hier sehe ich die Heilige Jungfrau, die die Weltkugel in ihren Händen hält und sie ihrem Sohn hinhält. Ich sehe, daß der Herr Italien und Rom besonders segnet.)* «Meine Tochter, ich bin die entweihte Liebe!

Debora: – Herr, im eucharistischen Sinn?

Jesus: – Ja, ich will mit dir darüber sprechen. Ich werde mit dir über die Handkommunion sprechen.

Debora: – Das freut mich. Jesus, viele Priester sagen dazu, daß die Zunge weniger rein ist als die Hände, also…

Jesus: – Also ist in ihrem Kopf mehr Unkenntnis als graue Substanz!

Meine Tochter, wenn Ich, der Heiligste, in euch einziehe, seid ihr vollkommen geweiht, und ich diskutiere nicht darüber, welcher

Teil eures Leibes der heiligste für Meinen Empfang ist. Ich will den Menschen vor allem begreiflich machen, daß Ich diese ständigen Veränderungen der Normen verabscheue, die Ich aufgestellt habe. Und andrerseits, wenn die Meinen zu einer bestimmten Zeit die Gewohnheit hatten, Meinen geweihten Leib durch das Brechen des Brotes zu empfangen, so will Ich das heute nicht mehr. Wie oft hat der Apostel Paulus Dinge verändern müssen wegen der ständigen Sakrilegien! Er selbst bemühte sich, alles mit Achtung und in Anbetung zu vollziehen, denn er kannte genau die Größe, die Meine Kommunion vermittelt.

Heute ist der Mensch heikler, und der Böse weiß schon nicht mehr, was er noch erfinden könnte, um dieses Sakrament anzugreifen.

Seine erste Waffe ist der Glaube an eine größere Hygiene. Hütet euch vor seiner List! Man kann die Unermeßlichkeit nicht mehr vom Abgrund unterscheiden! Wie viele Schändungen muß Ich doch erdulden, weil die Meinen erlaubt haben, daß man Mich durch die Handkommunion stiehlt! Wie unsagbar oft haben sie Mich durch diese Zugeständnisse dem Bösen geopfert!

Satan prüft die Menschen, und er hat die Herzen genau geprüft, damit er sie nach seinem Gutdünken gestalten kann, bis es ihm schließlich gelingt, das Sakrament der Liebe auszuschalten. Diese Kette des Todes muß unterbrochen werden!

Empfangt Mich würdig aus den Händen Meines Dieners, mit aller Mir geschuldeten Ehre direkt in den Mund, und bereitet Mir dann einen angemessenen Empfang in eurem Herzen. Ich will bei euch sein, aber vergeßt nicht, daß Ich nicht einer von euch bin. Ich bin der fleischgewordene Gott und nicht ein Mensch, der sich vergöttlicht hat. Denkt daran, daß viele Meiner Freunde sogar ihr Leben für Mich, die unzugängliche und unberührbare, die unergründliche Eucharistie hingegeben haben.

Es ist unvermeidlich, daß der Feind durch dieses Handeln nicht alle Kämpfe gegen Mich verliert. Heutzutage werden die Meinen euch sagen: "Das ist alles nicht wichtig!" Und ich werde neue Schändungen erdulden müssen.

Ich werde also mehr Tröster suchen. Es gibt Mittel, um dem Tier Einhalt zu gebieten, und Ich erlaube euch als das Heiligste Herz, sie zu vertiefen und zu Meiner Herrlichkeit zu gebrauchen, die sich in Kürze von einem Ende der Erde bis zum anderen ausdehnen wird. Wenigstens du, Meine liebe Tochter, sollst tun, was Ich dir sage.

Ich werde mit diesem Thema fortfahren, weil Ich glaube, daß es bei euch noch Menschen gibt, die leben, hören und in die Tat umsetzen!»

28. November 1995, um 9 Uhr 35

Jesus: «Auf, Meine Tochter, komm und schreibe. Es ist die Zeit des Sieges der Eucharistie, Meines wahren Leibes und Meines wahren Fleisches!

Debora: – Ja, Herr, ich komme. Worüber werden wir heute in Bezug auf die Eucharistie sprechen?

Jesus: – Das Thema ist die Ehrfurcht, die man ihr schuldet, und mit der Ich aufgenommen werden will: wie soll man sich dem himmlischen Festmahl nähern?

Mein erster Wunsch ist, daß euer Herz vom Schmutz der Sünde rein sei, und das ist nur durch das Sakrament der Beichte möglich. Es bedarf der aufrichtigen Reue über alle begangenen Sünden und jene, die noch begangen werden; es bedarf der Absicht des Herzens, diese Sünden nicht mehr zu begehen und schließlich des Empfindens, daß Meine Barmherzigkeit euch vergeben hat.

Das zweite ist ein inniges Gebet vor der Kommunion, mit dem ihr dieses Liebesopfer für die Heilung der Seelen aufopfert.

Das dritte ist, Mich auf Knien zu empfangen…[40]

Debora: – Aber Herr, einmal habe ich das bei den Passionisten von Manduria gemacht, und der Zelebrant hat begonnen zu schreien, wie wenn Feuer ausgebrochen wäre.

40. Nach einem Einwand Deboras hat der Herr jedoch genauer dargelegt: «Ihr müßt wenigstens eine Kniebeuge machen als Zeichen, daß ihr Mich als König und Retter anbetet.» Diese Kniebeuge kann beim Hingehen geschehen, bevor man beim Priester ankommt, oder in der Kirchenbank, bevor man zur Kommunion geht. Man kann sich auch in der Kirchenbank hinknien während des Gebetes «Herr, ich bin nicht würdig…» Es steht außer Zweifel, daß Jesus mehr Ehrfurcht der Eucharistie gegenüber wünscht, aber das muß in der rechten Abfolge geschehen, ohne das Schweigen und die Würde zu stören, die im Haus Gottes geboten sind. Jeder soll im Rahmen des Möglichen und in der Ehrfurcht vor dem Sakrament, dem Diener und des Ortes dazu beitragen.

Jesus: – Ja, das ist wirklich so: Satan entfesselt sich, da er den Menschen derartige Anweisungen gegeben hat, um das Sakrament der Sakramente vernichten zu können. Ich sage dir, daß keiner Meine göttliche Majestät stehend empfangen soll; ihr müßt wenigstens eine Kniebeuge machen als Zeichen, daß ihr Mich als König und Retter anbetet. Wenigstens du sollst dieses Beispiel eines vorbildlichen Schülers geben.»

29. Dezember 1995, um 3 Uhr 25

Maria: «Der Name des Herrn sei verherrlicht.

Meine Tochter, heute will ich, daß du die Knospe betrachtest, die seit langer Zeit erwartet und von den Propheten Gottes als Vorbild des Lebens und als reine und durchsichtige Quelle angekündigt wurde, die das Heil schenkt.

Hier auf Erden ist für jeden von uns mein ganz kleines Kind geboren, und in der Dunkelheit ruht die Sonne, die in die Finsternis der größten Verwirrung hineinstrahlt. Du sollst dieses Wort in mir, der reinsten Inkarnation, anbeten, in der die Herrlichkeit des Allmächtigen gezeugt wurde, und die sie unter dem heiligsten Namen Jesu, meines Herrn und Sohnes, zu euch bringt. Du sollst seinen Gehorsam und sein süßes, liebenswertes Gesicht anbeten und betrachten, das sich aus göttlicher Gunst von dem zudringlichen menschlichen Auge entdecken läßt.

Er ist geboren, und ich schenke ihn euch für diese Zeiten, die immer dunkler werden und immer weniger von Gott erfüllt sein werden. Diese Gabe geht von meinem Herzen aus, damit ihr Völker der Erde stark und siegreich seid, die ihr jetzt vom Haß und der Rachsucht beschmutzt seid. Laßt euch in diesen Tagen der göttlichen Barmherzigkeit von dem lieblichen Blick des kleinen Kindes wiegen, des höchsten Geschöpfes Gottes, an den die ganze, siegreiche Kirche folgendes Gebet richtet: "Retter, komm in die Welt!"

Liebe Tochter, an diesem Weihnachtsfest tretet ihr in die Zeiten ein, die ich euch schon vorhergesagt habe, und von jetzt an werdet ihr euch ernsthaft meiner mütterlichen Liebe weihen, die das einzige Heil ist, um die schlimmen Ereignisse zu überstehen. Ich stehe hier an der Tür eurer Herzen und warte auf den, der bereit ist, mit mir die Tränen Jesu abzuwischen. Ihr sollt das Tuch werden, das meine bitteren und grausamen Tränen abwischt! Entdeckt meine Botschaften neu, und haltet wie tapfere Kinder durch auf dem Weg, den ich euch mehrmals vorgegeben habe: laßt uns zusammen die Würde des Menschen wiederherstellen! Habt Mut, arbeitet voller Liebe und mit gutem Willen.

Ich bin Maria, eure Mutter, und ich segne euch. Bis bald. Shalom, Shalom, Shalom!»

8. März 1996

Am Morgen steigen wir zum Berg der Seligpreisungen hinauf. Nach der Heiligen Messe, die im unteren Teil der Kirche gefeiert wurde, gehe ich einen Augenblick abseits in den Garten, der über dem See liegt, und halte eine Weile inne, um ihn zu betrachten. Ich habe das sehr deutliche Gefühl, auf einem der Steine der Apostel zu sitzen. Ohne zu wissen warum, habe ich das Gefühl, daß es zur Zeit des Herrn keine Bäume dort gab, oder zumindest nicht so wie jetzt. In meinem Herzen war es, als sähe ich geistig vor mir diesen einsamen und steinigen Ort, oder besser gesagt, der voller großer Lavasteine ist. Ich hebe einen davon im Glauben auf, um ihn zu meinen Brüdern zu bringen. In diesem Moment spricht Jesus zu mir:

«Nimm einen Stein, ja, nimm ihn! Diese Steine haben Meine heiligen Worte vernommen, als die Menschenmengen sich hier und im Tal versammelten, um das Wort vom Reich Gottes zu hören, das über Meine Lippen kam.

Debora: – Herr, sie müssen ungeduldig darauf gewartet haben zu verstehen!

Jesus: – Ja, das haben sie, und sie haben die Meinen (die Jünger) sehr beansprucht, die ihnen von Meinen anspruchsvollen Bitten berichteten und von einem zum andern gingen, um möglichst viele retten zu können.

Debora: – Das glaube ich.

Jesus: – Sie erfüllten wirklich ihre Rolle als gute Hirten, nicht wie heute in dieser Zeit, die von eurer großen Bosheit gekennzeichnet ist, und in der man sich überheblich darüber freut, Meine Schafe, die in ihrem Geist schon verletzt sind, nicht nur zu verwirren, sondern sie auch noch zu vernichten!

Nichts konnte die Arme und die Beine der Meinen bremsen, die wie einsatzfreudige Krankenpfleger hin- und hereilten. Ach, wie sehr fehlen euch heute solche Beispiele! Und wie könntet ihr begreifen, da ihr keinen einzigen solchen Diener an eurem ganz von menschlichen Leidenschaften und Eigenliebe verschmutzten Horizont erblicken könnt? Der Individualismus, der Egoismus, der persönliche Nutzen sind das Gesetz, das euer Leben bestimmt. Das sage ich dir, damit du die rechte Sicht auf die selbstlose Arbeit hast, die Meine Jünger vollbrachten, und damit du es dir vorstellen und in deinem Herzen dabei sein kannst. Doch laß uns weitermachen…

Debora: – Herr, hier hast du verkündet, wie man selig und von Deinem Vater geliebt wird. Ich spüre in der Luft noch Deine Worte der Barmherzigkeit.

Jesus: – Ja, hier habe ich mit Macht Meine Predigten über das "Haus Meines Vaters" begonnen. Hier habe ich alles offenbart, was Gott als Brunnen der Liebe in das Herz des Menschen legt, und alles, was Er von ihm erwartet, damit er wirklich "Sohn" genannt werden kann! Der Vater selbst war bei Mir, und Seine Liebe strahlte aus Meinem Wort, das von den Steinen und von den Herzen abprallte, wie Steine, die auf die Wasseroberfläche des Sees geworfen werden.

Da, wo Mein Wort einzog und eindrang, hinterließ es nicht einmal eine Spur. Ich war selbst die höchste Seligpreisung: Mein Wort, das Ich in einem sanften Ton sprach, weckte die zutiefst wahrhafte Entscheidung.

Ich habe gesagt und sage es noch einmal: "Selig, wer es versteht, arm zu sein im Geist, sich von allem Weltlichen loszulösen, denn er wird mit seinem Herzen dem Himmel nahe sein, so daß es ihm gelingt, seinen unvergänglichen Glanz und seine Herrlichkeit zu sehen!"

Ich habe gesagt und sage es noch einmal: "Selig, wer es versteht, in den Schwierigkeiten des Lebens gehorsam zu sein" und dabei zu begreifen, daß der wirkliche Sieg nicht in der Erregung, dem Zorn, der Arroganz und auch nicht in der Herrschaft über das Herz des anderen liegt, um seinen eigenen Willen zu befriedigen oder um stärker zu sein als er, und sich vergebliche Zustimmung zu verschaffen. Ja, selig, denn seine Sanftheit wird ihm erlauben,

Meine Weisheit aufzunehmen, und sie wird in ihm leben wie ein kleines Kind auf dem Schoß seiner Mutter. Er wird die Erde und alles, was in ihr lebendig ist, als Erbe haben und Meinen himmlischen Vater für alles preisen, was Er erschaffen hat, indem er die Erde noch schöner macht, als sie es vor dem Ungehorsam war *(der Erbsünde)*.

Selig jener, der in der Betrübnis und der Verzweiflung allein auf die Hilfe Gottes hofft und geduldig wartet, bis er seinen gerechten Trost empfängt. Ich sage euch, daß Ich der aus Liebe, und nicht der aus Übertreibung Gekreuzigte bin, und daß Ich all euer Leiden verstehen kann, weil Ich selbst gelitten habe, auch wenn dieses "alles" auf eure Kleinheit beschränkt ist. Dieser Mensch wird ein Freund Gottes, des höchsten Gutes, und er wird Frieden und Trost empfangen. Ich spreche zu euch, die ihr euch gegen den geringsten Tropfen Leiden wehrt. Ihr sollt euch angewöhnen zu sagen: "Mein Herr und mein Gott, am Tag der Angst erhebe ich meinen Ruf zu dir, und Du wirst mich erhören!" Wenn eure Augen sich mit bitteren Tränen füllen, sollt ihr mit Hoffnung auf Mich und Meinen Vater und euren Vater schauen, dann werdet ihr bald befreit werden. Und Ich meine damit eine endgültige und ewige Befreiung!

Selig, wer mehr nach der göttlichen Gerechtigkeit hungert und dürstet als nach dem täglichen Brot, weil die Gerechtigkeit des Vaters selbst ihn zu gegebener Zeit sättigen wird. Es ist nicht die Gerechtigkeit der Welt, die begrenzt und an Bedingungen gebunden ist, sondern die unsterbliche Gerechtigkeit, die entsprechend eures wahren Bedürfnisses den Hunger eurer Seele und nicht den des Leibes stillt. Sie wird groß sein und sich hundertfach vermehren; sie wird jenen, die ihre Angelegenheit in die Hände dessen legen, der die erhabene Gerechtigkeit ist, eine herrliche Krone wie die der Märtyrer verleihen. Ihr sollt niemals Angst vor den Urteilen der Menschen haben, und ihr sollt bei entsprechenden Gelegenheiten jene anklagen, die ständig ihren Nächsten verleumden. Ja, klagt sie an, aber das soll im Geist völliger Hingabe an Den geschehen, der die Weisheit ist und genau weiß, wie Er euch aufnehmen muß. Dann wird Er euch wirklich das wiedergeben, was euch gehört. Seid gute Kinder, die ihres Vaters würdig sind, der weiß, was ihr braucht, noch bevor ihr jammert.

Selig, die ihrem Nächsten gegenüber barmherzig und bereit sind, das zu geben, was alle brauchen. Doch dreimal selig, wer sich mit Barmherzigkeit jenen zuwendet, die ein hartes Herz haben, die weit weg sind von Gott, die aus Mangel an Liebe vertrocknet sind wie die Pflanzen in der Wüste. Selig, ja, selig, denn sie werden von der Barmherzigkeit selbst eingedeckt sein wie ein Balsam auf dem Leib eines Toten.

Selig wer die anderen Nutzen ziehen lassen kann aus dem, was er selbst im Übermaß erhalten hat. Denn der Blick Gottes wird sie in der Prüfung beschützen. Dies sage Ich euch noch einmal, ihr Kinder dieser verirrten und erbarmungslosen Gesellschaft, denn ihr beklagt euch oft, daß ihr Früchte der Betrübnis erntet. Strebt danach, das zu tun, was Ich euch gesagt habe, dann werden eure Sünden im verschlingenden Feuer der Barmherzigkeit verbrannt werden. Seid mit allen barmherzig, besonders mit denen, die euch nahestehen, dann werdet ihr Barmherzigkeit erfahren.

Selig, wer sein Herz rein bewahrt: ein reines Herz in einem reinen Fleisch. Ich spiele auf ein reines Fleisch an, aber ihr sollt nicht meinen, daß das Ziel dessen, was Ich euch sage, ausschließlich im Fleisch liegt. Ein reines Herz haben heißt, schon bei Gott zu sein. Wer sich eine solche Reinheit bewahrt, wird unvermeidlich auffallen: er versteht es, jedes Ding in einem anderen Licht zu betrachten, weil die Vergebung seine Wahl und seine Haltung bestimmt. Da in euch eine große Verwirrung diesbezüglich herrscht, will Ich betonen, daß es sich um eine wahre "Errungenschaft" der Sanftmütigen handelt, wenn man ein Herz frei von bösen Gedanken und schlechten Wünschen hat. Niemand soll es deshalb wagen, sich als sanftmütig zu bezeichnen, wenn sein Leben nicht ein Spiegelbild davon ist, und wenn die anderen nichts davon merken. Gott wird sich dem unverdorbenen Herzen zeigen und ihm schon auf Erden seinen Willen zu erkennen geben, ohne dabei durch die Sünde behindert zu werden.

Selig, wer voller Frieden im Frieden und für den Frieden handelt. Der Vater ist Frieden, und wer immer im Dienst des Friedens steht, kann also Kind des Gottes des Friedens genannt werden. *(Hier schweigt Jesus… dann fährt Er leise fort.)*

Selig das Geschöpf, das die Tränen der Verfolgung um der Gerechtigkeit willen hinunterschluckt, denn es wird Zeuge am Gericht der Herrlichkeit sein. Meine Tochter, hier erinnere Ich dich an das, was Ich dir schon gesagt habe über die schöne Blume mitten im Gestrüpp, das an der Blume zerrt, und sie schließlich zum Verschwinden bringt. Ich habe Gericht (der Herrlichkeit) gesagt, um vom Reich des Himmels zu sprechen; und wie könnte ein solches Geschöpf, das im Namen des Höchsten oder des Guten, das von Ihm ausgeht, angenagelt oder verfolgt wird, nicht vom Duft der Heiligkeit umgeben sein? Begreift doch!

Selig seid ihr, wenn man euch verachtet, euer Gesicht und euren Namen mit Beschimpfung überhäuft, wenn man euch verleumdet, euch aus Liebe zu Meinem Namen den Geiern zum Fraß gibt, denn Ich sage euch, von Meinem Kreuzesgalgen aus werde Ich euch so hoch erheben, daß niemand jemals mehr wird begreifen können, was euch geschieht, und warum ihr mit Meiner besonderen Gunst erfüllt seid. Wenn sie euch mit den von ihnen gedungenen, falschen Zeugen anklagen, sollt ihr nicht einmal den Mund öffnen. Wartet darauf, daß Ich zu gegebener Zeit den Meinen öffne und ein Wort ausspreche: ein einziges, aber endgültiges Wort. Laßt Mich euch sagen, daß ihr Glück habt, wenn ihr zu den Verfolgten gehört, denn euer Name wird groß sein auf der Erde wie im Himmel. Bleibt stark, laßt euch durch diese Worte festigen. Dann werdet ihr besser verstehen.

Von diesem Hügel *(dem Berg der Seligpreisungen)* breite Ich Meinen Frieden über die ganze Welt aus.»

23. Juni 1996, um 21 Uhr 40

Die Dame ist ganz in Weiß gekleidet und trägt einen himmelblauen Mantel auf den Schultern. Ihre Füße sind mit roten, duftenden Rosen geschmückt. Sie wird von einem jungen, weißgekleideten Kind begleitet, das wie mein Schutzengel Fidemilus aussieht. Die Dame sagt, daß das Kind Erzengel Uriel heißt: es kämpft gegen den Zorn und beschützt die Orte ihrer himmlischen Offenbarungen.

Maria: «Gelobt sei das göttliche Herz meines lieben Sohnes Jesus!

Debora: – Es sei immer gelobt!

Maria: – Meine Tochter, das ist der Erzengel Uriel. Ich will, daß du ihn kennenlernst und zu ihm betest. Fordere auch die anderen dazu auf. Liebste, geliebte Kinder, heute habe ich auf euch einen Gnadenregen, und auf mein Bildnis die Öltropfen meiner Liebe herabkommen lassen, damit ihr eine geistige Kraft gegen die Angriffe Satans besitzt, der Mein und euer Feind ist. Ich bin die Jungfrau von der Eucharistie, und ich will, daß ihr sie in diesem Monat, der dem Herzen meines Sohnes Jesus geweiht ist, mehr anbetet und häufiger aufsucht.

Meine Kinder, es ist sehr wichtig, daß ihr den Sinn der Eucharistie begreift, den heute viele leider für ein kleines Stück Brot halten. Ich will auch über meine Erscheinungen mit euch sprechen, die ein Grund zur Zwietracht in der Kirche geworden sind. Sie sind wichtig für die verirrten Schafe. An allen Orten, an denen ich mich vorstelle, bringe ich frischen Wind in die Seelen und erneuere sie durch die Begegnung mit meinem Sohn.

Meine Kinder, ihr sollt dem Bösen nicht erlauben, euch von meinen Segnungen fernzuhalten, mit denen ich nicht nur meine Kinder erfülle, die manchmal wegen mir verfolgt und mißhandelt werden, sondern auch jene, die durch sie daran Anteil bekommen. Niemand soll euch hindern, an die Orte zu kommen, an denen Jesus, mein Sohn und der Sohn des Ewigen, mich hinsendet. Betet jetzt mit mir für die Bedürfnisse der Pilger, die aus fernen Ländern gekommen sind, um mir wohltuende Ehren zu erweisen.»

Ich bete ein Vater unser und drei Ehre sei dem Vater.

Die Dame fügt hinzu: «Gelobt, gepriesen und angebetet sei die heilige und göttliche Eucharistie.»

15. August 1996, empfangen in Garabandal (Spanien)

Wir kommen in Garabandal am Tag vor Mariä Himmelfahrt an. Hier kenne ich einen Priester, dem die Madonna diesen heiligen Ort und den Auftrag anvertraut hat, einen Orden zu gründen (für Priester und Ordensfrauen), der «Heim der Mutter» heißt. In der Nacht nehme ich mit diesen Ordensleuten, mit einigen Pilgern und zahlreichen Laien, die Unserer Lieben Frau vom Berg Karmel geweiht sind, an einer 45 km langen Nachtwanderung zur Ehre Mariens teil. Der 15. August verläuft ruhig, aber am Abend steigen wir erneut zu den «Pinien» hinauf, weil mein Herz mir sagt, daß Maria sich mir mitteilen wird. Beim vierten glorreichen Geheimnis sagt Maria zu mir:

«Gelobt sei der Name meines göttlichen Sohnes Jesus Christus!

Debora: – Er sei immer gelobt!

Maria: – Meine Tochter, an diesem Ort habe ich in Überfülle meine ganze Mütterlichkeit gezeigt. An diesem verlassenen Ort mitten in den Bergen habe ich durch kleine Herzen den Tag angekündigt, an dem die Schmerzen beginnen werden, der aber auch ein Tag der Freude ist, die mein Sohn bringen wird, indem er euch sein bleibendes Zeichen einprägt. Und er wird auch Freude und Trost in die Herzen bringen, ohne sie zu berühren.

Ich habe meinen Kummer nicht verborgen, aber die Herzen bleiben kalt, obwohl sie wissen, wie bedeutungsschwer dieser Moment ist. An diesem Feiertag, an dem die Kirche mich als die preist, die voller Freude in den Himmel und in die Herrlichkeit des Paradieses erhoben wurde, danke ich den Jugendlichen, die meinem verletzten Mutterherzen die Buße dieses Weges und das Gebet ihres Herzens aufgeopfert haben. Ich bin glücklich und lade euch ein, es wieder zu tun, und zwar nicht nur hier.

Der Tag des Wunders wird ein großes Ereignis sein: viele werden an Leib und Seele gesund werden. Dieses Wunder wird eine wahre Erneuerung für alle sein. *Du bist die Dienerin im Gethsemani*, und ich habe dich ermahnt, jeden Donnerstag für die Menschheit zu beten, die im Todeskampf liegt, und ich sage dir:

Du sollst die Gebetswache dieses heiligen Tages, an dem mein Sohn in seiner ganzen Seele wie ein Mensch gelitten hat, weiter verbreiten. Meine Tochter, sprich doch über diesen Ort und bestätige, daß ich diesen Ort besucht habe. Zu diesem Zweck sollst du dich meinem Herzen weihen durch das *Skapulier*, das du nach meinem Willen in dem Garten unserer Begegnungen tragen sollst.

Meine Offenbarung an dich ist die letzte der großen, öffentlichen Bekundungen, durch die ich die Menschenmengen zur wahren Bekehrung aufrufe. Ich werde noch mit dir darüber sprechen. Ich segne jene, die hier sind; und du, meine Tochter, sollst von meiner neuen Andacht sprechen.

Auf Wiedersehen und bis bald. Gelobt sei Jesus Christus!»

23. September 1996

Nach dem Gebet des Kreuzweges erscheint die Dame mit einem strahlenden Lächeln während der Anrufung des Heiligen Geistes; sie schaut mich an und sagt:

«Du preist den Namen meines Sohnes. Weißt du, was ich dir zeigen muß?

Debora: – O nein, ich weiß es wirklich nicht.

Maria: – Und wo ich dich heute abend hinführen muß?

Debora: – Nein, ich weiß es nicht.

Maria: – Ich werde dir zeigen, wo du nach dem Wunsch Jesu eine Brunnenschale errichten lassen sollst.

Debora: – Eine Brunnenschale, Meine Liebe Frau?

Maria: – Mein Sohn will, daß man an diesem heiligen Ort einen Reinigungsakt vollzieht, bevor man zum Kreuz geht, um für all die Male zu sühnen, in denen eure Herzen sich der Sünde hingegeben haben. Bete mit mir. Ich gebe dir die Worte vor; du sollst sie wiederholen:

O reine Erde, o würdige Erde,
reinige mein Herz,
o geweihte Erde,
schmücke meine Seele.»

Debora: *Ich bete ein Gesätz des Rosenkranzes, aber sie antwortet nur beim Ehre sei dem Vater. Sie trägt einen sehr langen Rosenkranz mit den fünfzehn Geheimnissen, glaube ich, und sie hält einen anderen in der Hand. Jetzt hebt sie die Arme und ich sehe wie gewöhnlich die drei Lichter, die vorwärtsgehen. Ich folge ihnen und komme an den Ort, wo sie sich niederlassen. Aber ich sehe ihn nicht, ich nehme das Feld nicht wahr.*

Maria: «Hier wünscht Jesus die Brunnenschale der Reinigung. Mit dieser Erde sollen die Menschen ein Kreuz auf ihr Gesicht zeichnen, und um Vergebung für ihre Sünden bitten. Wenn das Herz des Menschen gut und wohlgesinnt ist, wird Wasser aus dem Boden entspringen, das zusammen mit der Erde einen Schlamm bildet.

Das wird durch euren Glauben geschehen. Heute habe ich die Schmerzenstränen meiner Kinder angenommen, die du mir dargebracht hast, aber einige müssen sich noch niederbeugen; sie müssen die Knie beugen und lernen zu beten. Sage ihnen, daß ich ihnen helfen werde.

Meine liebe, kleine Tochter, tu, was ich dir sage und vergiß nicht, das Zeichen der Gegenwart und des Willens meines Sohnes zu errichten. Es soll bald gemacht werden: viele sollen Nutzen aus dieser Erde ziehen, und wo immer du sie hinbringen wirst, werde ich selbst große Dinge vollbringen! Ich will nichts anderes von dir. Ich hülle euch in meinen Mantel ein und segne euch zärtlich im Namen des Vaters, des Sohnes und des Heiligen Geistes.

Wenn viele Herzen sich mir aus Mangel an Glauben nicht öffnen, so wird sich in ihrem Leben nichts von dem verwirklichen können, was der Herr im voraus beschlossen hat.

Bis bald. Ich danke euch, daß ihr meiner Einladung gefolgt seid. Jetzt sage ich euch auf Wiedersehen, meine Kinder. Gelobt sei Jesus Christus!

Debora: – Gott sei immerdar gelobt!»

23. November 1996

Maria: «Meine Tochter, es ist ein Leiden für ihn (meinen Sohn) zu sehen, daß sein Wunsch nach Armut immer weniger befolgt wird.

Liebste Tochter, heute abend will ich euch als Mutter des Friedens das Gebet als tägliches Brot des Lebens ans Herz legen. Die Welt ist dabei unterzugehen und läuft hemmungslos in ihre Selbstzerstörung. Satan fegt immer mehr Sterne mit dem Schwanz seiner List und seiner Hinterhältigkeit hinweg.

Die Welt unterschätzt sein Wirken, und so glauben viele nicht mehr an seine Existenz, genauso wenig, wie sie an die Existenz meines Sohnes glauben. Mein Jesus liebt euch und sendet mich in seiner Barmherzigkeit heute zu euch, damit ich euch gemäß meiner Sendung als Mutter sage, die er mir verliehen hat, als er in meinem Schoß wohnte, daß das November-Geheimnis (1. November 1994) jetzt enthüllt werden kann. Die Menschen sollen das Unglück erkennen, das die Erde wie ein gewaltiges Gewitter bedroht, das bald ausbrechen wird.

Ich rufe euch Jugendliche auf, eure Herzen für den Frieden aufzuopfern: in meinem Plan wird es mystische Blumen im Garten des Herrn geben. Aber betet, meine Kinder, betet und betet den heiligsten Leib meines Sohnes an, ohne an die Probleme oder an die Hindernisse des Lebens zu denken. Ich bin eure Mutter, und ich will euer Heil.

Wenn ihr nicht betet, werden viele zugrunde gehen und andere werden sogar selbst ihr Leben aufgeben, indem sie sich umbringen. Euer Gebet wird zusammen mit dem der anderen, die ich seit langem vorbereite, die Welt retten.

Aber ihr müßt begreifen, wie wichtig es ist, daß ihr betet und Seelen rettet, vor allem jene, die ihr nicht kennt. Ihr sollt mit dem Herzen beten, dann verspreche ich euch, daß ich schneller Fürbitte halte. Meine Tochter, küsse meinen Fuß, Jesus erlaubt es dir. Ich liebe dich, ich bin in deinem Herzen!

Ich umarme euch alle und grüße euch mit der Liebe des Vaters, des Sohnes und des Heiligen Geistes. Auf Wiedersehen und bis bald. An deinem Geburtstag werde ich dich mit meiner ganzen Liebe feiern. Gelobt sei das Herz Jesu. Bereitet euch auf den heiligen Weihnachtstag vor: seine Gegenwart als ganz kleines Kind heilige euch!»

Montag, 17. November 1997

Während der Nacht dringt ein Licht von strahlender Helligkeit in das Zimmer und in die tiefsten Fasern meines Herzens ein, das wegen physischer und seelischer Leiden keinen Frieden finden konnte. Plötzlich kommt mein Herr, ohne daß ich damit gerechnet hatte, so als ginge er über einen Weg aus Licht. Er hält seine rechte Hand erhoben und bleibt kurz vor mir stehen. Er segnet mich, indem er langsam das Kreuzzeichen macht.

«Meine Tochter, hab Vertrauen zu Mir! Ich zeige dir, wie du deine Enttäuschungen und deine Ängste in das liebenwerteste aller Herzen, in das Herz Meiner und eurer heiligsten Mutter legen kannst. Die Einheit Unserer beider heiligen Herzen stellt euer Heil dar! Wir wachen grenzenlos und ohne Ende über euch.

Heute setze Ich mit dir den Fuß über die Schwelle aller Städte, um den geistigen Kopfglauben zu vernichten und das wahre Denken aufzurichten, das dem eines kleinen Kindes ganz ähnlich ist. Aber wieviel Auflehnung erhebt sich noch wie ein brüllender Löwe vor Meiner heiligsten Gegenwart! Mein Heiliger Weg wird durch Nachahmungen ersetzt, die keine Frucht und keine Wahrheit bringen. Trotzdem lasse Ich dir, meiner unnützen Braut und Dienerin, in reichem Maß eine einzigartige Lehre zuteil werden.

Wagst du es, Meinen Willen zu ergründen, da Ich dich für einen so großen Auftrag auserwählt habe?

Debora: – O nein, Herr!

Jesus: – Du sollst dir keinerlei Verdienst zurechnen, denn allein Mein Geist konnte ein solches Ereignis in deinem Land ersinnen. Ich rufe die Welt zur Reue auf. Weh denen, die Mich hartnäckig ablehen! Sei gehorsam. Du bist wertvoll für Mich! Die Liebe ist bei dir.»

23. November 1997, Erscheinung der Madonna um 18 Uhr

Am Ende eines Lieder- und Gebetsnachmittags nimmt Unsere Liebe Frau unsere Einladung an. Sie spricht mit überzeugender Stimme:

«Gelobt sei Jesus Christus, mein geliebter Sohn!

Meine Kinder, freut euch mit mir in dieser wunderbaren Stunde der göttlichen Gnade, die ihr durch meine Gegenwart unter euch erlangt.

Liebe Kinder, mein glühendes Herz hat das Herz meines Sohnes mehrmals gebeten, euch Gnade über Gnade zu gewähren. Mein geliebter Jesus ist zwar als König der Welt verkündet worden, aber von zu wenigen Seelen. Das ist der Grund für einen unermeßlichen Schmerz und zögert die Stunde Seiner Wiederkunft hinaus. Als Mittlerin zwischen den Menschen und Gott und unter euch, forde ich euch heute betrübt auf, euch ganz Jesus hinzugeben, der auf die Sühne der Beleidigungen wartet, die ihm zugefügt werden.

Meine Kinder, es braucht viel Gebet und Opfer. Es wartet so viel Leiden auf den Menschen, wenn er in seinem eigenen Leben nicht wieder zum Herrn findet…

Debora: – O Unsere Liebe Frau…

Maria: – … aber jetzt lege ich euch mit schmerzendem Herzen nahe, zum Gebet zurückzukehren und die Liebe Gottes in den anderen wiederzuentdecken.

Debora: – Unsere Liebe Frau, was willst du noch von uns?

Maria: – Daß ihr mich ehrt und mir eine Novene der Hingabe und der Hoffnung aufopfert. Das wünsche ich von ganzem Herzen.

So werdet ihr meinen geliebten Sohn erfreuen, der sehnlichst wünscht, daß ich würdig geliebt werde.

Debora: – Ja, Unsere Liebe Frau, ich verspreche es dir: wir werden beten.

Maria: – Heute werde ich besondere Gnaden gewähren... Bis bald. Auf Wiedersehen.»

Dienstag, den 23. Dezember 1997

Die himmlische Mutter ist mit ihrem Bräutigam, dem heiligen Joseph, und mit der heiligen Theresia vom Kinde Jesus erschienen. Der kleine Jesus lag auf dem Arm Mariens, der angewinkelt war, um ihn zu stützen. Sie schaute auf die Menschen, die mich umgaben, und lächelte dabei mehrmals; dann kündigte sie an:

«Jesus, der Retter der Welt, kommt!

Debora: – Unsere Liebe Frau, ich will ihn anbeten: erlaube es mir!

Maria: – Meine Kinder, in diesen schrecklichen Stunden kommt das Licht Christi, des Herrn, in die Welt. Es kommt, um die Finsternis zu vertreiben, die die Bosheit und die Unaufrichtigkeit haben aufkommen lassen. Heute sagt er euch und der ganzen Menschheit: sorgt dafür, daß die freudige Erwartung in alle Herzen einzieht, und daß sie sich dabei allen seinen Schichten einprägt.

Meine Kinder, aus dem weit entfernten, einfachen und armen Haus von Nazareth steigt für jeden von euch ein heilbringendes Gebet auf.

Bringt den Duft der Tugend und der Hoffnung hervor!

Ich bin die Höchste Mutter der heiligsten Nahrung, und ich bitte euch, glühende Anbeter meines Sohnes zu sein.

Meine Kinder, ihr sollt lernen, den Willen Gottes anzunehmen. So viele Menschen wollen etwas empfangen, aber geben im Austausch dafür nichts hin. Das junge Mädchen hier bei mir (die heilige Theresia vom Kinde Jesus) segnet die anwesenden Personen, und ich möchte sie euch als die Heilige des demütigen Gebetes empfehlen.

Meine Kinder, Weihnachten ist ganz nahe, und da sollt ihr euer Opfer mit einem aufrichtigen Herzen hierherbringen. Ich sage euch: "Seid wahrhaftig! Seid wahrhaftig!" Ich werde wiederkommen, aber nicht mehr so häufig. Deshalb bitte ich euch, fest entschlossen zu begreifen, daß die Zeit kommt, in der der "Weinstock" reif ist.

Meine Kinder, ich will euch vertrauen. Ihr sollt Früchte bringen, die der glorreichen, erlösenden Menschwerdung meines Sohnes würdig sind.

Auf, meine Tochter, ich nehme deine Bitten an! Ich segne die Gegenstände als Zeichen der kindlichen Liebe zum Vater. Jetzt segne ich euch und bitte euch nochmals um das Gebet. Alles andere ist offenbart worden. Erwägt die Taten und die Werke, dann wird alles klarer werden.

Für alle wird eine bessere Zeit kommen, aber es wird eine Läuterung der Herzen geben... Ihr sollt vertrauensvoll hoffen und euch im Gehorsam den Worten hingeben, die ich euch bringe. Ich segne euch nochmals in meinem einzigen Sohn.

Bis bald. Auf Wiedersehen!»

25. Dezember 1997, Geburt des Herrn

Beim ersten Morgengrauen...

Jesus: «Wach auf! Ich bin es, der menschgewordene Gott, das belehrende Wort.

Ich werde mit dir über Maria, die Gnadenvolle, und über Joseph, meinen erwählten *(jungfräulichen)* irdischen Vater sprechen.

Debora: – Herr, ich laufe, um mein Heft zu holen. Warte auf mich!

Jesus: – Ich werde dich über sie belehren, damit jeder lebende Mensch die ganze Wahrheit kennen kann, die nicht vollständig ist, solange man nicht das Geheimnis aufgenommen hat, das die "Heiligste" umgeben hat.

Ich habe dir gesagt, daß Maria Mein Zweites glühendes Herz ist, in das Ich Meine Wonne fließen lasse, und in dem ich die Wiedergutmachung und die Zärtlichkeit schöpfe, die mir die Menschen mit so viel Undank verweigern. Heute werde Ich dir sagen, daß sie, der Schoß, der die Gnade faßte, von der er erfüllt wurde, als Schoß des Vaters bezeichnet und angerufen werden kann, da sie der Welt den Sohn Gottes geschenkt hat, der eines Wesens mit dem Vater ist.

Ich sage euch: sie kann wirklich als der mütterliche Schoß Gottes angesehen werden, da sie durch die Liebe des Vaters erschaffen wurde, und da sie von der Gnade in der Gnade erdacht worden war.

Eva, das menschliche Geschöpf, das von der göttlichen Liebe begünstigt worden war, wurde zum Ursprung einer großen Sünde.

Maria ist das menschliche Geschöpf, das vergöttlicht wurde, da sie zum Ursprung des Heils und der Wiedergutmachung des alten Ungehorsams wurde.

Meine Tochter, das kannst du den Vertretern der verschiedenen religiösen Prägungen sagen, denen du begegnen wirst: die Dreifaltigkeit ist vollkommen in ihren Drei Personen, aber Jene, die Gott hervorgebracht hat, wird mit einer Liebe geliebt, die der Liebe gleicht, mit der der Vater sich selbst und seinen geliebten Sohn liebt.

Der heilige Vater hat sie so erdacht, wie sie ist: als "reinste Reinheit", und dann hat Er sie an Sich gezogen und sie in der Herrlichkeit des Reiches unsterblich gemacht, damit sie über dieses Reich herrscht. Wie die Erde das wieder in sich aufnimmt, was sie zum Blühen gebracht hat, so hat Mein Vater das herrliche Werk Seines vollkommensten Herzens wieder zu sich erhoben und erschafft es immer neu, damit eine solche Vollkommenheit ohne Ende erneuert wird.

Und was ist zu meinem irdischen Vater Joseph zu sagen, dem Mann, der meinem Heiligsten Herzen am teuersten ist? Er war mein Pflegevater und der Vertreter der Menschheit, der dem Menschen seine königliche Würde wiedergab, indem er mich erzog, und indem er Mich auf dem mit Fallen gespickten und ermüdenden Lebensweg in einer ständigen Umarmung an sich drückte.

Ich war der Sohn des Höchsten, aber menschlich gesprochen war ich der seine, und Ich liebte ihn so sehr, daß Ich in seiner letzten Stunde weinte, auch weil Ich Mir seiner Bedeutung an der Seite Meiner heiligen Mutter bewußt war, die sich auf eine umso größere und umso schmerzlichere Witwenschaft vorbereiten mußte.

Er war der Gerechte unter den Gerechten, er war fleißig, geduldig, liebevoll aufmerksam in seinem Schweigen, und er hatte einen weisen und fürsorglichen Geist. Er war erwählt worden, um am Werk der Heiligen Erneuerung teilzunehmen, die von den Propheten aller Zeiten vorhergesagt wurden. Niemand war würdiger als er, um der Frucht Gottes an der Seite Mariens, Meiner Mutter, beizustehen. Sie war voll der Gnade, und Joseph war voll der Kraft des Heiligen Geistes, durch den er sich gehorsam, ohne Widerspruch oder Widerstand führen ließ, und der ihn zu einer großen Heiligkeit brachte.

So gebe Ich ihn euch, den Eltern von heute, zum Vorbild, wenn ihr an die Heiligkeit der Ehe und die Unauflösbarkeit dieses Sakramentes glaubt!

Jetzt habe Ich euch Meine heiligen Eltern vorgestellt.

Tretet nun in die Innigkeit Unseres Hauses ein und meditiert. Auch das eure kann ein glückliches und lichterfülltes Haus werden, wie ein Komet am Himmel.»

In der Nacht vom 5. auf den 6. Januar 1998

Ich ruhte mich aus, aber mein Herz war in einem Zustand tiefer Verwirrung. Der Dämon hatte mich keinen Augenblick in Ruhe gelassen. Sein grauenvolles Handeln entwürdigte mich und schloß mich in menschliche Gefühle ein, gegen die ich in einem beeindruckenden geistigen Kampf ankämpfte, der in der letzten Zeit immer schwieriger wird. Dann ließ sich mein Geliebter vernehmen:

«Steh auf, Meine Tochter! Höre auf Meine Stimme!»

Mein Herz fuhr auf, und in der Benommenheit des Schlafes erkannte ich den göttlichen Befehl, dem kein anderer gleichen kann. Die Seele nimmt ihn wahr und gibt ihn an den Leib weiter.

Debora: «Herr, welche Freude, Deine göttliche Majestät zu empfangen!

Jesus: – Mein Herz, wieviel Angst ist in deinem zerrissenen Herzen!

Debora: – Meister, die ständigen, wütenden Angriffe Satans demütigen mich so sehr, daß ich mich ganz unrein fühle. Seine böswilligen Worte an meinem Ohr quälen mich so sehr, daß ich manchmal den Eindruck habe, in der tiefsten Tiefe der Hölle zu ersticken.

Jesus: – Meine Tochter, die Versuchung ist keine Sünde; aber wenn man sich auf sie einläßt, indem man sie annimmt und sie ihr Werk vollbringen läßt, wird sie zu einem tödlichen Fall für den Menschen. Dagegen läutert dich der Kampf, den du aus ganzer Seele führst, und belebt dich neu entgegen den menschlichen Neigungen, die den Geist ersticken. Schau, wie du einen solchen Kampf nennen sollst: Frucht der reinsten Liebe für die Eroberung der Seelen und die Erlangung des Ewigen Lebens!

Behalte die Worte Meines Herzens in deinem Geist, denn sie können dir auf deinem Weg gewaltig nützlich sein und ihn erleichtern. Die Seelen, die in die dunkle Finsternis laufen, retten sich durch den Feuereifer und den Willen, die Angriffe der Welt, des Fleisches und des Dämons zu besiegen. Rufe sie zurück und reinige ihre Entweihungen durch deine Sühne.

Meine Tochter, du sollst die Heiden belehren und sie zu Mir zurückführen. Du sollst den Lauen aufrütteln und dafür sorgen, daß er wieder die Kraft des Glaubens bekommt. Sieh, Meine Stimme hat zu dir gesprochen, damit jene ans Licht kommen, die verborgen, aber kraftvoll evangelisieren: auch sie sollen gesegnet werden, weil sie ihr Herz vom Siegel Meines heiligen Kreuzes beschneiden lassen werden.

Ruh dich jetzt aus, und mein Friede sei mit dir!

Debora: – Amen!»

In der Nacht vom 17. auf den 18. Januar 1998

Wiederum kommt Jesus zu mir, um meiner armen Seele Trost zu bringen, die sich oft Sorgen macht.

«Tochter, Schwester, Braut, steh vom Schlaf auf. In diesen Stunden werde Ich Meinem Volk als der Heiligste offenbaren, wie wichtig du für Mich und für Meine Kirche bist. Meine Debora, die du Meine verborgenste Zärtlichkeit empfängst, du wirst bald am Gipfel Meiner Botschaft anlangen. Ich werde dich aussenden, weil Ich Mich durch dich an die Welt wende; Ich werde dir den Weg durch mein unablässiges Gebet zum Vater eröffnen.

Debora: – Herr, Mein Geliebter!

Jesus: – Ja, was du begriffen hast, wird eintreten, weil die Andacht zu Meiner heiligen Mutter, die sie als Quelle des heiligen

Öls von der immerwährenden Salbung preist, ein Juwel ist, den Ich ihr geschenkt habe, und Ich will, daß sie zum Trost für ihre Tränen verbreitet wird. Liebe sie, Meine Tochter, liebe sie! Du bist ihre kleine Tochter!

Debora: – Oh, ich liebe sie, Herr, und wie!

Jesus: – Mit ihr wirst du die Ziele treffen, die sich Meinem Kommen entgegenstellen, weil sie durch die Straßen der Welt ziehen wird. Ehre sie, diese schönste Braut, wie Ich selbst sie ehre, denn Ich schaue mit Bewunderung auf sie als Meinen erhabensten Schatz. Ich liebe Meine heiligste Mutter. Du sollst sie mit deinem ganzen, kleinen Herzen lieben. Erwäge das Werk, das Ich in dir vollbringe, damit der Frieden des überaus liebenden Herzens Mariens in Fülle auf jedes Geschöpf herabkommt...»

Freitag, den 23. Januar 1998, 20 Uhr

Die Mutter Gottes kommt wie versprochen, um einen neuen Aufruf des Herrn zu bringen. Sie ist in einen goldbestickten Mantel gehüllt. Sie trägt ein weißes Kleid. Ihr Gesicht ist sehr sanft und leicht nach rechts geneigt.

«Gelobt sei Jesus Christus!

Meine Kinder, heute, bei dieser ersten Erscheinung in diesem Jahr, wird meiner heiligen und keuschen Ehe mit meinem Bräutigam Joseph gedacht, der der Sohn Davids und Hüter meiner Kirche ist.

Meine Kinder, diese Lehre ist jetzt vollständig: alle offenbarten Wahrheiten sind in allen ihren Dimensionen speziell für die Menschenmengen gelehrt und eröffnet worden. Viele der größten Völker sind besucht worden, und andere werden in Kürze das Siegel des Kreuzes meines Sohnes empfangen.

Liebste Kinder, ich will, daß ihr für diese Diözese betet und besonders für alle Priester und Bischöfe, die den Auftrag haben, den Sieg meines Herzens zu verwirklichen.

Debora: – Meine Liebe Frau, was wünschst du noch?

Maria: – Daß man einen ganz besonderen Weiheakt an Unsere beiden vereinten und siegreichen Herzen vollzieht.

Debora: – In welchen Gemeinden?

Maria: – An allen Orten und in allen Herzen, wo immer sie sich befinden.

Meine Tochter, du sollst daran arbeiten, daß diese Weiheakte bis an die Enden der Erde gelangen und einer großen Zahl von Seelen dienen können.

Sorge dafür, daß mein Bildnis sich schnell verbreitet: wer immer "auf die Eucharistie schaut, die ich auf meiner Brust trage, wird augenblicklich von Frieden erfüllt werden und große Gaben erhalten".

Ich bitte euch, die Pläne zu vollenden, die ich dir mitgeteilt habe. Zu diesem Zweck wird sich mein Werk mit Macht verwirklichen. Meine Tochter, sprecht diesen feierlichsten Akt der Zugehörigkeit, damit ihr voll und ganz in der Welt handeln könnt... Aber jetzt...

Ich grüße euch, segne euch und danke euch, daß ihr meinem Ruf gefolgt seid.

Der Wille Gottes soll in euch geschehen, wie ich es erwarte.»

Freitag, den 30. Januar 1998

Es ist spät, und starke Kopfschmerzen lassen mein Herz erzittern. Es ist nicht die Angst, sondern eine ganz zärtliche Liebe für Den, der sich in seligem Leiden mystisch mit mir vermählt hat. Nichts könnte mich an Ihn binden außer einer ganz reinen Liebe und dem Willen, mein Leben für sein heiligendes Handeln hinzugeben.

Nein, die tägliche Begegnung mit dem himmlischen Freund und Bräutigam ist keine Einbildung und auch nicht das Werk der schwarzen Engel! Mein armes Wesen wird von dem heiligen Tröster unterstützt, und nicht von der Lektüre der Bücher, die mir — in Anbetracht meiner Unwissenheit auf diesem Gebiet — mehr als jedem anderen wie unverständliche Mauern von Schriften erscheinen.

Ich beginne, den Rosenkranz zu beten. Wenig später... fließt der erste kleine Bach von Blut herab, benetzt meine Wangen und dann meinen Mund und läßt mich auf diese Weise die grausame Marter des geliebten und anbetungswürdigen Jesus schmecken, der von vielen im Stich gelassen wird, und der von denen, die den Glauben für sich beanspruchen oder sich die Macht zusprechen, abgelehnt wird. Dann sagt er mir:

Jesus: «Durch das Opfer deines Lebens sollst du das Herz ehren, das dich so sehr liebt. Opfere dein jugendliches Martyrium deiner heiligen Mutter auf und wiederhole mit meiner Stimme eines

Sohnes, der ganz mit ihr vereint ist: "Ich gehöre für immer dir! Dein Sohn bittet mich, dir das zu sagen."

Du wirst ein Stein des Anstoßes und ein Grund des Grauens für die Arbeiter des Tieres sein!

Wer durch dich bereit sein wird, Mir nachzufolgen, kann und wird Meine heiligen Worte nicht vergessen.

O ihr dummen Menschen, warum habt ihr unseren Auftrag nicht aufgenommen, den Ich als die heiligste, ungeliebte Liebe erfüllt habe und noch immer durch meine Dienerin und Braut erfülle? Ich habe sie mitten in Mein Volk gestellt, das nach Meiner Kenntnis hungert und dürstet. Ich habe ihr befohlen, mit der Salbe der Heiligsten Jungfrau *(dem wunderbaren Öl, das aus dem Mantel der Statue der Madonna sickert)* die Wunden der verjagten, lächerlich gemachten und ausgelieferten Schafe zu heilen, und Ich habe zu ihrem Herzen gesprochen, um sie zur Mutter und Schwester all jener zu machen, die sie kennenlernen werden.

Ich habe Meine heiligen Schätze in sie gelegt, damit das auferstandene Volk Mich von neuem lieben und ehren kann, indem es Mich kraftvoll und in der Freude des verlorenen Sohnes "Abba, Vater!" nennt. Ihr setzt jedoch euren Vorurteilen noch kein Ende, und als wärt ihr in einem Käfig gefangen, brüllt ihr wie wütende und zornentbrannte Löwen wegen der Gnaden, die Ich anderen gewähre.

Wenn ihr wirklich fähig wärt, auf Meine Worte zu hören, würdet ihr die Wonnen, die aus diesem bescheidenen Geschöpf entsprungen sind, nicht schwierig zu verstehen finden. Diese Worte werden euch schlecht schmecken, obwohl sie durch die Annahme des unschuldigen Martyriums fruchtbar gemacht werden, weil der Kopfglaube in euch die vollkommene Hingabe an Gott überwuchert hat. Habt ihr denn einen Gott?

Ich frage euch nochmals: warum quält diese "Stimme" eure Gewissen, und wird sie ein so trauriges Opfer der Wut von vielen, wenn ihr für die Herrlichkeit Gottes arbeitet? In Wahrheit sage Ich euch: ihr kämpft nicht gegen sie, sondern gegen das Licht, und wie Schlangen laßt ihr euch von der Gegenwart der Sonne vertreiben.

Ach, Meine Debora, was für eine Barmherzigkeit lebt trotz eurer Angriffe und eurer Verachtung in Mir! Bitte Mich darum, dich als Opfer hinzugeben, dann wirst du Mein gedemütigtes Herz verbinden, das von unzähligen Verletzungen angenagelt wird. Lehne deine Brüder nicht ab, sondern liebe sie und erneuere sie durch die heilige Verzeihung!

Es ist gesagt und geschrieben worden, daß ich als "Zeichen des Widerspruchs" in die Welt kommen würde, und als Derjenige, der die Seelen entzweit. Ich sage euch: "Gesegnet sind die Seelen, die Meine Worte der Wahrheit kosten und sich ganz der Stimme des Heiligen Geistes und seinem herrlichen Werk anvertrauen!"

Hab keine Angst, kleines Opfer, und gib Mir alle Ereignisse hin. Mein Friede sei mit dir!»

Montag, den 2. Februar 1998, Jesu Darstellung im Tempel

Debora: «Herr, ich will dich vernehmen. O meine sanfte Liebe, du hast mir gesagt, daß wir durch das Band des Leidens vereint sein werden. Oh, ich fühle mich mit Dir durch eine ganz reine Liebe vereint, die mich alles vergessen läßt. Die Wunden, die meine Verfolger in mir aufgerissen haben, bringen Heil, so als seien sie für mich Ursprung von "Wissen" und von "Erkenntnis"! Ich liebe dich, Herr, und wenn Du Dich je herablassen solltest, einen solchen Liebeskrampf anzunehmen, so… (wie ein Blitz).

Jesus: – Sei überzeugt, Meine Tochter, daß kein Geschöpf dich so lieben könnte, wie Mein Herz deines mystischen Bräutigams dich liebt und dich hütet.

Sage dir nur, daß Meine Wunden und Mein Kreuz keine Lasten darstellen, die mit jenen vergleichbar sind, die der Mensch sich auflädt, wenn er in die Fallstricke der Sünde oder in die Abgründe der Welt fällt. Meine Leiden sind liebenswert und lassen Kraft, Mut, Treue und Weisheit erblühen, wenn sie sich in die Herzen und Seelen jener einprägen, die sich als Liebesopfer für die Liebe hingeben.

Die Leiden und die Wunden der Menschen tragen die blutige Schärfe der Faulheit, der Gier und des Hasses in sich, die der Seele noch mehr schaden als dem Leib, der billigst verkauft und gedemütigt wird, um "Brot zum Überleben und zum Leben" zu verdienen, wie ihr sagt.

Wozu nützt es zu leben, wenn ihr dann für das wahre Leben tot seid, für das ewige und einzige Leben, das es nach dem Tod des Leibes gibt?

Nein, du Mein Herz, Meine Wunden brauchen weder gemildert noch geheilt zu werden! Wer könnte mehr lieben als Ich? Meine Braut, wer wird dich mit der Leidenschaft lieben, mit der Ich dein armes Dasein ausfülle, indem ich aus dir Meine ewige Liebende und eine unermüdliche Mutter für die Kinder mache, die «das Haus verlassen» haben? Du weißt es und bezeugst es durch dein Leben, daß Ich das nicht leichtfertig dahersage!

Auf, laß uns also weiterhin sprechen, und bereite dich darauf vor, die Menschen zu belehren, da Ich deine Zunge scharf wie ein schneidendes Schwert machen werde (Jes 49,2), damit die Geschöpfe anfangen, zu Meiner heiligen Gegenwart zu kommen. Sage dir, daß du nie allein bist!...»

Freitag, den 13. Februar 1998, 8 Uhr 30

Debora: «Herr, ich würde dir gern mein Kleinsein aufopfern für alle geweihten Seelen, die sich in ernsthaften Schwierigkeiten befinden. Ich weiß nicht, was ich dir sonst sagen könnte, was dir angenehm ist. Zeige mir deinen Willen, Jesus...» *(Darauf folgt spontanes Gebet.)*

Jesus: «Ich werde dir immer, bei jedem Herzschlag, eine treue Antwort auf Meinen heiligen Willen schenken.

Meine Tochter, ich werde für Meinen heiligen Rest wiederkommen *(jene, die dem Geist der Welt nicht nachgegeben und ihr Herz nicht dem Heidentum zugewandt haben)*, der Mich voller Vertrauen erwartet. Heute schaue Ich vom Himmel auf jene, die Mir geweiht sind, auf Mein Liebesopfer. Wie der Wind weht und das Leben schenkt, so sende Ich ihnen die erneuerte Frische des ersten "Ja". Mein Mitleid ist groß für jeden von euch.

Bedenke, wie sehr Mein Herz als Hoherpriester von den vielen verletzt ist, die dem geweihten Dienst oder der mystischen Vermählung lau und gleichgültig gegenüberstehen!

Meine Tochter, trotz deines Gebets kann Ich nicht umhin, einige von ihnen abzulehnen. Oh, Meine glanzvollen und strahlenden "geweihten Sterne", die mit Meiner Herrlichkeit bekleidet sind, wie tief sind sie gefallen, weil sie von hinfälligen Illusionen verführt worden sind!

Opfere Mir dein Leben auf, Deby, Schäflein Meiner Herde, damit sie nicht mehr an Meiner ewigen Liebe zweifeln können, die sie erwählt hat.

Jetzt ist die Stunde Satans da, aber sie wird bald vorbei sein, und Ich werde Meinen Thron mitten in Meinem Haus wieder aufrichten. Mit ihm werde Ich Meine Schöpfung zur reinen Treue früherer Zeiten zurückführen, als die Dinge noch nicht derart verkommen waren.

Alles ist vom Wurm der Veränderung zerfressen worden, damit der Himmel euch nicht mehr erhellen kann wie zur Zeit des "Frühlings" *(die erste Zeit des ganz frischen Glaubens)* auf der Erde.

Zu jeder Zeit hat das Dunkelmännertum die Menschen verführt, aber noch nie hat die Finsternis der falschen Wissenschaft, der falschen Religion, des falschen Friedens wie heutzutage geführt und gesiegt!

Steht auf und erhebt euren Blick, da die Heiligen und die Propheten soviel Gnade sehen wollten und nicht gesehen haben, wie sie die Frau gezeigt hat, "die mit dem Licht bekleidet ist", dem Licht des Sohnes Gottes mit seinem Heiligen Kreuz. Ihr werdet noch tausende Male besucht werden, aber ihr werdet nicht viel Zeit haben, euch zu entscheiden.

Ich werde siegen, und mit Mir wird der Geweihte siegen, der es versteht, wie die klugen Jungfrauen im Gleichnis zu warten (Mt 25,1-13). Sie werden zum Festmahl der Untrennbaren Herzen eingeladen werden.

Geh, Meine Tochter, halte die Ausbreitung der Modernismen in den Vorräumen Meiner Paläste *(Klöster, Institute, Gemeinden im allgemeinen)* auf! Sprich und beruhige die Kranken durch die Kraft Meiner Lehren und der Tradition.

Meine Tochter, Schwester, Braut, verliere niemals den Mut, Mich zu verkünden und Meine siegreiche Flagge hoch vor dir herzutragen, die Ich unter den Völkern wehen lassen will. Mein Friede sei mit dir. Du gehörst Mir!»

Montag, den 23. Februar 1998, 19 Uhr 55

Die Mutter Gottes kommt mit einem unüberschaubaren Hof von Engeln. Ihr Kleid ist glanzvoll. Auf ihrer Brust trägt sie die strahlende Eucharistie, von der diesmal Blutstropfen herabfließen. Ich bin ganz beeindruckt.

Maria: «Gelobt sei die Eucharistie, das heilige Herz Jesu.

Liebste Kinder, heute hat mein ganzer Hof von Engeln den "Schleier" vom Thron des Höchsten gelüftet und die freudige Nachricht von Meiner Gegenwart und Meinen Worten zu euch gebracht, die wie das Echo der Stimme Meines geliebten Sohnes sind. Alle meine Engel haben sich vor dieser Nachbildung *(der Statue, die aus Trentin gekommen war, und ihre Erscheinung in Manduria darstellt)* verneigt, die Mich darstellt. Ich segne sie, damit sie Gnaden über alle Schafe der göttlichen Weide ausbreitet, die hier ihre Nahrung finden.

Ich verspreche euch, daß mein Bildnis bis an die entlegensten Grenzen gelangen wird, und daß viele Menschen zum "Haus des Vaters" zurückkommen werden.

Ich will, daß diese Andacht zu mir allen Seelen zugänglich ist, vor allem jenen, die ihrer am meisten bedürfen. Vielen werden durch sie das Wahre Leben im Herrn finden.

Meine Kinder, gebt die Prozession entlang dieser Fluren nicht auf *(es handelt sich um den Bußweg, der an den Straßen des umliegenden Gebietes entlangführt)*, weil ich euch dort in den kommenden Monaten Zeichen schenken will, die euch auf den Weg des Lebens führen werden.

Aber jetzt, meine Tochter, salbe ich die geweihten Seelen, die hier zugegen sind, mit dem Öl, das vom Tempel Gottes herabkommt, und du sollst ihnen sagen, daß ich mit einem ganz besonderen Vertrauen auf sie schaue. Auch sie verraten die mystische Vermählung mit meinem Sohn nicht, der sie aus vielen erwählt hat.

Die Menschen sollen wissen, daß ich mit meiner ganzen Macht als Mittlerin eingreife, damit das Schiff Petri (die Kirche) zum Hafen des großen Sieges gelangt.

Meine Tochter, verbreite meine Botschaft ohne Unterlaß, da die Welt auf diese Verkündigung wartet. Ich…

Laß mich diese Rose küssen (die ihr während der himmlischen Begegnung geschenkt wird). Schenke jedem der geweihten Seelen eine Rose: in den Augenblicken der Betrübnis werden sie dadurch getröstet werden.

Ich drücke euch an mein Herz und erwarte euch nächsten Monat wieder hier.

Sage den Söhnen meines Werkes, daß ich ihre Bemühungen gesegnet habe, und daß ich sie dafür belohnen werde, indem ich während der kommenden Monate mehrmals erscheinen werde, auch während des Sühneopfers (die Gebetswache zur Sühne), weil sie mir sehr teuer sind. Ich liebe euch, meine Kinder, deshalb bitte ich euch noch einmal, daß ihr mir euer Leben als lebendiges und heiliges Opfer darbringt. Sie sollen beten, dann werden sie erhört werden. Gott ist geduldig und barmherzig. Er enttäuscht die Treue Seiner Diener nicht. Bis bald.

Gelobt sei das Herz des Vaters!»

25. Februar 1998, Aschermittwoch

Es ist schwarze Nacht, und ich bete vor dem Allerheiligsten. *(Es handelt sich um die Hostie, die die Heilige Jungfrau Debora gebracht hat, und die für alle sichtbar geblieben ist. Während eines Kolloquiums hat sie erklärt, daß diese Hostie aus den Tabernakeln der Erde stammt, in denen Jesus im Stich gelassen wird.)* Jesus spricht mit warmer, sanfter Stimme zu mir:

«Schau, Meine Tochter, der Tod (der Seele) kann dich nicht mehr berühren!

Debora: – Bist du es, mein Liebster?

Jesus: – Ich bin es, Meine Braut. Meine Macht umgibt und durchtränkt dich. Ich bin der ganz heilige Besucher, und Ich komme zu dir, um dich von neuem zu schmücken. Komm: vertraue dich Mir als dem vollkommenen Ratgeber an. Ich werde von deiner Aufopferung durchbohrt; zusammen leben wir zum Ruhm des Ewigen!

Debora: – Jesus, ich liebe Dich so sehr!

Jesus: – So sei Mir immer gehorsam! Die Schlange will in dein Fleisch beißen, das von Meinem Blut überschwemmt und geheiligt ist, das sich in dich ergießt. Sie will dich vergiften und die Bemühungen auslöschen, die du unternimmst, um Mir treu zu bleiben. Du bist Mein Opfer *(das heißt: du bist berufen, dich mit Meinem Opfer zu vereinen, das sich in unblutiger Form während der Heiligen Messe wiederholt)*, Mein priesterliches Lamm. Der Allmächtige sieht dein edelmütiges Leiden.

Debora: – Jesus, sage Jahwe, dem geliebten Vater, daß ich sehr glücklich darüber bin, Ihm in Dir, meinem Unbefleckten Bräutigam, zu dienen. Ich werde nicht weinen.

Jesus: – O ja! Gib dem Bösen keine Gelegenheit, diesem Schakal, der Meine Gaben nachäfft. Du bist kein verlorener Stein in einem Strom, sondern ein Eckstein (1 Petr 2,6-8) und Meine kleine, dienende Seele. Du bist die Frucht Meiner Schätze und Meiner blutigen Opfer. Liebe Meine Mutter und bringe auch die anderen dazu, sie zu lieben, da sie dich zum Hochzeitmahl des Lammes geführt hat. Ich liebe dich und berge Mich in dir. Laß Mich nicht von einem Ort zum anderen irren, sondern sage Mir zärtlich: Ruhe Dich jetzt aus, denn das Haus, das Du besucht hast, ist ein Ort der Stärkung für den Heiligen Pilger.

Debora: – Ja, das werde ich Dir sagen, und Du wirst Deine müden Augen schließen und Dich auf Meiner Brust ausruhen, wie wenn ich Deine Mutter wäre. Komm, Mein Jesus, Vater, Bruder, Bräutigam und Sohn.

Jesus: – Das ist der Liebesgesang, den Ich von dem Geschöpf erwarte, das Mir, ähnlich wie Meine heilige und göttliche Mutter, eine mütterliche Wiedergutmachung verschafft! Zu viele Mütter haben Mich in ihrem Schoß umgebracht! Ich enthülle dir Mein großes Leiden. Laß Mich auf deiner Schulter ruhen, denn das dreifaltige Herz liebt deine Seele, auch wenn sie armselig ist.

Debora: – Du sollst nicht weggehen und umherirren, ich biete Dir meine Schulter an.

Jesus: – Du rührst Mich, Meine kleine Tochter. Du sollst immer so einfach bleiben, denn durch dich werde Ich Meine Kinder trösten. Die Ungeliebte Liebe hat gesprochen.»

Freitag abend, den 27. Februar 1998

Jesus kommt in mein Zimmer, um mich zu trösten.

«Meine liebe Tochter, wach auf und höre Mir zu.»

Ich hatte lange geweint und war vor Müdigkeit eingeschlafen. Durch die andauernde Verachtung meiner Landsleute war ich zutiefst niedergeschlagen. Während dieser sieben langen Jahre habe ich Tag für Tag nichts anderes als Feindseligkeit und Verschlossenheit, Verachtung und schmerzliche Beschimpfungen erfahren. Ich frage mich manchmal, wie eine Seele sich verhalten soll, die himmlische Botschaften empfängt. So wie ich von vielen empfangen werde, entspreche ich vielleicht nicht ihren Erwartungen.

Jesus: «Du wirst von Meinem Herzen geliebt, und das muß dir genügen. Verstehst du etwa nicht, daß heutzutage die falschen Propheten, die Meinen Geist lästern, mit Lobgesängen empfangen werden, und daß ihr Fuß keinerlei Widerstand begegnet? Du bist wahrhaftig, weil du Mir gehörst! Du bist so tief mit Mir verbunden, daß die Verachtung, die sie (gegen dich) hegen, das wahre Zeichen dafür ist, daß Ich in dir lebe. Du stellst Meine Stimme, Meine Wahrheit, Mein heiliges Gebot (Liebe deinen Nächsten wie dich selbst) dar, deshalb wollen sie dich zum Schweigen bringen, wie es in den Psalmen geschrieben steht: "Sie stießen mich hart, sie wollten mich stürzen." (Ps 118,13)

Ich erkläre dir feierlich, daß Satan wütend ist wegen des Bandes der Liebe, das Ich dir geschenkt habe, und das du mit einem Ruf der Hoffnung angenommen hast! Jetzt ist die Zeit des großen Unglücks, das der Prophet vorhergesagt hatte (Dan 9,27): das Greuel ist gekommen!

Heute schaue ich mit Zärtlichkeit auf dich, Meine kleine Tochter, Meine Braut!»

Ich war in Tränen aufgelöst.

Jesus: «Ja, o ja, du sollst keine Angst haben: Ich bin bereit, mithilfe deiner teuren Mitarbeit einzugreifen, damit die Welt von der Liebe Meiner Barmherzigkeit überschwemmt wird. Wie teuer sind Mir diese Tränen, Mein Herz, Mein priesterliches Opfer! Tritt in die Tiefen Meiner heiligen Wunden ein und tröste dich, indem du daran denkst, daß Meine Botschaft keine anderen, so würdigen Erben haben wird. *(Es wird in Manduria keine anderen Seher geben, sondern nur geistige Söhne, die sie fortführen werden.)* Mit dir wird sie beendet sein.

Wenn du am Ende deines Lebens im himmlischen Haus des Vaters ankommst, wirst du weiterhin beten, damit dieser Auftrag verstanden wird! Viele werden nichts begreifen, bis das Neue Pfingsten durch seinen neuen Hauch die Herzen und die Geister öffnet, weil sie gereinigt sein werden.

Ich bin glücklich, wenn du dich Meinen Händen überläßt und in deinem Kleinsein mitten in Meinen unzugänglichsten Gnaden lebst.

Ruhe dich aus! Mein Friede sei mit dir!»

Montag, den 23. März 1998

Unsere Liebe Frau erscheint während des Rosenkranzgebetes. Sie zeigt eine große Zärtlichkeit und läßt ihren Blick auf jeder der anwesenden Personen ruhen.

«Gelobt sei Jesus Christus!

Liebe Kinder, in meinen Botschaften habe ich euch mehrmals gebeten, meinem Sohn Jesus eure Herzen und eure Liebe aufzuopfern. Nur wenn ihr euch ganz der Liebe hingebt, werdet ihr die Kraft finden, von der Liebe zu euren bedürftigen und leidenden Brüdern Zeugnis zu geben. Wenn ihr euch ganz dem Herzen meines Sohnes hingebt, lebt ihr das Evangelium.

Heute wende ich mich an all jene, die mich auf besondere Weise lieben und die marianische Heilsbewegung in der Welt fördern wollen. All diesen Seelen sage ich: "Gebt euch durch eure Liebe der Liebe hin." Dann wird eure Seele die verborgensten Verletzungen und Wunden heilen.

Wenn ihr diese Opfer annehmt, habt ihr den Weg begriffen, den ich euch schon mehrmals aufgezeigt habe: für das Heiligste Sakrament zu sühnen und dafür zu sorgen, daß es wieder seinen zentralen Platz in den Herzen all meiner Kinder bekommt. Ich habe mehrmals mit euch über den Sieg gesprochen, aber ohne meine Kinder kann ich nicht siegen. Wenn ihr bereit seid und euch aufopfert, werdet ihr die Apostel und die Zeugen dieses beispiellosen Ereignisses sein.

Ich will, daß ihr euch mit einem reuevollen Herzen auf die Karwoche vorbereitet, und daß ihr in den Gemeinden das große Geheimnis des Todes und der Auferstehung Jesu lebt. Ich bin euch nahe und jenen, die wegen des Leidens und eines Mangels an Liebe nicht mehr glauben.

Meine Kinder, Ich bereite euch als die Jungfrau von der Eucharistie auf ein großes Fest vor, bei dem jeder "wiederaufblühen" wird, aber ich brauche eure Buße und eure Opfer.

Ich sage euch noch einmal: Gebt euch der Liebe hin!

Debora: – Meine Liebe Frau, was wünschst du noch?

Maria: – Daß jedes meiner Kinder sich von mir geliebt fühlt, denn Jesus hat mich für diese große Sendung mehrmals auf die Erde gesandt. Du sollst ihnen sagen, daß sie den Sohn nicht mehr von seiner Mutter trennen sollen.

Debora: – Heilige Jungfrau, das verstehe ich nicht.

Maria: – Du sollst ihnen sagen, daß ich nach dem Willen des Herrn als Miterlöserin mit Seiner Erlösung verbunden werden soll, und daß ihr am Ende jedes Gebetes sagen sollt:

Heiligste, vereinte und siegreiche Herzen
Jesu und Mariens,
wir loben und preisen euch.
Entzündet in unseren Herzen
die Flamme Eurer Liebe!

Jetzt segne ich euch... Die Heiligste Dreifaltigkeit wird hier Großes vollbringen. Habt Vertrauen. Ich drücke euch an mein Herz und danke euch, daß ihr meinem Ruf gefolgt seid.

Bis bald. Auf Wiedersehen!»

10. April 1998, Karfreitag

Jesus: «Meine Tochter, Ich schenke dir als die ungeliebte, mystische Liebe Meinen heiligen Frieden. Ich singe für dich die folgenden Worte hier wie eine Hymne. Du sollst sie mit einem vor Freude überströmenden Herzen aufnehmen: "Freue dich mitten in der Verfolgung, die man dir zufügt, Meine Geliebte: sie ist die schönste und schnellste Lehre, die dir erlaubt, zu meinem Thron emporzusteigen und dich dort auf den schon vorbereiteten Platz zu setzen."

Ich, der Wahre, habe dich aus Meinem Volk herausgerufen, um dich ihm erneuert und geläutert zurückzugeben, damit sein Geist von Meiner Gegenwart erfüllt wird. Als Ich dich erwählte, habe ich dich in Meine Hand gelegt, um dir genügend Kraft einzuhauchen, damit das Banner Unserer beiden Vereinten Herzen bis zur Sonne erhoben wird. Ich habe Meinen Bogen gespannt und dich wie einen starken und sicheren Pfeil daraufgelegt. Dann habe Ich dich in die Finsternis Meiner Geschöpfe geworfen, die jetzt so weit entfernt von Mir, und Meiner Liebe gegenüber so gefühllos sind. Und Ich, der Herr, war dabei innerlich bewegt!

Debora: – Herr, mein Geliebter, warum warst du bewegt?

Jesus: – Weil Meine Augen bereits die Herrlichkeit sahen, die du Mir wie einen wohlriechenden Weihrauch geschenkt hast, als die Toten auf deinem Weg wieder aufstanden und Meine Freunde wurden! Sie kamen in Meine väterliche Umarmung zurück: in die Umarmung des Vaters, der sich über die Rückkehr Seines eigenen Sohnes freut, der weggelaufen war. Höre: Bis jetzt hat niemand dich zum Schweigen bringen, noch dich vernichten können. Es soll dir nie mehr in den Sinn kommen, daß dieses Werk nicht von Mir sein könnte. Das bereitet Mir viel Kummer und verletzt Mich! Vergiß nicht, was Ich dir sage, Ich werde dich immer daran erinnern. Ich bin in dir!»

19. April 1998, Fest des Göttlichen Barmherzigkeit

Im ersten Morgengrauen erscheint der herrliche Meister und sagt mir:

«Meine Geliebte, erhebe dich! Die Barmherzigkeit des Herzens Gottes strömt über in diesen Tagen, in denen du lebst. Liebe Tochter, es ist das Wesen deines Herrn, ewig *"Barmherzigkeit zu üben"*.

Höre, kleine "Bienenbotin," die du mit Meinen wertvollen Dornen gekrönt und an das mächtige Holz der Herrlichkeit genagelt bist. Ich werde es noch einmal und einzig aus Liebe zulassen, daß man dich verfolgt und dich erbarmungslos behandelt; durch die Verdienste, die du erwirbst, werde Ich auf diese ungerechte Welt Meine *"höchste Barmherzigkeit"* herabfallen lassen! Kleines Herz, sei immer mehr ein Nichts, damit du ein Opferkelch sein kannst, der mit dem Meinen vereint wird. Meine Worte und die unsagbaren Wohltaten, mit denen Ich dich erfüllt habe, sind von der Mehrheit abgelehnt worden; aber die Weisheit derer, die sich weise nennen, wird durch die wahrhaftige Kraft der Offenbarungen zerstreut, die Ich dir anvertraut habe.

Meine Tochter, jetzt offenbare Ich Meiner Kirche die Barmherzigkeit der Liebe, die nicht geliebt wird, und Mein Mund hat gesprochen: "Das Tier hat seine Pläne aufgestellt und breitet sie auf dem Tisch der Seinen aus." Sie werden begreifen, daß Ich sie durch den Heiligen Geist, der dich herausgerufen hat, von dem Gift Satans befreien will, indem ich die Treue wiederherstelle und alle falschen Lehren zerstöre, die in Meinem mystischen Leib im Umlauf sind.

Meine gesegnete Mutter wird der Schlüssel dazu sein, und sie wird noch einmal versuchen, den Sünder mithilfe ihrer Kleinen *(jener, die sich entschließen, sich zu demütigen und ihr zu folgen)* zur Reue zu bewegen. Und Ich erkläre folgendes: "Nicht nur wer gotteslästerliche Reden führt wird von ihr aufgefordert, zur Gnade zurückzukehren, sondern auch die Verräter und die Überheblichen. Die Tage der Herrschaft des Bösen werden gezählt sein, denn die Zeit, in der du lebst, ist in den Ozean der Barmherzigkeit getaucht, wie Ich dir zu verstehen gab."

Mensch, hebe die Augen zum Himmel! Du wirst nicht umhin können, den Mantel der Königin zu erblicken, der für die Dämonen ein Grauen ist und immer kräftiger weht, wie ein Banner, das "Sieg!" verkündet.

Mensch, wende dann dein Herz der Erde zu und lege dein Ohr auf den Boden! Du wirst nicht umhin können, das Geräusch Meiner demütigen Schritte zu vernehmen, die die tiefsten Tiefen der Abgründe erbeben lassen!

Ich schicke euch Meinen Heiligen Geist!

Bereitet euch auf das "Zweite Pfingsten" vor, das euch wieder zum Blühen bringen wird.

Meine Tochter, warne die ganze Welt und sage ihr, daß auf Meine Barmherzigkeit die unerbittliche Gerechtigkeit folgen wird. Ich segne dich...»

Donnerstag, den 23. April 1998

Unsere Liebe Frau erscheint mitten unter den Liedern und Gebeten, die von ihrer kleinen Kapelle aufsteigen, die im Olivenhain errichtet wurde.

«Preist Gott, Meine Kinder.

Heute will ich euch ermahnen, die Erfahrungen des christlichen Lebens lebendiger und harmonischer zu leben.

Meine Kinder, ich will, daß jeder von euch sich auf den rechten Weg begibt. Ich will, daß ihr meine Gegenwart mit mehr Interesse aufnehmt. Ihr sollt nicht den Mut verlieren, wenn die Prüfungen des Lebens euch die Gegenwart finster und trüb erscheinen lassen. Denn dadurch werdet ihr Jesus näher bei euch fühlen; opfert Ihm alles auf, indem ihr jedes Leiden in Seine Hände legt.

Liebe Kinder, ruft mich an in euren alltäglichen Bedürfnissen. Ich kann nur dann eingreifen und all diese unbeständigen Situationen verwandeln, wenn ihr in das Gebet einwilligt. Der Herr, der im Himmel thront, liebt euch alle und wird euch Seine Liebe schenken, wenn ihr Seinen heiligen Geboten folgt.

Debora: – Meine Liebe Frau, was wünschst du?

Maria: – Die Welt soll wissen, daß die Dame des heiligen Öles und die Jungfrau und Mutter der eucharistischen Liebe sich mitteilt und wünscht, daß man ihr antwortet.

Debora: – Ja, das werde ich sagen, ich verspreche es dir.

Maria: – Meine Kinder, werdet ihr für mich Zeugen der Gnade sein, mit der ihr erfüllt seid?

Debora: – Ja!

Maria: – Ich will euch glauben, und euer Gebet wird mir helfen, das Böse zu besiegen. Betet! Betet! Nur durch das Gebet kann Gott bei euch sein und den ersten Platz in eurem Leben einnehmen.

Folgt dem Beispiel des Papstes und vergeßt nie, die geweihten Seelen zu bitten, für ihren "Hirten" zu beten.

Meine Tochter, ich werde euch auf dieser apostolischen Reise begleiten, damit mein Versprechen sich erfüllen kann. Dann werde ich im Mai mehrmals erscheinen und euch mit großer Freude erwarten.

Debora: – Ich schenke dir diese Rose. *(Ich schenke sehr gern Blumen, und ich weiß, daß sie Rosen liebt.)*

Maria: – Ich liebe deine Einfachheit sehr, kleine Tochter. Hab keine Angst, den Schritten Jesu als deinem Bräutigam und Geliebten, zu folgen.

Auf Wiedersehen und bis bald!»

Samstag, den 2. Mai 1998

Jesus: «Hebe die Augen auf zu deinem Herrn, der sich unter der eucharistischen Erscheinungsform verbirgt. Ich bin nicht weit weg, und doch sagen viele: "Er ist nicht da, er ist in seinem Himmel verloren, er greift nicht ein bei uns..."

Oh, Ich würde euch so gern zu Meinem Ruhm einsetzen und euch zeigen, daß eure Worte nur eine teuflische Täuschung sind, die euch um die große Freude bringt, euch als die demütigen Diener Meiner heiligen Vergebung zu fühlen!

Habt ihr denn nicht bemerkt, wie sehr Meine Seele sich ohne Rast und Ruhe auf die Suche nach den kränksten und verlassensten Seelen macht? Ich werde sehr bald über die niederträchtigen Gedanken des Menschen siegen und die Gerechten heiligen, indem ich ihnen Meine heilige Mutter, die Mittlerin und Fürsprecherin der Seelen, schenke.

Debora: – Herr, sie behandeln Dich hart, und so kann ich verstehen, warum ich den Haß vieler auf mich ziehe. Manche andere hätten gern, daß ich mich immer schuldig fühle und wollen mich zur Verzweiflung bringen. O mein Jesus, wie böse und mühselig ist diese Welt, die Du retten willst!

Jesus: – Ja, mein Herz, das ist sie! Aber Mein Geist wird die Welt vom Himmel herab reinigen und sie wirklich rein machen.

Debora: – Herr, ich glaube dir, denn ich höre wirklich deine Worte.

Jesus: – Du Schöne Meines gekreuzigten Herzens, ich werde Meinem Volk Wunder offenbaren. Du aber sollst arbeiten, wie Ich es dich gelehrt habe. Bedenke, daß du wichtig bist, und daß deine Taten, die du für Mich vollbringst, die Ermahnung deutlich machen, die Ich an die Menschheit richte. Mein Ziel ist und wird die Kenntnis der Wahrheit sein.

Debora: – Jesus, guter Meister, was aber ist die Wahrheit? Wie kann ich verstehen, was das heißen soll?

Jesus: – Meine Schülerin, ich habe mit dir über die Kenntnis der Wahrheit gesprochen, weil die Wahrheit das Wesen Gottes selbst ist. Wer die Wahrheit kennt, ist sich dessen bewußt, was Gott in das Herz des Menschen gelegt hat, das die Verlängerung Seiner zärtlichen Liebe darstellt. So werdet ihr in der Wahrheit leben, wenn ihr euch der wahren Erkenntnis nähert, und der Heilige Geist wird euch diesbezüglich erleuchten. Dann wird die Wahrheit kennen bedeuten, daß man den Vater und Seine Aufmerksamkeiten kennt. Ich sage dir: "Zu viele sind von Meinen Wegen der Wahrheit abgekommen!"

Debora: – Tief in meinem Herzen empfinde ich eine große Bitterkeit!

Jesus: – Deshalb sind das Ärgernis, der Verlust der Treue und das Greuel entstanden!

Zu viele Menschen sind vom wahren Glauben abgekommen und werden vor allem von Reden *über* Gott angezogen, und nicht *von* Gott Selbst.

Mein kleines Kind, das ist Mein ganzer Kummer! Das ist der Schmerz der Mutter, die neben Mir weiterhin für die Auflehnung sühnt! Meine Mutter ist das Meisterwerk der Hände des Vaters, sie ist die Heilige, die mit der Sonne des Sohnes bekleidet ist.

Debora: – Ich werde die Madonna lieben und ehren! Du weißt, daß ich nicht mehr ohne ihre liebevolle Zärtlichkeit leben könnte!

Jesus: – Meine selige Mutter, die Ich so sehr liebe!

Debora: – Die Madonna ist die ganz Schöne und ganz Reine.

Jesus: – Sie liebt dich, vergiß das nicht! Trenne dich nie von ihr!

Debora: – Ich würde um den Verstand kommen!

Jesus: – Empfange Meinen Frieden!

Debora: – Amen.»

Jesus war schon dabei zu gehen, als Er einhielt und sich zu mir wandte. Sein Blick glich einem der inständig darum bittet, daß man mit ihm teilt.

Samstag, den 9. Mai 1998, im Garten «Himmelsgrün»

Während einer Gebets- und Opferwache zu Ehren des Herzens Jesu erscheint die Schöne Dame in einem ganz goldenen Kleid; ihre Füße sind mit Rosen bedeckt, die einen berauschenden Duft verströmen, der das Herz zutiefst berührt.

Sie wendet sich zu uns allen und sagt:

Maria: «Verherrlicht Den, der euch das Leben geschenkt hat und es bei jedem Schlag Seines heiligsten Herzens erneuert.

Meine lieben Kinder, ich segne euch und sende euch einen Regen von besonderen Gnaden. Ich habe euch versprochen, bei euch zu sein, und jetzt seht ihr mich und fühlt ihr mich mit den Augen eures Glaubens.

Ich habe euch als Mutter einstmals an diesen «heiligen Ort» gerufen *(den Garten "Himmelsgrün"),* ich habe euch wachsen lassen und für die Gnade Gottes erzogen. Für euch ist die gegenwärtige Zeit das Gold *(im geistigen Sinn),* das ich euch versprochen hatte. Viele preisen mich schon unter den Beinamen, die ich euch offenbart habe. Ihr sollt euch freuen und in euren Herzen die Gewißheit haben, daß ich immer bei euch sein werde.

Meine Kinder, schenkt euer Herz dem ewigen Vater mit denselben Gefühlen wie Jesus, der euch Seinen Geist sowie Seinen Leib und Sein Blut geschenkt hat, als Er in Meinem jungfräulichen Schoß Fleisch annahm.

Geliebte Kinder, wenn die Erschöpfung und das Unbehagen nach großen Anstrengungen eure Lebendigkeit und eure Freude zunichte machen, sollt ihr daran denken, daß ich bei euch bin, um euch zu unterstützen und euch die unermeßliche Freude darüber wiederzugeben, daß ihr die Last meines Werkes tragt.

Wie oft jubelt euer Herz und vergißt die mühseligen Dinge, wenn es nach Hause zurückkehrt; da streicht dann jedesmal Meine Hand über euren Kopf.

Debora: – Meine Liebe Frau, segne dieses Material für das Apostolat und das Gebet!

Maria: – Ja, ich strahle ein Licht der Liebe darüber aus.

Debora: – Wir lieben dich. Vermehre unseren Glauben!

Maria: – Meine Tochter, ich werde euch helfen, aber ihr sollt nicht den Schmeicheleien des Feindes nachgeben. Widersteht ihm im Glauben und in der Kraft der Hoffnung. Jetzt muß ich gehen: mein Jesus lächelt, wenn er euch sieht. Habt keine Angst, Ihn zu verteidigen! Er wird euer Verteidiger sein.

Ich erwarte dich weiterhin. Bis bald. Auf Wiedersehen!»

Samstag, den 23. Mai 1998

Unsere Liebe Frau kommt voller Freude und trägt einen langen Mantel, der sich bis zu den fernsten Ländern ausbreitet. Sie ist glücklich, aber danach verändert sich ihr Gesichtsausdruck wegen des Inhaltes dieser Botschaft. Das sind ihre Worte:

«Verherrlicht den heiligen Namen Meines geliebten Sohnes Jesus!

Meine lieben Kinder, heute, an meinem Festtag, nehme ich euch unter meinen Mantel.

Der Herr wollte, daß ihr mich unter den Beinamen anruft, die ich euch offenbart habe, liebe Kinder, denn große Ereignisse bereiten sich in der Geschichte vor.

Ich will euch auffordern, viel Buße zu tun. Die Völker müssen sich bessern und für ihr ungerechtes Verhalten um Vergebung bitten.

Liebe Kinder, ich habe Tränen über euch vergossen, um eure Seelen zu läutern, damit ihr die Bedeutung meiner Besuche auf der Erde begreift.

Debora: – Meine himmlische Dame, ich freue mich, dich wiederzusehen.

Maria: – Ich liebe euch.

Debora: – Auch wir lieben dich und wollen tun, was du uns gebietest.

Maria: – Die Welt muß sich erneuern und ihr Verhalten ändern, sonst wird sie schwer bestraft werden.

Liebe Kinder, ich will euch als Jungfrau und Mutter des eucharistischen Jesus, der geschändeten Liebe, ermahnen, das sakramentale Leben intensiver zu lieben.

Viele von euch leben einen Glauben "des geringsten Widerstandes" und verlieren so die Schönheit der Beziehung mit Jesus, der euch jeden Augenblick ruft.

Debora: – Wie schön du heute abend bist!

Maria: – Heute ist mein Festtag, und ich will, daß ihr mir jedes Jahr an diesem Tag eure Aufmerksamkeit widmet.

Meine Kinder, ihr müßt den Heiligen Geist anrufen, damit ihr die Liebe des Vaters und seine Pläne für euch begreift, und damit euer Geist schneller in Kontakt mit ihm tritt. Ich schenke euch folgendes Gebet:

Komm, sanfter Geist,
der jedes Herz heiligt und reinigt.
Mit deinem Feuer, sende in die Welt Maria,
die Quelle des heiligen Öls.
Alle Völker sollen unter ihrem Mantel Zuflucht finden!

Ich segne diese geweihten Seelen, und du sollst sie wissen lassen, daß ich große Pläne habe, die ihnen erlauben, ihr Leben gut zu Ende zu führen.

Debora: – Meine Liebe Frau, geh nicht weg!

Maria: – Aber ich bleibe doch bei dir, da ich dir schon gesagt habe, daß dieses Haus mir gehört, und daß jeder Winkel in Würde von meiner Gegenwart besucht worden ist. Meine Botschaft ist noch nicht zu Ende. Ich erwarte euch weiterhin. Opfert Jesus einen Monat voll schöner Gebetswachen auf.

Auf Wiedersehen, bis bald!

Debora: – Auf Wiedersehen!»

24. Mai 1998, Himmelfahrtssonntag

Die Madonna erscheint früh morgens bei mir zu Hause.

«Friede sei mit dir, meine liebe Tochter.

Heute will ich dir im Licht dieser Erscheinung und der wunderbaren und mächtigen Beinamen, die du gut kennst, die großen Ereignisse ankündigen, die im Begriff sind einzutreten.

Als ich dir bezüglich ihres Inhaltes sagte, daß diese Erscheinung die größte sein wird, habe ich sie als die Erscheinung ausgewiesen, die am meisten in die Tiefe geht, und die in meiner Heiligen Kirche die Wunde der Ehrfurchtslosigkeit der Eucharistie gegenüber heilen muß!

Der Herr will in seinem großen Heilsplan, den er für euch in diesen letzten Zeiten der Reinigung vorbereitet hat, eure Leiden verkürzen: Er gibt dem Menschen die Mittel, die Schrecken zu vergessen und eure (geistige) Gesundheit mithilfe der "großen eucharistischen Sühne" wiederherzustellen. Sie muß ihre göttliche

Wirkung der riesigen und unermeßlich großen Leere entgegenstellen, die durch die Weigerung des Menschen entstanden ist, sich Gott zu unterwerfen.

Diese Erscheinung, die Satan und seine Miliz unerbittlich hassen, bereitet den Sieg vor, den ich dir angekündigt habe. Das Reich Jesu wird in seiner Herrlichkeit kommen und endgültig in den Herzen Seiner Kinder aufgerichtet werden.

Liebe Tochter, ich bereite gerade meinen großen Sieg über die Mächte und die Herrschaft des Bösen in den Herzen der Kleinen dieser Welt vor. Die Welt wird durch die Tränen der Demütigen zum Geist des Herrn zurückgeführt werden. Durch das Opfer der heiligen Gläubigen wird der Altar des Lammes von der Beschmutzung und der Schändung gereinigt werden, die dem guten Gott "zugefügt" werden.

Deshalb habe ich so oft mit euch über die Hingabe an die Liebe gesprochen, denn die Liebe des Ewigen ist ungerecht beleidigt worden, und das zieht das höchste Gericht nach sich, das zum Ziel hat, das Böse zu unterwerfen.

Ich werde für euch der Tempel eurer Zuflucht sein, meine Kinder. Da die Prüfung in jenen Stunden noch schrecklicher sein wird als jetzt, wird eure himmlische Mutter vom Himmel herabsteigen, um ihr Werk, ihre Apostel und Arbeiter zu schützen!

Meine Tochter, so hat dich meine Hand in viele Gegenden der Welt geführt, damit mein Werk sich ausbreitet wie ein großes Heim der Sühne und der eucharistischen Anbetung, in dem die Mutter machtvoll handeln kann, und damit die Wüste und das Greuel vor meinem Werk einhalten, für das du zu einer öffentlichen Sendung berufen bist. Die "Kälte" der Sünde soll dich nicht entmutigen. Ich bin die Sonne Gottes *(die Frau, die mit der Sonne bekleidet ist)*, die Mutter des geopferten Jesus, die Jungfrau von der Eucharistie. Aus meinen Händen werdet ihr die Gaben empfangen, die ich für jeden von euch bereithalte, die ihr an der Ausbreitung dieses Rufes arbeitet.

Manduria stellt die grundlegende Etappe dar, die meine Erscheinungen abschließen und den großen Ereignissen Platz lassen wird, die nacheinander am Himmel und auf der Erde im Hinblick auf die Ankunft "des neuen Himmels und der neuen Erde" geschehen werden.

Ich forme euch gerade in meinem Unbefleckten Herzen. Kein Krieg wird jene bedrohen können, die sich mir wie ein kleines Kind anvertrauen!

Dies ist die Stunde meines Kampfes. Ich und ihr alle, die ihr von überall hergekommen und im dreifaltigen Licht geeint seid, wir werden siegen!

Liebe Tochter, rufe die Erzengel an, damit sie dir viel Kraft und Mut geben! Ich habe schon meine Heiligen an deine Seite gestellt, unter anderem den heiligen Franziskus, den *Poverello*, der durch seine Reinheit für Jesus viele Söhne gezeugt hat.

Meine Tränen, die ich euch schenke, sind eine Gabe der Hoffnung und des Trostes. Habt keine Angst: ihr werdet sehr bald von der Unterdrückung befreit werden, die heute sogar das Wirken des Heiligen Geistes erstickt. Bedenkt, daß im Psalm 68 (Vers 12) geschrieben steht: "Der Herr entsendet sein Wort: groß ist der Siegesbotinnen Schar."

Opfert Jesus den Kelch des Trostes auf, ohne euch Fragen zu stellen.

Laßt Jesus in euren Herzen lebendig werden und sagt: "Komm, Herr Jesus! Komm, unser mystischer Bräutigam! Komm mit Deiner Mutter!"

Meine Kinder, wiederholt diese Worte oft, damit Jesus nicht auf den einzigen Trost angewiesen ist, den ich ihm verschaffe.

Auf Wiedersehen, ihr Kinder des neuen Zeitalters der Liebe.»

5. Juni 1998, erster Freitag des Monats, um 16 Uhr 30

Ich bete vor der heiligen Hostie, die die Madonna mir vor drei Jahren gebracht hat, und wende mich mit folgenden Worten an Jesus:

Debora: «Mein ewiger Gebieter der Herrlichkeit und der Liebe, die Engel nähern sich deiner göttlichen Majestät bald mit Sanftheit, bald mit Zärtlichkeit, um das Versagen der Menschen aufzuwiegen, und um dir Lob zur Sühne der fürchterlichen Gotteslästerungen aufzuopfern. Ich vereinige mich als deine sündige Dienerin und als das letzte deiner Kinder mit ihnen in dem Geist der Anbetung der mächtigsten Jungfrau von der Eucharistie, der

Mutter des geweihten Ölbaums, der Mutter deines göttlichen Sohnes Jesus.

Jesus: – Der ewige Vater spricht durch Seinen Sohn, an dem Er Wohlgefallen hat. Preise immer den heiligen Namen Meines Vaters Jahwe. Wende dich an Mich, an Mein Herz, das für deine Opfer, für deine Ängste, für deine Wünsche schlägt, die auch die Meinen sind. Dein Gott der Liebe spricht mit dir, liebt dich, erhebt dich, umarmt dich und haucht dir Seinen glühenden und duftenden Geist ein. Oh, nimm ihn auf die trockene Erde mit, die sich öffnet, um das Wasser zu empfangen!

Ich werde die Welt mit den Tränen Unserer beiden vereinten und heiligsten Herzen waschen, und Ich werde zu Meiner geliebten Mutter sagen: "Überflute sie mit der kostbaren Liebe deines reinsten Herzens und schenke ihnen den Trost, den du Mir geschenkt hast, als Ich eure Menschheit angenommen habe und du Mich, nackt und hungrig wie Ich war, getröstet hast."

Dies ist die Hymne, die Meine Schöpfung vom Himmel herab und in den Tiefen des Meeres vernehmen wird.

Hier unterbricht sich der Herr und fährt dann fort:

Du weißt, daß Ich Mich von Meinem Thron erhoben habe, um aus dir eine Gerettete, eine Geliebte, eine Braut, eine Mutter, ein lebendiges Abbild Meines Leidens zu machen! Ich frage dich von neuem: "Willst du Mein Leiden und Meine Gnade in dir tragen, um die Toten aufzuerwecken? Kleine Tochter, willst du von neuem Meinen Kelch auf die höchste Ebene der Herzen im Schoß Meiner Kirche bringen?"

Debora: – Mein Geliebter, ich vergesse deine Wohltaten und die Arbeit nicht, die Du vollbracht hast, damit ich wieder auf deinen grünen Weiden bei Dir, dem Lebenden, lebe! Erlaubst Du auch mir, daß ich Dir den Lobpreis der Psalmen singe?

Jesus: – Du bist Mein Ton, Mein Werk. Bezaubere Mich!

Debora: – "Gepriesen sei der Herr, Tag für Tag! Gott trägt uns, er ist unsere Hilfe" (Ps. 68,20). "Ihr alle, die ihr Gott fürchtet, kommt und hört; ich will euch erzählen, was er mir Gutes getan hat." (Ps 66,16)

Gestern habe ich während des Gebets diese Zitate auf ein kleines Blatt Papier geschrieben. Diese gesegneten Worte von früher haben in mir den Wunsch geweckt, sie dir zu schenken, sobald ich Dich hören oder sehen würde. Ich hoffe, daß sie dir gefallen, Meister.

Jesus: – Meine Augen schauen mit Befriedigung auf dich: Mein Ruf war nicht vergebens! Das Werk der Weißen Taube *(der Jungfrau Maria)* war nicht unnütz. Sie gießt ihre Tränen, die aus Meinem Herzen entsprungen sind, an den Orten aus, an denen Ich Mich erhole *(der Garten "Himmelsgrün")*! Ich schaue dich an und denke in Meinem heiligen Schweigen: Was für eine unermeßliche Größe hätte dieses Volk, wenn Meine Schöpfung, das Werk Meiner Weisheit, auf dich gehört hätte! Aber Ich werde dich in die Ferne senden, da diese Völker *(es handelt sich vielleicht um die Menschen, die sich in der Umgebung des Erscheinungsortes befinden)* sich gegen Mich erhoben haben und Mich hart herausgefordert haben, während Ich sie im Übermaß Meiner Barmherzigkeit nicht geschlagen habe.

Halte dich bereit, denn du wirst oft als Meine Botschafterin des Friedens reisen, und viele werden dir Vertrauen schenken, weil Meine Botschaft Meiner Mutter zum Sieg verhelfen wird. Mein Geist wird deiner Schwachheit zu Hilfe kommen, deine Gebrechlichkeit stützen und deine Nichtigkeit erfüllen! Du bist wertvoll für das Herz Meiner Kirche, die darauf wartet, daß der Bräutigam, die eucharistische Liebe kommt und spricht.

Doch derzeit wird Meine Sprache immer noch nicht verstanden, genauso wenig wie zur Zeit vor dem Pfingstfest. So sagte Ich: "Ich werde euch das Zweite Pfingsten senden, das Meine Worte verdeutlichen wird, und dann wird es nicht mehr schwer sein, die geistigen Werke zu begreifen, die Ich errichte." Ich sage dir noch einmal: "Wehe dem, der sich dir entgegenstellt!"

Bete, bete viel, damit ihr tödliches Gift abnimmt! Wenn du dich durch das Gebet aufopferst, besänftigst du dadurch Meinen heiligen Zorn. Mein Wille und Meine Macht werden die derzeitige Situation der tragischen Nachlässigkeit und der irrigen Philosophien umstürzen, und dann wird die ganze Wahrheit von dem geliebten Kind und Freund Meines Herzens, Meinem Stellvertreter, verkündet werden!

Verkünde das, denn viele Gegenden werden auf deine Predigt hören, und die Völker Meine Werke der Liebe lesen.

Du wirst an Meiner Seite stehen, obgleich viele glauben, daß du außerhalb Meiner Kirche stehst; und dann wirst du das Herz der Kirche vertreten, indem du für Meine lebendige Gegenwart kämpfst. Sie wird zu ihrer alten Schönheit zurückfinden, während die Altäre durch die Hände Meiner Engel und jener, die Mir dank ihres zuverlässigen Dienstes in Worten, Taten oder Unterlassungen treu geblieben sind, wiederhergestellt werden. Ja, Ich werde zulassen, daß du dich mit deinen Tränen an Mich wendest, weil ich zu sehr geblutet habe; genauso werde Ich noch einmal zulassen, daß man dich verfolgt, damit du dich wie ein Turm zum Himmel erhebst.

Debora: – Und ich werde dich täglich mehr lieben.

Jesus: – So sei es! Komm in Meine Arme. Ich werde dich in der Zärtlichkeit der Jungfrau und Mutter bergen. Sei im Frieden, sowie all jene, die dich aufnehmen! Der *Amen* segnet dich.»

22. Juni 1998, Vorabend der Erscheinung

Debora: «Herr, meine Seele stöhnt.»

Ich weinte wirklich wie ein kleines Mädchen.

Jesus: «Meine Tochter, der "Ich Bin" kommt im Übermaß Seiner ewigen Liebe zu dir. Ich komme aus dem "Todeskampf im Tabernakel", aus der völligen Verlassenheit, in der Ich unerkannt an Gleichgültigkeit und Einsamkeit sterbe. Ja, Ich komme, um neue Tabernakel zu schaffen, neue Paläste, die lebendig, warm, voller Aufmerksamkeit für Mich, den "Armen" sind, der Ich auf der Suche nach Seelen bin, die Meine Wahrheiten in einem Geist des Teilens bewahren.

Ich habe dich wahrgenommen, Meine Prophetin, die du wie in Trauer stöhnst und dich abkapselst wegen des Leidens deiner Seele. Aber habe Ich dir denn nicht gesagt: "Die Weisheit wird dich unmittelbar belehren, und kein menschliches Urteil wird dein Vertrauen zu Mir angreifen dürfen?" Laß sie schmoren in ihren vergeblichen Reden und ihren irrigen Schlußfolgerungen. Zu gegebener Zeit wird die Wahrheit aufblühen wie eine unerwartete Blume.

Debora: – Mein Meister, sie saugen mich täglich mehr aus. Sie haben das, was Du mir gesagt hast, mit Schmutz beworfen, indem sie sagten, daß es unmöglich sei, daß Du mich "Geist der Wahrheit" genannt hast... Es ist nicht möglich, daß der Vater und der Geist eine einzige und gleiche Sache sind... daß aus der Statue der Madonna Öl sickert, weil das nach ihrem Verständnis keinen Sinn hat!

Jesus: – Mein Herz, denke daran, daß man «auf den Lippen des Einsichtigen Weisheit findet! Auf den Rücken des Unverständigen paßt der Stock. ... Bei vielem Reden bleibt die Sünde nicht aus, wer seine Lippen zügelt ist klug. (Spr 10, 13 und 19)

Debora: – Mein lieber und sanfter Jesus...

Jesus: – Das ist gut für dich! "So werden die Geheimnisse vieler Herzen offenbar; verkehrte Menschen sind dem Herrn ein Greuel ..." (Spr 11,20)

Meine Tochter, nicht jeder Mund drückt beim Sprechen die Gedanken eines rechtschaffenen Geistes aus; sie fallen falschen Deutungen zum Opfer und werden dabei von einem Mangel an Logik und voreiligen Schlußfolgerungen unterstützt.

Ich bürge dafür, daß du das Handeln Meines Geistes der Wahrheit abgebildet hast und abbilden wirst, da Ich dich herausgerufen habe, damit du der Wahrheit dienst und in ihrem Glanz handelst.

Du bist Mein Werk, das mit seiner ganzen armseligen und bedürftigen menschlichen Kraft nach der Wahrheit strebt, damit die Gerechtigkeit verkündigt wird. Du bist auch das Blut Meines Blutes, wie Ich es dir bereits gesagt habe, nicht wegen eines Vorrechts, sondern durch das mystische Leiden, das du in Vereinigung mit deinem göttlichen Bräutigam lebst! *(Das ist die Antwort auf die Botschaft vom 3. Oktober 1997.)*

Ich unterstütze also die zweite Behauptung, die Ich folgendermaßen bestärke: "Nicht nur der Vater und der Geist sind eins und einzig, sondern auch der Vater und Ich sind eins und einzig! (Joh 10,30). Wer das Eine liebt und ehrt, wird auch Uns Drei lieben und ehren, weil es nicht drei Götter gibt, sondern einen einzigen Gott göttlicher und unteilbarer Natur, der in der Einheit der Drei Personen einzig ist."

Sie sollen also die dreifache Offenbarung Gottes begreifen, die du folgendermaßen darlegen kannst:

– Er ist Macht, weil der Geist Meines Vaters ein Schöpfergeist ist;

– Er ist Erlösung, weil der Sohn am Leiden und an der menschlichen Natur außer der Sünde teilhatte, um eine freie und erneuerte Schöpfung zu ermöglichen;

– der Geist ist die reinste Liebe, die durch ihr glühendes, siebenförmiges Feuer folgende Gaben schenkt: die Weisheit, die Einsicht, den Rat, die Stärke, die Erkenntnis, die Frömmigkeit und die Gottesfurcht!

Debora: – Ich verlange nach Deinen Worten, Herr! Ich brauche Deine göttliche Weisheit! Ich will nicht in meine eigenen Gedanken verfallen.

Jesus: – Die Weisheit sagt dir folgendes: seitdem das Herz des Menschen Meinen Geist und Meine Wahrheit verworfen hat, ging Mein Wille so weit, Steine, Tiere, und Sterne zu benützen, um das Heil zu offenbaren. Habt ihr euch nicht den Satz gemerkt: "Wenn sie schweigen, werden die Steine schreien"? (Lk 19,40)

Aber das Bildnis der Heiligsten Königin des Himmels könnte nicht mit einem Stein verglichen werden! Es ist eine wirkliche Gegenwart, denn es ist der Gedanke, der lebendig und wirkmächtig werden läßt, was in dem Moment nicht leiblich bei euch gegenwärtig ist...

Ich schenke dir meinen Frieden, du aber sollst in Mir bleiben, ohne dich zu verwirren.»

Dienstag, den 23. Juni 1998, Erscheinung der Mutter Gottes

Die Königin des Himmels wendet sich uns heute mit einem besonders traurigen Gesicht zu. Sie trägt ihr gewöhnliches Kleid. Ihre bezaubernden Füße stehen auf Wolken in der Farbe des Sonnenuntergangs. Und dies hat sie gesagt:

«Meine lieben Kinder, preist Gott, den Herrn.

Lebt diesen heutigen Tag mit mir! Nehmt die Prüfungen an, durch die Gott euch an diesem Tag Freude und Hoffnung bringt!

Es sind die Stunden, die ich euch angekündigt hatte, und in denen meine Kirche verfolgt werden muß.

Das ganze Volk wird von schweren Unruhen erschüttert, und viele Priester erleiden große Drangsal.

Es ist die Zeit, in der jene unterdrückt werden, die mich aufnehmen.

Meine Kinder, bleibt bei mir in diesen Leiden und überwindet sie mit großem Vertrauen.

Mein Unbeflecktes Herz wird über die Mächte des Bösen siegen!

Liebe Kinder, heute leidet ihr auch wegen der vielen Widerstände, denen ihr sogar bei denen begegnet, die ihr liebt, und denen ihr Gutes getan habt, und ihr leidet unter den schlimmen Behauptungen, die euch viel Kummer bereiten. Verliert nicht den Mut und gebt Zeugnis; vereint euch mit den Leiden meines mütterlichen Herzens und mit der Kraft meines geliebten Sohnes, der berufen ist, auf dem Kreuz zu leiden und zu sterben.

Laßt euch nicht von der Trauer und der Angst erdrücken, wenn selbst jene, die euch nahe sind, sich abgewandt haben. Kommt, nähert euch mir, verharrt im Gebet:

– im Herzensgebet,

– in einem Gebet voller Glauben,

– in einem immerwährenden Gebet.

Die gegenwärtige Zeit ist die Zeit eurer Opferung, die ihr Jesus hingeben sollt! Bleibt bei Ihm an diesem Ort, den ich "heiligen Gethsemani" getauft habe, und weint nicht, weil ihr aus Gleichgültigkeit im Stich gelassen worden seid.

Jesus will in euch die grauenhaften Momente Seines Todeskampfes neu durchleben, der zur Morgenröte Seines neuen Reiches führen wird. Löst euch von den Gedanken der Welt und folgt nicht der Macht, die viele Mitglieder der Freimaurerei in die Katastrophe und in den Zusammenbruch ihrer eigenen Existenz geführt hat.

Heute bedrohen viele von ihnen meine Kirche, indem sie die Orte, an denen ich meine mütterliche Führung offenbare, mit einem genau festgelegten Ziel aus Rauch und Schmutz überziehen.

Ich fordere euch nochmals auf, keine Angst zu haben und mit Mir das Ende dieser Stunde der Finsternis zu durchleben. Ich segne euch; nähert euch immer mehr dem Willen Gottes.

Auf Wiedersehen und bis bald, denn mein Werk muß weitergehen für den Sieg der Kirche, deren Mutter ich bin.»

Sonntag, den 12. Juli 1998

Nach einer langen Zeit der Stille am Nachmittag dieses sehr heißen Tages spricht die sanfte Stimme des Herrn zu mir. Ich war dabei, Ihm wie gewöhnlich zu Füßen des Tabernakels zu antworten, in dem die heilige Hostie aufbewahrt wird, die Unsere Liebe Frau mitgebracht hatte.

Jesus: «Meine Schülerin, erwache aus deinem Schlaf und wende deine Aufmerksamkeit deinem Bräutigam zu, der dich ruft. Hörst du denn nicht die Stimme deines Geliebten?

Debora: – Mein milder Herr, ich komme! Ich höre dir zu, unterweise meine Seele!

Jesus: – Ja, "Ich Bin" wird deinem Herzen die Weisheit einprägen und deiner armseligen Seele einen Zufluchtsort gegen die bösen Tiere geben.

Debora: – Herr, wie müde ich bin! Ich hungere nach Deinem Wort, und ich fühle einen tiefen Kummer, wenn ich sehe, wie die Welt Dir ihre Tür verschließt!

Jesus: – Meine Kleine, ruhe dich an Meiner Brust aus und sättige dich an der Milde, die Ich dir vorbehalten habe, damit du nach so vielen Schwierigkeiten und harten Opfern wieder aufatmen kannst.

Debora: – Aber es ist süß für mich, wenn ich für Dich und mit Dir leide.

Jesus: – Du bist die vertraute Dienerin, die in verborgener Weise Meine vertraulichen Mitteilungen empängt und Meine Leiden mit Mir teilt. Geh, ruhe dich aus, indem du Mir einen Augenblick die Last der inneren Leiden überläßt, die dich heiligen. Ich will dich bestätigen in dem, was du während des Festes Unserer beider Herzen aufschreiben wolltest.

Debora: – Jesus, sprichst Du mit mir über die "Heime"?

Jesus: – Ich wünsche lange Ruhephasen für dich, da Ich dir gesagt habe, daß Ich dich an viele Orte senden will. Meine Botschaft ist schrecklich: Ich werde nichts und niemandem erlauben, das Werk aufzuhalten, das Mein Geist der Welt durch deine jugendliche Opferung schenke wollte. Trotz deiner Armseligkeit bist du wertvoll für Mich, und du sollst dich dafür einsetzen, daß Mein Gebot — die Seelen zur Quelle der Wahrheit zurückzuführen — immer an erster Stelle steht!

Ich werde dir einige Anweisungen geben, aber Ich werde berücksichtigen, was du geschrieben hast.

Ich will, daß die Jugendlichen Meiner Bitte ausschließlich durch eine Weihe gerecht werden, die sie in der Welt der Laien leben! Sie sollen Meinen Geboten und vor allem Meiner heiligen Mutter gehorchen, die sich gerade mitteilt und die Aufgabe hat, ihr "Ja" aufzunehmen.

Das Haus *(wo immer Debora sich aufhält)*, in dem du lebst, ist Mein Zelt; es ist also das Heim der Liebe, in dem die Seelen, die dir aus freiem Willen nachfolgen, wie die Diener einer Familie leben sollen, die Gott ihre eigene Existenz übergeben.

Ich habe viel zu viele Bräute, die für sich selbst leben! Ich bin wohlwollend, wenn sie Mir ihr Herz schenken, aber es bewegt Mich zutiefst, wenn sie bei dir bleiben, nur um deine Verletzungen zu lindern.

Ich habe nie etwas anderes von dir verlangt als das, was Ich dir schon mitgeteilt habe. Diese kleinen Seelen leben in der Demut verborgen bei dir, wie der Humus, der einen Boden fruchtbar macht. Eines Tages werde Ich Meine Blumen wachsen lassen! Sie sollen wissen, daß deine Sendung nicht leicht ist, und daß jene, die bei dir sind, kein Lob, sondern Spucke und Beschimpfungen ernten werden, die aus dem Schrein Meiner Reichtümer kommen, und die aus den Nägeln, der Dornenkrone und dem Holz des Kreuzes bestehen.

Diese Seelen werden lange Zeiten der Demütigung durchleben, die mit Feindseligkeit und harten Worten übersät sind, wie du selbst sie lebst, aber wenn sie entschieden sind, werden sie nie aufgeben müssen. Ich werde ihnen Meinen Himmel zeigen, in dem Meine durch Meine Heiligkeit «seliggesprochenen» Freunde wohnen.

Wenn es Nahrung gibt, werden sie essen; wenn es keine gibt, sollen sie beten und es ohne zu klagen aufopfern. Denn Ich mag die Herzen nicht, die von ihren Schwächen gedemütigt werden; aber Ich liebe die Sanftmütigen, die im Glauben stark sind.

Sie sollen an Mich und an die Königin glauben, die es ihnen niemals am Nötigen fehlen lassen wird. Sie sollen dieses «Hauses» würdig und immer fröhlich, voller Barmherzigkeit, Liebe, Treue und Hoffnung sein, denn das sind alles Dinge, die nötig sind, um Meine Freundschaft nicht zu verlieren, die Ich ihnen unverzüglich gewähren werde.

In all dem werde Ich verborgen sein, weil sie sich bei dir heiligen sollen, indem sie Mich in allen sehen und allen in ihren verschiedenen Bedürfnissen helfen. So sollen die Seelen leben, die Meinem Ruf folgen und bei Meiner vertrauten Dienerin bleiben! Erstaune Ich dich?

Debora: – O nein, Herr! Ich danke Dir für die Gabe, die Du mir mit diesen Seelen schenkst! Ich werde für sie beten, damit sie ganz Deinem Willen entsprechen.

Jesus: – Ich werde ihnen eine Gabe schenken.

Debora: – Lieber Jesus, Du bist zu gut!

Jesus: – Die Zeit ist gekommen, in der du nicht mehr alleine leiden wirst!

Debora: – Ich werde immer allein mit Dir sein. Du weißt, daß ich niemals auch nur einen Teil meiner Schmerzen den anderen geben würde! Du verwöhnst mich, indem du mir diese Leiden schenkst, und ich bin glücklich, sie auf mich zu nehmen.

Jesus: – Es sei, wie du es willst! Erlaube Mir, andere Geschöpfe zu suchen, die Meine Wege einschlagen.

Debora: – Von ganzem Herzen und mit all meiner Kraft.

Jesus: – Ich habe dir gesagt, daß du eine Mutter für Meine kleinen Kinder sein würdest!

Debora: – Ich werde es für diese Seelen sein.

Jesus: – Ich werde sie lehren, ihrerseits Mütter zu sein.

Debora: – Wenn Du es willst!

Jesus: – Berufe sie und sage ihnen, daß der geliebte Bräutigam und Bruder, der Gute Hirt, sie für Sich haben will; sie sollen in einem alltäglichen Leben verborgen und deinem Auftrag nahe sein.

Debora: – Ich werde es tun.

Jesus: – Mach schnell! Mein Herz zittert und dürstet nach Hingabe.

Debora: – Wenn sie einwilligen, werden sie sich in ihrer ganzen Reinheit hingeben.

Jesus: – Die Reinheit ist heilig in Meinen Augen! Sie sollen dem Beispiel Meiner heiligen Mutter folgen. Ich segne dich, und du sollst ihnen diesen Segen weitergeben. *(Die Botschaft richtet sich an die jungen Mädchen, die sich entschlossen haben, bei Debora zu leben.)* Empfange Meinen Frieden!

Debora: – Ich liebe dich.»

Donnerstag, den 16. Juli 1998, Fest Unserer Lieben Frau vom Berge Karmel

Spät am Abend sagt die überaus milde Stimme Jesu, des Meisters, mir folgendes:

Jesus: «Meine Braut, komm an das Herz deines mystischen Bräutigams. Erlaube Mir, als Heiligstes Herz deine Seele zu belehren. Willst du nicht auch, daß der König der Offenbarung Seine Geheimnisse Seiner kleinen Dienerin offenbart?

Debora: – O, doch, Herr, das will ich.

Jesus: – Öffne deinen Geist, indem du ihn erhebst! Wende deinen Blick deiner Ungeliebten Liebe zu, und höre Mir schnell zu, damit viele Geschöpfe dank der Schriften, die Ich dir von neuem anvertraue, "wieder aufleben" können.

Meine Stimme kommt vom Himmel herab und ertönt in der Wüste der Erde, die Ich durchstreife, um die neue Saat auszusäen, die nicht verdorben werden kann! Ich werde überall hinschauen, und da, wo man Mich aufnimmt, werde Ich die Orte Meiner Ruhe besichtigen und mit Meinem ganzen Wohlwollen dort wohnen.

Die Königin des Himmels wird sich weiterhin um euch kümmern, eure Verletzungen heilen und eure Schmerzen mildern. Folgender Satz ist auf Meine heilige Mutter gemünzt: "... Ich sah die heilige Stadt, das neue Jerusalem, von Gott her aus dem Himmel herabkommen; ... Seht die Wohnung Gottes unter den Menschen..." (Offb 21,2-3)

Sie ist die heilige Stadt Gottes, die die leeren Häuser mit Harmonie und Ausgewogenheit bewohnen wird.

Sie wird die Freude eurer häuslichen Heime sein.

Unsere Dreifaltige Liebe hat sie erwählt, damit der Mensch sich mit Gott versöhnen kann.

Alle Engel des Himmels kennen dieses Ereignis; deshalb wünsche Ich, daß auch ihr, die Kleinen Meiner barmherzigen Liebe, den miterlösenden Auftrag der Ganz-Heiligen kennt.

Debora: – Wir lieben die Madonna.

Jesus: – Ihr müßt sie ehren! Es gibt zu viele, die sie beleidigen und demütigen!

Debora: – Ja, Herr, ich weiß. Sag mir, wie ich dafür sühnen könnte.

Jesus: – Indem du sie überall und in all deinen Gedanken in den Mittelpunkt stellst. Jetzt ist der Tag der Begegnung des Sohnes mit der Mutter, und die "Heilsordnung" ist in ihre heiligsten Hände gelegt worden! Ihr müßt ihre Aufforderung zum Gebet annehmen. Sie wird nicht endlos den heiligen Zorn Meines Vaters besänftigen können! In Kürze wird sie ihre Erscheinung beenden.

Debora: – Wann, Herr? Damit ich mich darauf vorbereiten kann!

Jesus: – Nütze diese Stunde, um dich darauf vorzubereiten! Sie wird ihre Botschaft beenden, wenn das letzte ihrer Kinder sich bezeichnet hat *(mit dem Kreuzzeichen)*!

Laufe in die Welt, um ihr die Salbe zu bringen, das aus ihrem Unbefleckten und von der Entartung ihrer leichtfertigen Kinder durchbohrten Herzen entspringt.

O reines Öl der Firmung, heiliges Öl der Wandlung, sühnendes Öl gegen die Angriffe der Hölle, Ölquelle der Tränen, die jene heilen, die sich von der Gnade entfernt haben.

Wenn deine Brüder wüßten, was für eine Gabe Ich ihnen geschenkt habe, indem Ich aus dem Öl eine Andacht mache, die euch an den Ort führen wird, den Ich selbst für euch durch Meine Auferstehung und Meine Auffahrt zum Vater und zum Tröstergeist in den Himmel bereitet habe.

Zu bestimmten Zeiten gab euch Meine Mutter Wasserquellen, weil der Mensch wieder zu seiner Sendung als Getaufter, als für die Gnade Wieder-Geborener finden mußte. Heute schickt sie euch das Öl, um euch zu erlauben, die Macht des Heiligen in jeder eurer guten Taten zu entdecken. Das Öl wird euch in dem glühenden Feuer der Gnade des Heiligen Geistes bestärken und euch zu Zeugen der neuen Evangelisation machen.

Ich bin dabei, einen neuen Garten Eden für euch vorzubereiten, in dem ihr alle wieder zu Kräften kommen könnt, weil ihr vom Brot genährt werdet, das vom Himmel herabgekommen ist. Meine Mutter Maria hat euch durch ihre Erscheinung auf dem Baum des Lebens, der Mich darstellt *(dem Ölbaum aus dem Garten «Himmelsgrün»)*, das Brot des Lebens und den Trank des Heilies gebracht. Ich lade euch jetzt ein, damit ihr an dieser geisten Nahrung Anteil bekommt, die auf das Fest des Abendmahls vorbereitet und es schon vorwegnimmt, zu dem Ich euch jeden Tag *(in der heiligen Messe)* erwarte.

Kommt, oh, kommt zum Fuß des geweihten Ölbaums, der durch Mein Herz im "Heiligen Garten" geweiht wurde; dort habe Ich im Übermaß Meiner Liebe und durch die Vermittlung Meiner Dienerin die Stunden Meiner erlösenden Passion verewigt *(in der Zeit lebendig erhalten)*! Kommt, da das heiligste Herz des Vaters dort Seine Wonne findet und der ganzen Welt die schönste Braut geschenkt hat: Er hat sie mit Namen geschmückt, die ihr machtvolles Handeln im Hinblick auf das glorreiche Ereignis Meiner Wiederkunft deutlich machen. Sie ist die Reine Jungfrau, die das fleischgewordene Wort in ihrem Schoß getragen hat, und die seither alle unwürdig zelebrierten Opfer sühnt; durch ihr Schweigen hat sie die Menschheit auf ihre Begegnung mit Gott vorbereitet.

Heute bereitet sie die Menschen auf die neue Begegnung vor, indem sie an dem Zweiten Pfingsten arbeitet, das ein Werk der Erneuerung aller Dinge ist.

Sie ist der einzigartige Brunnen, die Quelle des wahren Ökumenismus, die Frau, die mit der Sonne bekleidet ist, die den alten Feind besiegen wird, indem sie alle Menschen und alle Völker unter ihrem mütterlichen Blick vereint.

Es ist Myriam, die reine Taube des wahren Friedens, der dichtbelaubte Ölbaum des Vaters, die Mutter Meines friedfertigen Herzens.

Begreifst du, welch unsagbare Größe sich in der trockenen und bitteren Erde des ewigen Gartens "Himmelsgrün" verbirgt?

Satan bittet jeden Augenblick vor dem Ewigen darum, euren Glauben prüfen zu dürfen, und so wird eure wahre Bekehrung gründlich auf die Probe gestellt.

Debora: – Herr, das konnte ich mir nicht vorstellen!

Jesus: – Preist Mich!

Debora: – Ich preise dich.

Jesus: – Verbreite Mein Wort, das Ich dir offenbart habe, und bringe die Völker zu Mir.

Debora: – Herr, wenn du mir hilfst, will ich… (Er unterbricht mich.)

Jesus: – In Wahrheit, es wird Mein Gebot und nicht dein Verdienst sein, doch du sollst Mich würdig begleiten! Ich liebe euch trotz eurer hartnäckigen Bemühung, Mich aus eurem täglichen Leben zu vertreiben.

Ihr sollt euch so gut wie möglich bemühen und euch von der "Dame" im Gehorsam zurückführen lassen, die ihr so darstellen sollt, wie sie sich offenbart.

Ich bitte euch, die Statuen und Bildnisse tausendfach nachzubilden. Sie sollen verbreitet werden wie Samen, den der Wind weiterträgt.

Auf den Bergen und in den Tälern soll dieses Bildnis der Prophetin des Vaters und der Quelle der Firmung im Schatten der Bäume aufgestellt werden.

Hab keine Angst, verkünde alles, was Ich dir vorgegeben habe! Meine Schafe werden dir helfen. Du sollst eine gerechte Denkweise haben, denn Ich werde Mich armseliger und unnützer Seelen bedienen!

Debora: – Ich werde mich ihr überlassen.

Jesus: – Empfange Meinen heiligen Frieden.»

Samstag, den 1. August 1998

Unsere Liebe Frau trägt ein weißes Kleid, das grau schimmert. Sie hat ein besorgtes Gesicht wie eine Mutter, die um das Schicksal ihrer Kinder fürchtet.

Die Madonna fordert mich auf zu beten und ich beginne mit ihr zusammen das Rosenkranzgebet. Wie immer antwortet Unsere Liebe Frau nicht auf die Gegrüßet seist du, Maria. Als das Gebet zu Ende ist, sagt sie:

«Meine Tochter, du weißt, daß das, was ich dir offenbart habe, bald eintreten wird. Ihr müßt mehr beten und aufopfern! Viele werden nicht gerettet werden, und mein Mutterherz ist zutiefst traurig!

Debora: – Meine Liebe Frau und Königin, sei nicht betrübt, weil ich als deine kleine Tochter und als Dienerin deiner Dienerinnen an deiner Seite kämpfe, um Seelen für Christus zu gewinnen.

Maria: – Oh, meine Seele ist traurig: das ganze Paradies stöhnt! Die Finsternis ist dabei in all ihrer Dichte herabzukommen bis zum Beginn der "drei Tage". Die Welt ist im Begriff, die Mahnung zu erhalten. Jesus wird zulassen, daß die Seelen wie das Gold im Schmelztiegel geprüft werden. Die Familien werden viele offene Wunden haben, von denen viele unerträglich sind. Ich wollte, diese arme Welt würde auf mich hören! Ich vertraue euch dem Erzengel Raphael an, der die Aufgabe hat, die Menschen und die Völker zu warnen.

Debora: – Meine Liebe Frau, bewahre uns, bewahre alle Gebetsgruppen.

Maria: – In einigen von ihnen hat Satan schon in allem gewonnen, in anderen ist er am Werk, indem er sich des Stolzes, der Eitelkeit und der falschen Bescheidenheit bedient. Wenn die Geschöpfe unter meinem Mantel Zuflucht suchen, wird der Wind des falschen Ökumenismus und des Synkretismus den Glauben nicht aus ihren Herzen ausreißen können.

Oh, meine Tochter, diese Tage sind ganz schlimm. Niemand ist sich bewußt, wie sehr der Rauch des Bösen überall gegenwärtig ist. Gott wird den Menschen schlagen und ihn durch Hunger und

Einsamkeit prüfen. Nur die reinen Herzen werden Ihn in tiefer Dankbarkeit schauen.

Die Pest der Krankheiten ist eine brennende Bedrohung. Der Thron des Allmächtigen hat die Ozeane erschüttert. Meine Kinder, ihr müßt euer Verhalten ändern! Was die Warnung anbelangt, so sollt ihr beten, damit an diesem Tag alle Menschen zum Glauben kommen und sich auf das heilbringende Zeichen vorbereiten. Wenn ihr nicht vorbereitet seid, wird der Herr kein Erbarmen walten lassen. Vergeudet weder eure Zeit noch eure Kräfte für Dinge, die Gott keine Ehre geben!

Doch du, meine Tochter, sollst wie eine Ameise alles zusammentragen, was du hast und was du bist für das Werk, das ich dir anvertraut habe. Nimm die Seelen bei dir auf, die den sehnlichen Wunsch haben, sich Gott durch ein heiliges und wahrhaftes Sühnegebet hinzugeben. Diese Seelen werden große Gaben und Hilfe in allen ihren Schwierigkeiten erhalten.

Satan zittert beim Anblick der Gnade, die sich euch nähert. Sein Reich steht kurz vor seinem Ende.

Laßt euch nicht mitreißen, denn ihr werdet von einem großen Licht eingehüllt werden!

Trennt euch nicht vom Papst und seid in jeder Lage mit dem eucharistischen Opfer vereint.

Die Orte, an denen Jesus angebetet wird, werden Oasen für den Tag der Prüfung sein.

Bleibt bei mir; vereint euch mit meinem Leiden, indem ihr den Heiligen Geist wie zur Zeit der Apostel anruft.

Debora: – Komm, sanfter Geist, der jedes Herz heiligt und reinigt. Mit deinem Feuer, sende in die Welt Maria, die Quelle des heiligen Öls. Alle Völker sollen unter ihrem Mantel Zuflucht finden! *(Gebet, das am 23. Mai 1998 diktiert worden war.)*

Maria: – Liebe meinen Sohn, der um dich als Braut für ein ewiges Reich angehalten hat.

Debora: – O ja, Meine mildeste Frau.

Maria: – Du bist berufen, in der Heiligkeit zu leben!

Debora: – Ich bin mir dessen bewußt, ich werde mich darum bemühen.

Maria: – Eines Tages wird Jesus dich erheben. Preise ihn und bete ihn an!

Debora: – Mein Herz schlägt ganz stark, ich habe das Gefühl, daß es zerspringt.

Maria: – Ich vertraue dir viele Kinder an. Du sollst ihnen mein Heil und meinen Frieden geben.

Debora: – Ja.»

Die Dame entfernt sich langsam und lächelt mich dabei an. Wie schön sie ist, wenn sie in dieses Licht gehüllt ist! Selbst von ihren Händen geht ein weißes, mildes Licht aus.

Sonntag, den 23. August, Erscheinung der Heiligsten Jungfrau

Die heilige und mächtige Dame erscheint während des vierten glorreichen Geheimnisses. Sie ist sehr schön, ganz in Gold gekleidet und trägt einen blauen Mantel. Hier sind ihre Worte:

«Gelobt sei Jesus Christus!

Meine Kinder, Ich will als Königin des Himmels im Herzen meiner Kinder herrschen. Das Licht kommt zu euch, weil die Kirche im Begriff ist, in einen strahlenden Glanz verwandelt zu werden, der wie Millionen von vereinten Sonnen gleicht. Heute seht ihr es nicht *(was ich euch erkläre)*, aber der Vater ist dabei, sie im Herzen der Demütigen wieder aufzubauen, die über die Welt verstreut sind *(dieser Plan des Wiederaufbaus heißt "apokatastasis panton", das heißt Zeit der Wiederherstellung, die durch die Propheten des Alten Testamentes vorhergesagt wurde; dieser Plan ist im Begriff, sich zu verwirklichen)*.

Meine Kinder, der Herr schenkt euch im Übermaß Seiner Güte eine neue Andacht, damit ich euch durch sie zu meinem Herzen, der Quelle der immerwährenden Salbung zurückführen, stärken und in den Himmel führen kann.

Liebe Kinder, dieses kommende Licht hat euch den Weg gezeigt, zu dem ich euch seit einiger Zeit auffordere.

Ich bin die Frau von der Eucharistie. Ich habe dir schon gesagt, daß durch diesen Beinamen eine neue Stufe auf der Leiter erklommen wird, an deren Ende der verherrlichte, mächtige Christus in Seinem Leib und Seinem Blut sichtbar wird.

Ich habe dir gesagt, daß diese Andacht Italien retten könnte, aber heute versichere ich dir, daß sie die Welt und die ganze Kirche retten wird!

Debora: – Heilige Mutter, ich danke dir für die Gabe meiner Schwestern. *(An diesem Tag haben zwei volljährige Mädchen in Freiheit ihr Leben dem Herrn hingegeben, um bei Debora zu leben, wie Er es verlangt hatte.)*

Maria: – Ich habe meine Hände geöffnet, um ihre Hingabe anzunehmen. Du sollst ihnen sagen, daß ich sie zu einer verborgenen Heiligkeit erheben werde, wenn sie durchhalten.

Debora: – Danke!

Maria: – Meine Tochter, ich will dich von neuem ermahnen, hierher in das heilige Gethsemani *(den Garten "Himmelsgrün")* zu kommen, damit ihr in der Stille meiner Ölbäume die Wüste in euch zum Blühen bringt. Ich sage dir noch einmal, daß sich hier die Quelle der Gnade befindet.

Diese Krone *(es handelt sich um eine Krone, die von sizilianischen Pilgern gestiftet und auf das Haupt der Statue gelegt wurde)*, die ihr mir schenkt, werde ich auf das Herz Jesu legen, von dem das Heil kommen wird.

Debora: – Meine Liebe Frau, es sind hier ein paar Kranke...

Maria: – Sage ihnen, daß einige von ihnen im Verlauf des Jahres geheilt werden, wenn sie sich bekehren und an alles glauben, was ich durch dich, meine leidende Dienerin, offenbart habe, die du mit dem Leiden Christi vereint bist.

Ich bitte dich, schnell alle Übersetzungen der Texte vornehmen zu lassen. Ich werde ein großes Ereignis vorbereiten.

Jetzt segne ich euch und danke euch, daß ihr hierher gekommen seid. Bis bald!»

Dienstag, den 1. September 1998

Beim Erwachen sehe ich in meinem Zimmer viele Engel, die anbetend vor dem Allerheiligsten liegen, den mir Unsere Liebe Frau gebracht hat. Ein Engel ist vorgetreten, wendet sich mir zu und sagt:

«Friede sei mit dir!

Debora: – Und mit dir, der du als Bote kommst. Welche Botschaft bringst du mir?

Der Engel: – Sei bereit: es bleibt nicht mehr viel Zeit. Die Stunde der Hingabe jener, die sich der göttlichen Gerechtigkeit aufgeopfert haben, ist nahe. Der Irrtum und die Schuld des Menschen werden wegen eurer Sühneopfer *(der Opferseelen)* hinweggenommen werden.

Debora: – Der Ewige hat in meinem armseligen Herzen den Ort Seiner Erholung eingerichtet, an dem der erwählte Sohn wohnt, um Seinen Namen den Völkern bekanntzumachen.

Der Engel: – Alle sollen die Heiligste Jungfrau als Königin verkünden, damit die Stunde ihres Sieges nicht hinausgezögert wird. *(Die große derzeitige Evangelisierung, die der Madonna zusammen mit ihrem Sohn zum Sieg der Eucharistie über die Welt verhelfen wird.)* Die Zeit des Friedens kommt, aber schlimme Gefahren bedrohen die Welt. Dieser Friede ist bedroht. Die Heiligste Dreifaltigkeit leidet wegen der Lästerungen, die sich gegen Jene richten, die "leuchtet wie der Mond".

Du sollst unter der Einwirkung der Engel schreiben, denn wir können euch in diesen Stunden der Finsternis helfen. Unsere Hilfe kommt immer unmittelbar.

Keiner von uns vergißt einzugreifen, wenn die Menschen uns darum bitten. Wenn sie zudem noch mit Glauben bitten, sind wir noch verschwenderischer in der Zuwendung unserer Hilfe. Eure Bitten werden niemals enttäuscht, wenn sie von Vertrauen und Buße begleitet werden. Heute ist den Engeln eine große Aufgabe anvertraut. An euch liegt es, sie zum Zuge kommen zu lassen! Die große Königin des Himmels hat uns geboten, euch diese Botschaft zu bringen, denn die Barmherzigkeit Gottes ist unergründlich.

Debora: – Wird die Krise in der Kirche Gottes stattfinden?

Der Engel: – Ja, sie wird stattfinden.

Debora: – Ich bitte dich, Engel des Herrn, sage mir: jetzt?

Der Engel: – Ich habe dir schon gesagt, daß die Zeit davonläuft, aber die Stunde, das heißt der Tag ist noch nicht gekommen.

Debora: – Wird die Verwirrung vertrieben werden?

Der Engel: – Sie wird völlig verschwinden.

Debora: – Wie wird diese Verfolgung sein?

Der Engel: – Fürchterlich, denn sie wird euch hart zusetzen. Aber sie wird auch offen stattfinden, selbst wenn sie verhüllt geschieht.

Debora: – Ich habe keine Angst, aber ich empfinde einen großen Kummer.

Der Engel: – Jene, die die Miliz der Unbefleckten Königin unterstützen, werden in dieser Zeit einen starken Glauben brauchen, denn er wird bedroht sein.

Debora: – Was ist das für ein Plan gegen den Glauben?»

Der Engel neigt sein Haupt und sagt dann:

«Der falsche Ökumenismus *(jener, der nicht auf die beiden Heiligsten Herzen ausgerichtet ist)* ist die wahre Wunde! Jene, die sich aus der wahren Religion nur einen Thron machen, weil sie denken, daß sie mächtig sind und herrschen können, sind bereits am Werk. Die Menschen, die von Satan ausgesandt sind, wollen in der Welt eine neue Kirche gründen, die für alle offen und bereit ist, alle möglichen trüben Wasser aufzunehmen.

Debora: – Ich bin betrübt.

Der Engel: – Das sollst du nicht sein, denn dieses Geschehen macht deutlich, daß die Zeichen, die der Wiederkunft der Liebe und der Gerechtigkeit vorausgehen, gerade sichtbar werden, damit die Seelen gerettet werden können. Du sollst arbeiten, damit in deiner Umgebung und wo immer du hingehst, die Menschen nicht den Glauben an den wahren Gott, das heißt an die Eucharistie verlieren. Sie sollen mehr Ehrfurcht zeigen, sonst wehe ihnen!

Debora: – Abgemacht!

Der Engel: – Bleibe im Frieden!

Debora: – Friede sei mit dir!»

Donnerstag, den 3. September 1998, im Verlauf des Tages

Der heilige Meister des Lebens kommt wieder, um mich zu belehren.

Jesus: «Mein Vater im Himmel hat den Mund geöffnet, um die Bewohner der Erde Sein "*basta*!" *(Es reicht!)* in Bezug auf die Greuel, die im Zusammenhang mit dem Heiligsten Altarsakrament geschehen, vernehmen zu lassen. Aber niemand bemerkt den heiligen Zorn, der auf euch zukommt, weil ihr euch eure eigene Meinung bildet.

Der Mensch will nicht verstehen, Meine Tochter, und jeden Tag fordert er Meine Güte heraus, indem er sich mit Falschheit hinter lügenhaften Gesetzen verbirgt, die nicht von Mir kommen. Ich habe euch schon gesagt, daß Ich nicht will, daß man aus Meinem Heiligtum einen Ort des Götzendienstes, der Komödie und der Beleidigung Meiner Heiligkeit macht.

Ich war bereit, dir Meine Mutter zu schicken, damit du Meinen Leib *(es handelt sich um die Eucharistie, die die Madonna ihr seinerzeit gebracht hat)* bewahren kannst, und damit allen Laien durch dein jugendliches Opfer ihre Entweihungen, ihre Ehrfurchtslosigkeit, sowie ihre tödlichen Zugeständnisse vergeben werden.

Ich habe sie nicht geschlagen wegen eurer Sühneanbetungen, und auch dank jener, die in ihrem stillschweigenden Leiden um Erbarmen und um Heil für sie gebetet haben. Wegen der Leichtfertigkeit vieler ist es soweit gekommen. Die Katechese, die keine Wahrheit mehr, sondern einen pharisäischen Inhalt vertritt, hat Mich dazu gebracht, Mich in einer großen Entrüstung auf Meinem Thron aufzurichten!

Debora: – Mein Herr und Meister, heute bist du traurig!

Jesus: – Ja, Meine Tochter, Ich bin derart traurig, daß Ich dich noch einmal bitte, dem Vater deine kleinen Opfer mit dem Ziel darzubringen, Seinen heiligen Zorn zu besänftigen!

Ich habe euch gesagt, daß der Vater sich nicht mehr barmherzig zeigen wird, wenn solche Dinge geschehen; aber es wurde immer noch genauso gelästert, indem man einen Comik-König aus Mir machte, einen Menschen unter Menschen, der einem entthronten und gedemütigten, eingesperrten, im Stich gelassenen und grauenvollen Qualen ausgesetzten Mächtigen gleicht. Zu diesen Qualen gehört das Anhören alberner Worte und unannehmbarer Forderungen. Könnte Ich noch barmherziger sein?

O ihr Menschen, die ihr Meine Heiligen lügen straft, die ihr Blut vergossen haben, um den Allerheiligsten zu verteidigen, ihr seid genauso unvorsichtig wie dumm, ihr habt keinerlei Verstand oder Gewissen! Wenn ihr Mich in euch fühlen würdet, wie könntet ihr Mich so behandeln, ohne die geringste Scham zu empfinden? Habe Ich Mich etwa verändert? Bin Ich denn nicht mehr derselbe wie gestern?

Debora: – Hab noch einmal unendlich Erbarmen mit uns!

Jesus: – Ich war immer (dazu) bereit, und wenn sie sich nur ändern würden, würde ich den Tröstergeist in viele Herzen senden.

Debora: – Jesus, Meine Liebe, ich glaube dir, sende deinen Heiligen Geist!

Jesus: – Ich habe dir schon die "Feuertaufe" gesandt, damit du in Treue zu deinem Auftrag furchtlos alles verkünden kannst, was Ich dir offenbaren werde, denn dies ist Mein unumstößliches Gebot: niemand darf deinen Auftrag behindern, sonst werden Meine Engel eingreifen.

Debora: – In Kürze werde ich wegen der Anklagen, die du kennst, zum Gericht gehen. Ich bin ein bißchen niedergeschlagen.

Jesus: – Wenn der Lebendige bei dir ist, sollst du nicht niedergeschlagen sein! Das würde bedeuten, daß du kein Vertrauen zu Mir hast! Ich werde das noch eine kurze Zeit zulassen, und du mußt es im Gehorsam annehmen, weil eine solche Behandlung ein Anlaß zu innerer Freiheit und zur Heiligung der unguten Gedanken ist. Höre auf Mich, Meine Kleine, Mein Vater hat dir *(dir und allen)* den Schatz geschenkt, indem Er dir die *Offenbarte Weisheit (das heißt diese Offenbarung)* gesandt hat! Bleibe in Mir, dann werde Ich in dir bleiben: der Bräutigam und Seine kleine Braut!

Debora: – Jesus, ich liebe dich!

Jesus: – Ich liebe dich, Mein Herz. Denk daran, daß Ich ein eifersüchtiger Gott bin für die Mir geweihten Seelen und für all jene, die Mir gehören wollen.»

23. September 1998

Die Mutter des Herrn kommt mit drei tanzenden Sonnen, die sie noch strahlender machen. Dann neigt sie den Kopf zur rechten Seite. Sie beginnt nicht sofort zu sprechen.

Debora: «Mildeste Dame, warum sprichst du heute nicht mit mir? Willst du um etwas besonderes bitten?

Die Heilige Jungfrau: - Frieden und Liebe sei mit meinem ganzen Volk! Ich, die Mutter der Kirche, bitte heute für meine Kinder, die ich überall gerufen habe. Mein Herz ist bekümmert und zerrissen wegen der Menschen!

Der Ewige Herr hat mich hierher gesandt, weil mein alter Feind mit seinen scheußlichen Absichten dabei ist, die Herzen zu verderben. Ihr südlichen Länder müßt die falsche Weltanschauung des Kommunismus und des praktischen Atheismus aufgeben! Ich komme, um meine geweihten Seelen aufzufordern *(die geweihten Seelen allgemein)*, dem Papst in den Fußstapfen Christi und Seiner Armut nachzufolgen! Laßt euch nicht vom Ehrgeiz der Macht verderben! Liebt Jesus und sprecht über Ihn, wie Er über Euch mit dem Vater sprechen wird!

Meine Kinder, meine Kleinsten, ich komme, damit ihr das Unbefleckte Herz tröstet und Ihm Erleichterung schenkt. Wenn ihr meine Gnaden erhalten und euch angeeignet habt, sollt ihr dafür sorgen, daß sie an die Leidenden weitergegeben werden! Ihr sollt die Werkzeuge meines Handelns sein! Geht und bringt den "Balsam" *(das Öl)*, das von Meinem Herzen herabkommt, zu den Atheisten, den Verzweifelten, und sagt ihnen, daß ich auch ihre Mutter bin!

Debora: – Meine Liebe Frau, willst du nichts anderes?

Die Heilige Jungfrau: – Nein *(die Madonna schweigt und schaut mich mit ernsten, aber erbarmungsvollen Augen an)*. In Kürze werde ich meine Erscheinungen abschließen, und du wirst mein Werk weiterführen. Dann wirst du mir folgen!

Debora: – Meine Liebe Frau, wie du es wünschst.

Die Heilige Jungfrau: – Ihr sollt schon jetzt einen eucharistischen Sühnemonat einrichten *(mit Akten der Liebe, des Gebetes, des Opfers, der Buße, mit Messen, an denen ihr wirklich teilnehmt, mit häufiger Anbetung vor dem Allerheiligsten)*. Im Oktober werde ich ein anderes Zeichen gewähren. Jetzt wünsche ich, daß viel gebetet wird! Das Wunder wird auf die Erde herabkommen, wenn niemand damit rechnen wird! Liebe Tochter, ich segne dich. Sorge dafür, daß mein Jesus in Seiner "sakramentalen Gegenwart" gelobt wird.

Ich habe dir nichts mehr zu sagen. Gott wird bald die Heilsbotschaft beenden, die ich auf der ganzen Welt verbreiten werde. Verherrlicht Jesus! Bis bald! Ich werde bei euch sein… du wirst in meinem Herzen Zuflucht nehmen und darin Trost finden, während ich den Kalvarienberg besteigen werde.»

1. Oktober 1998, Fest der heiligen Theresia vom Kinde Jesus

Debora: «Bist Du es, Jesus?

Jesus: – Ich bin es, willst du Mich aufnehmen?

Debora: – Herr, warum fragst Du mich das?

Jesus: – Die Liebe fragt ihr kleines Herz immer, in aller Freiheit, ob es sie aufnehmen will!

Debora: – Bei mir sollst Du das nicht tun. Ich liebe dich: du bist meine Familie, und ich will, daß du mich nimmst, wie alles, was mir gehört, wann und wie Du willst. Bist du die Liebe?

Jesus: – Ja, Ich bin die Liebe.

Debora: – Wenn ich sie aufnehme, weiß ich, daß alles in der Begegnung verschmilzt, genauso wie die Früchte der liebenden Begegnung beiden gehören.

Jesus: – Bete heute für jene, die Mein Werk anzweifeln, die das Kreuz zerbrechen wollen, das Ich auf deinem jungen Hirten-Herzen errichtet habe. Verteidige die Wahrheit, indem du ihre Bosheit mutig zurückweist und Weihehymnen aufsteigen läßt. Die Weihe ist sehr wichtig. Sie bewirkt, daß ihr Unseren beiden vereinten und siegreichen Herzen angehört, und sie bietet euch Gelegenheit, andere kleine Seelen zu retten.

Ich werde als der Wahrhaftige das Opfer annehmen, das ihr Meiner Mutter hingebt, und Ich werde euch in ihr wachsen lassen, weil ihr in ihrem heiligsten Herzen Großzügigkeit, Reinheit und Liebe atmet.

Aber ihr müßt auf die schlechten Gewohnheiten verzichten, die euren Geist auf Abwege gebracht haben! Um die Weihe zu leben, müßt ihr euren Weg der Selbstverleugnung und des andauernden Gebets beginnen. Wenn ihr euch erziehen laßt, werdet ihr Mein Haus und Meine Familie sein, wie Meine kleine Biene es beteuert: die wahren Mitglieder Meiner Familie!

Debora: – Milder Jesus, das ist sehr schön!

Jesus: – Ich werde Meine Liebe jenen offenbaren, die auf Mich hören und Mich gehorsam "Meister" nennen. Sie werden keinerlei Übel mehr fürchten müssen, weil mit ihrer Erlaubnis *(das heißt mit ihrem freien Willen)* alles in Meinen Händen sein wird. Diese werden so wirken, daß die Menschen verwandelt werden können, um den Heiligen Geist aufzunehmen.

Debora: – Ich will sofort anfangen, euch Seelen zu weihen.

Jesus: –Von heute an werde Ich unzählige Türen ganz weit öffnen, damit ich euch die Gnaden schicken kann, die aus Meiner geöffneten Seite herabkommen.

Debora: – Können die Priester den Weiheakt vollziehen?

Jesus: – Sie haben ihr Herz bereits hingegeben; es ist wichtig, daß sie die Wirkkraft der Hingabe ihrer selbst an Mich, das Lamm Gottes, wiederentdecken. Auch sie müssen diesen sehr feierlichen Akt vollziehen und ihn dazuhin ganzen Völkern verkünden!

Debora: – Ich weiß nicht, ob man das erreichen kann.

Jesus: – Ich dachte deshalb an dich, Meine Botin.

Als Ich dich noch suchte, raunte Ich deiner Seele schon zu: "Fliege, fliege, um die Türen der Herzen ganz weit für die Weisheit zu öffnen!"

Debora: – Ich hoffe, daß ich Dich nicht enttäuscht habe, Herr!

Jesus: – Ich erwarte noch vieles von dir, aber sei vorsichtig, weil der Zorn Satans, Meines alten Feindes, gegen dich entbrannt ist. Je mehr Menschen sich weihen werden, desto größer wird seine Wut werden! Manche werden sich erheben, um dich im Feuer der Lüge zu verbrennen, indem sie falsche Zeugnisse gegen dich unterstützen und Mir unrecht tun. Du sollst dennoch Glauben haben. Ich werde Meinen Plan weiter verwirklichen. Bist du im Frieden?

Debora: – Ja, ich bin es.

Jesus: – Bete jetzt!

Debora: – Ja.»

14. Oktober 1998

Debora: «Herr, was für eine Angst empfinde ich, während ich darauf warte, daß Du in den Abgrund meines Nichts kommst. Du weißt alle Teile meines Herzens zu erforschen und deiner kleinen Biene wieder Mut zu machen, damit sie ihren Flug fortsetzen kann. Wo bist du, mein Geliebter, mein Bräutigam und Freund? Es ist so angenehm für mich, mit Dir zu sprechen…

Jesus: – Ich komme als das Alpha und Omega vom Himmel, um dein Gesicht in den edlen Brunnen Meines kostbaren Blutes zu tauchen. Meine Wunden sind alle offen, um euch aufzunehmen, während ihr euch entscheiden müßt... aber für zu viele ist die "Rückkehr nach Hause" noch weit weg: wie ein Traum!»

Jesus ist sehr traurig.

Debora: «Mein schönster Bräutigam, ich will Dich mit meiner armseligen Liebe trösten. Ich will dir einen Kuß geben, um Dir die zärtliche Zuneigung Deiner Geweihten zu schenken.

Jesus: – Ich werde in die Welt kommen, wenn die Welt mir ein Liebeslied singt. Dann wird das herrliche Zeichen Meines Heiligen Kreuzes, das auf dem Boden aller Völker aufgerichtet ist, Mir vorausgehen. Ihr müßt jedoch die Hälfte des Weges zurücklegen, während Ich komme. Die Zeit der Bekehrung zu Meinen Gesetzen ist da, in der vom Westen bis zum Osten verkündet wird, daß Ich der einzige Herr des Lebens bin!

Debora: – Mein Jesus, ich warte wie eine kluge Jungfrau auf dich!

Jesus: – Kröne dein Warten, indem du geistige Heilungen für die Seelen erlangst, die durch alle möglichen Sünden gefühllos geworden sind! Du sollst das Vordringen der Lepra beenden, die gerade ganze Familien fürchterlich ansteckt! Vergiß nie, Meinen heiligen Namen zu nennen, denn die Liebe wird bald kommen!

Debora: – Was wären wir ohne Dich?

Jesus: – Schau, Meine Tochter, solange eure Existenz nicht ein Echo auf Meine Botschaft des Evangeliums ist, hat niemand die wahre Erkenntnis in sich empfangen, die den Durst der Seele stillt, die fortwährend auf Gott ausgerichtet ist. Ihr solltet Mir alle eine Lobes- und Sühnehymne widmen, die ihr wirklich in euren Herzen fühlt. Dann würde in euch die Gewißheit wiederaufblühen, daß ihr immer bei Mir seid. Das unermeßliche Werk der "Erneuerung" ist schon unterwegs, aber eure Gewissen sind noch verschlafen und vergiftet und müssen aufgerüttelt werden. Sie sind erstickt worden, während ihr das Spiel betrieben habt, euch an falschen Lehren und täuschenden Theorien zu erfreuen. Ihr sollt wieder feinfühlig werden für alles, was Unsere väterliche Vorsehung für euch geschaffen hat.

O ihr Menschen, ihr Kinder des Vaters, ihr seid Meine lieben Brüder, die einzig dafür geliebt und gezeugt wurden, um die dreifaltige Liebe zu verherrlichen.

Ihr seid also eine derart unermeßliche Gabe Gottes, daß ihr verdient habt, Geschöpfe zu sein, die noch über den Engeln stehen!

Debora: – Bitte mich, um was Du willst!

Jesus: – Sobald ihr an der Schwelle meines glühenden Herzens seid, werdet ihr beginnen, euch völlig dem Dienst *(der Solidarität den Schwächsten und Ärmsten gegenüber)* hinzugeben. Opfert Mir schweigend eure Gebete und verdienstvollen Taten auf. Ich werde sie in der Göttlichen Liebe schmelzen. Wenn die anderen Schafe «nach Hause» zurückkehren, werde Ich euch für ein einziges eurer Gebete und ein einziges eurer Opfer von neuem sagen: "Ich komme, um ewig in dem Haus deines armseligen Herzens zu wohnen... und da, wo dein Schatz ist, da wird auch dein Herz und dein edelmütiger Wille sein." (Mt 6,21)

Ich brauche euch. Ich brauche dich, die du Mir zuhörst und Mich aufnimmst. Arbeite an den Werken, Meine kleine, geliebte Tochter! Belehre *(die anderen)* mit der Lehre, die Ich dir geschenkt habe!

Ich erlaube euch zu rufen: "Abba! Unser Vater!" (Gal 4,6 und Röm 8,15-16)

Und jetzt sollst du Mich mit den wunderbarsten Meiner Namen grüßen: "Sei gegrüßt, o Mein König! Sei gegrüßt, o glühendes Herz, das immer vergibt!"»

17. Oktober 1998

Ich bete und fühle mich etwas entmutigt durch die Art und Weise, wie die Menschen die Familie und die Bedeutung der Ehe ansehen.

Debora: «Mein Herr, heiliges Herz, das entzündet, erleuchte meine Seele mit dem Feuer Deines Rates. Entzünde das Herz jener, die in vergeblichen Täuschungen umherirren, die nur zum Leiden, zur Verzweiflung und zu tiefen Brüchen führen können. O mein milder Meister, schenke mir Dein Licht!

Jesus: – Wenn das Geschöpf seine Seele der Ewigen Klugheit zuwendet, kann es dann enttäuscht werden? Wenn Meine kleinen Schafe ihre Auflehnung bremsen und sich nicht mehr vor Meinen Geboten aufbäumen würden, würden sie sicher Meine wohlwollende Gnade erlangen.

Debora: – Ich wünschte, jeder Mann und jede Frau würde auf deine so milden und so weisen Worte hören, Meister. Ich begegne oft Menschen, die unsinnige, sonderbare Ideen haben und im Stand der Sünde leben, wie wenn nichts wäre. Viele fragen mich, was Du von der großen Frage der Scheidung und des Zusammenlebens hältst.

Ich antworte oft mit den Geboten und dem Katechismus der Kirche, aber das genügt ihnen nicht. Wie traurig das ist!

Jesus: – Heutzutage spielen sich in den Häusern der Menschen Tragödien ab und es entstehen große Spaltungen, weil es weder Sittlichkeit noch innere Reinheit mehr gibt. Wie oft hat Mein heiliger Blick sich im Verlauf der Geschichte abwenden müssen wegen des Leichtsinns, der Launen und der Heucheleien jener, die Mir in Meinem Heiligtum Ewige Treue versprochen hatten.

Sie haben sich über Mich lustig gemacht, haben sich mit einer falschen Reinheit bekleidet und versprachen *(in Wirklichkeit)*, sich auf einen gegenseitigen Betrug einzulassen zum größten Schaden der unschuldigen Nachkommen. Wieviele Male (ja, wie oft!) habe Ich euch Meine Engel geschickt, um euch begreiflich zu machen, daß weder Ehrgeiz, noch Macht, noch Geld, noch das äußere Erscheinungsbild euch vereinen können, sondern nur Achtung, Treue, Aufrichtigkeit und Reinheit. Jahrhundertelang waren eure Ehen eine Schande für mich; und blind wie ihr wart, habt ihr mein Gericht über euch gebracht, das nie überraschend kam.

Doch immer habt ihr Eheleute, die ihr durch das Siegel Meines Blutes vereint seid, das ganze Vertrauen des Höchsten empfangen und wart berufen, in einem unlösbaren Bund zu leben, um neue Gewissen heranzubilden. Wenn Mann und Frau in der Ehe ein Fleisch werden, kann nichts auf der Welt ihre Einheit zerbrechen, die Ich zu Ehren dieses Sakramentes eingerichtet habe.

Oh, welche Heiligkeit habe Ich in die Ehe gelegt! Was für Gaben der Heiligung kommen durch ein solches Sakrament in die ganze Welt!

Debora: – Vergib mir, Meister: manche sagen, daß auch die bürgerliche Ehe eine Ehe sei.

Jesus: – Dafür würde Ich das Wort "Verbindung" benützen, da jene, die nicht durch Mein fortwährendes Opfer vor Meiner Majestät vereint worden sind, nie Eheleute sein werden!

Debora: – Und in den anderen Religionen?

Jesus: – Wenn sie dem "Gesetz" treu sind, besteht ihr Bund vor Gott wirklich! Ich erinnere dich an Mein Eingreifen bei der Hochzeit von Kana, das Ich beabsichtigt und verwirklicht hatte, um den Bund dieser Eheleute zu heiligen, die die Erfahrung machten, wie die Gnade in der Gegenwart des Geliebten Bräutigams wirkt, als sie "neuen Wein in Fülle" bekamen! Genauso wird jener, der sich heute um die unendliche Größe dieses Sakramentes bringt, nie erleben, daß seine eigenen Kinder ihren Durst an den Krügen des «neuen Weins» stillen. Das Wohl eines jeden Hauses werden immer die Kinder bleiben, und eines Tages werden eure eigenen Kinder sich zu euren Richtern machen und euch nach dem Grund eurer Zwietracht und eures Mangels an Liebe fragen.

Die Familie, die sich im Stand der Todsünde befindet, wird ihre Funktion als wahre Schule nicht erfüllen und sich ständig mit kleinen Gütern zufriedengeben müssen, die niemals der Gnade gleichkommen, die das höchste Gut und die notwendige Voraussetzung für das Leben im Geist ist.

Das sind grausame Dornen für das Reine Herz der Heiligsten Jungfrau und Mutter!

Debora: – Ich glaube, daß ich schon weiß, was du zur Scheidung sagen wirst.

Jesus: – Kleine Tochter, eines Tages, am Ende eures Lebens, werden Meine Worte nicht mehr den gleichen barmherzigen Klang haben, da die Scheidung viel mehr als ein elender Akt der Treulosigkeit und der Unredlichkeit ist!

Wenn man der anderen Hälfte das Recht wegnimmt, im Sakrament der Ehe zu leben, das — ich sage es noch einmal — bis zum letzten Tag unauflöslich ist, begeht man das schlimme Verbrechen des Raubes.

Wehe dem, der sich mit einem solchen Verbrechen beschmutzt, das keine sichtbare Spur hinterläßt!

Das Fegefeuer, das für viele begangene Sünden nötig ist, ist voller Männer und Frauen, die eine freizügige Existenz nach ihrem

Gutdünken führten, die aber an diesem heiligen Ort nicht mehr so glücklich sind über die zahlreichen Unbesonnenheiten, die sie begangen haben! Satan konnte keinen niederträchtigeren Raub erfinden als diesen, der wie ein tödliches Gift unbemerkt bleibt und seine Wirkung erst am Schluß zeitigt: so wirkt die Scheidung!

Warum geht ihr dem Bösen entgegen und laßt euch um alles Wohl und alle Zuneigung bringen, die manchmal um den Preis großer Leiden errungen wurden?

Debora: – Herr, werden sie auf Dich hören können?

Jesus: – Ich sage dir, diese mörderischen Eltern, die wegen sündiger Umstände viele Geschöpfe um das Recht zu leben gebracht haben, sind schlimmer als Räuber. Diese Geschöpfe rufen jetzt vor Mir mit ihrem unschuldigen Blut: "Schaffe uns Recht!" Wenn die Folge von einer Ursache herrührt, dann wird Gott dem Menschen die Frucht seiner Saat geben! Ich sage euch nochmals: habt keine Angst, zu Mir zurückzukehren. Kommt, denn die Zeit der Versöhnung kommt zu euch.

Ich, euer Gott der Güte, segne euch.»

23. Oktober 1998, Erscheinung im Garten «Himmelsgrün»

Eine wunderbare Sonne ist der Rahmen für einen Tag, der ganz der heiligsten Königin geweiht ist, die diesen Tag erwählt hat, um der Welt ihre Botschaft der Liebe zu bringen. Die Meditationen des marianischen Kreuzweges und die Gebete, die in vier Sprachen übersetzt werden, erwärmen die Herzen und die Seelen hunderter Menschen, die aus allen Gegenden Italiens und der Welt gekommen sind, um zu loben und den Vater durch Maria, Seine Braut, zu entdecken.

Am Ende des marianischen Kreuzwegs sammelt sich jeder innerlich im «Garten der Besuche», während die Ave Maria des Rosenkranzes angestimmt werden, diese Blumen, die man Unserer Lieben Frau zur Sühne für die Gotteslästerungen schenkt. Während des vierten schmerzhaften Geheimnisses erscheint Unsere Liebe Frau in ihrem wunderbaren Licht: sie lächelt und grüßt mich zärtlich wie sie es oft tut; dabei neigt sie den Kopf nach rechts vorne.

Maria: «Preist und lobt Jesus Christus.

Meine Kinder, heute will ich die Welt für meine Botschaft öffnen, indem ich mit euch über die Bedeutung der Weihe an mein

Herz und an das Göttliche Herz meines Sohnes spreche. Jeder Mensch, der sich entschließt, sich durch Unsere beiden vereinten Herzen ganz Gott hinzugeben, wird in der Gnade erneuert und ein Werkzeug der Evangelisierung und ein Friedensbote werden. Wenn ihr euch mir als eurer Mutter anvertraut, so forme ich euch und lasse euch wachsen, damit ihr zur Heiligkeit gelangt. Jedes Kind, das diese Weihe in völliger Hingabe lebt, wird ein Tabernakel Gottes, in den er seine "Schätze" legt.

Liebe Kinder, ich schenke euch das Öl *(aus der Statue der Madonna, die von den Pilgern gestiftet wurde, begann während ihres Transports zu der Kapelle «Jesus-von-der-Offenbarung» Öl zu sickern. Das ist das Zeichen, das die Heilige Jungfrau während ihrer vorhergehenden Erscheinung versprochen hatte)*, weil der Höchste aus meinem Herzen die Quelle machen wollte, an der man Freude und innere Freiheit schöpfen kann. Das Gebet ist nach wie vor das Mittel, um in Gemeinschaft mit Gott zu leben und mit ihm zu sprechen. Das Gebet macht aus euch kleine Kinder, die fortwährend hören.

Ich habe euch von mehreren Orten hergerufen, damit jedes meiner Kinder sich geliebt fühlt. Ich bin die Mutter eines jeden von euch.

Meine Kinder, ihr sollt keine Angst haben, denn ich beschütze jene, die sich mit ihrem ganzen Willen den Plänen des Herrn hingeben. Dies ist mein Werk, und ich habe es mit meinem königlichen Mantel bedeckt, damit viele meiner Schafe die Realpräsenz meines Sohnes in der Eucharistie fühlen können!

Debora: – Meine milde Frau, wir lieben dich wirklich.

Maria: – Jedes Geschöpf soll den Höchsten so loben und verkünden, daß Jesus im Altarsakrament wirklich gegenwärtig ist!

Debora: – Umarme Jesus für uns.

Maria: – Er wartet in seinem "Haus" *(alle Gemeinden der Welt)* auf euch und will, daß es bei den Völkern Seelen gibt, die sich vereint mit Ihm aufopfern.

Meine lieben Kinder, die Bildnisse, die hierher kommen *(eine zwei Meter hohe Holzstatue, die den Jesus der Offenbarung mit der Hostie in der einen Hand und dem Kelch in der anderen Hand darstellt, so wie Er Debora erschienen ist)*, sollen euch zum Nachdenken bewegen! Jesus wird euch nicht im Stich lassen. Heute hat er auf der ganzen

Welt die kleinen Sühneopfer aufgenommen und sie mit dem meinen vereint, das allumfassend ist.

Du wirst viel leiden, aber sei gewiß, Christus wird die Vollendung deines Lebens als ein Geschenk der Freude erwarten! Ich will euch fühlen lassen, wie sehr ich euch liebe, und wenn ihr die Kinder eurer Unbefleckten Mutter seid, ehrt ihr sie durch das Gebet. Das Gebet wird euch frei machen! Bis bald! Die Botschaft geht noch weiter.» *(Die Madonna unterhält sich noch mit mir.)*

23. November 1998

Die anmutige Dame erscheint während des Rosenkranzgebetes, den alle Pilger ihr mit kindlicher Liebe weihen.

«Meine lieben Kinder, ich komme wieder, damit das Wort Gottes in euren Herzen wohnen kann, die durch ein besonderes Eingreifen meinerseits aufmerksam und zu treuen Zeugen meiner Liebe in der Welt geworden sind. Der himmlische Vater verwirklicht gerade den Heilsplan. Die Zeit der "schmerzhaften Läuterung" wird zu Ende gehen, und ihr werdet dank meines Handelns als Miterlöserin darauf vorbereitet sein, den Heiligen Geist aufzunehmen, der über euch kommt, um euch die Morgenröte der Zweiten Wiederkunft anzukündigen!

Meine lieben Kinder, ich segne euch zärtlich, weil ihr meinem Ruf gefolgt seid. Keine Seele, die zu Meinem Heim kommt, wird so wieder gehen, wie sie gekommen ist *(voller Verzweiflung und tiefer Trockenheit)*.

Meine Kinder, Jesus will euch verwandeln; ihr sollt nach Seinem Willen Seine Frohe Botschaft verkünden.

Das Gebet, um das ich euch von Meiner irdischen Wohnung aus bitte, muß in den dunklen Teilen eurer manchmal untätigen Gedanken leuchten. Das Opfer, um das ich euch gebeten habe, soll euch noch mehr helfen, eure Bedeutung als Seelen zu leben: ihr sollt zu Hostien werden. Opfert, opfert eure Leidenschaften, dann werde ich euch von dem Übel befreien, das euch niederdrückt.

Ich habe euch häufiger vor den eucharistischen Jesus der Liebe eingeladen, denn das ist das Zeichen, daß ihr nur in Ihm die nötigen Trost findet, um mit dem Kreuz zusammen zum ewigen Glück zu gelangen.

Debora: – Meine Liebe Frau, wir wollen dir danken.

Maria: – Ehre mich, indem du dich mit deinem Rosenkranz bezeichnest, und lehre die anderen beten und hoffen. Der Glaube ist eine unendliche Gabe Gottes.

Debora: – Willst du ein paar Kranke heilen?

Maria: – Ich habe nie aufgehört, Gnaden zu verteilen, und ich werde weiterhin Gnaden auf der Welt verbreiten; sie werden von jenen verdient, die sich für die Herrlichkeit ihrer himmlischen Mutter eingesetzt haben. Ich werde euch auf meinen Wolken zur Weisheit tragen. Habt keine Angst; ich werde immer bei euch sein...»

23. Dezember, Erscheinung im Garten «Himmelsgrün»

Die Madonna trägt ein ganz leuchtendes Kleid und ist von einem goldenen Mantel eingehüllt. Sie wird von vielen Engeln begleitet und hält einen Ölzweig in ihren Händen, mit dem sie die anwesenden Menschen am Ende ihres Besuches segnen wird. An ihrem Leib sind die Zeichen ihrer Mutterschaft deutlich sichtbar.

«Gelobt sei Jesus Christus!

Nehmt meinen göttlichen Sohn mit einem Loblied auf, solange er in der armen Krippe eurer Herzen ruht. Jesus kommt, um mit euch das Licht des "glorreichen Tages" zu feiern *(die Rückkehr des Menschen zu Christus).*

Meine lieben Kinder, betet mein kleines Kind mit eurem ganzen Herzen und eurem ganzen Geist an.

Du, meine Tochter, sollst Jesus in mir anbeten...

Debora: – Meine liebliche Madonna, milde Frau, ich preise die Frucht deines Schoßes, meinen geliebten, kleinen Jesus.

Maria: – Der Mensch muß sich bekehren, er muß zu Gott zurückkehren.

Debora: – Meine Liebe Frau, die Welt will die Aufforderung zur Veränderung nicht annehmen.

Maria: – Meine Tochter, der Sünder muß bereuen; wer reumütig ist, soll durch mein Herz zum Vater zurückkehren; wer enttäuscht ist, soll Linderung erfahren!

Debora: – Meine mildeste Königin, ich will das tun, was du von mir verlangst. Hilf mir, dein Wort zu verbreiten.

Maria: – Ich will der Welt folgendes sagen: der Sünder soll die Gnade in seinem Herzen wiederaufleben lassen, denn wenn er in der Sünde verharrt, wird der Fortgang seiner Bekehrung aufgehalten.

Jene, die von jeher die Gabe des Glaubens empfangen haben, sollen ihn nicht verlieren. Jene, die inbrünstig beten, sollen mir Tag für Tag Gebete aufopfern, dann kann ich sie vollkommen machen und aufsteigen lassen.

Meine liebe Tochter, mein Plan der Liebe ist im Begriff, sich zu entfalten!

Wenn Satan, mein und euer Feind, euch dann seine letzte Herausforderung entgegengeschleudert hat, die in der völligen Zersetzung der gesunden Lehre und jeglicher redlichen Auffassung bestehen wird, und wenn alle Geister vollkommen verfinstert sind, werde Ich als Braut mit dem Heiligen Geist zusammen siegen!

Verliert nicht den Mut, und gebt Zeugnis von dem Licht, das in euch seinen Anfang genommen hat! Heute nimmt die Grotte von Bethlehem in meinem Haus gerade Form an.

Meine Bewegung soll handeln, ohne zurückzuweichen; sie soll nicht dem schlechten Beispiel der schwächsten Brüder folgen! Ich verspreche euch, daß dank eurer Opfer viele gerettet werden können.

Heute wird Jesus wirklich in euch leben, wenn euer Haus *(das heißt euer Herz)* eurer großherzigen Hingabe entspricht.

Es wird euch gewährt, noch einige Monate mit der Mutter zu verbringen. Verachtet diese würdevolle Zeit der Gnade nicht, in der euch mein mütterliches Handeln so nahe ist.

Die Finsternis wird in dieser Zeit immer dichter werden. Folgt dem Papst und seinem Aufruf, denn ich habe ihn durch die Stimme meines Jesus geformt.

Gelobt sei Jesus Christus!»

23. Januar 1999

Maria: «Liebe Kinder, schmiegt euch an mich, die Mutter der Einheit. Betet mit Mir in dieser Zeit, in der der Ruf zur Einheit der Kirche drängender wird.

Meine Tochter, du siehst, wie meine Botschaft über die Eucharistie sich gerade in vielen Teilen der Welt ausbreitet. Durch diese Botschaft rufe ich die Herzen der Menschen zur wahren Einheit.

Der vollkommene Weg der Einheit befindet sich in der Kirche; sie geht ihn durch die erneuernde Wirkung der Sakramente.

Heute wird mein Papst von vielen in der Kirche lebhaft angefochten und angegriffen, und das stellt eine große Gefahr dar. Ich fordere euch auf, aufmerksam das Zeichen zu betrachten, das ich auf meinem Kleid trage *(das Symbol des Papsttums)*. Ich will, daß ihr begreift, wie teuer mir dieser Nachfolger Petri ist. Ich reise weiterhin in der Welt umher, damit man mittels der Andacht zu meinem Unbefleckten Herzen auf ihn hört und ihm nachfolgt.

Meine Kinder, Jesus will die Einheit in euren Familien. Ihr sollt die Herolde des Friedens werden und wiederaufbauen, was zerbrochen ist. Der Heiligste Leib meines Sohnes muß der Mittelpunkt und die Grundlage eurer Gebete sein. Ihr sollt zu den ewigen Gesten der Liturgie zurückfinden, damit alle Menschen Jesus erkennen können, der in der Eucharistie wirklich gegenwärtig ist. Ich werde euch mit Eifer auf eurem Lebensweg führen, und jeder von euch wird wieder Hoffnung und Kraft finden, um Christus in der geweihten Hostie zu lieben.

Debora: – Unsere Liebe Frau, vertraue uns weiterhin deine Botschaften an! Hilf den Sündern! Heile die Kranken!

Maria: – Ich werde das Öl wie eine unversiegbare Quelle vervielfachen. Viele Seelen werden zu neuem Leben kommen. Ich will meinen geweihten Seelen danken, die den Balsam meiner Tränen verbreiten. Durch ihre Salbungen werden sich meine Gnaden verbreiten. Die Kranken sollen Glauben haben und das Kreuz als Zeichen der Liebe und der Treue annehmen.

Wer meine Botschaft als ein Geschenk aufnimmt, wird durch die Verdienste des Leidens meines Sohnes Befreiung und Heilung erlangen!

Ich segne meine lieben Söhne. Wenn sie doch Jesus lieben könnten, wie Jesus sie liebt. Ich umarme euch. Bis bald. Verherrlicht meinen geliebten Sohn Jesus.»

23. Februar 1999

Die Heilige Jungfrau ist grau gekleidet und trägt Ledersandalen. Sie leuchtet hell, aber ihre Haltung ist eine ausgesprochene Bußhaltung.

Maria: «Gelobt sei der Heilige Name Jesu!

Meine lieben Kinder, kommt durch mein Herz zur Begegnung mit Gott. Er ist dabei, den Heilsplan zu verwirklichen, den ich euch schon vor vielen Jahren angekündigt habe: jetzt ist es soweit.

Ich habe euch in Meinen Garten geführt, um euch den Weg des Lichts zu lehren und euch die Geheimnisse der Liebe Gottes in eurem Dasein zu offenbaren. Ich komme für so viele arme, sündige Söhne, die in großer Ferne von meinem mütterlichen Ruf zerstreut sind. Ich will über meine Besuche auf der Erde sprechen. Mithilfe des Heiligen Geistes habe ich hier eine Quelle von Gnaden und besonderen Gaben hervorquellen lassen. Jetzt ist die Zeit gekommen, in der meine eucharistische Botschaft euch alle zu einer Wiedergeburt im Geist versammeln muß.

Debora: – Meine Mutter, erneuere meine Weihe, damit du mich bis zum Schluß führen kannst.

Maria: – Ich nehme das Opfer deines Herzens als eine Huldigung an, und ich ermahne dich, das Werk der Liebe fortzuführen, indem du viele kleine Oasen zum Blühen bringst, die die Welt daran erinnern, welche Liebe die Jungfrau von der Eucharistie für jeden empfindet. Ich wünschte, ihr würdet so beten, daß ihr eine wahre Gemeinschaft mit euren Brüdern bildet.

Die Hindernisse halten die glühendsten Herzen auf. Das soll bei euch nicht so sein! Ich ermahne euch, meine Friedensboten zu werden! Aber jetzt sollt ihr beginnen, euch während dieser wertvollen Stunden der Fastenzeit vorzubereiten, indem ihr in euch dem Willen des himmlischen Vaters Platz macht, der sich durch dieses außergewöhnliche Eingreifen offenbart. Ihr sollt in euren Seelen die "sakramentalen Gaben" bewahren, die Jesus euch schenkt, um euch von der Sklaverei der Sünde zu befreien, die die Ursache unermeßlicher Leiden ist. Ihr sollt euch länger im Tempel eures Herzens sammeln und in der Kraft der Passion Christi die Herrschaft Satans über euch stürzen.

Meine Kinder, wenn ihr euch mir anvertraut, bin ich eure Fürsprecherin und werde euch ständig den "Weg" vorgeben, damit niemand mehr verloren gehen kann. Durch die Buße, die ich euch zeige, werdet ihr Gott wiederentdecken und euer Herz und euer Leben ändern können. *Ihr werdet mir in der Nähe des Kalvarienberges wiederbegegnen.*

Ich segne euch im Namen des Vaters, des Sohnes und des Heiligen Geistes. *Ihr sollt eure Unschuld neu entdecken*! Bis bald. Auf Wiedersehen!»

23. März 1999 im Garten «Himmelsgrün»

Die Heilige Jungfrau erscheint während des Rosenkranzes der Tränen. Neben ihr stehen die heiligen Erzengel Michael und Uriel, die Beschützer dieses geweihten Ortes.

Maria: «Gelobt sei Jesus Christus! Meine Kinder, ihr seid von neuem gekommen, um meiner Botschaft zu folgen. Ich danke euch unermeßlich dafür. Die Aufnahme, die mein Herz bei euch findet, tröstet mich über den Mangel an Liebe hinweg, den es so oft im mystischen Leib Christi gibt. Ich will euch die Gegenwart meines Sohnes fühlen lassen, indem ich euch die Gnade schenke, sein Leiden kennenzulernen. Er ist als Gott und Mann der Schmerzen von seinem eigenen Volk verraten, gefoltert, gedemütigt und gegeißelt worden, damit die Welt zum Heil zurückkehrt. Er ist als der fleischgewordene Gott gekommen, um euch durch sein Opfer der Versöhnung das Licht wiederzugeben und euch die Türen seines Reiches zu öffnen. Meine Kinder, es ist noch nicht zu spät, um den Durchbohrten wiederzufinden. Laßt euch von euren Engeln vor seine Gegenwart führen, die unseren Frieden wahrmacht!

Liebe Kinder, verliert nicht die Hoffnung! Überlaßt euch Jesus durch sein Kreuz, das mit dem kostbaren Blut geschmückt ist. Ich komme als die Jungfrau von der Eucharistie mit dem Kreuz, damit es mitten unter euch aufgerichtet werden kann. Am Kreuz werdet ihr die Befreiung erhalten. Vom Kreuz aus werdet ihr den strahlenden Jesus mit seinen fünf leuchtenden Wunden sehen, der in Kürze, vor meinem Sieg, die ganze Menschheit umarmen wird.

Meine Kinder, ihr sollt großherzig geben, wie Ich, eure Mutter, euch gebe. Ihr stellt nicht nur den Großen Plan Gottes dar, der sich verwirklichen wird, sondern ihr seid auch die Söhne meiner Zeit, der marianischen Zeit des großen Sieges. Bezeichne dich, meine Tochter, wie ich es dich schon mehrmals gelehrt habe *(mit dem Kreuz des Rosenkranzes wird die Stirn, der Mund, das Herz und die Handinnenflächen bezeichnet).* Ich lade euch ein, meinen mütterlichen Ruf zu den verirrten Seelen zu bringen, und besonders zu den Priestern, die ich mit einer großen Vorliebe bewahre.

Debora: – Meine Liebe Frau, ich will dir all jene empfehlen, die du mir anvertraut hast.

Maria: – Ich werde nicht versäumen, meinen Kindern die Wohltaten zu schenken, die aus den Versprechen hervorgehen, die ich euch hier gegeben habe.

Meine Andacht[41] ist "ein Ereignis"; es wird dem Advent der glorreichen Wiederkehr Jesu[42] vorausgehen. Aber zuvor sollt ihr noch einmal euer Herz bereiten, um den Freitag der Freitage zu leben; an jenem Tag verspreche ich dir, dank der Gebete fünfzig Seelen aus dem Fegefeuer zu befreien.

Ich will meine pilgernde Kirche segnen. Bis bald. Meine mütterliche Aufmerksamkeit richtet sich auf meine schwächsten Söhne.

Debora: – Auf Wiedersehen, meine so milde Dame und Mutter.»

25. März 1999, Fest Verkündigung Mariens

An jedem 25. März empfängt Debora entweder eine wichtige Botschaft oder ein Geheimnis des Himmels.

An diesem Donnerstag, dem 25. März 1999, dem Fest der Verkündigung Mariens, erscheint im ersten Morgengrauen die himmlische Mutter in einem Lichtkreis. Ihr Gesicht ist jedoch traurig.

Das Gewitter, das auf dem Balkan tobt, scheint ihre Schönheit zu überschatten. Sie ist am Rande der Tränen. Sie hebt ihren linken Arm in Richtung Kosovo und sagt leise:

«Der Konflikt, der viele meiner Kinder vernichten wird, greift um sich!

41. Dies bezieht sich auf die besonderen Andachten, die im Garten «Himmelsgrün» verlangt werden.
42. Aus den Botschaften wird deutlich, daß diese Wiederkunft Jesu durch das Herz Mariens geschehen wird, das verwirklichen wird, worauf alle warten. (Offb 12)

Meine Tochter, deine benachbarten Brüder werden viel leiden, so daß diese Reinigung jener des "großen Holocaust" gleichen wird.

Das Übel des Kommunismus wird jahrhundertelang seine Spuren hinterlassen, aber ich sage dir, daß mein Unbeflecktes Herz eingeschritten ist, und daß Satan vernichtet werden wird. Leider werden viele hundert Menschen während der Zeit der Passion zugrundegehen.

Macht schnell, die Welt braucht Gebete, Frieden und Toleranz!

Ihr habt nicht auf mich hören wollen, und jetzt wird so viel Blut fließen!

Der Ruf, den ich heute an dich richte, geht von meinem Herzen aus, an dem die Eucharistie hängt und sich langsam darüber erhebt. Von da aus kann man die Dornen sehen, die ich euch gern erspart hätte. Erhebt die eucharistisch-marianische Frömmigkeit, die die *Offenbarte Weisheit des lebendigen Gottes* euch mitgeteilt hat, über der Welt, sonst wird das Schlimmste eintreten.

Der ewige Vater kann dank der großen Sühne, die in Manduria auf mein besonderes Eingreifen hin verlangt wird, die Strafe der Geißel des Krieges mäßigen. Ich hatte euch gewarnt, daß meine Erscheinung mit den glorreichen Namen der Jungfrau von der Eucharistie, der Quelle des heiligen Öls von der immerwährenden Salbung und der Mutter des geweihten Ölbaums euch vor besonderen Züchtigungen und Strafen bewahren könnte, aber ihr habt nicht darauf achten wollen!

Jetzt komme ich, um euch die Hoffnung wiederzugeben! Es ist noch nicht zu spät, um Oasen der Sühne zu schaffen, die nach diesen Beinamen benannt werden, die ich hier gewünscht habe.

Ihr sollt zur Eucharistie zurückkehren, damit sie angebetet, geliebt und gesühnt wird!

Ich bin die Mutter aller Völker und wünsche heute mehr denn je den Frieden für sie.

Mein mütterlicher und mächtiger Segen richtet sich an die Priester, die sich unter meinen Mantel gestellt haben und darunter leben, um sich in Liebe zum ungeliebten, eucharistischen Jesus zu verzehren.»

23. April 1999, im Garten «Himmelsgrün»

Am Nachmittag rief Debora während des Gebetes auf dem schmerzhaften Kreuzweg Mariens die Pilger auf, Gott so viel Sühne wie möglich aufzuopfern wegen der Lästerungen und des Verrates Jesus gegenüber, die auch von jenen kommen, die sich für sehr treu und tief mit Ihm verbunden halten. Da brach ein gewaltiges Gewitter los mit Hagelkörnern, die größer als Oliven waren. Alle Menschen waren erschüttert. Wie eine Peitsche geißelte es jene, die zum Beten bleiben wollten. Einen Moment lang schien es, als würden die Menschen von Panik ergriffen: manche weinten und riefen die Barmherzigkeit Gottes an, damit diese Marter aufhöre. Die heilige Jungfrau wollte vielleicht eine deutliche Botschaft geben, denn in Höhe des Grabmales, am Ende des schmerzhaften Weges, machte das Hagelgewitter einem leichten Regen Platz, der sanft herabfiel. Die Rosenstöcke, die nach dem Willen der Heiligen Jungfrau entlang des Weges eingepflanzt worden waren, erlitten keinerlei Schaden.

Gegen 20 Uhr erschien die Mutter Gottes mit einem besonders strahlenden Lächeln und in blendender Schönheit. Sie neigte ihren Kopf nach rechts vorne und grüßte.

Maria: «Gelobt sei Jesus Christus!

Meine Kinder, ich will, daß ihr mir durch das Gebet näherkommt. Meine Lieben, das Gebet hilft euch, die Pläne zu begreifen, die Gott für jeden von euch hat.

Liebe Kinder, die Heime[43], die ihr nach meinem Wunsch gründen sollt, werden euch den wahren Weg zeigen, der euch zur Heiligkeit führt, wo Gott, der Schöpfer, mit offenen Armen auf euch wartet. Eure Antwort auf meinen Ruf schenkt meinem Mutterherzen Freude, das wegen des Verlustes zahlloser Söhne betrübt ist.

Debora: – Unsere Liebe Frau, werden die Völker, die vom Krieg gegeißelt werden, wieder Frieden finden?

Maria: – Meine Tochter, ich bin jeden Tag an eurer Seite und halte in ängstlicher Erwartung Fürbitte, damit die Völker den Frieden wiederfinden können. Jesus ist der Friede. In Ihm, der Quelle des Trostes, werdet ihr eure wahre Freiheit finden.

---

43. Dies bezieht sich auf die Familien, die in den Gebetsheimen vereint sind, die der Jungfrau von der Eucharistie, der Quelle des heiligen Öls von der immerwährenden Salbung, und der Mutter des geweihten Ölbaums geweiht sind.

Heute macht sich die Welt Sorgen, und ich lade euch aus diesem Grund ein, Opfer zu bringen, damit die Zeit des Friedens kommt. Der ewige Vater will euch zu diesem Zweck wissen lassen, daß mein Bildnis[44] bis an die Enden der Erde getragen werden soll. Ich verspreche euch, daß die Familien auf besondere Weise die notwendigen Gnaden erhalten, und daß die Ordensfamilien einen besonderen Segen bekommen werden.

Das Öl der Firmung, das ich euch weiterhin gebe, wird vervielfacht werden müssen! Ich werde eingreifen, damit es an die unmöglichsten Orte gelangen kann. Ich will, daß man meinen Sohn verherrlicht und mein Bildnis überall aufnimmt.

Du aber, meine Tochter, sollst meine Botschaften weiterhin verbreiten und meinen Kindern sagen, daß mein Herz für jede Seele, die dank meiner Botschaften gerettet wird, weitere und zahlreichere Gnaden schenken wird.

Liebe Kinder, lebt meine Botschaften und beginnt, sie in die Tat umzusetzen. Die Stunde[45] ist ernst…

Ich segne all jene, die mich in dieser Stunde[46] auf der ganzen Erde geehrt haben.

Ich umarme euch und erwarte euch nächsten Monat wieder. Ich werde durch die Verdienste eurer Sühne dann weitere Gnaden schenken.

Bis bald, preist und dankt Jesus!»

23. Juni 1999

Die Mutter des Herrn kommt in strahlender Schönheit zum Treffpunkt. Das sind ihre Worte:

Gelobt sei Jesus Christus!

Meine geliebten Kinder, nähert euch in dieser Zeit der Gnade meinem unbefleckten Herzen. Meine Kinder, ich komme zu euch, damit ihr euer Leben von Stunde zu Stunde verändern könnt, indem ihr meinem Widersacher keine Möglichkeit gebt, über euch zu herrschen.

---

44. Das Bildnis, das sie bei dieser Erscheinung darstellt, mit der Eucharistie auf dem Herzen und den Waffen des Papstes unten auf ihrem gürtellosen weißen Kleid.
45. Die Zeit, die wir gerade leben.
46. In der Stunde ihrer Erscheinung.

Meine Kinder, die Kirche soll wieder erstrahlen; daher ist eure Sendung mit ihr verbunden, denn an allen Orten der Erde seid ihr die Kirche. Jeder ist ein Herz, das im mystischen Leib Christi schlägt.

Ich bin eure miterlösende Mutter, das Herz, an dem Jesus Ruhe fand, die Jungfrau der Eucharistie — und heute lade ich euch ein, euch Gott, dem Vater, durch das liebende und sanfte Herz seines Sohnes zuzuwenden: betet und tut Buße für euer Volk. Liebe Kinder, entfernt euch nicht von Jesu Heiligtum (seine Kirche, in der er wohnt und wirkt, mit dem Heiligen Geist, der heiligt).

Ich vertraue meinen Papst, meinen «weißen Märtyrer», euren Opfern an.

Debora: Mutter, ich bitte dich, schenke allen diesen Seelen die Gnaden, um die sie bitten; sie rufen zu dir und suchen dich.

Maria: Geliebte Tochter, meine barmherzigen Augen sind auf sie und die anderen Seelen gerichtet, die mich in dieser Stunde unter dem Titel angerufen haben, den ich dir enthüllte.

Geliebteste Kinder, seht wie Jesus unzählige Bluttränen wegen der Ausbreitung des Bösen in der Welt und in den Familien vergießt.

Kinder meines Herzens, wie sehr möchte ich, daß euer Leben ganz lichtvoll sei! Ich komme wieder, um die Schafe zu erinnern und in Wahrheit zu ihnen zu sprechen. Mögen meine Worte gehört werden und meinen Botschaften Leben verleihen. Ihr seid durch die Stimme des Heiligen Geistes, der Großes mit euch vorhat, gerufen worden. Meine Kinder, gestaltet euch daher immer mehr nach dem sanften und demütigen Herzen Jesu, damit man sagen kann, daß ihr das Werk meiner Hände seid.

Meine Kinder, ich bin bei euch und jedesmal, wenn ihr mich anruft, werde ich euch unverzüglich heilen. Aber das, was ich euch mitteile, muß durch die Liebe und den Willen fruchtbar gemacht werden.

Debora: Mutter, wo möchtest du, daß wir die Statue der heiligen Johanna von Orléans, die das französische Volk uns geschenkt hat, hinstellen? (In Paris war Debora eine Statue der Jungfrau von Orléans überreicht worden, die ihr beisteht und sie beschützt.)

Maria: Stellt sie neben die Statue, die mich darstellt. Frankreich soll von meiner Erscheinung, die überall bekannt werden wird, Zeugnis geben. Durch diese Antwort möge ihnen die Verehrung, die sie mir entgegenbringen, vergolten werden.

Jetzt möchte ich euch segnen und euch neuerlich einladen, damit der eucharistische Jesus in euren Pfarren angebetet werden kann. Ich werde noch zu dir sprechen. Auf bald! Auf Wiedersehen.

23. Juli 1999

Die Mutter unseres Herrn erschien wie immer mit einem großen Licht umhüllt, das die Seele entzückt und sie mit Sanftmut erfüllt. Ein intensiver Blumenduft umströmte ihren verherrlichten Leib. Sie sprach folgende Worte:

Geliebte Kinder, gelobt sei Jesus Christus!

Ich bin die Quelle des heiligen Öls und der ewigen Salbung und komme vom Himmel, um euch meinen mütterlichen Kuß anzubieten. Ich lade euch heute auf besondere Weise ein, die ersten christlichen «Agapen» nachzuahmen.

Auch auf dieser Erde haben viele Heilige und Märtyrer nicht gezögert, ihr Leben anzubieten, um Christus ihren Brüdern zu bringen. Meine Kinder, dieses Licht meiner Liebe kann auch für euch erstrahlen, damit ihr ein berührbares Beispiel meines miterlösenden Werkes seid. Dadurch werdet ihr euch mir, die ich euch durch meinen Rat unmittelbar geführt habe, noch näher fühlen. Jeder Ort kann zu einer Oase meines Herzens werden, aus der ich die Seelen retten und sie vom Irrtum weit entfernt halten kann. Die Zeit ist gekommen, in der das Wirken der Jungfrau der Eucharistie bekannt werden soll, gemeinsam mit den Gnaden, die in reichem Maß festgestellt werden können.

Keinem Volk soll der Trost meines Bildes vorenthalten werden. Alle sind aufgerufen, die Gebete, die hier diktiert wurden, (zum Himmel) zu erheben.

Debora: Heilige Mutter, warum sagst du, daß diese Erscheinung eine besondere Bedeutung hat? Das würde ich gerne besser verstehen.

Maria: Weil euch diese Erscheinung die Möglichkeit gibt, über die doppelte Bedeutung zu meditieren, die aus meinen Botschaften hervorgeht. Euer inneres Leben kann durch zwei wesentliche Dinge voranschreiten:

— durch die Rückkehr der Herzen zum eucharistischen Jesus, der die Innerlichkeit hervorbringt;

— durch die Treue und die Einheit mit dem Heiligen Vater, der diese Innerlichkeit wachsen und sie Frucht bringen läßt. Ich möchte von euch die Versuchung entfernen, in heute weit verbreitete häretische Gedanken zu verfallen. Preist Jesus Christus und dankt ihm, der die Welt von diesem Olivenbaum aus zur Bekehrung einlädt. Aus diesem Winkel der Erde segne ich Italien und durch Italien alle meine Geschöpfe!

Ich verspreche euch besondere Gnaden. Neige dein Haupt und bekreuzige dich! Geh, ich erwarte dich noch, meine kleine Dienerin. Auf bald.

23. August 1999

Debora: Die Muttergottes erscheint während des Rosenkranzgebetes, nach dem Kreuzweg. Ihr mütterliches Gesicht schenkt mir dieses paradiesische Gefühl, das Mut einflößt!

«Gelobt sei Jesus Christus!

Liebe Kinder, heute möchte ich euch auf besondere Weise einladen, Gottvater Dank zu sagen für alles, was euch durch meine Erscheinung zuteil wurde.

Ich liebe euch unermeßlich und ich leide für euch, besonders für die Geschöpfe, die sich meinem "eucharistischen Anruf" widersetzen und die Böses tun und Lügen verbreiten, obwohl sie erklären, Christen zu sein. Ihr könnt nicht sagen, daß ihr Gott liebt, wenn ihr den Nächsten nicht liebt.

Ich bin glücklich, daß ich euch hier um mich versammelt sehe, vor allem, wenn es unter euch Menschen gibt, die beschlossen haben, sich dem Triumph des Himmelreichs zu weihen.

Ich kehre jedesmal in mein Gethsemani zurück, wenn eine Seele dort eintritt, denn ich möchte die ganze Welt zur Sühne gegenüber dem eucharistischen Herz Jesu aufrufen. Ihr könnt euch nicht vorstellen, welche Strafen für einige Momente der eucharistischen Anbetung aufgehoben werden!

Ich möchte diese Kinder, die den Titel der Jungfrau der Eucharistie bekanntmachen, mit meinem besonderen Segen segnen.

Liebe Kinder, meditiert, meditiert, meditiert die Worte, die ich euch noch immer sende, damit ihr am Tag der Prüfung und des Leidens den Sieg über Satan erringen könnt.

Ich lade euch auch ein, euch durch das Gebet des Rosenkranzes mit mir zu vereinen. Keine Familie kann ohne es den Frieden und die Gelassenheit wiederfinden. Ich bitte euch neuerlich darum, wahre Foyers der Liebe und des Gebets zu gründen. Ich verspreche euch meine Hilfe bei eurer Bekehrung und bei der Bekehrung der euch nahestehenden Menschen.

Die Zeit, in der ihr lebt, ist eine Zeit großer Gnaden und deshalb bin ich bei euch. Der Papst ermahnt die Herzen, zu Gott zurückzukehren und die Kraft der Vergebung zu erfahren. Auch ich rufe euch auf, gegen das Böse zu kämpfen indem ihr kleine Sühneseelen werdet.

Vertraut mir eure Sorgen an, überlaßt euch unseren beiden Herzen und verbreitet die Verehrung, die ich euch geoffenbart habe und zugleich die Macht des Öls, das ich für euch auftreten ließ.

Habt keine Angst, der Lektüre der Botschaften Zeit zu widmen; kein Hindernis möge euch aufhalten, der katholischen Kirche neue Seelen zuzuführen.»

Debora: Mutter, stärke die Herzen derer, die Unheil fürchten.

Maria: «Was dir anvertraut wurde, wird eintreffen, aber nie konnte die Fürsprache eines Gerechten die Gefahr eines Strafgerichts so fernhalten wie jetzt. Wenn man Vertrauen auf mein Bild setzt, werden viele von furchtbaren Leiden, die sie sich durch schwerwiegende Verfehlungen zugezogen haben, befreit werden.

Ich umarme euch und warte jeden Tag auf euch.»

23. November 1999

Unsere Liebe Frau zeigt den Anflug eines verhaltenen Lächelns, das mich tröstet. Am Ausdruck ihrer Augen erkenne ich jedoch, daß sie in ihrem Herzen eine große Trauer trägt. Sie begrüßt mich mit einer kleinen Bewegung ihres Kopfes.

Maria: «Liebe Kinder, heute lade ich euch mit meinem ganzen Mutterherzen ein, in euren Familien und in der Gesellschaft die

Liebe und den Frieden zu realisieren. Ich wünsche sehr, daß ihr euch öffnet, indem ihr dem Werk des Heiligen Geistes, der euch schon bald das neue Antlitz der geläuterten und mit Gott versöhnten Menschheit zeigen wird, voll vertraut.»

Debora: Ich bin glücklich, daß du da bist, denn viele Menschen haben mich gebeten, dir ihre Anliegen vorzubringen.

Maria: «Ich komme für meine Söhne, die meinen Aufruf von ganzem Herzen annehmen wollen und ich segne euch, denn eure Hilfe ist in meinen Händen ein unbezwingbares Werkzeug, um Befreiung und Heil zu erlangen.»

Debora: Hier ließ Unsere Liebe Frau ihre Blicke umherschweifen..., dann sagte sie mir:

Maria: «Aber betet, meine Kinder, damit ich die Herzen der Geschöpfe, die bereits keine Hoffnung mehr haben, unaufhörlich berühre. Ich suche auf besondere Weise diese Söhne, die sich dem Bösen hingegeben haben: Mut, fangt mit mir neu an und verlaßt Satan, indem ihr die Sünde von euch weist.»

Debora: Dann wurde Unsere Liebe Frau ernster. Als ihr Blick wieder auf mich fiel, war er voller Mitleid.

Maria: «Meine Tochter, die Entscheidung, mir durch Werke der Buße und der Sühne zu folgen, wie ich es an diesem Ort erbeten habe, war ein Geschenk des Herrn; dadurch werden auch andere dazu fähig sein, denn ich werde nicht ablassen, jeden Tag Gnaden zu Füßen meines "Baumes" und überall dort, wo meine Verehrung aufgegriffen wird, auszuteilen.

Bald wirst du noch zwei Geheimnisse empfangen, die das Ende der öffentlichen Erscheinungen bezeichnen werden, aber du sollst nicht traurig sein, denn Jesus wird dir die Gabe des inneren Dialoges lassen, um von seiner Liebe Zeugnis abzulegen. Danach werde ich neuerlich kommen, um eine neue Erscheinung anzukündigen. Sie wird euch die Zeit angeben, in der die Erde von verschiedenen Leiden umhüllt sein wird, so daß Gerechtigkeit, Treue und Glaube triumphieren können.

Ich lade euch alle nochmals ein, die Foyers des Gebetes, die ich mit meiner Anwesenheit beschützen werde, ins Leben zu rufen.

Meine geliebten Kinder, es künden sich traurige Tage an, und deshalb komme ich, um euch einzuladen, euch für Gott zu entscheiden. Habt keine Angst, denn ich trete fürbittend für euch, die ihr euch im Gebet mir anvertraut, ein. Ich brauche eure Mitarbeit, damit die Stunde der Angst in möglichst kurzer Zeit vorübergeht.

Nun bitte ich euch, dem Herrn eure aufrichtige Freundschaft darzubieten. Ich wünsche sehr, daß ihr Jesus im Tabernakel findet. Sprecht zu allen von der Bedeutung des priesterlichen Dienstes. Betet für meine Priestersöhne und vergebt ihnen. Seid ihnen nahe wie ich euch nahe bin. Ich werde bald kommen, sehr bald; erwartet mich! Friede sei mit euch!»

23.Januar 2000

Unsere Liebe Frau erschien mit einem besonders betrübten Gesicht. Ihre Augen schienen durch einen Tränenschleier zu schimmern.

Gelobt sei Jesus Christus!

Liebe Kinder, ich danke euch für euer Hiersein. Heute, bei der ersten Erscheinung im neuen Jahr, lade ich euch ein, für die Heiligkeit der Familien zu beten. Ihr sollt wissen, daß an diesem Tag meine heilige und keusche[47] Vermählung mit dem gerechten Josef war!

Ich möchte, daß ihr mehr betet, denn derzeit gelingt es vielen Seelen nicht, sich dem Einfluß Satans zu entziehen, der sie durch seine Betörungen gebunden hält.

Meine Kinder, ich habe euch alle gerufen und ich tue das auch weiterhin für all jene, die sich von Gott führen lassen wollen. Wo jedoch Weigerung herrscht, kann ich nicht handeln. Deshalb, liebe Kinder, habe ich euch die Möglichkeit geboten, den Wert der Foyers des Gebetes[48] zu begreifen. Sie sind eine machtvolle Waffe, die das Böse neutralisiert.

Ihr könnt nicht begreifen, wie sehr der Vater seine Geschöpfe liebt und welche Pläne er hat, um jedem Menschen die Gelegenheit zu geben, ein Zeuge seiner Liebe zu sein! Viele unter euch haben diese Gnadenzeit damit verbracht, dieselben Verfehlungen

47. Im jungfräulichen Sinn. Die Ambrosianische Liturgie betet in der Präfation vom Fest der Heiligen Familie: «Im Haus von Nazareth herrscht eine starke und keusche eheliche Liebe...»
48. Siehe Maria heute, Nr. 350, Juli/August 1999.

(wie früher) zu begehen und meine Botschaften, die das Herz heilen, nicht zu überdenken. Das verletzt mein Mutterherz zutiefst, denn so verhindert ihr die Bekehrung.

Die Tatsache, daß ich noch bei euch geblieben bin, ist das Zeichen, das euch verstehen läßt, daß ich euch bis an die Schwelle der Heiligkeit begleiten möchte. Euer tägliches Zeugnis und das der Kirche in der Welt, werden den Familien helfen, ihre Einheit wieder zu erreichen.

Ich biete euch meinen mütterlichen Segen an; wenn ihr euch jedoch entscheidet, ihn nicht anzunehmen, werde ich ihn zurücknehmen.

Liebe Kinder, trefft eine ernsthafte Wahl und mein Sohn Jesus wird euer Herz verwandeln. Ich liebe und beschütze euch.

23. Februar 2000

Die drei Lichter künden die Ankunft Unserer Lieben Frau an. Ich verspüre in meinem Herzen eine Liebesflamme, die größer wird. Die Jungfrau lächelt und grüßt:

«Gelobt sei Jesus Christus!

Debora: In Ewigkeit. Amen.

Die Madonna nahm das Kreuz ihres Rosenkranzes und gab mir zu verstehen, daß ich mich bekreuzigen soll, wie sie es mich oft gelehrt hat.

Maria: Meine lieben Kinder, heute möchte ich mit euch auf eine ganz besondere Weise in einem Anliegen beten, das mir sehr am Herzen liegt: die Ausbreitung meiner Botschaft von der eucharistischen Sühne.

In diesen letzten Tagen wirkt Satan wegen eurer Trägheit und Gleichgültigkeit und entfacht all seine Kräfte gegen diesen Ort und gegen alle meine Kinder, die ich berufen habe, meinen Plan zu verwirklichen. Dieser Fürst der Lüge und der Gaukeleien will euch zur Verzweiflung führen.

Meine Kinder, ich möchte euch ermahnen, im Gebet ausdauernder zu sein; das Übrige werden mein Sohn und ich tun. Ich fordere euch wieder auf, euch zu erneuern und den Weg zu akzeptieren, den der Vater für einen jeden von euch vorgezeichnet hat.

Hier breitet die Jungfrau ihre Hände in meine Richtung hin aus. Sie senkt die Augen und betet. Ihre Gebetshaltung ist unbeschreibbar. Ich betrachte sie einige Augenblicke lang ganz bewegt.

Maria: Sei fröhlich! Selbst wenn sie dich auffordern würden, von diesem Ort wegzugehen, so würde ich dir, wo immer du auch wärest, meine Botschaft zur festgesetzten Zeit übermitteln!

Siehe, eine besondere Zeit der Gnade: die Fastenzeit! Sagt mir nicht, es sei euch unmöglich, Zeit zu finden! Für viele von euch könnte es die letzte sein! Findet das Lächeln der Seele wieder! Reinigt euch mit Freude, meine Kinder!

Geht im Frieden Gottes und erinnert euch daran, daß ich hier große Dinge vollbringe.»

23. März 2000

Gelobt sei Jesus Christus!

Liebe Kinder, ich danke euch, daß ihr auf meinen Anruf geantwortet habt! In dieser besonderen Zeit bitte ich euch, euer Fasten Gott aufzuopfern, weil die Welt es braucht. Das Fasten ist fähig, sowohl geistliche als auch physische Übel zu entfernen. Liebe Kinder, ich würde mich jetzt mit einer freudigen Abstinenz von zwölf Stunden während der beiden Tage, die ich euch früher angegeben habe (Mittwoch und Freitag), zufriedengeben. Wenn ihr das tut, sollt ihr euch an die Krone aus zwölf Sternen erinnern, die ich auf meinem Haupt trage.

Liebe Kinder, ich möchte gerne, daß ihr begreift, welch kostbare Hilfe das Opfer des Fastens euch bringt. Ich bitte euch nicht nur um das Fasten bei Wasser und Brot! Alle meine Kinder, die leiden, können ihr Leiden meinem Sohn Jesus aufopfern, indem sie Seinen Willen gerne annehmen. Darüber hinaus bitte ich, daß dem Gebet mehr Platz eingeräumt wird. Das wird jedoch nur dann geschehen, wenn ihr die Stille liebt und wenn ihr euch hütet, über eure Nächsten vermessene Urteile zu fällen.

Ich komme, um euch daran zu erinnern, im Licht des Glaubens, ohne den alles menschliche Tun ohne Wirksamkeit ist, zu gehen. Vereint eure Opfer mit meinen Tränen und mit dem Kostbaren Blut Jesu Christi, sowie mit dem Leiden «Meines weißen Märtyrers» (der Papst) für alle Menschen, die den Glauben noch nicht haben. Ohne Glauben zu leben, bedeutet, bereits in die Flammen der Hölle eingetaucht zu sein. Seid euch bewußt, daß mein Herz leidet, wenn ihr vergeßt, daß Ich triumphieren werde.

Ich segne euch mit meinem zärtlichen Muttersegen, damit ihr, indem ihr euch selbst verleugnet, jeden Tag zu einem Zeichen meiner Anwesenheit werdet.

Ich werde die Bewegung der Sühne-Eucharistie, die sich mir geweiht hat, und die sich überall ausbreiten wird, wenn ihr mir so treu bleibt wie jetzt, bekannt machen.

Seid Friedensstifter! Auf bald! Ich erwarte euch am 23. des Monats; es ist der Tag, der mir geweiht ist.

23. April 2000

Die Mutter Jesu erscheint und ist von einem sehr weißen Licht umgeben.

Maria: Gelobt sei Jesus Christus!

Meine lieben Kinder, heute lade ich euch auf eine ganz besondere Weise ein, euch aus dem Zustand der Sünde, in welchem ihr euch befindet, zu erheben — indem ihr eure Kraft in meinem auferstandenen Sohn schöpft.

Geliebte Kinder, ich möchte, daß ihr den tiefen Grund versteht, aus dem der Vater euch die Gnade gewährt hat, mich zu euch zu schicken. Durch eure Buße und euer Gebet wird der Heilige Geist Wunder wirken, aber es ist auch möglich, daß viele Seelen wieder rückfällig werden und auf den schlechten Weg zurückkehren.

Um das zu vermeiden, möchte ich, daß ihr, liebe Kinder, euch ganz mir hingebt, indem ihr euren persönlichen und familiären Anruf lebt und meine Botschaften annehmt, die euch von Bekehrung und Sühne sprechen.

Heute habt ihr meine Friedensoase betreten und ihr spürt in euren Herzen meine mütterliche Gegenwart. Die große Wüste, die euch umgibt, führt euch auf natürliche Weise in den stillen Schatten dieser Olivenbäume. An diesem Ort habe ich meine Bluttränen vergossen, um euch daran zu erinnern, daß ihr bei diesem unermeßlich großen Heilsplan mit Gott zusammenarbeitet.

Meine Kinder, ihr wißt, wie sehr Satan danach trachtet, mein Werk zu zerstören. Versteht daher, daß es für mich, eure Mutter, eine große Hilfe ist, wenn von dieser Gnadenquelle, von der aus ich zu euch spreche, Gebete, Gebete und nochmals Gebete emporsteigen.

Ich liebe euch, geliebte Kinder, bezeugt auch weiterhin mein Werk. Satan kann euch nichts Böses tun, wenn ihr euch ganz und gar für Gott entschieden habt.

Ihr bereitet mir Freude, wenn ihr eure Arbeit mit dem Lobpreis des Herrn beginnt und sie mit einem Dankesgruß beendet.

Seht, jetzt beginnt der Triumph unserer Herzen.

Haltet euch in meinem Gethsemani auf, damit der Vater euer inneres Leben nähren kann. Ich schenke euch den Frieden Jesu Christi, laßt ihn in euch eindringen.

23. mai 2000

Die Muttergottes erscheint in einem sehr großen Licht; Gesänge von Engeln gehen ihr voraus. Sie ist mit einem goldfarbenen Gewand bekleidet.

Maria: Gelobt sei Jesus Christus!

Debora: Er sei gepriesen in Ewigkeit, Unsere Liebe Frau!

Maria: Meine lieben Kinder, heute abend freue ich mich mit euch, weil ihr meine Einladung angenommen habt und aus verschiedenen Nationen[49] gekommen seid, um mich zu bitten, bei meinem göttlichen Sohn Fürbitte einzulegen.

Ich möchte euch einladen, Vertrauen zu haben, indem ihr euch ganz dem eucharistischen Jesus übergebt, denn er wird euch seine ganze Zärtlichkeit enthüllen.

Ich will euch alle segnen! Hier erhob die Madonna die Hände zum Himmel, schaute die Menschenschar an und fuhr dann fort:

Ich hatte euch bereits vor einiger Zeit gesagt, daß Gott wegen der Untaten der Menschen seinen Blick von Italien und Frankreich abwenden wollte, aber jetzt ist die Stunde gekommen, wo euch mein Sohn an diesem Ort, der von der «Umarmung» der dreifaltigen Liebe geprägt ist, anruft.

49. Zu erwähnen ist besonders eine große Delegation aus Japan.

Heute habt ihr mich bei den Feierlichkeiten des Festes[50] als Jungfrau von der Eucharistie geehrt und viele Menschen haben bereits die Gnaden empfangen, die aus meinem Mutterherzen (zu euch) herabgekommen sind.

Liebe Kinder, die Bekehrung sei für euch vorrangig!

In der Welt wurden so viele falsche Lichter entzündet; betet, um in der Hingabe und im Dienst am Herrn authentisch wachsen zu können! Seid nun, da ihr mein Lächeln entgegengenommen habt, voller Freude und wandelt mutig alles Böse in Gutes!

Meine Kinder, liebe Kinder, ich möchte, daß diejenigen, die meiner Sühnebotschaft folgen, immer zahlreicher werden. Laßt nicht zu, daß unsere beiden Herzen weiterhin Bluttränen vergießen!

Gottes Segen ist bis in den Orient gekommen; ich habe meine Verheißung[51] erfüllt... Mögen sie noch eifriger sein.

Betet viel!

Bringt in besonderer Weise Opfer für diese Diözese, die mir so sehr am Herzen liegt. Auf bald! Erwartet mich.

23. Juni 2000

Die Muttergottes zeigte sich am Ende des Rosenkranzgebetes. Sie hatte geöffnete Hände, die Handflächen waren uns zugewendet. Auf ihrer Brust erschien etwas, das aussah wie ein Ostensorium der Herrlichkeit. Von der Eucharistie gingen Flammen aus, die mich erreichten.

Maria: Gelobt sei Jesus Christus!

Liebe Kinder, heute steige ich vom Himmel herab, um euch die Einladung Gottes an sein Volk zu überbringen. Ein großer Teil dieses Volkes bleibt jedoch kalt und gleichgültig... Ich möchte euch dem eucharistischen Herzen meines göttlichen Sohnes noch näher bringen. O, wie sehr liebe ich euch!

Jeden Monat rufe ich euch auf besondere Weise an, aber betet, damit Gott euch den wirklichen Sinn der Gnade verstehen läßt, die darin besteht, daß ich unter euch bin!

50. 23. Mai: Fest der Jungfrau von der Eucharistie.
51. Die erste Kapelle, die der «Jungfrau von der Eucharistie» geweiht ist, wurde an diesem Tag in Rußland geweiht.

Liebe Kinder, ich möchte euch daran erinnern, daß euer ganzes Engagement fruchtlos bleibt, wenn es ohne Liebe ist. Ohne Liebe könnt ihr euch nicht über die Pläne freuen, die der Herr euch entdecken läßt. Ohne Liebe schätzt ihr die Gaben nicht, die ihr aus meinem Herzen empfangt.

Ein großer Schaden für euer geistliches Leben kommt von eurer Unentschiedenheit, die Richtung zu wählen, die euch zur Heiligkeit führt. Ich möchte euch stark machen, meine Kinder, aber ihr gehorcht mir nicht, sondern ihr hört sehr schnell auf die falschen Stimmen. Nein, meine Kinder!

Entzündet in euren Häusern die Fackeln meiner «Foyers des Gebetes» — das erbitte ich vor allem von den Söhnen dieser Nation.

Gott will, daß jeder von euch ein Zeuge der Botschaft ist, die ich euch als Jungfrau der eucharistischen Liebe Jesu sende.

Ich erneuere den Wunsch, daß ihr Jesus unmittelbar im Mund empfangt, so werdet ihr zu einer Quelle der Bekehrung und der Sühne, die alle Versuche Satans, die Kirche zum Einsturz zu bringen, zunichte macht.

Debora: Verzeih mir, Unsere Liebe Frau, hier sind Menschen, die sich [dem Gebet] empfohlen haben... (Sie unterbrach mich)

Maria: Sie sollen gut sein und schnell zum Herrn zurückkehren. Im Oktober werden viele geheilt werden! Ich bin in jedem Augenblick hier, um euch zu helfen, auf alle diese Dinge zu verzichten, die euch vom Herrn abwenden.

Meine Kinder, übt keinen Verrat an eurer Mutter, die euer Heil will. Dieser Ort ist von vielen verlassen worden. Manche finden hier die Kraft für ihre Sendung, indem sie sich in der Nähe dieses Ortes niederlassen, um im immerwährenden Gebet zu sein.

Ich werde bald wiederkommen! Tut Buße und betet für den Heiligen Vater.

Ich segne euch im Namen des Vaters und des Sohnes und des Heiligen Geistes.

23. Juli 2000

Unsere Liebe Frau trifft ein — nach dem anmutigen und fröhlichen Tanz, den die drei Lichter aufzuführen scheinen, um sie anzukündigen. Unter ihren Füßen ist die Wolke in einem noch nie gesehenen Grauton.

Gelobt sei Jesus Christus!

Meine Kinder, wie oft habe ich euch in den letzten Jahren und besonders in der letzten Zeit eingeladen, eure Herzen durch Gebet, Opfer und Sühne für Gott zu öffnen! Meine Kinder, ihr sprecht zu viel und der Geist Gottes entfernt sich von euren Familien. (Die Madonna schaute mich wieder an, nachdem sie die Leere um mich herum betrachtet hatte.)

Meine Tochter, meine Kinder suchen nach menschlichem Trost und deshalb währt ihre Verhärtung und ihre Blindheit schon so lange. Wenn die Menschen die Gebote nicht halten, werden sie unglücklich! (Ihre Augen schienen sich wieder abzuwenden und durch die Leere zu streifen.)

Gehorcht meinen mütterlichen Anrufen und ihr werdet euch mit meinem göttlichen Sohn, der mich heute abend gesandt hat, versöhnen. (Unsere Liebe Frau wurde traurig und aus ihren Augen fielen stille Tränen.)

Wie gerne möchte ich sehen, daß ihr meinen Worten gehorcht, damit sich in euch und durch euch die Hoffnung[52] derer verwirklicht, die euch vorangegangen sind.

Die Mutter Kirche braucht euch und ich bin hier, um euch daran zu erinnern. O ihr Schäflein, kommt zurück in die heilige Hürde! Ohne meine Lichtstätten in euren Häusern gelingt es euch nicht, den Gaben, die der Vater in eure Hände gelegt hat, Wertschätzung entgegenzubringen.

O meine lieben Jugendlichen! Ich möchte, daß ihr mir helft, indem ihr vor allem für diese Söhne betet, die sich den Angriffen Satans intensiver ausgesetzt haben.

Begleite mich, geliebte Tochter: nur durch deine Treue und deine Hingabe wirst du deine Unterstützung beitragen können. (Sie neigte den Kopf ein wenig und schenkte mir ein Lächeln, das mich erfreute und mir Kraft schenkte…, dann…)

Wiederhole meinen Kindern, daß ich sie liebe und daß ich sie unter der Anrufung «Quelle des heiligen Öls und der ewigen

52. Die Hoffnung der Propheten und der Menschen aller Zeiten, sowohl des Alten wie des Neuen Bundes.

Salbung» bewahre. In diesem kleinen, blühenden Garten rufe ich euch auf zu Frieden, Gerechtigkeit und Liebe. Auf bald, denn Gott ist unter euch. Bleibt im Frieden.

Zeugnisse

Zahlreich sind die geistigen und materiellen (körperlichen) Wohltaten, die durch die mächtige Fürbitte der Heiligsten Jungfrau von der Eucharistie, der Mutter des geweihten Ölbaums, der Quelle des heiligen Öls von der immerwährenden Salbung erlangt wurden.

«Glaubst du, daß man die Gnaden umsonst bekommt?»

Ich habe Debora zu einem besonderen Zeitpunkt meines Lebens kennengelernt. Meiner Frau Elena begann es wegen eines sehr ernsten Problems der Lymphdrüsen schlecht zu gehen. Ich war wie vor den Kopf geschlagen: ich hatte keinerlei Hoffnung mehr, sie einmal wieder aktiv und voller Leben sehen zu können wie früher. Der Glaube war für mich unnütz, vergeblich und lügnerisch geworden.

Eines Tages lud mich ein sehr lieber Freund zum Essen ein, um mir seine Sympathie zu bezeugen.

Bei dieser Gelegenheit erfuhr ich, daß in Apulien ein junges Mädchen schon vielen Menschen geholfen habe, die sich manchmal in schlimmeren Situationen als die meiner Frau befunden hatten. Ich habe mich also entschlossen, von Venetien zu einer Reise voller Hoffnung aufzubrechen. Ich kam zur Erscheinung der Seligen Jungfrau am 23. Mai in Manduria an und sah, daß die ersten Pilger sich schon scharenweise um das junge Mädchen versammelt hatten. Als ich mich näherte, um ihre Worte zu vernehmen, hatte ich sofort den Eindruck, daß Gott wirklich in ihr handelt.

Der Tag war verblüffend: die Gebete und die Bußübungen nahmen keine Ende!

Bevor alles zu Ende ging, dämpfte ein Gefühl des Mißtrauens meine Begeisterung so sehr, daß ich beschloß wegzugehen. Bevor ich jedoch Zeit hatte zu gehen, wurde ich von der Menschenmenge fast wie durch eine wunderbare Fügung so bedrängt, daß ich dadurch Debora begegnete, die mir sagte: «Glaubst du, daß man die Gnaden umsonst bekommt?»

Ich war verblüfft und erstaunt. Als ich wieder in meinem Ort angekommen war, eilte ich ins Krankenhaus, um meiner Frau von diesem Abenteuer zu berichten, aber im Auto wurde ich telephonisch benachrichtigt, daß Elena (das ist der Name meiner Frau) schon am Abend des 23. Mai nach Hause geschickt worden war, weil ihr Gesundheitszustand keinerlei Störung mehr aufwies.

Ich bezeuge, daß alles, was ich geschrieben habe, der Wahrheit entspricht, damit man dem Herrn dankt für die große Gabe dieser kleinen Seele.

Danke, daß wir zu Gott zurückgeführt wurden!

Giampero B.

«Meine verlorengegangenen Schafe will ich suchen und für sie sorgen.» (Ez 34,16)

Ich schreibe Ihnen aus dem Gefängnis von Parma, um Ihnen mitzuteilen, wie glücklich ich bin, Ihre Briefe zu bekommen, die mich mit einer unbeschreiblichen Freude erfüllen und die Einsamkeit dieser Zelle erfüllen, in der ich seit vielen Jahren wegen zahlreicher Vergehen lebe, die ich begangen habe.

Vor allem danke ich Ihnen, daß Sie mir die *Offenbarte Weisheit des lebendigen Gottes* geschenkt haben, durch die ich den Weg zurück zu Gott gefunden habe. Jetzt habe ich entdeckt, daß der Herr weiterhin an die Türen unserer Herzen klopft, weil Er uns liebt und will, daß wir gerettet werden — und sei es mithilfe eines Briefes.

Die Worte der Zwiegespräche, die ich meditiert habe, können mit nichts anderem verglichen werden, noch jemandem anderen zugeschrieben werden!

Ich habe erst vor kurzem lesen und schreiben gelernt, deshalb bitte ich Sie um Verzeihung, daß ich mich nicht besser ausdrücken kann.

Es wird sie sicher freuen zu erfahren, daß die ersten Bücher, die mir erlaubt haben, das Lesen zu üben, das Evangelium und die Offenbarungen Jesu an Debora waren.

Ich habe den Gefängnisgeistlichen gebeten, mir zu helfen, damit ich Jesus besser kennenlerne, indem er mich auf die Firmung vorbereitet. Ich empfange häufig den eucharistischen Jesus, der mich wieder belebt und mir Mut schenkt!

Ich hoffe, daß meine «Mitbrüder» an diesen Ort der Erscheinung gehen können, um an meiner Stelle der Mutter des Himmels zu danken für alles, was sie an mir getan hat.

Möge Gott Ihnen beistehen und Ihr Werk der Liebe segnen. Von ganzem Herzen.

B. Concetto

«Das Bildnis ist eine wirkliche Gegenwart...»
(Botschaft vom 22. Juni 1998)

Liebste Brüder und Schwestern der «Bewegung der Liebe»,

Ich will Ihnen Zeugnis geben von der Gnade, die mein Bruder empfangen hat.

Vor einiger Zeit haben Sie, die Mitglieder der Bewegung, uns auf unsere Anfrage hin das Bildnis Jesu, des Königs der Offenbarung geschickt, das wiederholte Male blutige Tränen geweint hatte.

Der Einfluß dieses Photos hat das Herz meines Bruders geöffnet: er ist in Tränen ausgebrochen und dadurch befreit worden.

Wir haben uns im Glauben mit dem geweihten Öl gesalbt, und sogleich hat sich ein Blumenduft im ganzen Haus verbreitet.

Seit diesem Tag hat mein Bruder Rossano die Schönheit des Rosenkranzgebetes entdeckt!

In letzter Zeit ist er sogar zum Sakrament der Beichte gekommen und hat schließlich die Eucharistie empfangen können, die das Mittel ist, das ihn von seiner Depression geheilt hat.

Dank sei der Madonna vom geweihten Öl!

Rosanna M.

Der Rosenkranz der Tränen der Madonna und die Bekehrung

Liebe Debora,

Ich danke unserer Heiligen Mutter für ihr Eintreten und die bedeutende Hilfe, die sie uns schenkt, um ihre Kinder zum Herrn zu führen, und ich danke dir, die du ihr Werkzeug bist, durch das die Seelen zu Gott zurückkommen.

Am 23. März hat mein Sohn einen Arbeitsunfall gehabt, der verhängnisvoll für ihn hätte sein können. Er hätte die rechte Hand verlieren und arbeitsunfähig werden können. Aber der Unfall hat sich schließlich auf den Verlust eines Fingers beschränkt. Mit einer großen inneren Kraft gelang es meinem Sohn, diesen tragischen Moment zu überwinden, so daß die Menschen in seiner Umgebung überrascht waren.

Ich muß noch sagen, daß ich seit einer Woche den Rosenkranz der Tränen der Madonna für die Bekehrung meines Sohnes gebetet hatte, damit er seinen Glauben wieder praktiziert.

Ich habe alles erhalten, worum ich gebeten habe, sowie einen guten Seelenführer, denn es genügt nicht, Jesus zu empfangen, man muß auch das Herz darauf vorbereiten, und all das ist nicht umsonst geschehen...

Lob und Preis sei Gott!

Luigina

Mutter nach großen Leiden!

Liebste Debora,

Ich heiße Olga P. und wohne in Benevent. Ich schreibe dir, um der Jungfrau von der Eucharistie zu danken, weil sie mir nach so vielen Jahren des Leidens das große Geschenk gemacht hat, Mutter zu werden. Von Februar bis Juni bin ich an jedem 23. des Monats nach Manduria gepilgert und habe mit Vertrauen meine Gebete aufgeopfert, mit Einschluß der Buße, den schmerzhaften Weg Mariens, diesen Ort der Offenbarungen der Heiligen Jungfrau, auf Knien zurückzulegen.

Da ich ohne müde zu werden an das so milde Herz der Mutter Gottes geklopft habe, ist mir geöffnet worden!

Während der sechs Jahre meiner Ehe habe ich mich vergeblich an viele Ärzte gewandt, ohne einen Erfolg zu sehen. Es hat genügt, die Augen zum Himmel zu erheben und die Hilfe der Madonna vom heiligen Öl anzurufen... und sie hat mich erhört.

Jeden Tag meines Lebens werde ich Gott danken, daß Er mir das Glück geschenkt hat, einen Sohn in meinem Schoß zu tragen, und mit ihm im Willen Gottes zu wachsen.

Dir, Debora, sage ich: gib niemals auf! Du bist wie diese kleine Hostie, die sich jeden Tag am Fuß des Altars verzehrt, indem sie der Welt Frieden und Heil schenkt.

Dank sei Jesus und Maria.

Olga P.

Es ist nie zu spät!

Ich bin eine siebzigjährige Frau, die vor kurzem entdeckt hat, daß es für Gott nie zu spät ist.

Debora, von ganzem Herzen danke ich Ihnen, daß Sie meine Bitte angenommen haben und der Madonna Gebete für meine körperlichen und geistigen Bedürfnisse dargebracht haben.

Seit dem Tag, an dem ich die Debora anvertrauten Botschaften empfangen habe, habe ich begonnen, meinen Rosenkranz zu beten, und vereine mich oft mit Ihnen durch das Gebet. Ich nehme jeden Tag meine Zuflucht zu dem geweihten Öl, um meine Schmerzen und meinen inneren Kummer zu erleichtern, der mir so oft wegen meiner Einsamkeit das Herz schwer macht. Das Alter kann eine schwere Last sein, vor allem für die Menschen, die so wie ich niemanden haben.

Jetzt habe ich die Größe und die Bedeutung wiederentdeckt, für die Verwirklichung des Planes Gottes in uns zu leben.

Ich danke Ihnen mit meiner ganzen Liebe, denn Sie haben mich gelehrt, mitten im Leben immer im Gebet zu bleiben und dabei die Gnade neu zu entdecken, mit der Gott uns erfüllt hat.

Ich würde gern dem Herrn dienen und bitte in diesem Sinn um die Aufnahme in Ihre «Bewegung der Liebe».

Rita P.

«Geh, es soll geschehen, wie du geglaubt hast.» (Mt 8,13)

Am 23. Februar des vergangenen Jahres bin ich zum ersten Mal an den Erscheinungsort der Jungfrau von der Eucharistie gekommen. An jenem Tag habe ich mit einer wahren und aufrichtigen Gottergebenheit für einen alkoholabhängigen Jungen gebetet, der sich im letzten Stadium befand. Ich wandte mich der Statue zu, die die Madonna darstellt, und sagte: «Ich glaube wirklich, daß du hier wohnst, daß hier deine Wohnung ist.»

Als ich noch beunruhigt nach Hause zurückgekommen war, weil die Ärzte sich mehrmals skeptisch über die Lebensdauer geäußert hatten, die dem armen Jungen noch blieb, erfuhr ich, daß sie jetzt ihre Meinung geändert hätten. Wie durch ein Wunder war der Junge vom Krankenhaus nach Hause geschickt worden, als sei er nie krank gewesen.

Von ganzem Herzen danke ich der Jungfrau des heiligen Öls von der immerwährenden Salbung.

Sr. Silvana di A.

Die Kraft der Medaille der Jungfrau der Tränen!

Ich heiße Jeanne und bin Hausfrau. Seit einiger Zeit hat der Herr mich und meine Familie aufgerufen, uns den Werken der Frömmigkeit für die Jungfrau vom heiligen Öl zu weihen, die das junge Mädchen von Manduria besucht.

In den letzten Septembertagen war mein Mann, ein Kraftfahrer, mehrmals von Dieben angegriffen worden. Zudem hat ein Unfall mit schwerwiegenden Folgen für seine Arbeit die Finanzen der Familie in ernste Schwierigkeiten gebracht.

Mit großer Dankbarkeit der geweihten Jungfrau gegenüber habe ich den Meinen sogleich geraten, die Medaille zu tragen, die von Ihrer «Bewegung der Liebe» verbreitet wird. Meine Hoffnung ist nicht enttäuscht worden. Alles hat sich zum Besseren gewendet: keine Angriffe und keine ernsten Schwierigkeiten mehr.

Ich will auch für Deboras Gebet danken, der wir uns immer nahe fühlen. Wir haben mithilfe des Rosenkranzgebetes wieder zum Frieden, zur Heiterkeit und zum Empfang der Sakramente zurückgefunden.

Wir danken von Herzen für die empfangene Gnade.

Jeanne V., Schweiz

«Ich will euch noch einmal ermahnen, hierher zu kommen...» (*Botschaft vom 23. August 1998*)

Liebe Debora, Liebe «Bewegung der Liebe»,

Ich bin ein Mann von 38 Jahren, verheiratet und Familienvater. Am 23. Mai 1998 habe ich an dem Gebetstag teilgenommen, der die Jungfrau Maria unter den Namen ehrte, die sie in Manduria offenbart hat.

Das war ein unvergeßlicher Tag für mich! Im Garten «Himmelsgrün» habe ich gebetet und den Kreuzweg auf Knien zurückgelegt. Was für eine Erfahrung!

Während der Erscheinung habe ich das kleine Kind erlebt und wiedergefunden, das in mir war: unter dem außergewöhnlichen Regenbogen, mit dem der Himmel uns wunderbar beschenkt hat, habe ich mich mit Jesus versöhnt. Die Botschaft, die der Herr uns durch sein Werkzeug gab, hat in mir einen alten Ruf aufgeweckt, vielleicht sogar einen zu alten Ruf! Ich habe in diesen Jahren so viele Sünden begangen, vor allem gegen die Natur. Die Erfahrung von Manduria war grundlegend für die Heilung meiner Laster: ich erlangte endlich die Gnade des Abscheus vor dem, was ich getan hatte.

Ich hatte schon viel gelitten, denn obwohl ich die Schwere der Sünde begriffen hatte, gelang es mir nicht aufzuhören: es war eine Besessenheit geworden, denn ich hatte der Sünde erlaubt, in mich einzudringen.

Sie können sich nicht vorstellen, was ich empfunden habe, als mir bewußt wurde, daß dieser Ort die Wohnung Jesu ist.

Heute wohnt dank der Mutter des geweihten Ölbaums der Herr in meinem Herzen und ist sein unumschränkter Meister.

Das ist die Erinnerung, die ich an die immer gesegnete Wohnung der heiligsten Herzen habe. Danke.

Vittorio P.

«Das heilige Öl, das Meine Mutter unablässig bereithält, um es jenen zu geben, die leiden…» *(Botschaft vom 22. Juni 1998)*

Ich heiße Claude J., bin 42 Jahre alt und wohne in Paris. Vor einigen Monaten erfuhr ich von der unglaublichen Geschichte, die Debora gerade in einem tiefen Leiden erlebt. Ich blätterte in einer Zeitschrift, in der von all diesen Ereignissen berichtet wird, und habe sofort das geweihte Öl angefordert, um meinen Sohn zu salben, der seit langem schwer krank war.

Als ich begonnen habe, ihn zu salben, hat sich sein Gesundheitszustand von Tag zu Tag verbessert; und dies auch dank Ihrer Gebete, denen ich mich empfohlen hatte.

Heute schreibe ich Ihnen, um Ihnen für die endgültige Heilung meines Sohnes Paul zu danken. Ich bin stolz darauf, zu jenen zu gehören, die das Werk Unserer Lieben Frau von der Eucharistie unterstützen. Dieses Werk ist wie eine neue, prophetische Hoffnung geworden.

Ich wünsche Ihnen alles nur erdenklich Gute.

Claude J.

«Diese Erscheinung, die Satan und seine Miliz unerbittlich hassen, bereitet den Sieg vor, den ich dir angekündigt habe.» *(Botschaft vom 24. Mai 1998)*

Ich möchte meinen bescheidenen Beitrag zu Ihrer Ernte von Zeugnissen leisten.

Ich war weit weg von Gott und von der Liebe wegen meiner Sünde des Egoismus, die mich ein Leben in wahrer Einsamkeit leben ließ. Meine Tage waren leer und vergingen zwischen der Versuchung, mir das Leben zu nehmen und dem Willen weiterzuleben.

Vor zwei Monaten erfuhr ich von dem Auftrag, den Gott einer jungen Italienerin anvertraut hat, um die Menschheit zu retten. Erst jetzt habe ich den Mut, Ihnen zu schreiben, um Sie von den Wohltaten zu unterrichten, die ich durch die Gebete erhalten habe, die diesem jungen Mädchen von der lebendigen Stimme der Heiligen Jungfrau diktiert worden sind.

Hier in Wien hat der Glaube keine große Bedeutung im Leben der Menschen.

Ich kehrte unverzüglich zum Glauben zurück. Ich könnte nicht beschreiben, was für eine Revolution das war!

Jeden Augenblick wachsen in mir leidenschaftliche Gefühle für die selige Jungfrau.

Ich will eine Gebetsgruppe organisieren, um die Macht der eucharistischen Botschaft zu verbreiten, die der Herr uns durch Debora anvertraut hat.

Danke für all die erhaltenen Gnaden.

Lena W., Österreich

Ich hätte operiert werden müssen

Ich bin eine fünfzigjährige Frau. Etwa im April 1998 lief eine Flüssigkeit aus einem Abszeß an der linken Brust.

Ich hätte operiert werden müssen, wie man mir am Krebsinstitut von Genua bestätigt hatte. Da ich jedoch von den Erscheinungen der Jungfrau von der Eucharistie in Manduria erfahren hatte, habe ich sie mit dem Gebet angerufen, das sie selbst uns gegeben hat: «Maria, Mutter des geweihten Ölbaums…», um eine rasche Genesung zu erbitten.

Ich hatte dem Arzt, der mich während der Sommermonate entlassen hatte, meinen Glauben bezeugt, daß das geweihte Öl mich heilen würde.

Und es hat sich bewahrheitet: heute habe ich nichts mehr, wie das medizinische Zertifikat[53] bestätigt, das von meinem Gynäkologen ausgestellt wurde.

Ich danke der Heiligen Jungfrau und hoffe dazu beizutragen, daß diese Andacht bei allen körperlich und geistig Kranken verbreitet wird.

Lidia M.

53. Frau Lidia M. war an einem Brustabszeß erkrankt und ist derzeit geheilt.» Unterzeichnet von Prof. Dr. Pier Luigi Venturini, Krankenhaus San Martino, Genua.

Eine ganz seltene Krankheit

Die Jungfrau von Manduria hat uns eine große Gnade gewährt. Die Ärzte hatten uns gesagt, daß nur ein Wunder unseren kleinen Emanuel retten könnte. Und so ist es auch geschehen. *Susanna und Euprepio Stoppa, die jungen, bewegten und glücklichen Eltern, die in Torre S. Susanna (Brindisi) leben, erzählen diese Geschichte. Er ist ein 33jähriger Angestellter, sie ist Hausfrau und 29 Jahre alt. Stolz stellen sie ihr Baby vor, das heute sechs Monate alt und vollkommen gesund ist.*

Emanuel war erst ein paar Tage alt, als wir merkten, daß er ein ernstes Problem hatte. Es handelte sich in der Tat um eine sehr seltene Krankheit, bei der die Wissenschaft ohnmächtig ist, besonders wenn sie Babys befällt. Sie äußert sich in einem fast völligen Fehlen von Sauerstoff im Innern des Organismus.

Wir waren schon Freunde von Debora, dem jungen Mädchen, das die Heilige Jungfrau seit mehreren Jahren sieht. Während wir im Krankenhaus waren, kam Debora uns besuchen, streichelte das Baby und betete über ihm. «Die Madonna hat mich fühlen lassen, daß es sehr bald gesund wird, daß es sogar schon gesund ist», erklärte sie sofort.

Tatsächlich bemerkten wir sogleich, daß das Baby eine bessere Hautfarbe bekam. In uns entzündet sich ein Hoffnungsschimmer. Hoffnung, die Gewißheit wurde, als Ärzte und Professoren — angefangen bei dem, der uns erklärt hatte, daß nur ein Wunder unser Baby retten könnte — uns sprachlos vor Staunen die völlige Genesung unseres Babys bestätigten, ohne daß sie auch nur die mindeste Erklärung im Licht der Wissenschaft oder der Naturgesetze liefern konnten. Wie gut haben wir daran getan, unseren Sohn auf den Namen «Emanuel» zu taufen, denn das bedeutet «Gott ist mit uns»!

Susanna und Euprepio S.

Schürzenjäger

Ich war ein Schürzenjäger, ein unverbesserlicher Glücksspieler und ein eingefleischter Raucher, *erklärt Costantino P., 43 Jahre alt, Kraftfahrer, wohnhaft in Manduria.* All das schuf unausweichlich schwerwiegende Probleme für meine Familie und für meine

Gesundheit. Ich war schon magenkrank geworden. Meine Frau hatte die Anfänge der Erscheinungen der Heiligen Jungfrau auf dem Ölbaum verfolgt. Ich wollte nichts davon wissen. Ich führte ein Leben, das zu weit von der Religion entfernt war. Doch meine Frau drängte mich so sehr, daß ich mich eines Abend im Juni 1993 bereit erklärte, sie zu begleiten. Ich kannte Debora und wohnte der Erscheinung bei. Plötzlich fühlte ich mich verändert, ich fühlte, daß die Madonna um meine Bekehrung bat. Und so geschah es. Von diesem Augenblick an begann für mich ein völlig neues Leben. Ich habe eine Freude und eine Heiterkeit entdeckt, von denen ich bis dahin nicht einmal wußte, daß es sie geben kann. Alle meine alten Laster sind verschwunden.

Costantino P.

Magische und esoterische Praktiken

Ich hatte mich auf eine Reihe magischer und esoterischer Praktiken eingelassen, *erzählt Mimma, eine junge, etwa dreißigjährige Frau.* Das war für mich eine Droge geworden, die schwer auf mir lastete. Ich war schon in eine Besessenheit geraten, die einer Geisteskrankheit nahekam. Durch Freunde erfuhr ich von den Erscheinungen der Madonna auf dem Ölbaum. Vor drei Jahren kam ich hierher und empfahl meinen Fall den Gebeten Deboras. Nachdem ich inständig gebetet hatte, wohnte ich der Erscheinung bei, weil ich sicher sein wollte, daß Debora die Madonna auch wirklich um diese Gnade für mich bat. Im Moment der Erscheinung fühlte ich mich plötzlich befreit. Ich war geheilt! Seither bin ich sehr froh.

Mimma

«Das Öl ist Balsam und Salbung!» (Botschaft vom 24. Mai 1995)

Liebe Freunde von der «Bewegung der Liebe»,

Ich muß Ihnen danken, weil ich im Gefängnis beschlossen hatte, mich in der Karfreitagsnacht umzubringen, aber Ihr Brief hat mich unverhofft und auf ganz außergewöhnlichen Wegen erreicht und mir den Mut und die Kraft gegeben, weiter zu kämpfen. Das Unglaublichste ist und bleibt die Weiterleitung des geweihten Öls, das an den Augen der Wärter vorbeikam, die ganz klar vom Höchsten blind gemacht worden sein müssen, da hier nicht einmal eine Stecknadel durchgelassen wird.

Ihre Worte haben mir die Angst genommen, die mich auffraß, und mich von der Qual befreit, zu nichts mehr nütze zu sein. Ich will Ihnen noch einmal danken und durch Sie die Heilige Jungfrau loben, die mir mit ihrem heiligen Öl wieder eine Identität und ein pulsierendes Herz geschenkt hat.

Michel D.

Eine ölige Substanz

Ich heiße Antonio R. und bin mit Lucia verheiratet; wir haben zwei Söhne, Luciano und Giusy. Ich arbeite als Krankenpfleger im Bezirkskrankenhaus von Syrakus in Sizilien. Vor zwei Jahren befand ich mich bei den Kranken im Gemeinschaftssaal mit der Oberschwester Igina. Sie sprach mit einem Priester, der darum bat, Öltropfen aus Manduria untersuchen zu lassen, die aus einer Statue der Heiligen Jungfrau gesickert waren.

In Anbetracht eines so sonderbaren Falles wollte ich aus Neugier das Ergebnis wissen. Die Ärztin, die die Öltropfen untersucht hatte, erklärte: «Es handelt sich um eine ölige Substanz, aber ich kann nicht erklären und kann und will den Grund nicht wissen, warum sich keine Bakterien in dem Öl entwickeln, wenn man es in ein Milieu von Bakterienkulturen bringt; die Öltropfen bleiben praktisch steril und weisen keinerlei Art von Ansteckung auf.»

Das war unglaublich! Meine Neugier wurde größer, und ich erzählte sofort meiner Frau davon. Etwas drängte mich, per Telephon mit jemandem Kontakt aufzunehmen, der diesem Phänomen nahestand. Ich rief die Verantwortlichen der «Bewegung der Liebe» an, und nach und nach wurden mein Herz und das Leben meiner ganzen Familie durchgreifend verändert.

Wir beschlossen, Debora nach Sizilien einzuladen. Ich betete zur Heiligen Jungfrau, um das nötige Geld für ihre Reise zu bekommen. Ich war verblüfft, daß ein Priester bereit war, die Gebetstreffen mit ihr zu organisieren.

Das erste Mal, als Debora nach Sizilien kam, war sie in Syrakus. Es war eine sehr schöne Begegnung. Ich hatte die Möglichkeit, Debora kennenzulernen, die viele wegen ihrer übernatürlichen Gaben aufnehmen, und andere völlig ablehnen.

Ich hatte mir Debora entsprechend den Bildern der allgemeinen Denkweise schüchtern und introvertiert vorgestellt. Im Gegenteil, sie ist ein Mädchen mit einem starken Charakter. Wie ein offenes Buch strahlt sie ihren Glauben in ihrem ganzen Wesen aus: Sie spricht ohne Umschweife klare, deutliche Worte, die voller religiösem und pädagogischem Sinn sind. Sie hat einen frischen und sehr lebendigen Glauben, der vielen von uns fehlt.

Im Krankenhaus bat mich eine Frau, die ihren katholischen Glauben seit langem verleugnete, weil sie Zeugin Jehovas geworden war, sie mit dem wundertätigen Öl zu salben. Vor ihrem Tod fand diese Frau zum Glauben zurück und empfing die Sakramente.

Diese Umstände brachten mich dazu, die Dinge genauer zu betrachten!

Zu Hause begann ich, die Botschaften der Jungfrau von der Eucharistie zu lesen und sie zu meditieren. Heute kann ich sagen, daß ich mit meiner Familie zu Jesus und Maria gefunden habe, von denen ich bis dahin so weit entfernt war.

In den letzten Tagen ist Debora zum zweiten Mal nach Sizilien gekommen, und das war eine Gnade für uns. Sie hat eine Welle von Liebe und Frieden mitgebracht und hat den Wunsch geweckt zu evangelisieren und allen zu vergeben. Es gab Familien, die sich nach Jahren der Trennung versöhnt haben, aber das schönste Ereignis ist die Gründung des ersten Heimes, das der «Jungfrau von der Eucharistie, der Mutter des geweihten Ölbaums» geweiht ist, und «Oase der Liebe» heißt. Es hat zum Ziel, in die Familien zu gehen, damit der Rosenkranz gebetet und der Inhalt der eucharistisch-marianischen Botschaften bekannt gemacht wird, die die Heilige Mutter der Welt durch die Erscheinungen von Manduria schickt.

Zum Schluß möchte ich sagen, daß wir als Familie die christlichen Werte wiederentdeckt haben, die bei uns erloschen waren, indem wir den Wunsch fühlten, unser Leben dem eucharistischen Jesus zu weihen, der die Quelle aller Gnaden und ein Abgrund an Wohltaten ist.

Dank sei Jesus und Maria, und Dank sei Debora und der «Bewegung der Liebe».

Antonio R.

Gebete

Der Geist der Prophetie hat durch Jesus und Maria einige Gebete offenbart.

Gebete auf dem Weg durch den «Heiligen Gethsemani» der Jungfrau Maria

Beim Betreten des Gartens «Himmelsgrün»

Bußakt

Göttliche Hand Jesu, ziehe mich aus meinem Stand der Sünde,
der Dir ein Greuel ist.
Belebe alles durch Deine Gegenwart,
göttlicher Meister der bewundernswürdigen Geduld.
Heiliger Gefährte, der zur Liebe führt,
sei die Stütze unserer ewigen Pilgerschaft.
Du Leben jener, die krank aber gehorsam sind,
die sich selbst absterben,
laß den Schwanz der Schlange von der Erde verschwinden,
der mithilfe arroganter Dummköpfe deine Saat vergiftet.
Du, Yeshua der unendlichen Liebe, erwecke in uns
ein heiliges Leben der Demut.
Jesus Christus, Lebendiges Brot, ich weiß, daß du Eins
bist mit dem Vater
und dem Heiligen Geist in alle Ewigkeit. Amen.

An der Brunnenschale

Reinigungsakt

O reine Erde, o würdige Erde, reinige Mein Herz,
o geweihte Erde, schmücke meine Seele.

Unter dem Kreuz der Liebe und des Heils

Gebet zur Rettung unserer kranken Brüder

O Licht der Welt, glorreicher Christus, vereint vor Dir wagen wir heute, sanfte Worte der Liebe an Dich zu richten, um unsere kranken Brüder zu retten.

Mutter deiner Kinder, heute flehen wir zu dir, daß du die Kirche rettest, die von deinem Feind Satan gefährlich bedroht wird.

Wir rufen Deinen göttlichen Segen auf die Atheisten und auf jene herab, die Deine unendliche Liebe nicht kennen.

O Sohn des lebendigen Gottes, heute verpflichten wir uns vor Deinem göttlichen Leib, dein Gesetz zu allen unseren nahe- oder fernstehendenen Brüdern zu bringen. In der Gewißheit deines ewigen Schutzes gehen wir in die Welt und verkünden Deinen Namen, damit alle Dein Heiliges Antlitz und Deine heiligen Wunden kennenlernen, die Du großherzig für unsere Erlösung aufgeopfert hast. Amen.

Unter dem Kreuz und zu den glorreichen Geheimnissen des Rosenkranzes

Gebet, um die Ankunft des Neuen Reiches zu beschleunigen

Christus, Du Sohn des lebendigen Gottes,
Du spürbare Gegenwart des Vaters, die auf die Erde herabgekommen ist,
Es komme das Reich deiner Herrlichkeit,
Es komme das Reich deiner Herrlichkeit,
Es komme das Reich deiner Herrlichkeit.

In der Kapelle

Vor der Jungfrau von der Eucharistie

Weihe an die Jungfrau von der Eucharistie, der Quelle des heiligen Öls von der immerwährenden Salbung

O Unbeflecktes Herz,
Mutter meines Herrn,
Quelle des heiligen Öls
von der immerwährenden Salbung,

Ich großer Sünder bitte dich inständig,
daß du mir dein Geheimnis zeigst,
und daß du mich dir heute weihst.

Gebet für die Salbung und während des Rosenkranzes

Maria, Mutter des geweihten Ölbaums,
Heiligste Jungfrau vom Öle,
Berühre uns, liebe uns und heile unser Herz
Auf deine Weise und durch deine Liebe.

Vor Jesus, dem König der Offenbarung

Weihe an das Heiligste Herz Jesu

O heiliges Herz des göttlichen Königs,
Alles, was mein ist, gehört von nun an Dir,
Du lebendige Quelle der Barmherzigkeit und der Liebe.
Durch Deine Fürbitte wird die Welt,
die dem Untergang geweiht ist,
in das strahlende Licht der neuen Zeit
des Wiederaufbaus gelangen.
Heiligstes und mildes Herz,
ich vertraue mich Dir jeden Augenblick an,
und ich erhoffe von neuem
Dein unermeßliches Erbarmen für die Menschheit.
Amen.

Gebet zur Aufopferung an die ewige, dreifaltige Liebe

Ewiger, heiliger Vater, höchster Geist der Liebe,
nimm gnädig die Liebe, die Wunden, die Marter,
die Todesangst, die Verlassenheit, den Verrat,
die Seele und den Leib Deines einzigen Sohnes
und geliebten Jesus als feierliches Opfer an,
um Dein Menschengeschlecht zu retten,
zu rechtfertigen und ihm zu vergeben.
Ich verherrliche Dich und bete den Namen des Vaters,
des Sohnes und des Heiligen Geistes an.
Amen.

Bittgebet durch Maria

Gerechter, wahrer und vollkommener Vater,
nimm gnädig mein demütiges Gebet an
durch das Opfer der Schmerzen Mariens,
der Heiligen unter den Heiligen,
die wie in ihrem irdischen Leben
so auch heute im Himmel am Fuß des Kreuzes Jesu steht.

Weitere Gebete

Gebet des Rosenkranzes der Tränen Mariens aus Blut und Öl

Anfangsgebet

Gerechter, wahrer und vollkommener Vater, nimm gnädig mein demütiges Gebet an durch das Opfer der Schmerzen Mariens, der Heiligen unter den Heiligen, die wie in ihrem irdischen Leben so auch heute im Himmel am Fuß des Kreuzes Jesu steht.

Bei den großen Perlen

O Jesus, schaue auf die Tränen von Blut und Öl, die Jene vergossen hat, die Dich auf Erden über alles geliebt hat und die Dich jetzt im Himmel noch glühender liebt.

Bei den kleinen Perlen

O Jesus, erhöre unser Flehen und unsere Bitten durch die Tränen von Blut und Öl, und durch die Schmerzen Deiner Heiligsten Mutter, die sie für uns aufopfert.

Bei den drei letzten Perlen

O Jesus, schaue auf die Tränen von Blut und Öl, die Jene vergossen hat, die Dich auf Erden über alles geliebt hat!

Bei der Medaille

O Mutter Gottes und unsere Mutter, mach uns durch die Salbung mit deinen Tränen zu Deinen Kindern. Darum bitten wir dich mit dieser feierlichen Weihe. Amen.

Gebet in den Prüfungen des Lebens

Herr, ich opfere dir meine Schmerzen und meine Ängste auf.
Segne meine Verfolger
und mach aus mir ein Opfer für Deinen heiligen Altar.
Milder Erlöser,
laß mich durch meine Demütigungen schweigend sühnen
für jene, die Dein Wort unterdrücken.
Du unablässig Gekreuzigter, vergib die Sünden,
die die Söhne Deiner heiligen Wohnstätte begehen!
O Retter und Erlöser,
gib, daß ich nie den Mut verliere,
damit den Menschen noch einmal
das Wort Gottes als wahrer Weg und wahres Licht mitgeteilt wird.
Ehre sei dir, Allmächtiger,
weil du mir die Gnade im Leiden gibst.
O Du von Herzen demütiger Herr,
gib, daß ich deinem göttlichen Willen immer gehorche
und mich ihm füge,
dann wirst du Wunder ohne Ende vollbringen.

Gebet bei der Erhebung der Hostie

Göttlicher Leib Jesu,
wir erneuern den Akt der Treue und der Zugehörigkeit
zu Deinem Geist der Liebe.
Durch die unendliche Liebe, die Du für uns empfindest,
die wir Söhne und Töchter sind,
die es nicht verdienen, Dich zu empfangen,
schenken wir Dir unser «Ja» zu den Schmerzen,
die Du im voraus für uns bestimmt hast.
Ernähre uns und entflamme uns nach Deinem Willen,
dem Willen des himmlischen Vaters.
Durch Dich, mit Dir und in Dir
bringen wir uns als Opfer dar zu deinem Ruhm
und zum Heil für unsere Brüder. Amen.

Gebet zu den schmerzhaften Geheimnissen des Rosenkranzes

O heilige und leuchtende Wunden,
Erbarmen für die Menschen und für die Völker der Welt.
Barmherzigkeit und Erbarmen, o heiliger Vater,
durch die Wunden des Gerechten, deines Sohnes. Amen.

Gebet für das Heil der Seelen und zum Rosenkranz

Liebendes Herz Jesu,
in dieser Stunde der Finsternis,
sei durch deine Leiden am Kreuz
ein Licht für die Menschheit!

Gebet für den Sieg Jesu und Mariens in der Welt

Heiligste, vereinte und siegreiche Herzen
Jesu und Mariens,
wir loben und preisen euch.
Entzündet in unseren Herzen die Flamme eurer Liebe!

Gebet zum Heiligen Geist

Komm, sanfter Geist,
der jedes Herz heiligt und reinigt.
Mit deinem Feuer, sende in die Welt Maria,
die Quelle des heiligen Öls.
Alle Völker sollen unter ihrem Mantel Zuflucht finden!

Gebet zur Liebe

Du, mein Gott, Du Sohn des Vaters, Du Geist Gottes, Du Braut der Heiligen und Seligen Dreifaltigkeit, Ihr habt der Passion des Sohnes beigewohnt, der dem Vater in Liebe zugewandt war. Diese Liebe zeigt uns heute der Geist als Vorbild für unser Leben.

Du selige Braut, nimm in Liebe die zahlreichen Bitten jener Menschen auf, die es noch wagen, Gebete für das Heil der Menschheit an Dich zu richten.

Du allmächtige Dreifaltigkeit, schenke uns Flügel der Heiligkeit, damit wir mit Liebe über diese Wolken hinwegfliegen, die schwärzer sind als die Nacht. Sei gepriesen, Selige Dreifaltigkeit, und gib, daß wir das Wort verstehen, damit wir Dich ewig loben können. Dank sei Dir, Du Licht der Welt, Du läßt uns, die wir blind und taub sind, durch den Sohn Deine wohltuende und unendliche Liebe sehen und fühlen. Amen.

Gebet zu Maria, der Unbefleckten

Maria, Unbefleckte Mutter,
Vollkommene Lilie der Reinheit,
Braut der Heiligen Dreifaltigkeit,
bitte für uns.
Im Austausch für deine mütterliche Liebe,
die du für uns hegst,
opfern wir dir den heiligen Rosenkranz auf,
wie es deinem sehnlichen Wunsch entspricht,
um das Böse auszureißen,
das sich auf der Welt verbreitet hat.

Gebet zur Mutter der Schmerzen

Du Braut und Mutter der Schmerzen,
Du Licht Gottes,
Heiliges junges Mädchen
Maria, ich vertraue und hoffe auf Dich.
Du Anker des Heils,
Maria, zeige uns den Schmerz deines Sohnes,
damit wir ihn besser verstehen.
Du Schlüssel zur seligen Heimat,
Du Leiter zum Paradies,
Du Freude der Erwählten,
Du ganz himmlische Erwählte.

Gebet der Aufopferung an die Liebe

Jesus, ich liebe dich und opfere mich für Dein Reich auf.
Ich lobe Dich und danke Dir für deine Liebe.

Gebet zu meinem Vater

Heiliger Vater, der Du mein Vater bist,
ich liebe Dich aus tiefstem Herzen
und verlange nach Dir
wie eine Pflanze, die reines Wasser braucht.
Vater, ich suche Dich,
und in Dir will ich ruhen!
Sei mir nicht fern!

Gebet für die Priester

Göttliches Lamm und Ewiger Priester,
in einem großen Geist der Aufopferung und der Liebe
hat der heilige Pfarrer von Ars schwere Lasten getragen.
Gib, daß jedes Priesterherz
einzig nach Erbarmen und Liebe verlangt.
Hier steht dein unnützer Diener,
der mehr als einmal in Versuchung geführt wurde.
In deiner Gegenwart bereut er.
Gib, daß durch ihn ein großes Licht in die Welt kommt.
Vater, rette Du alle Priester der Welt.
Amen.

Anrufung für das Heil der Seelen

Jesus, Maria, ich liebe euch.
Rettet mich, rettet alle Seelen eurer Kinder
Durch die Liebe, die aus eurem Herzen hervorquillt.

Lob zu Ehren der Königin des geweihten Ölbaums

Heilige Jungfrau, die du an diesem Ort erscheinst,
und die du uns nach göttlichem Willen
das heilige Öl bringst,
du hast den Wunsch,
hier unter einem neuen Namen
angerufen zu werden:
Königin des geweihten Ölbaums.

Gebet für die Seelen im Fegefeuer

Gütiger Vater im Himmel,
ich preise Dich für dieses ehrwürdige Fest der Geburt Mariens[54],
Deiner geliebten Dienerin und seligen Tochter,
und ich opfere Dir jetzt die Frucht ihres Leibes auf:
Jesus, die eucharistische Liebe,
zur Sühne für die Sünden der Seelen im Fegefeuer.
Für sie bitte ich Dich:
nimm sie in Dein Reich auf.

Gebet vom mystischen Bräutigam

Dir sei die Macht, die Kraft und die Herrlichkeit,
o fleischgewordenes Wort des Vaters.
Du Siegel der Liebe in den Herzen,
Du Freude deiner demütigen Diener,
Du ewige Liebe des Vaters, der niemanden im Stich läßt,
sondern Dich zum Opfer macht,
um selbst den noch zu retten, der Dich ablehnt.
O Retter, Sohn Davids,
Du bist der Erwählte Gottes,
der den Namen des Vaters verherrlicht,
der dem Beistand (dem Heiligen Geist),
dem heiligen Feuer der Gerechtigkeit dient,
um eine einzige Herde unter der Führung
eines einzigen Hirten zu bilden.
Du Geist Gottes,
Du bist mein Führer, auch wenn mein Fuß strauchelt,
weil er vom Weg abkommt, den der Meister vorgezeichnet hat.
Herr Jesus, Rabbuni, öffne meine Lippen,
dann werde ich das Lob des Vaters allen Völkern verkünden.
Heiliger Gefährte, der Du die Weisheit bist,
schenke die Weisheit und vereinige Deine Braut:
erleuchte die Hirten,
gib, daß sie durch Deine heiligen Wunden gehen,
so daß sie bei Deinem Anblick

54. Oder an jedem anderen marianischen Fest des Jahres.

im Einklang mit Dir vor Schmerzen stöhnen:
O Schmerz des Heiligen Kreuzes,
das von den Menschen verworfen wird.
Du mein Meister, mein Richter, meine Liebe,
laß die Hand Deines kleinsten Kindes nicht los,
das Dir von der Ewigen Liebe anvertraut wurde.
Wache über seinem Haupt, belebe seinen Geist,
gib seinen Gedanken Kraft und Weisheit. Amen.

Litaneien vom König der Offenbarung[55]

Herr, erbarme dich, *Herr, erbarme dich.*
Christus, erbarme dich, *Christus, erbarme dich.*
Herr, erbarme dich, *Herr, erbarme dich.*
Christus, höre uns, *Christus, höre uns.*
Christus, erhöre uns, *Christus, erhöre uns.*
Himmlischer Vater, der du Gott bist, *erbarme dich unser.*
Sohn, Erlöser der Welt, der du Gott bist, *erbarme dich unser.*
Heiliger Geist, der du Gott bist, *erbarme dich unser.*
Heilige Dreifaltigkeit, die du Gott bist, *erbarme dich unser.*

Lamm, das zur Schlachtbank geführt wird, *ich liebe dich und bete dich an.*
Glorreiches Lamm, das uns reinigt, *ich liebe dich und bete dich an.*
Alpha und Omega, *ich liebe dich und bete dich an.*
Freund der Freunde, *ich liebe dich und bete dich an.*
Liebe, die im heutigen Gethsemani im Todeskampf liegt, *ich liebe dich und bete dich an.*
Eucharistische Liebe, die in den Tabernakeln im Stich gelassen wird, *ich liebe dich und bete dich an.*
Ungeliebte Liebe, *ich liebe dich und bete dich an.*
Offenbarte Liebe, *ich liebe dich und bete dich an.*
Wunderbarer Baumeister des Lebens, *ich liebe dich und bete dich an.*
Der Du nach Opferseelen dürstest, *ich liebe dich und bete dich an.*
Ewige Gewalt, *ich liebe dich und bete dich an.*

55. Auszüge aus seinen Botschaften.

Unendliche Güte, *ich liebe dich und bete dich an.*
Guter Hirte, *ich liebe dich und bete dich an.*
Sitz der Weisheit, *ich liebe dich und bete dich an.*
Schlüssel der Ewigkeit, *ich liebe dich und bete dich an.*
Der Du unter den Lilien weidest, *ich liebe dich und bete dich an.*
Der Du das Elend in wertvolle Perlen verwandelst, *ich liebe dich und bete dich an.*
Schöpfer, der mit seinen Geschöpfen teilen will, *ich liebe dich und bete dich an.*
Christus Gottes, *ich liebe dich und bete dich an.*
Abgrund des Leidens, *ich liebe dich und bete dich an.*
Göttliches Herz des Vaters, *ich liebe dich und bete dich an.*
Eucharistisches Herz, Heilmittel des Vaters, *ich liebe dich und bete dich an.*
Heiliges Herz Gottes, *ich liebe dich und bete dich an.*
Teure Liebe, die auf unsere Bekehrung wartet, *ich liebe dich und bete dich an.*
Fleischgewordener Gott, *ich liebe dich und bete dich an.*
Spender des Friedens, *ich liebe dich und bete dich an.*
Göttlicher Meister, *ich liebe dich und bete dich an.*
Milder Freund und Tröster, *ich liebe dich und bete dich an.*
Sohn des lebendigen Gottes, *ich liebe dich und bete dich an.*
Sohn der Unbefleckten Mutter, *ich liebe dich und bete dich an.*
Strom der Gnade, *ich liebe dich und bete dich an.*
Brunnen der ewigen Liebe, *ich liebe dich und bete dich an.*
Unversiegbarer Brunnen des Erbarmens und der Barmherzigkeit, *ich liebe dich und bete dich an.*
Ursprung der Heiligkeit, *ich liebe dich und bete dich an.*
Same Gottes, *ich liebe dich und bete dich an.*
Jesus, Baum des Lebens, *ich liebe dich und bete dich an.*
Jesus, der Du lebendige Gottesdienste liebst, *ich liebe dich und bete dich an.*
Jesus, der Du der Wahre bist, *ich liebe dich und bete dich an.*
Jesus, der Du blutige Tränen vergießt, *ich liebe dich und bete dich an.*
Jesus, Du Herz, das wegen unserer Sünden blutet, *ich liebe dich und bete dich an.*
Jesus, Arzt der Herzen, *ich liebe dich und bete dich an.*

Jesus, der Du in der eucharistischen Erscheinungsform verborgen bist, *ich liebe dich und bete dich an.*
Jesus, lebendiges Brot, *ich liebe dich und bete dich an.*
Jesus, Überfülle des Geistes des Vaters, *ich liebe dich und bete dich an.*
Jesus, wahre Gerechtigkeit und Barmherzigkeit *ich liebe dich und bete dich an.*
Yeshua der unendlichen Liebe, *ich liebe dich und bete dich an.*
Licht, das die Finsternis vertreibt, *ich liebe dich und bete dich an.*
Verherrlichtes Licht vom Kalvarienberg, *ich liebe dich und bete dich an.*
Göttliche Hand, die wieder aufrichtet, *ich liebe dich und bete dich an.*
Märtyrer der Märtyrer, *ich liebe dich und bete dich an.*
Mystischer Bräutigam, *ich liebe dich und bete dich an.*
Mystischer Gemahl, *ich liebe dich und bete dich an.*
Vorbild des Lebens, *ich liebe dich und bete dich an.*
Tod der arroganten Hochmütigen, *ich liebe dich und bete dich an.*
Unsere Auferstehung, *ich liebe dich und bete dich an.*
Vater des Alls, *ich liebe dich und bete dich an.*
Vater der bewundernswürdigen Weisheit, *ich liebe dich und bete dich an.*
Brot des Lebens, *ich liebe dich und bete dich an.*
Hirte der Seelen, *ich liebe dich und bete dich an.*
Vollkommene Weisheit, *ich liebe dich und bete dich an.*
Fülle des Friedens, *ich liebe dich und bete dich an.*
Tor zum wahren Leben, *ich liebe dich und bete dich an.*
Unglaubliche Macht der Liebe, *ich liebe dich und bete dich an.*
Fühlbare Gegenwart des Vaters, *ich liebe dich und bete dich an.*
König der Offenbarung, *ich liebe dich und bete dich an.*
König der Könige, *ich liebe dich und bete dich an.*
König des Friedens, *ich liebe dich und bete dich an.*
Retter der Welt, *ich liebe dich und bete dich an.*
Heiligstes Herz, *ich liebe dich und bete dich an.*
Mildestes Herz, *ich liebe dich und bete dich an.*
Heiligkeit, die die Heiligkeit erschaffen hat, *ich liebe dich und bete dich an.*
Heiliger Gefährte, der zur Liebe führt, *ich liebe dich und bete dich an.*
Unerschaffene Weisheit, *ich liebe dich und bete dich an.*

Weg zum Leben, *ich liebe dich und bete dich an.*
Herr des Alls *ich liebe dich und bete dich an.*
Herr der Barmherzigkeit, *ich liebe dich und bete dich an.*
Sonne, die das Leben zeugt, *ich liebe dich und bete dich an.*
Quelle, die die Gesundheit zeugt, *ich liebe dich und bete dich an.*
Quelle des wertvollen Blutes, *ich liebe dich und bete dich an.*
Schrecken des alten Feindes, *ich liebe dich und bete dich an.*
Mann der Schmerzen und
unaussprechlicher Qualen, *ich liebe dich und bete dich an.*
Wort Gottes, *ich liebe dich und bete dich an.*
Band der Einheit, *ich liebe dich und bete dich an.*
Leben, das Leben schenkt, *ich liebe dich und bete dich an.*
Leben der ergebenen Kranken, *ich liebe dich und bete dich an.*

Lamm Gottes, das die Sünde der Welt hinwegnimmt,
vergib uns, Herr.
Lamm Gottes, das die Sünde der Welt hinwegnimmt,
höre uns, Herr.
Lamm Gottes, das die Sünde der Welt hinwegnimmt,
erbarme dich unser, Herr.

Lasset uns beten:
Ewiger Gott, dessen Barmherzigkeit kein Ende hat,
und dessen Schatz des Mitleidens unergründlich ist,
wende uns Deinen Blick der Güte zu
und breite in uns Deine Barmherzigkeit aus,
damit wir in schwierigen Zeiten
nicht den Mut verlieren.
Gib, daß wir nicht die Hoffnung verlieren,
sondern uns in tiefem Vertrauen
Deinem heiligen Willen unterwerfen,
der Liebe und Barmherzigkeit ist.
O König der Ewigen Offenbarung des Vaters,
wir vertrauen uns Dir an.
Amen.

Litaneien der Jungfrau vom geweihten Ölbaum[56]

Herr, erbarme dich unser, *Herr, erbarme dich unser.*
Christus, erbarme dich unser, *Christus, erbarme dich unser.*
Herr, erbarme dich unser, *Herr, erbarme dich unser.*
Christus, höre uns, *Christus, höre uns.*
Christus, erhöre uns, *Christus, erhöre uns.*

Himmlischer Vater, der Du Gott bist, *erbarme dich unser.*
Sohn, Erlöser der Welt, der Du Gott bist, *erbarme dich unser.*
Heiliger Geist, der Du Gott bist, *erbarme dich unser.*
Heilige Dreifaltigkeit, die Du ein Einziger Gott bist, *erbarme dich unser.*

Jungfrau von der Eucharistie, *bitte für uns.*
Anker unseres Heils, *bitte für uns.*
Heroldin des Reichs des Vaters, *bitte für uns.*
Morgenröte der Hoffnung, die in der Finsternis aufleuchtet, *bitte für uns.*
Anwältin Gottes, *bitte für uns.*
Sitz der Weisheit, *bitte für uns.*
Schlüssel zur seligen Heimat, *bitte für uns.*
Die Du in der Dreifaltigkeit wohnst, *bitte für uns.*
Reine Taube der Liebe des Vaters, *bitte für uns.*
Führerin der geistigen und körperlichen Tätigkeit, *bitte für uns.*
Trösterin der Betrübten, *bitte für uns.*
Miterlöserin für unsere Erlösung, *bitte für uns.*
Hüterin der Kirche, *bitte für uns.*
Spenderin des allumfassenden Friedens, *bitte für uns.*
Herrscherin des Himmels, *bitte für uns.*
Herrscherin, die in der Wüste der Sünde kämpft, *bitte für uns.*
Herrscherin, die mit der Sonne bekleidet ist, *bitte für uns.*
Blume der Blumen, *bitte für uns.*

56. Auszüge aus ihren Botschaften.

Unversiegbarer Brunnen der Gnaden, *bitte für uns.*
Kraft der durchgreifenden Bekehrung, *bitte für uns.*
Lilie der völligen Reinheit, *bitte für uns.*
Freude der Seligen, *bitte für uns.*
Du Unbefleckte des Heiligen Geistes, *bitte für uns.*
Du Ursprung des Herzensgebetes, *bitte für uns.*
Du Licht Gottes, *bitte für uns.*
Mutter, die der Verworrenheit ein Ende bereitet, *bitte für uns.*
Mutter der Hauskirchen, *bitte für uns.*
Mutter der Priester und der geweihten Seelen, *bitte für uns.*
Mutter des göttlichen Leibes, *bitte für uns.*
Mutter der göttlichen Liebe, *bitte für uns.*
Mutter der göttlichen Vergebung, *bitte für uns.*
Mutter des schmerzlichen Schweigens, *bitte für uns.*
Mutter des fortwährenden Opfers, *bitte für uns.*
Mutter des höchsten Gutes, *bitte für uns.*
Mutter des Wortes und der heiligen Schrift, *bitte für uns.*
Mutter der gekreuzigten Liebe, *bitte für uns.*
Mutter des ewig Erwählten, *bitte für uns.*
Mutter der Tränen, die ewig waschen
und reinigen, *bitte für uns.*
Mutter des Öls vom ewigen Heil, *bitte für uns.*
Mutter des geweihten Ölbaums, *bitte für uns.*
Mutter des einzigen und wahren Gottes, *bitte für uns.*
Mutter der Diener der Anbetung, *bitte für uns.*
Mutter des himmlischen und immerwährenden
Grüns, *bitte für uns.*
Mutter der allumfassenden Kirche, *bitte für uns.*
Mutter des glorreichen Kreuzes, *bitte für uns.*
Mutter des Lichts, *bitte für uns.*
Mutter der Barmherzigkeit, *bitte für uns.*
Mutter des unerschöpflichen Erbarmens, *bitte für uns.*
Mutter der Versöhnung, *bitte für uns.*
Mutter der Meditation, *bitte für uns.*
Mutter der Hoffnung, *bitte für uns.*
Mutter der Erde, *bitte für uns.*
Mutter des meisterlichen Weges, *bitte für uns.*

Mutter des weißen Märtyrers, des Papstes, *bitte für uns.*
Mutter Jesu, der in der Herrlichkeit wiederkommt, *bitte für uns.*
Mutter Jesu von Nazareth, *bitte für uns.*
Mutter aller Völker, *bitte für uns.*
Ewige Mutter des Ewigen, *bitte für uns.*
Unsere Mutter durch die göttliche Liebe, *bitte für uns.*
Betende Mutter, *bitte für uns.*
Allumfassende Mutter, *bitte für uns.*
Mutter der Wahrheit, *bitte für uns.*
Liebenswürdige Mutter, *bitte für uns.*
Mutter der Menschheit, *bitte für uns.*
Mutter Jesu, der ungeliebten Liebe, *bitte für uns.*
Mutter aller Mütter, *bitte für uns.*
Maria, Botin Gottes, *bitte für uns.*
Maria, Pilgerin des Wortes des Evangeliums, *bitte für uns.*
Mittlerin der Welt, *bitte für uns.*
Mittlerin zwischen dem Sohn und dem Menschen, *bitte für uns.*
Pforte des Himmels, der seligen Heimat, *bitte für uns.*
Pforte, die das Herz Jesu öffnet, *bitte für uns.*
Königin der Heiligen und der Engel, *bitte für uns.*
Königin der Einheit der Christen, *bitte für uns.*
Königin der großen Drangsal, *bitte für uns.*
Königin des Friedens und der unerschöpflichen Liebe, *bitte für uns.*
Königin der Königinnen, *bitte für uns.*
Königin des Sieges, *bitte für uns.*
Königin, an der Gott Gefallen findet, *bitte für uns.*
Heiliges junges Mädchen, *bitte für uns.*
Leiter zum Paradies, *bitte für uns.*
Zweites glühendes Herz, *bitte für uns.*
Herrin der neuen Apostel, *bitte für uns.*
Herrin des Himmels, *bitte für uns.*
Frau der Besuche auf der Erde, *bitte für uns.*
Frau der Bewegung der Liebe, *bitte für uns.*
Frau vom heiligen Rosenkranz, *bitte für uns.*

Frau von der allumfassenden Sühne, *bitte für uns.*
Quelle des heiligen Öls von der immerwährenden Salbung, *bitte für uns.*
Braut der Heiligsten Dreifaltigkeit, *bitte für uns.*
Braut des Heiligen Geistes, *bitte für uns.*
Goldene Braut und Dienerin des Sohnes, *bitte für uns.*
Stern der neuen Evangelisierung, *bitte für uns.*
Du Morgenstern, *bitte für uns.*
Schatz der Schätze, *bitte für uns.*
Jungfrau von Nazareth, *bitte für uns.*

Lamm Gottes, du nimmst hinweg die Sünde der Welt,
vergib uns, Herr.
Lamm Gottes, du nimmst hinweg die Sünde der Welt,
erhöre uns, Herr.
Lamm Gottes, du nimmst hinweg die Sünde der Welt,
erbarme dich unser.

Bitte für uns, heilige Mutter Gottes, *auf daß wir würdig werden der Verheißungen Christi.*

Lasset uns beten:

Herr, unser Gott, gewähre deinen Gläubigen immerfort die Gesundheit der Seele und des Leibes. Und rette uns durch die glorreiche Fürbitte der Jungfrau von der Eucharistie, der Mutter des geweihten Ölbaums, der Quelle des heiligen Öls von der immerwährenden Salbung vor dem Übel, das uns in dieser Zeit heimsucht, und führe uns bis zur Wiederkunft Jesu in die Welt. Durch die schmerzhafte Passion Jesu Christi, unseres Herrn. Amen.

Gebete auf italienisch

Vater unser

Padre nostro, che sei nei Cieli,
sia sanctificato il Tuo Nome,
venga il Tuo Regno,
sia fatta la Tua Volontà come in Cielo cosi in terra.
Dacci oggi il nostro Pane quotidiano,

e rimetti a noi i nostri debiti
come noi li rimettiamo ai nostri debitori,
e non ci indurre in tentazione,
ma liberaci dal male. Amen.

Gegrüßet seist du Maria

Ave Maria, piena di grazia,
il Signor è con te.
Tu sei benedetta fra le donne
e benedetto è il frutto del tuo seno, Gesù.
Santa Maria, Madre di Dio,
prega per noi peccatori,
adesso e nell'ora della nostra morte. Amen.

Ehre sei dem Vater

Gloria al Padre e al Figlio e allo Spirito Santo.
Come era nel principio, e ora e sempre
e nei secoli dei secoli. Amen.

Wie man den heiligen Rosenkranz betrachtet

- Man beginnt mit dem Kreuzzeichen: In Namen des Vaters…
  O Gott, komm mir zu Hilfe,
  Herr, eile mir zu helfen.
- Ich glaube an Gott… Ehre sei dem Vater… Vater unser…
  Gegrüßet seist du Maria…
  Jesus, der in uns den Glauben vermehre
  Jesus, der in uns die Hoffnung stärke
  Jesus, der in uns die Liebe entzünde
  Ehre sei dem Vater…
- Mit einer kurzen Meditation spricht man das Geheimnis des Tages an (montags und donnerstags die freudenreichen Geheimnisse; dienstags und freitags die schmerzhaften Geheimnisse; mittwochs, samstags und sonntags die glorreichen Geheimnisse.)
- Jedes Gesätz beginnt mit dem *Vater unser* und zehn *Gegrüßet seist du Maria*; nach dem Namen «Jesus» wird jedesmal das entsprechende Geheimnis eingefügt.

- Jedes Gesätz schließt mit dem *Ehre sei dem Vater.*
- Man kann dann noch ein Stoßgebet einfügen (am besten eines, das von der Madonna diktiert wurde).
- Das Rosenkranzgebet schließt mit dem *Salve Regina* und den Litaneien, einem *Vater unser,* einem *Gegrüßet seist du Maria,* einem *Ehre sei dem Vater* für den Papst und seine Anliegen, und für die Seelen im Fegefeuer.

Es gibt 15 Geheimnisse, die uns in enge Verbindung mit dem Leben, dem Leiden und der Herrlichkeit Jesu bringen und uns die Stellung zeigen, die Maria im Heilswerk innehat. Die 150 *Gegrüßet seist du Maria* erinnern an die 150 Psalmen.

Die freudenreichen Geheimnisse (montags und donnerstags)

Jesus, den du, o Jungfrau, vom Heiligen Geist empfangen hast
Jesus, den du, o Jungfrau, zu Elisabet getragen hast
Jesus, den du, o Jungfrau, (in Betlehem) geboren hast
Jesus, den du, o Jungfrau, im Tempel aufgeopfert hat
Jesus, den du, o Jungfrau, im Tempel wiedergefunden hast

Die schmerzhaften Geheimnisse (dienstags und freitags)

Jesus, der für uns Blut geschwitzt hat
Jesus, der für uns gegeißelt worden ist
Jesus, der für uns mit Dornen gekrönt worden ist
Jesus, der für uns das schwere Kreuz getragen hat
Jesus, der für uns gekreuzigt worden ist

Die glorreichen Geheimnisse (mittwochs, samstags und sonntags)

Jesus, der von den Toten auferstanden ist
Jesus, der in den Himmel aufgefahren ist
Jesus, der uns den Heiligen Geist gesandt hat
Jesus, der dich, o Jungfrau, in den Himmel aufgenommen hat
Jesus, der dich, o Jungfrau, im Himmel gekrönt hat

Weiheakt an die Jungfrau von der Eucharistie

O Unbeflecktes Herz, Mutter meines Herrn,
Quelle des heiligen Öls von der immerwährenden Salbung,
Ich großer Sünder bitte dich inständig,
daß du mir dein Geheimnis zeigst,
und daß du mich dir heute weihst.
(Botschaft aus der Nacht vom 30. April zum 1. Mai 1995)

Beten Sie mit uns

Unsere Gebetstermine

* Jeden Donnerstag und Samstag um 20 Uhr 30: Gebetswache.
* Am ersten Freitag des Monats: Kreuzweg, der kniend auf dem schmerzhaften Weg Mariens gebetet wird.
* Am 22. jeden Monats: Anbetungsabend vor der Eucharistie.
* Am 23. jeden Monats: Vorbereitung auf die Erscheinung Unserer Lieben Frau. Wenn die Erscheinungen abgeschlossen sind, wird der 23. ein Tag des Gebetes und des Lobpreises bleiben.
* Am 24. jeden Monats: Dankgebet.

Die «Bewegung der Liebe» dankt all jenen, die durch ihr persönliches Zeugnis dazu beigetragen haben, daß das Licht der Botschaft, die die Jungfrau von der Eucharistie uns zum Heil der Seelen sendet, von immer mehr Menschen aufgenommen wird.

Wer die erhaltenen Wohltaten und Gnaden bezeugen will, schreibe bitte an folgende Adresse:

a cura del Movimento d'Amore
Via Fratelli Bandiera, 3
I-74024 MANDURIA — TA (Italien)
Tel./Fax: 0039 099 971 36 12 (nur italienisch)

E-mail: movimentodamore@libero.it

Inhaltsverzeichnis

Andere Bücher beim Parvis-Verlag

Meinen Auserwählten zur Freude

Botschaften Jesu an Léandre Lachance

Léandre Lachance ist Kanadier, verheiratet, Vater von fünf Kindern und Großvater von 14 Enkeln. Obwohl er Geschäftsmann ist, widmet er seit mehreren Jahren eine besondere Zeit dem Gebet. Sein geistlicher Weg hat ihn dazu geführt, immer wieder über sein Leben und Handeln im Licht des Evangeliums nachzudenken. «Gott läßt sich niemals an Großmut übertreffen. Léandre hat Gott Zeit geschenkt und Gott hat ihn überreich erfüllt. Léandre hat ihm sein Herz geöffnet und Gott hat ihn mit kostbarsten Gnaden überhäuft. Wenn Sie dieses Buch lesen, oder noch besser: wenn Sie es meditieren, werden Sie die Zärtlichkeit des himmlischen Vaters entdecken und Seine Sehnsucht, uns in Christus durch den Heiligen Geist auf dem Weg der Seligkeit zu führen.» Guy Giroud, Priester

Die Lektüre dieser geistlichen Unterredungen ist Balsam für das Herz und ein Stärkungsmittel, das uns hilft, unsere christliche Berufung besser zu erfüllen.

von L. Lachance, 352 Seiten, 14,5x22 cm *SFR 28.- DM 34.- öS 250.-*

Lieben heißt vergeben

Die christliche Ehe — gottverbunden, lebensnah, dauerhaft

Dieses Buch ist vor allem für Eheleute bestimmt, aber darüber hinaus kann es jedem helfen, der sich im Namen seines Glaubens irgendwo einsetzt. (Aus dem Vorwort von Msgr. Hardy)

«Ein Priester schreibt über die Ehe, wie merkwürdig!», werden manche sagen. Es ist die Frucht von jahrelangem Zuhören und Ratgeben an Hunderten von Paaren.

Pater Jacques Marin hat auf allen Gebieten des Ehelebens einen hervorragenden Einblick; er richtet sich an die Ehepaare mit der Zärtlichkeit und dem Anspruch eines Vaters, der seine Kinder liebt und das Beste für sie will. Kompromisslos verkündigt er die ganze Wahrheit des Evangeliums. So heikle Fragen wie Scheidung, Wiederverheiratung Geschiedener oder Abtreibung werden voller Mitgefühl und Erbarmen zur Sprache gebracht, immer aber im Rückgriff auf das Wort Gottes und in Treue zur Lehre der Päpste und der Kirche. Dieses Buch enthält viele Bibelzitate und etwa hundert Zeugnisse von Ehepaaren.

von Pater J. Marin, 384 Seiten, 14,5x22 cm *SFR 30.- DM 37.- öS 270.-*

Häuser der Anbetung

«Laß keinen Tag vergehen, ohne auf mich zu schauen.» Darum bittet Christus jene, die auf seine Wiederkunft warten. Er bittet sie, dafür zu sorgen, daß «die Eucharistie geliebt wird, wie sie noch nie geliebt wurde».

Die Seelen, die aus der Anbetung leben, bereiten die Erde darauf vor, Christus bei seiner Wiederkunft in Herrlichkeit aufzunehmen. Durch ihre Weihe an die Eucharistie bereiten sie die Weihe der Welt vor. Im Hinblick auf diese Weihe der Welt will Jesus Häuser der Anbetung erwecken. Sie sollen über die ganze Erde verstreut sein und Licht in ihre Umgebung bringen. Jesus will überall in unserer Mitte und in unseren Häusern wie «Brosamen desselben Brotes sein, das an alle verteilt wird».

von Marie-Benoîte Angot, 240 Seiten, 13x20 cm *SFR 22.- DM 27.- öS 195.-*

Der große Kreuzzug der Liebe

In der bolivianischen Stadt Cochabamba erhält Catalina, eine demütige Dienerin Gottes, die Wundmale Jesu. Catalina empfängt auch Botschaften Jesu. Darin bringt er seine Liebe zu Bolivien und zur ganzen Welt zum Ausdruck. Er sucht die Unterstützung seiner Kinder, weil nach seinem Willen in allen Völkern neu die Sühne verbreitet werden soll. Das nennt Jesus «den großen Kreuzzug der Liebe». Jesus erklärt in diesen Botschaften folgendes:

«Diese Botschaften werden wie ein Lichtstrahl und wie ein Schlag Meines Herzens aufgenommen werden... Sie werden wie eine weitere und neue Offenbarung Meiner unwandelbaren Liebe zu den Menschen sein, wie ein Aufruf an alle Menschen, zu Meinem Herzen zurückzukehren, das sich in Liebe verzehrt... (KL 180)

Bevor der Herr in der Welt das Feuer seines Zorns entfacht, müssen die Guten in den Herzen ihrer Brüder das Feuer der Liebe entzünden. Deshalb müsst ihr eure Brüder eilends belehren. Dafür ist jede Seele verantwortlich... Ihr müsst der ganzen Welt die Liebe des Schöpfers zu seinem Geschöpf verkünden... Die Stunde ist ernst, die Gefahr droht. Allein die Liebe kann die Welt retten!» (KL 173)

Mit dem kirchlichen Druckerlaubnis von Msgr. R.-F. Apaza, Erzbishof von Cochabamba (Bolivien)
360 Seiten, 13x20 cm *SFR 26.– DM 32.– öS 235.–*

Der Teufel – Mythos oder Realität?

Abbé Laurentin bietet hier überraschende Antworten, die jedoch auf der Heiligen Schrift, der Tradition und der zweitausendjährigen Erfahrung der Kirche gründen.

Des weiteren findet man Antworten auf konkrete Fragen: Was ist Besessenheit? Wer ist besessen und warum? Was sind Exorzismen? In welcher Hinsicht werden sie reformiert? Wie kann man dem machtvollen Einfluß des Herrschers dieser Welt entrinnen. von René Laurentin
400 Seiten *SFR 32.– DM 39.– öS 290.–*

Das Sakrament der Versöhnung
Das Wunder der Liebe

Warum und wie soll nun die persönliche Versöhnung gelebt werden? Möchten wir bei der Lektüre dieses Buches wieder das Verlangen verspüren, zur Beichte zu gehen. Hier gibt uns Pater Marin sehr praktische Ratschläge, mit deren Hilfe wir «die Verzeihung und den Frieden» zu finden vermögen.
von Pater Jacques Marin, 224 S., 13x20 cm *SFR 21.– DM 26.– öS 185.–*

Der Leib – Tempel der Schönheit

Jo Croissant ist die Ehefrau von Bruder Ephraïm, dem Gründer der «Gemeinschaft der Seligpreisungen».

Die Autorin lädt uns zu einem echten Weg der inneren Heilung ein: in den Tempel eintreten, in die Innerlichkeit eintreten, bedeutet in die Gegenwart des dreimal heiligen Gottes einzutreten. Unter dem Blick des Vaters und durch sein Wort werden wir unsere wirkliche Identität als Söhne und Töchter Gottes entdecken. von Jo Croissant, 240 Seiten *SFR 24.– DM 29.– öS 215.–*

Jenseits der «vaterlosen Gesellschaft»

Gott unser Vater

Dieses Buch führt uns an die gewaltig sprudelnde Quelle aller Vaterschaft. Und das ist etwas sehr Aktuelles, denn nach dem «Tod des Vaters», wovon unsere Zivilisation von der Französischen Revolution an bis zu Freud bestimmt war, kommt es in der letzten Zeit zu einer aufsehenerregenden «Rückkehr des Vaters».

Das ist der richtige Zeitpunkt, um Gott den Vater neu zu entdecken. Der Autor sieht dafür drei Etappen vor:

1) Die Offenbarung, wie sie die Geschichte der Menschen der Bibel und sodann die Überlieferung und die Kirchenväter durchströmt bis zur überraschenden mystischen Welle der letzten Jahrzehnte. 2) Das Mysterium und das Geheimnis des Vaters. 3) Die Herstellung einer lebendigen Beziehung mit ihm.

Nun können wir mit vielen Heiligen, Mystikern und Mystikerinnen und mit Jesus selbst «Abba!» stammeln. Der Vater zeigt sich uns als der Ganz-Nahe und nicht als der Ganz-Andere.

von René Laurentin, 528 Seiten, 14x22 cm *SFR 39.- DM 48.- öS 350.-*

Die Seligpreisungen

Unsere Berufung zum Glück

Jesus sagt uns: «Ich bin der Weg, die Wahrheit und das Leben»; der Weg zum Glück. Dieses Glück gibt es nicht außerhalb von Gott. Der Autor zeigt uns anhand der Seligpreisungen, wie sich das Geheimnis des Glücks ereignet: durch Umwandlung unserer Leiden in Freude.

von Ephraïm, Gründer der «Gem. der Seligpreisungen».

160 Seiten, 14x22 cm *SFR 20.- DM 24.- öS 180.-*

In der Schule des Heiligen Geistes

Für uns, die wir so schwach und so vielen Kämpfen ausgesetzt sind, muß der Beistand des Heiligen Geistes ein wesentliches Element unseres christlichen Lebens werden. Wie aber sollen wir es machen, um es dem Heiligen Geist zu ermöglichen, uns zu leiten und uns beizustehen?

In allgemeinverständlicher Sprache zeigt uns dieses Buch die praktischen Gegebenheiten auf, welche diese Fügsamkeit gegenüber dem Wirken des - Heiligen Geistes ermöglichen.

von Pater J. Philippe, 128 Seiten *SFR 11.- DM 13.- öS 95.-*

Suche den Frieden und jage ihm nach

Was sollen wir tun, wenn wir Zeiten der Verwirrung und der Beängstigung zu durchschreiten haben und dennoch im Vertrauen und in der Hingabe an Gott zu verbleiben verlangen? Darüber belehrt uns diese kleine Abhandlung über den Frieden des Herzens.

An Hand ganz konkreter Situationen unseres täglichen Lebens lädt uns der Autor ein, dem Evangelium entsprechend zu handeln.

von Pater J. Philippe, 128 Seiten *SFR 11.- DM 13.- öS 95.-*

Die Engel
Unsere himmlischen Helfer

Seit einigen Jahren sind die Engel durch einen aus Kalifornien kommenden Trend — New Age — verblüffenderweise wieder zurückgekommen. Die meisten Veröffentlichungen verbreiten große Irrtümer und sogar alte Häresien. Von da rührt auch die Notwendigkeit dieses Buches, der sich auf die Lehre der katholischen Kirche stützt. Anne Bernet arbeitet alles, was die Theologie über die Engel sagt, klar heraus. Im Anschluß daran befaßt sie sich mit drei Engeln: Michael, Gabriel, Raphael; schließlich stellt sie Überlegungen zu dem Schutzengel — und zu den abgefallenen, sich auflehnenden Engeln — den Dämonen — an.
von A. Bernet, 448 Seiten, 14x22 cm *SFR 32.- DM 39.- öS 290.-*

Die Engel
Geheimarmee des Himmel

Es ist eine Glaubenswahrheit, daß es Engel gibt, persönliche, unsterbliche Geschöpfe der unsichtbaren Welt. Als Gottes Boten in unserer Welt sind sie den Menschen zu Diensten, um sie auf den Weg des Heils zu führen. Und wie wunderbar, jeder Mensch, ohne Ausnahme, hat seinen eigenen Schutzengel! Am Vorabend des 3. Jahrtausends werden die Menschen sich der Engel mehr denn je bewußt. Was hat dieses Zeichen der Zeit zu bedeuten? Ihre Wiederkehr mit Macht führt zu seltsamen Einbildungen und überspannten Formen der Darstellung. Wie kann man sich da zurechtfinden? Diese Fragen beantwortet René Lejeune. Gestützt auf das Wort Gottes, bietet er Ihnen sichere Leitlinien auf Ihrer eigenen Suche nach den Engeln, vor allem nach Ihrem Schutzengel.
Im zweiten Teil hat der Verfasser Gebete, Litaneien und eine Novene zu Ehren der Engel zusammengestellt. von R. Lejeune, 144 Seiten, 11x17 cm *SFR 12.- DM 14.- öS 100.-*

Der heilige Joseph
Arzt der verletzten Seelen

Das Evangelium sagt nicht viel über Joseph, aber es berichtet das Wesentliche: Joseph ist ein «Gerechter» (Mt 1,19). Die Bibel gibt uns gründlich Auskunft über das Innenleben und das soziale Verhalten eines Gerechten. Hiervon ausgehend vermögen wir uns sein Dasein vorzustellen.
Der Leser wird sich anschließend dem Herzen des heiligen Joseph näher fühlen. Im 2. Teil findet man eine Novene und Gebete an den hl. Joseph.
von René Lejeune, 160 Seiten, 11x17 cm *SFR 12.50 DM 15.- öS 110.-*

«Der kleine Weg» der Theresia von Lisieux
Spiritualität und Novene

René Lejeune hebt die entscheidenden Ereignisse des Lebens Theresias hervor. In einer für jedermann zugänglichen Redeweise, stellt er den berühmten «kleinen Weg der Kindschaft» dar. Durchdrungen von dieser Spiritualität, hat er eine Novene zusammengstellt, die vom Herrn einen Rosenregen von Gnaden für all jene erlangen sollte, die sie beten werden.
von René Lejeune, 96 Seiten *SFR 7.50 DM 9.- öS 68.-*

Medjugorje: die 90er Jahre

Der Triumph des Herzens!

Schwester Emmanuel gibt hier ein klares Bild von jenem außergewöhnlichen Dorf, in dem die Mutter Gottes uns seit 1981 «zum Anfassen» nahe kommt. Sie führt uns hier in das Leben der Dorfbewohner, der Seher und der Pilger ein, die an diesem Ort zu Tausenden tiefgreifende Bekehrungen ihrer Herzen und manchmal sogar körperliche Heilungen erleben.

«Die hier gesammelten 87 Berichte enthüllen uns ein neues Gesicht Mariens und verraten etwas von ihrer unbeschreiblichen Mutterliebe. Es ist mehr als ein Buch, es ist ein "Fahrschein ins Glück"!» (Msgr. F. Franic, Alterzbischof von Split)

von Schwester Emmanuel, 432 pages *SFR 30.- DM 37.- öS 270.-*

Gnadengeschenke

Wir wurden in Medjugorje bekehrt, geheilt und berufen

Obgleich es zur Zeit mehr als 50 Bücher in deutscher Sprache über Medjugorje gibt, ist dieses zweite Buch des Autors etwas Besonderes.

Peter Zimmermann, konzentrierte sich in erster Linie auf Bekehrungen, Heilungen und Berufungen. Der Leser erfährt durch die Berichte und Erlebnisse der Interviewpartner von den gewaltigen Gnadenschätzen, die durch die Gospa (Madonna) in Medjugorje ausgeteilt werden.

176 Seiten, 13x20 cm *SFR 16.- DM 19.- öS 140.-*

Worte des Friedens

Die Botschaften Mariens in Medjugorje

Das vorliegende Buch bietet die gesamten, von Cyrille Auboyneau hervorragend eingeleiteten Worte der Gottesmutter in Medjugorje seit Beginn der Erscheinungen im Jahre 1981 bis 1996.

288 Seiten, 14x22 cm, 2. erweiterte Auflage

SFR 22.- DM 27.- öS 195.-

Medjugorje – Geschichte und Botschaft

So vielen Pilgern ist es ein wirkliches Anliegen, ihre Überzeugung von der Echtheit dieser Erscheinungen einem Ungläubigen oder einem geliebten Menschen mitzuteilen. Hier liegt nun ein kleines Buch vor, das man verschenken kann, um anderen die Möglichkeit zu bieten, sich einen schnellen Überblick über diese wunderbaren Ereignisse zu verschaffen. Dieses bescheidene Werk ist dank der beiden Novenen und dem Rosenkranz, denen die Schlüsselworte der Botschaften Mariens zugrunde gelegt wurden, auch für jeden Pilger wertvoll.

von R. Lejeune, 128 S. + 8 S. Bildtafeln *SFR 12.- DM 14.- öS 100.-*

Emiliano Tardif – Steh auf und geh!

Maria-Sylvia Buisson hatte Emiliano Tardif während seines letzten Aufenthaltes im Libanon begleitet. Sie ist Männern, Frauen und Kindern begegnet, die geheilt wurden, als Pater Tardif bei ihnen war. Sie ist ihren Leidenswegen nachgegangen, sie hat Worte voller Glück gehört, und sie hat mit den behandelnden Ärzten gesprochen. Das Buch ist ein Bericht, der auf Beweisen beruht, und so haben wir nun hier eine Botschaft der Hoffnung für all die vielen, die in ihrem Fleische leiden.

Wirklich spannend zu lesen! 256 Seiten, 14,5x22 cm *SFR 24.– DM 29.– öS 215.–*

Im Feuer der Liebe

Pater Emiliano Tardif ohne Koffer rund um die Welt

Das Buch berichtet, wie überall, wo er predigt, die Volksmenge zusammenströmt, um zu beten und den Herrn zu loben. Und Jesus handelt, und manchmal heilt er auch. Ein spannendes Buch!
von Emiliano Tardif und Jose Prado Flores
208 Seiten, 14,5x22 cm *SFR 22.– DM 27.– öS 195.–*

Wurde am 2. Mai 1999 seliggesprochen

Pater Pio aus Pietrelcina

Erinnerungen an einen bevorzugten Zeugen Christi

Eine ausgezeichnete Biographie über den Pater Pio, seine geistliche Ausstrahlung, die Bekehrungen und Heilungen, die auf seine Fürbitte zurückgehen.
von Pater A. Decorte, 320 Seiten
SFR 25.– DM 30.– öS 220.–

Pater Pio

Freund Gottes – Wohltäter der Menschen

Bekehrungen, Heilungen, Wunder, Seelenschau, Bilokation… sind in kurzen Erzählungen vorgestellt. von P. Cataneo, 176 Seiten, 10. Tausend
SFR 15.– DM 18.– öS 135.–

Der Rosenkranz

Ein Weg zum immerwährenden Gebet

Sieht nicht der Mensch, der die Perlen seines Rosenkranzes immer wieder durch seine Finger gleiten ließ, in der Tiefe der Betrachtung die Gnade des immerwährenden Gebets hervorquellen? Ein Buch für alle, die den Rosenkranz beten oder (besser) beten möchten!
Im 2. Teil des Buches findet man Betrachtungen über die 15 Geheimnisse des Rosenkranzes.

von Pater Jean Lafrance, 128 Seiten *SFR 14.– DM 17.– öS 125.–*

Zeit für Gott

Führer für das innere Gebet

Für wen ist das innere Gebet? Und wo, wann und wie kann man es praktizieren? Ein kleines Buch, reich an Beispielen und konkretem Rat.

von Pater J. Philippe, 128 Seiten *SFR 12.– DM 14.– öS 100.–*

Bleibt in Mir

Ein Weg zum inneren Gebet

Dieses Buch öffnet uns den schmalen Weg zum inneren Gebet. Dicht, aber einfach, leicht faßlich für alle.

von Sr. Marie-Pascale, 192 Seiten *SFR 16.– DM 19.– öS 140.–*

Es wagen die Liebe zu leben

In klaren und allgemeinverständlichen Worten spricht die Autorin zu uns von der Schönheit, Größe und Einzigartigkeit der christlichen Ehe. Wirklich wunderbere Seiten über die Ehe!

von Georgette Blaquière, 208 Seiten *SFR 16.– DM 19.– öS 140.–*

Verlobung – warum?

Antwort an zwei Verliebte

Die Verfasser gehen darin auf rund fünfzig Fragen ein, die sich zwei Verliebten stellen können. Gestützt auf das Wort Gottes gehen sie klar und unverblümt an die Fragen heran und flechten zahlreiche Zeugnisse von Jugendlichen ein.

von Philippe und Catherine Timmel, 96 Seiten *SFR 12.– DM 14.– öS 100.–*

Venezuela – Eine Liebesbotschaft

In Venezuela, ein Land Südamerikas, begann für zwei junge Männer von Maracaïbo eine Reihe von Marienerscheinungen, die von Botschaften und Warnungen begleitet sind. Die Seher stehen in Kontakt mit dem Ortsbischof, Msgr. Morales. Die Botschaften, die sie vom Himmel erhalten, geben uns erstmals genaue Kunde von den angekündigten Tagen der Finsternis und von der Art und Weise, wie man sich dabei verhalten soll.

Maria, unsere Mutter, weist geduldig ihr ganzes Volk zurecht und lehrt sie alle, wie man die Sühnevigil Stunde um Stunde halten soll. Somit sind wir aufgerufen, uns aus Liebe und nicht aus Angst zu bekehren, bevor es zu spät sein wird…

von X. Reyes-Ayral, 236 S., 16 S. Farbabbildungen, 14x22 cm

SFR 25.– DM 30.– öS 220.–

Prachtvoller Video-Film

Erscheinungen in Fatima

Dieser Spielfilm ist eine großartige Rekonstruktion der Erscheinungen in Fatima im Jahre 1917, bei der hunderte Darsteller mitgewirkt haben.
Der talentierte Filmmacher Daniel Costelle drehte ihn unmittelbar am Ort der Erscheinungen. Die ganze Geschichte von Fatima ist in diesem Film dargestellt. Wirklich wunderschön!
Farbiger Videofilm, 90 Min. *SFR 52.- DM 65.- öS 490.-*

HEILIGGESPROCHEN AM 30. APRIL 2000

TAGEBUCH der Schwester Faustyna Kowalska

Schwester Faustyna (1905-1938) ist vom Heiland zur besonderen Botschafterin seiner Barmherzigkeit berufen worden. Sein Tagebuch enthüllt uns ausdrucksvoll und überzeugend die Unendlichkeit der Barmherzigkeit Gottes. Es lehrt nicht nur vom Barmherzigsten Erlöser, sondern muntert auch auf, ihn zu verehren. 598 Seiten + 16 Seiten, Farbfotos, 14,5x21 cm, gebunden
Vorwort von Bischof J. Stimpfle *SFR 46.- DM 56.- öS 400.-*

Umkehr der Herzen (Band 3)

Botschaften von Jesus-Christus an Françoise

Was für eine wunderbare Botschaft der Liebe, des Vertrauens, der Hingabe, der Freude! Nein, nie dürfen wir zweifeln an der unendlichen Zärtlichkeit des Herzens Jesu für jeden einzelnen von uns, nicht einmal dann, wenn wir die größten Sünder wären, die man sich vorstellen kann. Die Liebe tilgt auch die größten Verbrechen… Diese Botschaft ist ein geistlicher Führer für jede einzelne Seele.
320 Seiten, 13x20 cm *SFR 24.- DM 29.- öS 215.-*

Umkehr der Herzen (Band 1) 320 Seiten *SFR 24.- DM 29.- öS 215.-*

Umkehr der Herzen (Band 2) 336 Seiten *SFR 24.- DM 29.- öS 215.-*

Umkehr der Herzen (Band 4) 160 Seiten (erscheint Ende 2000)

Jesus Christus enthüllt den Seinen das Wesen der Freimaurerei

In den Botschaften, die Françoise von Jesus anvertraut wurden, beklagt Er, daß die Freimaurerei in seine Kirche eingedrungen ist, und kündigt an, daß Er eingreifen wird, um die schwarzen Schafe zu verjagen.
96 Seiten, 13x20 cm
SFR 11.- DM 13.- öS 95.-

Einblick in das Fegfeuer

Diese Buchseiten über das Fegfeuer treffen sich geistig mit der großen spirituellen, mystischen und theologischen Tradition der Kirche. Es handelt sich um die Niederschrift eines Berichtes, der eine sehr tiefe persönliche Erfahrung wiedergibt. Die französische Originalausgabe hat sofort einen sehr großen Erfolg gehabt.

Mit einem Vorwort von Pater René Laurentin

176 Seiten, 14,5x22 cm *SFR 16.- DM 19.- öS 140.-*

Am 26. Juni 1996 seliggesprochen

Karl Leisner (1915-1945)

Wie Gold geläutert im Feuer

«Ein Vorbild für die Jugend Europas» (Papst J.-P. II.) Lange zögert er zwischen Priesteramt und Ehe. 1939 wird er Diakon, die Gestapo verhaftet ihn und führt ihn ins KZ Dachau. Ein französischer Bischof spendet ihm dort im geheimen die Priesterweihe. Am 12.8.1945 erfüllt sich sein Leben in der Liebe Gottes.

von René Lejeune, 310 Seiten, 2. Auflage *SFR 20.- DM 24.- öS 180.-*

Eine bessere Welt ist möglich

Die Probleme dieser Zeit im Licht des Evangeliums

Dieses Buch fällt ein strenges aber nüchternes Urteil über das Funktionieren unserer Gesellschaft. Es macht uns aber auch auf die Mittel aufmerksam, über die wir zu ihrer Bekämpfung verfügen, insbesondere auf das Evangelium und die Lehre der Kirche.

«Der Autor hat das Elend der Welt gesehen und stößt einen Schrei der Empörung aus. Er ist ein Christ, der Bescheid weiß, aber nicht verurteilen, sondern Zeugnis ablegen will..»

(Auszug aus dem Vorwort: P. de Laubier, Professor der Soziologie in Genf)

von Marcel Farine, 192 Seiten, 14,5x22 cm *SFR 20.- DM 24.- öS 180.-*

Das verlorene Paradies des Eugen Drewermann

Dieses Buch, in allgemeinverständlichen Worten geschrieben, ist ein offener Brief eines Laien an einen Theologen. Für all die, die verstehen wollen wie und warum Eugen Drewermann zugleich sehr populär und so weit von der Kirchenlehre entfernt ist.

Ein höchst interessantes Buch, das jeder lesen sollte.

128 Seiten, 13x20 cm *SFR 15.- DM 18.- öS 135.-*